Das Vorabentscheidungsverfahren
vor dem Europäischen Gerichtshof als Bestandteil
des deutschen Zivilprozesses

Studien zum europäischen

Privat- und Prozeßrecht

Herausgegeben von Manfred Wolf

Band 3

PETER LANG

Frankfurt am Main · Berlin · Bern · Bruxelles · New York · Oxford · Wien

Michael Brück

Das Vorabentscheidungsverfahren vor dem Europäischen Gerichtshof als Bestandteil des deutschen Zivilprozesses

Rechtsschutzhemmendes Integrationsproblem
oder kohärente Rechtsschutzerweiterung

PETER LANG
Europäischer Verlag der Wissenschaften

Die Deutsche Bibliothek - CIP-Einheitsaufnahme

Brück, Michael:

Das Vorabentscheidungsverfahren vor dem Europäischen Gerichtshof als Bestandteil des deutschen Zivilprozesses : rechtsschutzhemmendes Integrationsproblem oder kohärente Rechtsschutzerweiterung / Michael Brück. - Frankfurt am Main ; Berlin ; Bern ; Bruxelles ; New York ; Oxford ; Wien : Lang, 2001
(Studien zum europäischen Privat- und Prozeßrecht ; Bd. 3)
Zugl.: Bielefeld, Univ., Diss., 2000
ISBN 3-631-37794-0

D 361
ISSN 1434-2405
ISBN 3-631-37794-0

www.peterlang.de

Geleitwort

In prozessualer Hinsicht wird die Europäisierung des Privatrechts vor allem durch Judikate geprägt, die im Vorabentscheidungsverfahren vor dem Europäischen Gerichtshof ergehen. Der wissenschaftlichen Durchdringung dieses Verfahrens hat sich bislang vornehmlich die Europarechtswissenschaft gewidmet. Die vorliegende Arbeit von Michael Brück unternimmt es demgegenüber, das wertungssystematische Rüstzeug der Prozessrechtswissenschaft für eine Analyse dieser Verfahrensart nutzbar zu machen.

Dass ein solcher Untersuchungsansatz zu einer skeptischen Beurteilung mancher Ausprägung des Vorabentscheidungsverfahrens führt, überrascht nicht. Eine Grunderkenntnis der modernen Prozessrechtstheorie liegt darin, dass Zwischenverfahren von der Art des Vorabentscheidungsverfahrens stets die Gefahr rechtsschutzhemmender Wirkungen begründen und insofern zu einer am subjektiven Rechtsschutz und seiner Effektivität orientierten Teleologie des Prozessrechts (zumindest tendenziell) in Widerspruch stehen.

Nach dem gegenwärtigen Stand der europäischen Rechtsentwicklung sind institutionelle Kompromisse unvermeidbar. Ein wesentlicher Vorzug des Vorabentscheidungsverfahrens liegt deshalb nach wie vor darin, die Errichtung einer europäischen Gerichtsinstanz mit den Souveränitätsinteressen der Mitgliedstaaten zu versöhnen. Ebenso darf nicht verkannt werden, dass die in diesem Verfahren ergangenen Entscheidungen einen erheblichen Beitrag zur prozessualen Bewältigung der Entstehung einer Rechtsordnung gemeinschaftsrechtlicher Provenienz leisten konnten.

Je mehr die Existenz einer eigenständigen europäischen Gerichtsbarkeit als selbstverständliche Notwendigkeit anerkannt werden wird, desto größeres Gewicht wird Argumenten prozessualer Sachgerechtigkeit zukommen, wie sie in der vorliegenden Abhandlung vorgetragen werden. Sie kann für die zukünftige Diskussion wertvolle Hinweise geben und verdient sowohl in der Prozessrechtswissenschaft als auch in der Europarechtswissenschaft Beachtung.

Bielefeld, 17. April 2001

Prof. Dr. Thomas Pfeiffer

Vorwort

Mit der Veröffentlichung meiner Dissertation findet ein Projekt seinen Abschluß, das in den letzten Jahren einen erheblichen Teil meiner Zeit beanspruchte, weil es eine intensive Beschäftigung mit einer Vielzahl von aktuellen Fragestellungen des Europarechts sowie des deutschen Zivilprozessrechtes erforderte. Im Mittelpunkt dieser Beschäftigung stand das Vorabentscheidungsverfahren vor dem Europäischen Gerichtshof, dem eine zentrale Bedeutung bei der weiteren Entwicklung des europäischen Privatrechts zukommt. Die prozessualen Schwierigkeiten dieses Verfahrens sind bisher noch nicht Gegenstand einer größeren Zahl wissenschaftlicher Bemühungen gewesen, so daß ich dies - insbesondere hinsichtlich des Zusammenspiels mit dem deutschen Zivilprozeßrecht – als ein gewinnbringendes Unterfangen erachtete.

Die vorliegende Arbeit wurde von der Fakultät für Rechtswissenschaften der Universität Bielefeld im Wintersemester 2000 unter dem Titel „Das Vorabentscheidungsverfahren vor dem Europäischen Gerichtshof als Bestandteil des deutschen Zivilprozesses – rechtsschutzhemmendes Integrationsproblem oder kohärente Rechtsschutzerweiterung ?" als Dissertation angenommen. In der Bearbeitung konnten die Entwicklungen und die Literatur bis zum März 2000 berücksichtigt werden.

Ich möchte an dieser Stelle die Gelegenheit nutzen, meinem Doktorvater Herrn Prof. Dr. Thomas Pfeiffer meinen herzlichen Dank für seine Betreuung und Unterstützung sowie seine wertvollen Anregungen bei der Erstellung dieser Arbeit auszusprechen. Danken möchte ich ferner Herrn Prof. Dr. Armin Hatje für die freundliche Übernahme des Zweitgutachtens. Darüber hinaus gilt mein Dank auch all denjenigen, die mich auf diesem Weg begleitet und in vielfacher Weise unterstützt haben.

Diese Arbeit ermöglicht hat mir insbesondere die fürsorgliche Unterstützung meiner Eltern. Voller Dankbarkeit widme ich ihnen diese Arbeit.

Frankfurt am Main, im April 2001 — Michael Brück

Inhaltsverzeichnis:

„Je mehr dieses europäische Recht die gemeinsame geistige Tradition und die gemeinsamen tiefen Grundüberzeugungen der europäischen Völker von der Freiheit und von der Gerechtigkeit widerspiegelt, desto mehr wird es auch von den Menschen des Kontinents akzeptiert und respektiert werden."

Karl Carstens[1]

1. Teil: Einleitung und Problemaufriß

Von Beginn ihrer Existenz an ist die Europäische Gemeinschaft nicht nur als eine Art gesteigerte Freihandelszone auf völkerrechtlicher Basis, sondern auch als Wirtschafts- und Rechtsgemeinschaft begriffen worden.[2] Schon Walter Hallstein, einer der Gründungsväter der EWG, hat diesen Aspekt des europäischen Einigungsprozesses besonders hervorgehoben.[3] Die Betrachtung der Gemeinschaft als Rechtsgemeinschaft hat durch den fortschreitenden Integrationsprozeß zunehmend an Bedeutung gewonnen, denn Integration bedeutet vor allem die Verschmelzung bzw. Angleichung und Harmonisierung der verschiedenen mitgliedstaatlichen Ordnungen hin auf ein einheitliches, europaweit wirkendes Rechtssystem.[4] Insoweit wird auch vom Entstehen einer Europäischen Rechtsordnung gesprochen.[5]

Der heutige Integrationsstand wird durch den am 1. November 1993 in Kraft getretenen Vertrag über die Politische Union bzw. „Maastrichter Vertrag" (EUV) und den im Juli 1997 geschlossenen Vertrag von Amsterdam, der den Vertrag von Maastricht überarbeitet und ergänzt, bestimmt. Für die nunmehr auf dem Weg zur Union befindliche Gemeinschaft gilt danach, daß sie neben ihrer Funktion als Wirtschafts- und politische Integrationsgemeinschaft in verstärktem Maße als Rechtsgemeinschaft weiter ausgebaut wird.[6] Dieser Entwicklung zur Union liegt die sog. „Drei-Säulen-Konzeption" zugrunde.[7] Die Metapher der Säulen dient dabei der Erklärung der Struktur der Europäischen Union, die insoweit einem Tempel

---

1 Carstens, Das Recht als Instrument der Einigung Europas, 23, 29, Rede anläßlich der Verleihung der Ehrendoktorwürde der Universität Dijon am 24. Oktober 1983.

2 Hirsch, Der Europäische Gerichtshof – Das unbekannte Wesen, S. 2.

3 Hallstein, Angleichung des Privat- und Prozeßrechts in der EWG, RabelsZ 28 (1964), 211, 228 ff.

4 Bleckmann, Europarecht, 6. Auflage, S. 23, Rdnr. 33.

5 Schon im Jahre 1963 hat der Gerichtshof in: EuGH Rs. 26/62 (van Gend & Loos ./. Niederländische Finanzverwaltung), Slg. 1963, 1, 3 die Gemeinschaft ausdrücklich als „eine neue Rechtsordnung des Völkerrechts" bezeichnet; so auch: Rodríguez Iglesias, NJW 1999, S. 1 ff., der auf die Ambivalenz des Begriffs hinweist; Rechtsordnung läßt sich danach entweder als *„Begriff mit einem ganz bestimmten rechtswissenschaftlichen Inhalt* [begreifen], *denn das Rechtssystem der Europäischen Gemeinschaften ist eine formell identifizierbare, aus bestimmten Rechtsquellen fließende, positive Rechtsordnung*" oder als Begriff *„zur Charakterisierung der gemeinsamen Elemente, der in Europa geltenden Rechtsordnungen, d.h. der nationalen Rechtsordnungen, wie das Recht der Europäischen Gemeinschaften und der Europäischen Menschenrechtskonvention.*"

6 EuGH, Rs. 294/83 (Les Verts ./. Parlament), Slg. 1986, 1339, 1365.

7 Seidel, EuR 1992, S. 125 ff.; Bleckmann, Europarecht, 6. Auflage, S. 31, Rdnr. 48 – 51.

mit drei Säulen gleicht.[8] Die erste Säule bilden die drei Gemeinschaften (EG, EGKS, EAG), die zweite die in Art. 11-21 EUV (Art. J.1-J.11 a.F.) geregelte gemeinsame Außen- und Sicherheitspolitik (GASP) und die dritte die in Art. 29-37 EUV (Art. K1.-K.9 a.F.) geregelte Zusammenarbeit in den Bereichen Justiz- und Sicherheitspolitik (ZBJI).[9] Das Dach dieses Tempels wird durch die gemeinsame Zielsetzung und den Aufgabenkatalog der Union gebildet. So stellt der durch den Vertrag von Amsterdam ergänzte Art. 2 EUV (Art. B a.F.) fest, daß das Ziel *„die Erhaltung und Weiterentwicklung der Union als Raum der Freiheit, der Sicherheit und des* [angeglichenen bzw. gemeinsamen, d.A.] *Rechts"* ist, was durch die verschiedenen Aufgaben der Union erreicht werden soll. Insbesondere die erste Säule symbolisierte bislang das Bestehen einer Rechtsgemeinschaft, denn sowohl die einzelnen Gemeinschaftsverträge als primärrechtliche Regelungen wie auch das teilweise auf dieser Basis erlassene Sekundärrecht begründen unmittelbar geltendes Gemeinschaftsrecht (Verordnungen) oder bewirken zumindest eine Angleichung nationaler Normen (Richtlinien). Damit ist in der ersten Säule ein erheblicher Bestand gemeinsamen Rechts geschaffen worden, der der inhaltlichen Kontrolle des Europäischen Gerichtshofes (EuGH) unterliegt. Für die anderen beiden Säulen gilt dies noch nicht. Im Rahmen von GASP und ZBJI erfolgt bislang[10] eine intergouvernementale Zusammenarbeit. Verbindliche Regelungen für die Mitgliedstaaten können also nur durch völkerrechtliche Abkommen erreicht werden, die zu ihrer innerstaatlichen Wirksamkeit entsprechender Umsetzungsakte der Mitgliedstaaten bedürfen.[11] Dies bleibt jedoch solange ein mühseliger und schwieriger Prozeß, solange diese beiden Bereiche nicht auch in die Gemeinschaft und deren Entscheidungsprozesse voll integriert werden. Bis zu einer vollständigen Integration ist nicht damit zu rechnen, daß ein detaillierter Bestand gemeinsamer Regeln geschaffen wird.

Anders verhält es sich in der ersten Säule, der Gemeinschaft. Von den hier enthaltenen Angleichungs- und Harmonisierungskompetenzen in Form von Richtlinien und Verordnungen ist seit der Gründung der Europäischen Gemeinschaften in nicht unerheblichem Maße Gebrauch gemacht worden. So übersteigt der Umfang des zur Publikation neuer europäischer Rechtsnormen bestimmten Amtsblattes der EU etwa denjenigen des deutschen Bun-

---

8 Diese Metapher ist nicht ohne Kritik geblieben; so halten von Bogdany/Nettesheim, EuR 1996, 3, 8, die ihre Bedeutung wohl überbewerten, diese Metapher für einen verunglückten Versuch diese Begriffe mit rechtswissenschaftlicher Bedeutung zu füllen, wobei diese *„schlechterdings nicht anschlußfähig"* seien, da sie juristische Fragen wie etwa die der Rechtspersönlichkeit, des Verhältnisses der Verträge oder der Haftung keiner Lösung zuführen würden.

9 Huber, Recht der Europäischen Integration, S. 25, Rdnr. 32.

10 Nach Art. K.9 EUV ist es möglich, Teile der ZBJI in das Gemeinschaftsverfahren nach Art. 100c EGV zu überführen.

11 Fischer, Europarecht, 2. Auflage, S. 16.

desgesetzblattes seit Jahren um mehr als 400%.[12] Demnach ist in der Vergangenheit mit Verordnungen und Richtlinien ein beachtlicher Bestand gemeinsamer (gemeinschaftsrechtlicher) Regeln geschaffen worden, der neben dem primären Recht die Grundlage der europäischen Rechtsgemeinschaft bildet.

Ein Grundpfeiler dieser Europäischen Rechtsgemeinschaft ist wiederum das „formelle Hauptgrundrecht" auf effektiven Rechtsschutz in bezug auf alle durch das Gemeinschaftsrecht begründeten Rechtsverhältnisse.[13] Das bedeutet, daß den Rechtsunterworfenen des Gemeinschaftsrechts ein möglichst effektiver Rechtsschutz gewährleistet werden soll. Das Rechtsschutzsystem des EG-Vertrages ist in den Art. 220-245 EGV (Art. 164-188 EGV a.F.) geregelt.[14] Dort sind der Europäische Gerichtshof (EuGH) und das Gericht erster Instanz (EuG) als Gerichtsbarkeit der Europäischen Union etabliert sowie der Rechtsschutz in seinen verschiedenen Ausprägungen normiert. Damit entspricht der EG-Vertrag formal den wichtigsten grundsätzlichen Anforderungen an einen funktionierenden Rechtsschutz, denn für einen solchen ist nicht nur der Aufbau einer qualitativ und quantitativ allen Anforderungen gerecht werdenden Gerichtsbarkeit unabdingbare Voraussetzung, sondern auch das Vorhandensein bestimmter Rechtsschutzmöglichkeiten, die den Zugang zu dieser unabhängigen Kontrollinstanz eröffnen.[15] Im Bereich des zivilrechtlichen Rechtsschutzes stellt das als Zwischenverfahren ausgestaltete Vorabentscheidungsverfahren nach Art. 234 EGV (Art. 177 EGV a.F.) das einzige zur Verfügung stehende Verfahren vor dem EuGH dar. Es dient dabei in erster Linie der Verzahnung der nationalen Rechtsordnungen mit dem Gemeinschaftsrecht. Eine Direktklagemöglichkeit besteht jedoch für zivilrechtliche Streitigkeiten weder vor dem EuGH noch vor dem EuG. Das bedeutet letztendlich, daß in zivilrechtlichen Streitigkeiten der Rechtsschutz erst vor den nationalen Gerichten gesucht werden muß. Eine solche Klagemöglichkeit vor einem nationalen Gericht reicht zunächst einmal zur Erfüllung des Anspruchs auf effektiven Rechtsschutz aus. Dazu führt der EuGH in seiner Entscheidung in der Rechtssache *Unectef*[16] aus:

---

[12] Darauf weist hin: Ulmer, JZ 1992, 1, 2, der die Seitenzahlen des Bundesgesetzblattes in den Jahren 1981-1990 mit denen des Amtsblattes der Europäischen Gemeinschaft vergleicht.

[13] Dauses, Gutachten D zum 60. Deutschen Juristentag, S. D 12.

[14] Durch den Vertrag von Amsterdam ist der EG-Vertrag in seiner Struktur überarbeitet und in seiner Numerierung reorganisiert worden, so daß z.B. der bisherige Art. 177 EGV nunmehr zu Art. 234 EGV umbenannt wird. Das Ratifizierungsverfahren steht kurz vor seinem Abschluß, da das französische Parlament als letztes zugestimmt hat. Dementsprechend sollen im folgenden die Artikel bereits nach der neuen Numerierung zitiert werden, zum besseren Verständnis werden jedoch die alten Numerierungen in einer Klammer angeführt.

[15] Rengeling/Middeke/Gellermann, Rechtsschutz in der Europäischen Union, S. 3, Rdnr. 6.

[16] EuGH, Rs. 222/86 (UNECTEF ./. Heylens), Slg. 1987, 4097, 4117.

„[...] *die Gewährleistung eines effektiven Rechtsschutzes hängt wesentlich davon ab, daß Entscheidungen einer innerstaatlichen Behörde, durch die die Gewährung dieses (europäischen) Rechts verweigert wird, vor Gericht angefochten werden können.*"

Es kommt also auf die prinzipielle Möglichkeit einer gerichtlichen Überprüfung an. Eine solche muß nach dem bisherigen Verständnis nicht notwendigerweise von einem europäischen Gericht gewährleistet werden. Vielmehr reicht der Rechtsschutz vor einem nationalen Gericht aus, da mitgliedstaatliche Gerichte mit Blick auf die Verpflichtung aus Art. 10 Abs. 1 EGV (Art. 5 Abs. 1 a.F.) als „Gemeinschaftsgericht" und damit als Bestandteil des europäischen Rechtsschutzsystems qualifiziert werden können.[17] Diese Stellung der nationalen Gerichte wird nicht zuletzt durch Art. 240 EGV (Art. 183 a.F.) unterstrichen, nach dem die mitgliedstaatlichen Gerichte dem Einzelnen Rechtsschutz in „Streitsachen, bei denen die Gemeinschaft Partei ist", gewähren können, soweit keine Zuständigkeit des EuGH bzw. des EuG durch das primäre Recht eingeräumt ist. Die mitgliedstaatlichen Gerichte sind jedoch bei ihrer Tätigkeit als Gemeinschaftsgerichte nicht vollkommen von den europäischen Gerichten losgelöst. Sie müssen vielmehr bei ihren Entscheidungen das gemeinschaftsrechtliche Auslegungsmonopol des EuGH nach Maßgabe der Vorlagepflicht des Art. 234 Abs. 3 EGV (Art. 177 Abs. 3 a.F.) beachten. Das Vorabentscheidungsverfahren dient in diesem Zusammenhang auch der Kontrolle der nationalen Gerichte in Bezug auf die gleichmäßige Auslegung und Anwendung des Europarechts. Insoweit besteht in der europäischen Gerichtsbarkeit eine Aufgabenteilung zwischen europäischen (EuGH und EuG) und nationalen Gerichten.

Auch die jüngsten Modifikationen des EWG-Vertrages durch den EUV sehen weder grundlegende Änderung des bisherigen geltenden Individualrechtsschutzes noch des institutionellen Aufbaus des Rechtsschutzes vor.[18] Deshalb wird zum Teil herbe Kritik an den beiden Reformwerken von Maastricht und Amsterdam geübt, weil sie die für notwendig befundene Reform der Institutionen nicht soweit vorangebracht hätten, damit die Gemeinschaft auf die Aufnahme weiterer Mitgliedsländer angemessen vorbereitet wäre.[19] Es verbleibt damit auch für die absehbare Zukunft bei dem bisherigen institutionellen Gefüge der Gemeinschaft. Da auch das Rechtsschutzsystem der Gemeinschaft keine grundlegenden Änderungen erfährt, wird es bei zivilrechtlichen Streitigkeiten auch in nächster Zukunft bei den bisherigen Regeln und damit bei der Kooperation von nationalen Gerichten mit dem EuGH im Rahmen des Vor-

17 Koenig/Sander, Einführung in das EG-Prozeßrecht, S. 14, Rdnr. 21.

18 Bleckmann, DVBl. 1992, 335, 338; von Danwitz, NJW 1993, 1108, 1113; Ress, JuS 1992, 985, 989; Everling, DRiZ 1993, S. 5; Allkemper, Der Rechtsschutz des einzelnen nach dem EG-Vertrag, S. 21 ff.

19 Siehe dazu auch: Thun-Hohenstein, Der Vertrag von Amsterdam, S. 3, der darauf hinweist, daß die Integrationsfreudigkeit der Gründerzeit verflogen ist, so daß größere Veränderungen nur unter dem Druck des letzten Augenblicks zustande kommen.

abentscheidungsverfahrens gemäß Art. 234 EGV (Art. 177 a.F.) bleiben. Insofern stellt sich die Frage, ob die bisherige Verfahrensgestaltung im Bereich des zivilrechtlichen Rechtsschutzes, die auf eine Zeit zurückgeht, in der das Gemeinschaftsrecht noch nicht die gleiche Bedeutung für das Privatrecht hatte wie heute, dieser Veränderung noch gerecht wird.

A. Die Bedeutung des Europäischen Gemeinschaftsrechts für das Privatrecht

Die Beantwortung dieser Frage macht es zunächst notwendig, die Bedeutung des Gemeinschaftsrechts für das Privatrecht einer näheren Betrachtung zu unterziehen. Welche Rechtsbereiche dabei dem Privatrecht zuzurechnen sind, läßt sich nicht durch eine entsprechende Bestimmung im Gemeinschaftsrecht ermitteln. Vielmehr stellt Art. 295 EGV (Art. 222 a.F.) eine Neutralitätsthese dahingehend auf, daß es den Mitgliedsstaaten vorbehalten ist, über die Gestaltung ihrer Eigentumsordnung selbständig zu entscheiden. Dementsprechend entscheiden die Mitgliedstaaten darüber, was sie öffentlich-rechtlich und was sie privatrechtlich regeln wollen. Daraus ergibt sich, daß die Trennungslinie zwischen öffentlichem Recht und Privatrecht nach den jeweiligen nationalen Unterscheidungen zu bestimmen ist und somit durchaus von Land zu Land unterschiedlich gezogen werden kann.[20] Da hier insoweit das Vorabentscheidungsverfahren im Hinblick auf seine Einfügung in den deutschen Zivilprozeß und dementsprechend die Bedeutung des Gemeinschaftsrechts für das deutsche Privatrecht untersucht werden soll, ist hier die Trennungslinie des deutschen Rechts maßgebend. Diese hat eine längere Entwicklung hinter sich, denn in der Rechtswissenschaft entwickelte sich die diesbezügliche Sichtweise von der Interessen- über die Subordinations- hin zur modernen (modifizierten) Subjektstheorie. Nach der letzteren ist das Privatrecht als die Gesamtheit aller Rechtssätze, bei denen Berechtigter oder Verpflichteter nicht ausschließlich ein Träger hoheitlicher Gewalt in seiner Eigenschaft als solcher ist, zu verstehen. Dementsprechend werden im folgenden die Rechtsbereiche einer näheren Betrachtung unterzogen, die auf diesem Wege im deutschen Recht gewöhnlich dem Privatrecht zugeordnet werden.

Bei dieser Betrachtung kann vorab festgestellt werden, daß die vom supranationalen Gemeinschaftsrecht bewirkte Rechtsvereinheitlichung vor allem das materielle Recht betrifft.[21] Die Rechtsvereinheitlichung vollzieht sich dabei sowohl in Gestalt von Rahmenvorschriften als auch in Gestalt umfassender Detailregelungen. Es ist zu beobachten, daß die mittlerweile vom europäischen Gemeinschaftsrecht erfaßten Rechtsgebiete ihre Wirkung nicht nur im Verhältnis der mitgliedstaatlichen Exekutiven zu den Gemeinschaftsbürgern entfalten, sondern immer mehr auch im Verhältnis der Gemeinschaftsbürger untereinander. Eine solche

[20] Skouris, EuR 1998, 111, 112.

[21] Clausnitzer/Pieper/Schollmeier, EG-Recht in der Anwaltskanzlei, S. 45.

horizontale Wirkung kann einerseits von primärrechtlichen Regelungen[22] wie auch andererseits von sekundärrechtlichen Normen, etwa einer Verordnung,[23] ausgehen. Da die Zahl horizontal wirkender Regelungen immer weiter angestiegen ist, bedeutet diese Entwicklung letztlich, daß insbesondere die europarechtliche Determination des Privatrechts bereits erheblich zugenommen hat und in Zukunft noch weiter zunehmen wird.[24] Dementsprechend ist die Europäisierung des Privatrechts auch schon als die „wohl herausragende Entwicklungstendenz im Privatrecht dieser Tage" bezeichnet worden.[25] Dies kommt nicht von ungefähr. So ist zu Recht festgestellt worden, daß das Zivilrecht die primäre Integrationsgrundlage bildet.[26] Die Integration ist mit besonderer Intensität im Bereich der wirtschaftlichen Betätigung vorangetrieben worden, die insoweit den Wegbereiter der politischen Einigung darstellt. Hier ist insbesondere auf die Schaffung des Binnenmarktes zum 1.1.1992 hinzuweisen. Danach findet der Integrationsprozeß insbesondere auf der Ebene der wirtschaftlichen Beziehungen der Gemeinschaftsbürger zueinander statt. Das Privatrecht dient dabei in seiner Funktion vor allem der Gestaltung und Verwirklichung des Binnenmarktes.[27] Vorneweg sind dabei die normierten Grundfreiheiten, also der freie Warenverkehr, die Freizügigkeit der Arbeitnehmer, das freie Niederlassungsrecht der Unternehmen, die Dienstleistungsfreiheit und der freie Kapitalverkehr zu nennen, ohne die der Binnenmarkt nicht funktionieren könnte.[28] Aber die Schaffung des gemeinsamen Binnenmarktes erfordert mehr. Man kann in diesem Zusammenhang ganz allgemein von einem Harmonisierungsdruck durch den Binnenmarkt sprechen, denn auch rechtliche Unterschiede innerhalb des Binnenmarktes können allzu leicht zur Grundlage für Investitionsentscheidungen gemacht werden, so daß sich hieraus Standortnachteile für die einzelnen Mitgliedstaaten ergeben können. Dementsprechend

---

22 So hat der EuGH in: Rs. 13/61, (Kledingverkoopbedrijf ./. Robert Bosch GmbH) Slg. 1962, S. 97 - 152 dies etwa für die Art. 85 und 86 EGV wie auch in: Rs. 36/74 (Walrave ./. Union Cycliste Internationale), Slg. 1974, S. 1405 - 1429 für die Regelungen der Art. 7, 48, 59 EGV sowie hinsichtlich Art. 119 EGV in: Rs. 43/75 (Defrenne ./. Sabena), Slg. 1976, S. 455 für kollektivrechtliche Arbeitsverträge und Verträge zwischen Privatpersonen anerkannt.

23 Die unmittelbare Anwendbarkeit von Verordnungen in den Mitgliedstaaten ist bereits anerkannt worden in: EuGH, Rs. 43/71 (Politi s.a.s. ./. Finanzministerium der italienischen Republik), Slg. 1971, S. 1039, mit der Begründung, daß sich diese aus Art. 189 Abs. 2 EGV ergebe.

24 Canaris, EuZW 1994, S. 417; Coing, NJW 1990, S. 937; Hommelhoff, AcP 192 (1992), S. 71 ff.; Rittner, JZ 1990, S. 838, 845; kritisch: Hauschka, JZ 1990, 521, 531 f., der auf das Integrationsproblem im innerstaatlichen Privatrecht hinweist; einen ausführlichen Überblick über die betroffenen Rechtsmaterien geben: Müller-Graff, NJW 1993, S. 13 ff. und Roth, ZEuP 1994, S. 5 ff.; umfassende Darstellungen finden sich bei: Steindorff, EG-Vertrag und Privatrecht, S. 1 ff; Klauer, Die Europäisierung des Privatrechts – Der EuGH als Zivilrichter, S. 1 ff.

25 Pfeiffer, NJW 1994, S. 1996; so auch: Klauer, Die Europäisierung des Privatrechts – Der EuGH als Zivilrichter, S. 17.

26 Müller-Graff, NJW 1993, S. 13.

27 Engel, JZ 1995, 213, 214.

28 Ulmer, JZ 1992, S. 1.

unterliegen zwischenzeitlich auch andere Zivilrechtsbereiche einer Vereinheitlichungs- bzw. Angleichungstendenz.

I. Die Instrumente zur Harmonisierung des Privatrechts im Gemeinschaftsrecht

Mit den Begriffen Vereinheitlichung und Angleichung wird auf die unterschiedlichen Instrumente zur Harmonisierung des nationalen Privatrechts durch das Gemeinschaftsrecht hingewiesen. Von einer Vereinheitlichung kann gesprochen werden, wenn eine einheitliche Regelung für die gesamte Gemeinschaft getroffen wurde. Dies ist der Fall bei Normen, die unmittelbare Geltung entfalten können, also primärrechtlichen Regelungen wie etwa den Bestimmungen des EG-Vertrages sowie den zum Sekundärrecht zu zählenden Verordnungen. In beiden Fällen sind die gemeinschaftsrechtlichen Normierungen in allen ihren Teilen verbindlich und können eine sofortige Geltung in den Mitgliedstaaten beanspruchen. Von einer Angleichung spricht man hingegen, wenn für die Geltung der Regelungen im innerstaatlichen Bereich noch ein Transformationsgesetz oder ein ähnlicher Akt des staatlichen Gesetzgebers notwendig ist, wie dies beispielsweise bei der Umsetzung von Richtlinien der Fall ist und dem nationalen Gesetzgeber ein gewisser Handlungsspielraum verbleibt.[29]

1. Vereinheitlichung durch primärrechtliche Regelungen

Bei der Diskussion um die Europäisierung einzelner Rechtsgebiete wird regelmäßig der Einfluß des Primärrechts zu Gunsten der Darstellung des Einflusses des sekundären Rechts vernachlässigt.[30] Dabei wird vor allem auch die Tatsache außer Acht gelassen, daß den Grundfreiheiten ein zunehmender Einfluß bei der Europäisierung des Privatrechts zukommt. Von mancher Seite wird mittlerweile sogar vorgetragen, daß die Herausbildung eines europäischen Privatrechts insbesondere auf der Grundlage des Primärrechts erfolge.[31] Festzustellen ist jedenfalls, daß der EG-Vertrag und hier die Grundfreiheiten des freien Waren-, Personen-, Dienstleistungs- und Kapitalverkehrs die vorrangige Rechtsquelle des europäischen Privatrechts darstellt. Die genannten Grundfreiheiten garantieren den Gemeinschaftsbürgern unmittelbar geltende und gerichtlich durchsetzbare Rechte, die ihre Wirkung sowohl gegenüber den Organen der Gemeinschaft, den Organen der Mitgliedstaaten als auch im Rahmen

---

29 Vgl. hierzu: Oppermann, Europarecht, 2. Auflage, S. 211, Rdnr. 551 ff., der allerdings darauf hinweist, daß in manchen Fällen der Umsetzungsspielraum bei sog. „perfektionierten", inhaltlich verordnungsähnlichen Richtlinien stark reduziert ist, was insbesondere in „technischen" Bereichen der Fall ist.

30 So auch: Klauer, Die Europäisierung des Privatrechts – Der EuGH als Zivilrichter, S. 22.

31 Vgl. insbesondere auch die umfassende Untersuchung zum Einfluß des EG-Vertrags auf das Zivilrecht bei: Steindorff, EG-Vertrag und Privatrecht, S. 1 ff.

der Drittwirkung gegenüber anderen Privatrechtssubjekten entfalten können.[32] Dies hat der EuGH auch in seiner Rechtsprechung anerkannt.[33] Damit haben die Grundfreiheiten den Charakter von offen formulierten, verfassungsähnlichen Grundsätzen, deren Auslegung maßgeblich von der Rechtsprechung des EuGH bestimmt wird.

Da es sich bei den Grundfreiheiten um Wirtschaftsgrundrechte handelt, ist der Einfluß, der von ihnen auf das Privatrecht ausgeht, wesentlich größer als der vergleichbare Einfluß der Grundrechte der nationalen Verfassungen.[34] An dieser Stelle ist allerdings darauf hinzuweisen, daß die Konzeption der Drittwirkung der Grundfreiheiten noch als in der Entwicklung befindlich betrachtet werden muß. So ist auch eine Bemühung erkennbar, Privatrechtssubjekte vor einer allzu weitgreifenden Grundrechtsbindung im Hinblick auf die Privatautonomie zu schützen. Insbesondere ist auf die noch nicht in allen Teilen ausgereifte Grundrechtsentwicklung hinzuweisen, die eine Abwägung der widerstreitenden Grundrechte von Privatrechtssubjekten schwierig macht.[35] Trotz dieser Probleme im Rahmen der Drittwirkung der Grundfreiheiten kann mit Recht festgestellt werden, daß von ihnen eine Rechtsvereinheitlichung ausgeht. Dies folgt schon daraus, daß sie subjektive Rechte verbürgen, auf die sich der einzelne Unionsbürger berufen kann. Wegen ihrer unmittelbaren Anwendbarkeit führt dies dazu, daß jeder Unionsbürger vortragen kann, bei einem grenzüberschreitenden Rechtsakt sei eine nationale Rechtsnorm nicht anzuwenden, da sie gegen die Grundfreiheiten verstoße.[36] Dies führt im Ergebnis dazu, daß solche nationalen Regelungen des Privatrechts, die gegen die Grundfreiheiten verstoßen, bei grenzüberschreitenden Sachverhalten keine Anwendung mehr finden.

2. Vereinheitlichung durch Verordnungen

Aber auch die Vereinheitlichung über Verordnungen gewinnt an Bedeutung. Die Verordnung ist in allen ihren Teilen verbindlich und gilt unmittelbar in jedem Mitgliedstaat. Sie entfaltet mit ihrem Erlaß bindende Rechtswirkung, ohne daß es einer Inkorporierung, Transformation oder Umsetzung eines nationalen Organs bedürfte. Daraus folgt, daß neben den Gemeinschaftsorganen und den Mitgliedstaaten auch die Gemeinschaftsbürger als Adressaten einer Verordnung in Betracht kommen.[37] Folglich kann eine Verordnung auch die privatrechtlichen

---

32 Bleckmann, Europarecht, 6. Auflage, S. 269, Rdnr. 757.

33 EuGH, Rs. 36/74 (Walrave ./. Union Cycliste Internationale), Slg. 1974, 1405, 1419; Rs. 13/76 (Donà ./. Mantero), Slg. 1976, 1333, 1338 f.

34 Klauer, Die Europäisierung des Privatrechts – Der EuGH als Zivilrichter, S. 23.

35 Bleckmann, Europarecht, 6. Auflage, S. 270, Rdnr. 757.

36 Arndt, Europarecht, 2. Auflage, S. 75.

37 Oppermann, Europarecht, 2. Auflage, S. 209, Rdnr. 546; Arndt, Europarecht, 2. Auflage, S. 49.

Verhältnisse der Gemeinschaftsbürger untereinander direkt betreffen, denn sie schafft unmittelbar geltendes Recht und verdrängt entgegenstehendes nationales Recht („Anwendungsvorrang"), mag dieses vor oder nach Erlaß der Verordnung verabschiedet worden sein. Das bislang herausragende Beispiel einer Verordnung im Bereich des Privatrechts stellt bisher die Verordnung über die Europäische wirtschaftliche Interessenvereinigung (EWiV) dar, welche die grundlegenden, den Verbandstypus bestimmenden Festlegungen für jeden Vertrag, mit dem eine solche Vereinigung gegründet werden soll, enthält.[38] Dabei hat man allerdings versäumt, eine detaillierte Regulierung dieses Verbandstyps zu schaffen. Vielmehr legt die Verordnung nur Eckdaten fest, während die Einzelheiten vom nationalen Gesetzgeber bestimmt werden. In Deutschland verweist das Ausführungsgesetz zur EWiV deshalb weitgehend auf das Recht der OHG.

3. Angleichung durch Richtlinien

Das wohl wichtigste Instrument der Harmonisierung der nationalen Privatrechte stellt die Angleichung durch Richtlinien dar. Von diesem Instrument ist in der Vergangenheit in erheblichem Maße Gebrauch gemacht worden.[39] Im Unterschied zur Verordnung gilt die Richtlinie nach dem Wortlaut des Art. 249 Abs. 3 EGV (Art. 189 Abs. 3 a.F.) für den Mitgliedstaat, an den sie gerichtet ist. Diesen soll sie verpflichten, die darin enthaltenen Ziele mit den jeweiligen gesetzgeberischen Mitteln umzusetzen. Demnach ist die Richtlinie nicht unmittelbar anwendbar. Sie ist auch nicht in allen Teilen verbindlich, weil sie jedenfalls im Grundsatz die betroffenen Mitgliedstaaten nur hinsichtlich der Ziele, nicht jedoch hinsichtlich der Form und der Mittel bindet.[40]

Der Begriff der Angleichung scheint vorauszusetzen, daß in allen Mitgliedstaaten bereits Rechtsnormen existieren, welche die betreffende Materie ordnen. Träfe dies zu, dann würde der Anwendungsbereich des Art. 94 EGV (Art. 100 a.F.), der die Grundlage für die Rechtsangleichung darstellt, zu sehr eingeschränkt. Zwar werden in Art. 3 lit. h EGV aus dem Tätigkeitskatalog des EG-Vertrages als Objekt der Angleichung die innerstaatlichen Rechtsvorschriften genannt, soweit dies „für das Funktionieren des Gemeinsamen Marktes erforderlich ist." Darüber hinaus werden in Art. 94 Abs. 1 EGV (Art. 100 Abs. 1 a.F.), der den Rat zum einstimmigen Erlaß von Richtlinien ermächtigt, diejenigen „Rechts- und Verwaltungsvorschriften der Mitgliedstaaten" genannt, „die sich unmittelbar auf die Errichtung oder das Funktionieren des Gemeinsamen Marktes auswirken". Trotzdem wird nach allgemeiner An-

---

38 Vgl. dazu: Müller-Graff, NJW 1993, 13, 14.

39 Ulmer, JZ 1992, 1, 3.

40 Bleckmann, Europarecht, 6. Auflage, S. 163, Rdnr. 415.

sicht angenommen, daß der Erlaß von Richtlinien über den Rahmen bestehender Gesetze hinausgehen soll, da Richtlinien oftmals als Aufforderung zur Rechtsetzung in bisher ungeregelten Bereichen wirken sollen.[41]

Wie zuvor schon erwähnt, ist die Richtlinie zwar grundsätzlich nicht unmittelbar anwendbar, doch gibt es von dieser Regel mittlerweile anerkannte Ausnahmen, die auf einer inzwischen gefestigten Rechtsprechung des EuGH beruhen.[42] Eine unmittelbare Anwendbarkeit von Richtlinien, auf die sich der Einzelne berufen kann, kommt danach dann in Betracht, wenn eine Richtlinie nicht ordnungsgemäß innerhalb der bestimmten Frist von einem Mitgliedstaat umgesetzt worden ist.[43] Weiterhin muß die Norm klar, genau und bedingungsunabhängig gefaßt und ihrem Wesen nach geeignet sein, eine unmittelbare Wirkung zu entfalten. Es ist jedoch darauf hinzuweisen, daß der EuGH bisher die unmittelbare Wirkung nur für Richtlinien entwickelt hat, die dem einzelnen Unionsbürger einen Anspruch gegenüber dem jeweiligen Staat einräumen.[44]

In der Literatur ist daran anschließend die weitergehende Frage gestellt worden, ob die Richtlinie auch eine unmittelbare Wirkung entfalten kann, wenn sie Rechtspositionen zwischen Gemeinschaftsbürgern begründet.[45] In diesem Zusammenhang wird von der horizontalen Wirkung der Richtlinie gesprochen.[46] Diese wird etwa im Bereich der Richtlinie 85/374/EWG (Produkthaftungsrichtlinie)[47] von gewichtigen Stimmen befürwortet,[48] da die zivilrechtliche Haftungsnorm eine Konkretisierung der objektiven Wertordnung darstelle, die sich aus den Grundrechten ergebe und somit eine Ausprägung der staatlichen Schutzpflicht gegenüber dem Bürger darstelle. Dieser Argumentation ist der EuGH bislang jedoch nicht gefolgt und hält insoweit daran fest, daß sich nach Art. 249 EGV (Art. 189 a.F.) eine verbindliche Wirkung nur für die Mitgliedstaaten ergeben könne, nicht jedoch für den einzelnen Bürger.[49] Zur Begründung wird angeführt, daß die Gesichtspunkte von Treu und Glauben,

---

41 Nicolaysen, Europarecht II – Das Wirtschaftsrecht im Binnenmarkt, S. 308 f.

42 EuGH, Rs. 9/70 (Grad ./. Finanzamt Traunstein), Slg. 1970, S. 825 war die erst Entscheidung zur unmittelbaren Anwendbarkeit („Leberpfennig"); in EuGH, Rs. 41/74 (van Duyn ./. Home Office), Slg. 1974, S. 1337 stellte der Gerichtshof ausdrücklich fest, daß eine Richtlinie Rechte des einzelnen begründen könnte.

43 EuGH, Rs. 8/81 (Becker ./. Finanzamt Münster-Innenstadt), Slg. 1982, 53, 70 f.

44 EuGH, Rs. 152/84 (Marshall ./. Southampton and South-West Hampshire New Health Authority), Slg. 1986, 723, 724.

45 Bleckmann, Europarecht, 6. Auflage, S. 168, Rdnr. 434.

46 Dies ist vergleichbar mit der sog. Drittwirkung im dt. Verfassungsrecht.

47 ABlEG 1985 Nr. L 210, S. 25.

48 Bleckmann, Europarecht, 6.Auflage, S. 169, Rdnr. 436 m.w.N.

49 EuGH, Rs. 152/84 (Marshall ./. Southampton and South-West Hampshire New Health Authority), Slg. 1986, 723, 724; Rs. 80/86 (Kolpinghuis Nijmegen), Slg. 1987, S. 3985. Hinzuweisen ist jedoch darauf, daß sich nach EuGH, Rs. C-188/89 (British Gas), Slg. 1990, S. I-3313 Private in Verfahren gegen verstaatliche Unternehmen auf Richtlinien berufen können.

die es dem Bürger erlauben, sich gegenüber staatlichen Stellen auf Richtlinienbestimmungen zu berufen, gegenüber Privatpersonen nicht durchgreifen, da Private nicht verpflichtet sind, für die rechtzeitige Umsetzung einer Richtlinie einzustehen. Dies macht deutlich, daß der EuGH die Richtlinie in aller Regel als Instrument der Rechtsangleichung versteht, das nur in eng begrenzten Ausnahmefällen zu einer unmittelbaren Wirkung führt. Damit wird faktisch schon nach Ablauf der Umsetzungsfrist eine Vereinheitlichung bewirkt, obwohl die Umsetzung in nationales Recht noch aussteht.

Die Problematik der horizontalen Wirkung von Richtlinien ist jedoch durch zwei Entwicklungen zwischenzeitlich in den Hintergrund gedrängt worden. Zum einen hat die Entwicklung einer mitgliedstaatlichen Haftung für die Nichtumsetzung von Richtlinien dazu geführt, daß eine private Partei im Schadensfall sich gegebenenfalls auf Seiten des Staates schadlos halten kann.[50] Zum anderen können Richtlinien eine indirekte horizontale Wirkung (Drittwirkung) im Privatrechtsverkehr im Rahmen der Auslegung entfalten. Man spricht dabei auch von einer Wirkung zweiten Grades.[51] Dazu führt die Verpflichtung der Mitgliedstaaten aus Art. 10 EGV (Art. 5 a.F.) und hier insbesondere die Verpflichtung der innerstaatlichen Gerichte, das innerstaatliche Recht, wenn immer das möglich ist, im Sinne der Richtlinie auszulegen.[52] Das betrifft nicht nur das zur Umsetzung einer bestimmten Richtlinie erlassene nationale Recht, sondern, wie der EuGH betont, gilt die Pflicht zur gemeinschaftskonformen Auslegung des nationalen Rechts unabhängig davon, ob es sich um vor oder nach einer Richtlinie erlassene Vorschriften handelt. Dabei kann die Auslegung sogar soweit gehen, daß bestimmte nationale Normen nicht mehr angewendet werden können.[53] Des weiteren ist die gemeinschaftskonforme Auslegung als eine sämtliche nationale Auslegungsregeln modifizierende Interpretationsmaxime zu verstehen. Die nationalen Gerichte sind danach als Organe der Mitgliedstaaten berechtigt und verpflichtet, sämtliche in ihrem Rechtssystem üblichen Auslegungsregeln im Lichte des Gemeinschaftsrechts zu handhaben.[54] Die gemeinschaftskonforme Auslegung geht allerdings nicht soweit, daß nationale Gerichte Regelungen aus einer Richtlinie anwenden müssen, obwohl noch keine Umsetzung in nationales Recht stattgefunden hat und eine andere Norm des nationalen Rechts nicht als Anspruchsgrundlage herangezogen werden kann.[55] In einem solchen Fall kann sich der Bürger nur auf die

50 So auch: Bleckmann, Europarecht, 6. Auflage, S. 169, Rdnr. 437.

51 Beutler/Bieber/Pipkorn/Streil, Die Europäische Union, 4. Auflage, S. 210.

52 EuGH, Rs. 14/83 (von Colson und Kamann ./. Land Nordrhein-Westfalen), Slg. 1984, S. 1891; Rs. 79/83 (Harz ./. Deutsche Tradax), Slg. 1984, S. 1921.

53 EuGH, Rs. C-106/89 (Marleasing SA ./. La Comercial Internacional de Alimentación SA), Slg. 1990, I-4135.

54 Insoweit ist zuzustimmen: Schmidt, RabelsZ 59 (1995), 569, 590 m.w.N.

55 Dies hat der EuGH in Rs. C-91/92 (Faccini Dori ./. Recreb), Slg. 1994, I-3325 deutlich gemacht, in der der ital. Staat eine Richtlinie nicht fristgerecht umgesetzt hatte und ein ital. Gericht wissen wollte, ob die Richtlinie auch ohne Umsetzung Wirkungen im Verhältnis der Bürger untereinander entfalten konnte.

Staatshaftung wegen mangelnder Umsetzung der Richtlinie berufen. Eine gemeinschaftskonforme Auslegung kommt dann nicht in Betracht.

Die Verpflichtung zur gemeinschaftskonformen Auslegung des nationalen Rechts resultiert wiederum aus der Verpflichtung der Mitgliedstaaten zur gemeinschaftsfreundlichen Auslegung und Anwendung des Gemeinschaftsrechts.[56] Nach alledem wird deutlich, daß das Gemeinschaftsrecht bei der Auslegung und Anwendung des innerstaatlichen Rechts auch im Verhältnis zwischen privaten Parteien zu berücksichtigen ist.

4. Begrenzung der Harmonisierung

Die Harmonisierung unterliegt jedoch bestimmten Begrenzungen, die es den Gemeinschaftsorganen nicht erlauben, willkürlich jeden beliebigen Rechtsbereich durch Richtlinie oder Verordnung zu harmonisieren.

a. Begrenzung der Harmonisierung durch das Prinzip der begrenzten Einzelermächtigung

So wird in Art. 5 EUV (Art. E EUV a.F.) das Prinzip der Einzelermächtigung als eines der Grundprinzipien der gesamten Union festgelegt. Danach üben die Organe der Gemeinschaft ihre Befugnisse nach Maßgabe des Unionsvertrages und der Gründungsverträge der Gemeinschaft aus. Sie bedürfen also für jeden Rechtsakt einer ausdrücklichen oder zumindest im Rahmen der Auslegung nachweisbaren Rechtsgrundlage in den Verträgen. Will also die Gemeinschaft einen bestimmten Rechtsbereich harmonisieren, so benötigt sie eine entsprechende Ermächtigung durch den EGV oder den EUV. Hier besteht ein Gegensatz zum nationalen Gesetzgeber, der regelmäßig keiner verfassungsrechtlichen Ermächtigung bedarf, um Gesetze zu erlassen.[57] Zu Recht ist jedoch verschiedentlich auf die begrenzte Beschränkungswirkung des Prinzips der Einzelermächtigung hingewiesen worden. Dies begründet sich vor allem damit, daß die Ermächtigungsgrundlagen in EGV und EUV oftmals einen Querschnittscharakter aufweisen und die Abrundungskompetenz des Art. 308 EGV (Art. 235 a.F.) weitherzig angewandt wird.

---

56 Schlußanträge des GA van Gerven in: EuGH, Rs. C-262/88 (Barber), Slg. 1990, I-1889.

57 Pechstein/Koenig, Die Europäische Union, S. 82, Rdnr. 150.

b. Begrenzung der Harmonisierung durch das Subsidiaritätsprinzip

Eine weitere Begrenzung der Harmonisierung ergibt sich aus dem Prinzip der Subsidiarität nach Art. 5 Abs. 2 EGV (Art. 3b Abs. 2 a.F.). Dieses aus der christlichen Soziallehre stammende Prinzip besagt, daß in den Bereichen, die nicht in die ausschließliche Zuständigkeit der Gemeinschaft fallen, diese nur tätig wird, „sofern und soweit die Ziele der in Betracht gezogenen Maßnahmen auf Ebene der Mitgliedstaaten nicht ausreichend erreicht werden können und daher wegen ihres Umfangs oder ihrer Wirkung besser auf Gemeinschaftsebene erreicht werden können." Um die strikte Beachtung dieses Prinzip zu gewährleisten und seine Anwendung zu konkretisieren, wurde dem Vertrag von Amsterdam ein „Protokoll über die Anwendung der Grundsätze der Subsidiarität und der Verhältnismäßigkeit" beigefügt. In der Nr. 4 dieses Protokolls wird für den Vorschlag zum Erlaß gemeinschaftsrechtlicher Rechtsvorschriften verlangt, daß eine Begründung zur Rechtfertigung dahingehend zu erfolgen hat, *„daß dabei die Grundsätze der Subsidiarität und der Verhältnismäßigkeit eingehalten werden"*, wobei die Begründung sowohl auf qualitative als auch quantitative Kriterien gestützt werden kann. Das bedeutet, daß jeder gesetzgeberische Vorschlag eine entsprechende Abwägung enthalten muß. Damit wird die Rechtsharmonisierung nochmals an die vertraglichen Zuständigkeiten und Ziele des EGV geknüpft, so daß eine Harmonisierung als Selbstzweck ausscheidet.[58] Sind damit die vielfältigen Instrumente der Rechtsharmonisierung in der Europäischen Gemeinschaft und der ihnen eingeräumte Umfang zur Harmonisierung kurz skizziert, so soll im folgenden dargestellt werden, inwieweit dies in den einzelnen Zivilrechtsbereichen mittlerweile zu einer Angleichung oder Vereinheitlichung geführt hat.

II. Der Einfluß des Gemeinschaftsrechts im Verbraucherschutzrecht

Unübersehbar ist der Einfluß des Gemeinschaftsrechts beispielsweise im Verbraucherschutzrecht.[59] Die Kommission hat hier Richtlinie an Richtlinie gereiht, um den Aufbau eines kohärenten europäischen Verbraucherrechts zu erreichen.[60] Betrachtet man die existierenden Richtlinien sowie die bereits bekannten Entwürfe für weitere Richtlinien, so ergibt sich unübersehbar eine bestimmte Systematik: In den Richtlinien über den Widerruf von Haustür-

58 Nicolaysen, Europarecht II – Das Wirtschaftsrecht im Binnenmarkt, S. 307 f.

59 Grundmann, NJW 2000, 14, 15 weist darauf hin, daß die Regelungen, die er als Europäisches Schuldvertragsrecht zusammenfaßt, mittlerweile „Schuldverträge von weit über 50 % des EU-weiten Bruttosozialprodukts" betreffen.

60 Siehe hierzu auch die Darstellung bei: Micklitz, EuZW 1997, S. 229 - 237, der die Frage stellt, ob man sich schon auf dem Weg zu einem einheitlichen Kaufrecht für Verbraucher in der EG befindet.

geschäften[61] und über Verbraucherschutz bei Vertragsabschlüssen im Fernabsatz,[62] die vor allem den grenzüberschreitenden Absatz von Waren- und Dienstleistungen mittels traditioneller (Versandhandel, Katalogverkauf) oder moderner Vertriebsmethoden (Tele-shopping, E-Commerce bzw. Internetvertrieb, E-Mail-Verkauf) im Binnenmarkt fördern helfen soll,[63] werden insbesondere die Modalitäten des Vertragsschlusses gesondert geregelt. Die Richtlinie über Verbraucherkreditverträge,[64] die Richtlinie über Pauschalreisen,[65] die Time-Sharing-Richtlinie[66] wiederum bestimmen das heutige Erscheinungsbild verbraucherbezogener Vertragstypen. Die Richtlinien über die Produkthaftung,[67] die Richtlinie über irreführende Werbung sowie die vorerst gescheiterte Richtlinie über eine Dienstleistungshaftung[68] stellen den Schutz des Verbrauchers vor gefährlichen Produkten, vor einer Irreführung durch Werbung und gegebenenfalls vor gefährlichen Dienstleistungen sicher. Es fehlte bislang der „allgemeine Teil des Verbraucherrechts". Diese Lücke versuchte die Gemeinschaft mit der Richtlinie über mißbräuchliche Klauseln in Verbraucherverträgen[69] in Anlehnung an das AGB-Gesetz zu schließen.[70] Darüber hinaus wurde im Mai 1999 die Richtlinie über den Verbrauchsgüterkauf und –garantien[71] verabschiedet. Diese zielt auf die Harmonisierung einer zentralen Kategorie des Schuldrechts. Insofern reiht sie sich in die Reihe der vertragstypenbezogenen Richtlinien ein. Gleichzeitig ist mit dieser Richtlinie eine Harmonisierung des Fehlerbegriffs und der Gewährleistungsrechte erreicht worden, die jedoch wegen ihrer Reichweite den nationalen Gesetzgeber zu schwerwiegenden Eingriffen in das Gefüge des nationalen Schuldrechts zwingen wird.[72] Die Kommission erweitert mit ihren Vorschlägen

---

61 ABlEG 1985 Nr. L 372, S. 31.

62 ABlEG 1997 Nr. L 144, S. 11.

63 Eine ausführlichere Darstellung der Problematik gibt: Reich, EuZW 1997, S. 581 - 584.

64 ABlEG 1987 Nr. L 42, S. 48.

65 ABlEG 1990 Nr. L 158, S. 59.

66 ABlEG 1994 Nr. L 280, S. 83.

67 ABlEG 1985 Nr. L 210, S. 29.

68 ABlEG 1991 Nr. C 12, S. 8.

69 ABlEG 1993 Nr. L 95, S. 29.

70 Siehe dazu Pfeiffer in: Grabitz/Hilf, Das Recht der Europäischen Union, Bd. IV, A 5, Vorbem., Rdnr. 32, der darauf hinweist, daß die Richtlinie teils dem Vorbild des deutschen Rechts, teils dem des romanischen Rechts entlehnt wurde, wobei das AGBG insbesondere bei der richterlichen Überprüfung sowie bei der Umsetzung des Grundsatzes von Treu und Glauben Pate stand.

71 KOM (95) 520, abgedruckt in: ZIP 1996, S. 1845.

72 Hübner, EuZW 1999, S. 481 weist darauf hin, daß dabei eine der markantesten Änderungen die Verlängerung der Gewährleistungsfrist von sechs Monaten (§ 477 BGB) auf zwei Jahre darstellt. Zudem befürchtet er, daß – wenn der Gesetzgeber bei der Umsetzung der Richtlinie vorausschauend plant – es in Zukunft zu einer Zersplitterung des durchstrukturierten BGB kommen könne und man mit einem „Flickwerk" aus europäischem und nationalem Recht leben müsse. Auf das Problem, daß die Rechtsbegriffe und Rechtskonzepte des Gemeinschaftsrechts und des nationalen Privatrechts in diesem Bereich in ein Passungsverhältnis gebracht werden müssen, weist hin: Micklitz, EuZW 1999, 481, 491.

den immer dichter werdenden Bestand eines europäischen Verbraucherrechts, das das nationale Verbraucherschutzrecht in einem erheblichem Umfang einer Angleichung unterwirft.

III. Der Einfluß des Gemeinschaftsrechts im Gesellschaftsrecht

Auch das Gesellschaftsrecht ist mittlerweile in großem Umfang Gegenstand sekundärrechtlicher Regelungen des Gemeinschaftsrechts geworden.[73] Es gehört zum Kernbereich der Rechtsetzung in der Europäischen Union. Die Rechtsetzungintensität im Gesellschaftsrecht dürfte zwischenzeitlich alle anderen Gebiete übertreffen.[74] Abgesehen von der vorerwähnten EWiV ist dabei nicht Rechtsvereinheitlichung, sondern die Angleichung des nationalen Rechts die Devise. Dementsprechend sind auch hier auf der Grundlage des Art. 44 Abs. 3 lit. G EGV (Art. 54 Abs. 3 lit. G a.F.) neun Richtlinien erlassen worden, welche rechtliche Vorgaben u.a. für das Kapitalrecht, das Publizitäts- und Bilanzrecht, die Einmanngesellschaft sowie die Spaltung und den Zusammenschluß von Unternehmen enthalten.[75] Die Verabschiedung einer weiteren Richtlinie über Übernahmeangebote steht kurz bevor. Als weitere Schritte sind das seit langem von der Kommission verfolgte Projekt eines Statuts für eine Europäische Aktiengesellschaft (Societas Europea oder SE) sowie die Schaffung der Rechtsform der Europäischen Genossenschaft, des Europäischen Vereins und der Europäischen Gegenseitigkeitsgesellschaft in der Diskussion. Zwar wurde bislang auf der Ebene des Gesellschaftsrechts ein Defizit an Harmonisierungsfortschritten ausgemacht, doch ist die lange Zeit ins Stocken geratene Diskussion um die Schaffung der Europäischen Aktiengesellschaft (SE) seit der Ratspräsidentschaft Luxemburgs wieder zu neuem Leben erweckt worden und eine Einigung erscheint so greifbar nahe wie nie zuvor.

Selbst in die Diskussion um eine Takeover-Richtlinie ist wieder Belebung gekommen, seit die Kommission Anfang 1996 mit ihrem nunmehr dritten Vorschlag[76] versucht, die verhärteten Fronten einiger Mitgliedstaaten auf diesem Gebiet aufzuweichen. Die vorausgehenden Richtlinienentwürfe von 1989 und 1990 hatten ein zum Teil sehr kritisches Echo hervorgerufen, da aus den verschiedensten Richtungen der umfassende regulatorische Charakter dieser Vorschläge auf Ablehnung gestoßen ist. Folgerichtig ist in dem neuen Vorschlag eine Zurücknahme der europarechtlichen Vorgaben erblickt worden, so daß man nunmehr von einer Rahmenrichtlinie sprechen kann, die lediglich allgemeine Grundsätze und Mindestanforde-

---

[73] Habersack, Europäisches Gesellschaftsrecht, S. 1.

[74] Grunewald, Die Zukunft des europäischen Gesellschaftsrechts, S. 89.

[75] Dazu ausführlich: Lutter, Europäisches Unternehmensrecht, S. 33 - 34, 147 -170; siehe auch: Wiesner, EuZW 1992, S. 270; den Einfluß auf das Gesellschaftsrecht beleuchtend: Steindorff, ZHR 156 (1992), 1 ff.

[76] Vorschlag für eine 13. Richtlinie des Europäischen Parlaments und des Rates auf dem Gebiet des Gesellschaftsrechts über Übernahmeangebote vom 7.2.1996, KOM (95) 655, ABlEG 1996 Nr. C 162, S. 5 - 24.

rungen für Übernahmeangebote vorschreibt, den Mitgliedstaaten jedoch einen weiten Spielraum bei der Umsetzung beläßt.[77] So ist es beispielsweise nicht erforderlich, daß die Richtlinie durch Rechts- oder Verwaltungsvorschriften umgesetzt wird, sondern es reichen vielmehr auch *„sonstige Verfahren oder Regelungen"*. Letztlich wird dem Vorschlag deshalb eine größere Chance auf baldige Umsetzung einzuräumen sein.

IV. Der Einfluß des Gemeinschaftsrechts im Kartell- und Wettbewerbsrecht

Ein weiterer zivilrechtlicher Bereich, der einem erheblichen Einfluß durch das Gemeinschaftsrecht unterliegt, ist das Kartell- und Wettbewerbsrecht. Dem Wettbewerb kommt in der Wirtschaftsverfassung der Europäischen Gemeinschaft mit ihrer Ausrichtung auf den Binnenmarkt eine zentrale Rolle zu.[78] Dementsprechend werden vom EG-Vertrag als Wettbewerbsregeln solche Vorschriften bezeichnet, die die Schaffung und Aufrechterhaltung des Wettbewerbs im Gemeinsamen Markt betreffen. Hierzu gehören insbesondere die Regeln gegen den Mißbrauch marktbeherrschender Stellung, die Regeln des europäischen Kartellrechts sowie das Beihilferecht. Diese Bereiche zeichnen sich dadurch aus, daß bedeutsame primärrechtliche Regelungen im Rahmen des EG-Vertrages existieren.

Von existentieller Bedeutung für das System der europäischen Wettbewerbsordnung ist das Kartellrecht, das in Art. 81 EGV (Art. 85 a.F.) seine zentrale Regelung gefunden hat. Ausgehend von dieser Norm sind – insbesondere im Hinblick auf die Freistellung nach Art. 81 Abs. 3 EGV (Art. 85 Abs. 3 a.F.) - eine Vielzahl von Verordnungen erlassen worden, so daß man inzwischen von einem ausgefeilten europäischen Kartellrechtssystem sprechen kann. Dementsprechend hat das Kartellrecht auch einen umfassenden Niederschlag in der Rechtsprechung des EuGH gefunden, der hier schon aus Platzgründen nicht in seiner vollen Breite umrissen werden kann.[79] Die Vielzahl der Entscheidungen in diesem Bereich macht jedoch deutlich, welche praktische Relevanz und Bedeutung diese Regelung hat. Art. 81 EGV (Art. 85 a.F.) definiert, welche Kartelle mit dem Gemeinsamen Markt unvereinbar und verboten sind. Damit kann das Kartellrecht des Art. 81 EGV (Art. 85 a.F.) in vielfältiger Weise mit dem nationalen Kartellrecht kollidieren. So können Kartelle nach nationalem Recht zulässig sein, während sie nach europarechtlichen Bestimmungen verboten sind. Auch der umge-

---

77 Siehe dazu: Schuster, EuZW 1997, S. 237 - 241, der insbesondere die Auswirkungen des Richtlinienvorschlags auf den Übernahmekodex der Börsensachverständigenkommission, dem sich die deutschen Marktteilnehmer zum einem Großteil freiwillig unterworfen haben, untersucht und zu dem Ergebnis gelangt, daß der Übernahmekodex bereits den Anforderungen des Richtlinienvorschlags genügt.

78 Dreher, Der Rang des Wettbewerbs im europäischen Gemeinschaftsrecht, S. 109.

79 Einen detaillierten Überblick sowohl über die erlassenen Verordnungen wie auch die Rechtsprechung des EuGH gibt: Bleckmann, Europarecht, 6. Auflage, S. 651 - 693, Rdnr. 1784 - 1917.

kehrte Fall ist denkbar. Die unmittelbar anwendbaren Vorschriften des EGV auf dem Gebiet des Wettbewerbsrechts verdrängen die nationalen Regelungen nicht. Nach der Rechtsprechung des EuGH ist aber aufgrund des Vorranges des Gemeinschaftsrechts die gemeinschaftsrechtliche Regel vorzugswürdig, da die gleichzeitige Anwendung des nationalen Rechts nur dort zulässig ist, *„wo dies die einheitliche Anwendung des Gemeinschaftsrechts und die volle Wirksamkeit der zu seinem Vollzug ergangenen Maßnahmen auf dem gesamten gemeinsamen Markt nicht beeinträchtigt."*[80] Damit tritt eine automatische Harmonisierung ein, da der nationale Gesetzgeber zwar entgegenstehende Gesetze erlassen kann, diese sich aber in der Rechtswirklichkeit gegenüber den gemeinschaftsrechtlichen Regelungen nicht durchsetzen.

Von großer Bedeutung ist des weiteren die Verordnung Nr. 4064/89 über die Kontrolle von Unternehmenszusammenschlüssen,[81] die am 21.9.1990 in Kraft trat und kürzlich einer Überarbeitung unterzogen wurde.[82] Sie sollte eine Unzulänglichkeit der Art. 81 (Art. 85 a.F.) und 82 EGV (Art. 86 a.F.) beheben, die nicht direkt auf die Kontrolle von Unternehmenszusammenschlüssen hin konstruiert waren. Diesen Bestimmungen fehlte es an einem formalisierten Kontrollverfahren, so daß eine präventive Kontrolle unmöglich war. Des weiteren paßten die tatbestandlichen Voraussetzungen des Mißbrauchs nach Art. 82 EGV (Art. 86 a.F.) oder der Vereinbarung nach Art. 77 EGV (Art. 81 a.F.) nicht genau auf Unternehmenszusammenschlüsse. Dies gab den Anlaß zum Erlaß der Verordnung, die insgesamt als ein erfolgreiches Stück Rechtsetzung betrachtet werden darf, denn seit dem Inkrafttreten hat die Kommission schon mehr als 600 Fusionskontrollentscheidungen erlassen.[83] Das wohl spektakulärste Fusionskontrollverfahren dürfte die Fusion zwischen Boing und McDonnell Douglas gewesen sein, das von großem öffentlichem Interesse begleitet wurde, da keines der beiden amerikanischen Unternehmen eine nennenswerte Produktionsanlage auf dem Gebiet der Gemeinschaft besaß.[84] Dieser Fall verdeutlicht die Anwendbarkeit der EG-Fusionskontrolle auf sogenannte Drittlandszusammenschlüsse, also Zusammenschlüsse zwischen Unternehmen, die ihren Sitz nicht in den Mitgliedsländern der Gemeinschaft haben.[85]

---

80 EuGH, Rs. 14/68 (Wilhelm ./. Bundeskartellamt), Slg. 1969, 1, 13.

81 ABlEG 1990 Nr. L 257, S. 14 - 25.

82 Siehe hierzu die ausführliche Darstellung bei: Hirsbrunner, EuZW 1998, S. 69 ff., der die Hintergründe für die Revision der FusionskontrollVO einer eingehenden Betrachtung unterzieht.

83 Hirsbrunner, EuZW 1997, 748, 749.

84 Vgl. dazu: Montag, NJW 1998, 2088, 2094.

85 Hirsbrunner, EuZW 1999, 389, 390 weist jedoch darauf hin, daß die Bedeutung des Falls weniger darin zu sehen ist, daß ein Drittlandszusammenschluß untersucht wurde, sondern vielmehr darin, daß die Kommission im Rahmen dieses Verfahrens eine enge Zusammenarbeit mit den amerikanischen Wettbewerbsbehörden pflegte, was die internationale Anerkennung der Tätigkeit der Kommission zusätzlich verdeutlicht.

Seither ist auch den Unternehmen in Drittländern verdeutlicht worden, daß die europäische Fusionskontrolle zwischenzeitlich eine ernstzunehmende Größe geworden ist.

Die Verhinderung des Mißbrauchs einer marktbeherrschenden Stellung nach Art. 82 EGV (Art. 86 a.F.) dient der Aufrechterhaltung des Wettbewerbs und liegt damit im spezifischen Interesse der Funktionsfähigkeit des Gemeinsamen Markts. Die Verhaltensweisen, die im Falle einer marktbeherrschenden Stellung einen Mißbrauch darstellen können, sind vielfältig und gehen über die in Art. 82 EGV (Art. 86 a.F.) aufgeführten Beispiele weit hinaus. Trotzdem hatte Art. 82 EGV (Art. 86 a.F.) lange Jahre im Vergleich zu Art. 85 EGV und der Fusionskontrollverordnung ein Schattendasein geführt. Dies hat sich jedoch durch das viel beachtete *Magill*-Urteil[86] des EuGH zwischenzeitlich geändert. In diesem Urteil hatte der EuGH darüber entschieden, wann ein marktbeherrschendes Unternehmen Wettbewerbern zwangsweise eine Lizenz erteilen muß, um diesen den Zugang zu den Grundlagen der marktbeherrschenden Stellung zu ermöglichen.[87] Auch wenn dies zwischenzeitlich durch das Urteil in der Rechtssache *Bronner*[88] inhaltlich begrenzt wurde,[89] so hat diese Rechtsprechung trotzdem weitreichende Konsequenzen für die nationalen Rechtsordnungen.

Im Bereich des Rechts zur Bekämpfung des unlauteren Wettbewerbs fällt der Beitrag des Gemeinschaftsrechts etwas dürftiger aus, da diese Materie bisher nur in sehr begrenztem Maße vom Gemeinschaftsrecht erfaßt worden ist.[90] Der EuGH hat in mehreren Fällen festgestellt, daß mitgliedstaatliche Normen zur Regelung des unlauteren Wettbewerbs gegen Art. 38 EGV (Art. 30 a.F.) verstoßen.[91] Nachdem jedoch frühere Überlegungen hinsichtlich einer weitergehenden Angleichung der nationalen Rechte auf diesem Gebiet zwischenzeitlich fallengelassen worden sind, hat sich die Gemeinschaft mittlerweile auf die Verabschiedung einer Richtlinie über irreführende Werbung beschränkt.[92]

Letztlich rundet das Beihilferecht den Kreis der den Wettbewerb sichernden europarechtlichen Normen ab. Es beruht auf der Regelung des Art. 87 Abs. 1 EGV (Art. 92 Abs. 1 a.F.), die ein grundsätzliches Verbot solcher wettbewerbsbeschränkenden Beihilfen bzw. Subventi-

---

[86] EuGH, (RTE), Slg. 1995, I-743.

[87] Für eine ausführliche Besprechung dieses Urteils siehe: Montag, EuZW 1997, S. 71 - 78.

[88] EuGH, Rs. (Oscar Bronner GmbH & Co. KG ./. Mediaprint Zeitungs- und Zeitschriftenverlag GmbH u.a.), Slg. 1998, I-7791 ff.

[89] So die Bewertung bei: Montag, NJW 2000, 32, 38.

[90] Müller-Graff, NJW 1993, 13, 15.

[91] Müller-Graff in: Groeben/Thiesing/Ehlermann, EWGV, Art. 30, Rdnr. 89 ff. m.w.N.

[92] ABlEG 1984 Nr. L 250, S. 17 - 20.

onen enthält, die den Handel zwischen den Mitgliedstaaten beeinträchtigen.[93] Als Beeinträchtigung des Handels gilt dabei jede Einwirkung auf den grenzüberschreitenden Verkehr, was insbesondere auch bei Exportsubventionen der Fall sein kann, da hierdurch die Stellung eines Unternehmens im innergemeinschaftlichen Handel wettbewerbshindernd gestärkt werden kann.[94] Damit erweist sich das Subventionsverbot als eine Ergänzung der Grundfreiheiten des Gemeinsamen Marktes.[95] Gleichzeitig wird deutlich, daß bei der Subventionsvergabe nicht mehr allein die Wirksamkeit der Beihilfe nach nationalem Recht ausschlaggebend ist.

V. Der Einfluß des Gemeinschaftsrechts im gewerblichen Rechtsschutz

Ebenfalls vom Gemeinschaftsrecht überlagert sind die gewerblichen Schutzrechte. Sowohl im Markenrecht als auch im Patent- und Urheberrecht sind gemeinschaftsrechtliche Einflüsse nicht zu übersehen. Oftmals steht dabei das Spannungsverhältnis zwischen gewerblichem Rechtsschutz und der Warenverkehrsfreiheit nach Art. 28 EGV (Art. 30 a.F.) im Vordergrund. Der EuGH hat in vielen Fällen dieses Spannungsverhältnis genutzt, um die Bedeutung der nationalen und in ihrer Wirkung territorial beschränkten Schutzrechte zugunsten des freien Warenverkehrs schrittweise zurückzudrängen.[96]

1. Markenrecht

Der Rechtsschutz von Marken mitsamt dem Erschöpfungsgrundsatz ist mittlerweile durch eine Richtlinie aus dem Jahre 1988[97] angeglichen worden. Schon zuvor gab es eine ausgefeilte Judikatur des EuGH, die auch weiterhin beachtlich bleibt, weil sie zu Grundfreiheiten Stellung nimmt und Grundfreiheiten die Rechtssetzung der Gemeinschaft nach wie vor binden.[98] Sowohl die Grundfreiheiten als auch die vorerwähnte Richtlinie bewirken, daß das nationale Recht gemeinschaftskonform zu interpretieren ist. Weiterhin sind auf dem Gebiet des Markenrechts durch Verordnung auch eine Gemeinschaftsmarke[99] und ein gemeinschaft-

---

93 Allerdings werden vier Typen von Ausnahmen von diesem Grundsatz zugelassen, nämlich die Legalausnahmen (Art. 87 [92 a.F.] Abs. 2 lit. a-c EGV), Ausnahmen aufgrund einer Entscheidung der Kommission (Art. 88 [93 a.F.] Abs. 3 EGV), Ausnahmen aufgrund einer Entscheidung des Rates (Art. 83 [87 a.F.] Abs. 3 lit. e EGV) und – bei außergewöhnlichen Umständen – Ausnahmen bei mitgliedstaatlichen Anträgen beim Rat (Art. 88 [93 a.F.] Abs. 2 EGV).

94 EuGH, Rs. 730/79 (Philip Morris), Slg. 1980, 2671, 2688.

95 Nicolaysen, Europarecht II – Das Wirtschaftsrecht im Binnenmarkt, S. 285.

96 Kohler, ZEuP 1995, 482, 492.

97 ABlEG 1989 Nr. L 40, S. 1.

98 Steindorff, EG-Vertrag und Privatrecht, S. 129.

99 VO (EG) Nr. 40/94 des Rates vom 20.12.1993, ABlEG 1994 Nr. L 11, S. 1 ff.

licher Sortenschutz[100] geschaffen worden, die von Ämtern der Gemeinschaft verwaltet werden[101]. Interessant gestaltet sich der Rechtsschutz gegen Entscheidungen dieser Ämter. Zunächst ist ein verwaltungsinternes Beschwerdeverfahren vorgesehen, an das sich eine Klagemöglichkeit vor dem EuG mit der Möglichkeit eines Rechtsmittels zum EuGH anschließt.[102] Die einheitliche Anwendung des damit neugeschaffenen Sekundärrechts soll alleine durch den EuGH im Rahmen von Vorabentscheidungen nach Art. 234 EGV (Art. 177 a.F.) gesichert werden. Neben der vorerwähnten Einführung der Gemeinschaftsmarke ist aber auch das nationale Markenrecht der Mitgliedstaaten durch die anfangs erwähnte Richtlinie harmonisiert worden. In Deutschland wurde diese Richtlinie durch das Markengesetz von 1994 umgesetzt, durch das u.a. das Warenzeichengesetz von 1968 außer Kraft gesetzt wurde. Der früher enge Markenbegriff wird danach nunmehr – europakonform - weit ausgelegt und erfaßt damit alle Zeichen, die sich graphisch darstellen lassen.

2. Patentrecht

Ebenso wie im Markenrecht ist auch im Patentrecht der Versuch der Schaffung eines Gemeinschaftspatents unternommen worden. Doch bislang sind entsprechende Versuche im Rahmen des Gemeinschaftsrechts gescheitert. Mit der Luxemburger Vereinbarung von 1989 sollte eine Vereinbarung über Gemeinschaftspatente (VGP) getroffen werden, die wegen anhaltender unüberbrückbarer Gegensätze der Verhandlungspartner bislang nicht in Kraft getreten ist. Anders als im Markenrecht wird es deshalb sobald auch keine Gemeinschaftspatentgerichtsbarkeit geben.[103] Ob und wann sich dies ändert, bleibt abzuwarten.

Eine Europäisierung des Patentrechts hat sich jedoch schon außerhalb des Gemeinschaftsrechts vollzogen. Im Jahre 1977 trat das Übereinkommen über das Europäische Patent in Kraft, dem jedoch (noch) nicht alle Mitgliedstaaten der Gemeinschaft, wohl aber einige EFTA-Länder (heute: EWR), beigetreten sind. Es ermöglicht die Erteilung eines „Europapatents" nach einheitlichem Verfahren (vor dem Europäischen Patentamt in München), wobei sich die Patenterteilung noch nach dem jeweiligen nationalen Patentrecht bestimmt. Hier bleibt abzuwarten, in welche Richtung weitere Integrationsschritte erfolgen.

---

100 VO (EG) Nr. 2100/94 des Rates vom 27.7.1994, ABlEG 1994 Nr. L 227, S. 1 ff.

101 Dies sind das Harmonisierungsamt für den Binnenmarkt (Marken, Muster und Modelle) nach Art. 2, 111 ff. GemeinschaftsmarkenVO und das gemeinschaftliche Sortenamt nach Art. 4, 30 ff. SortenVO.

102 Art. 57 ff., 63 GemeinschaftsmarkenVO, Art. 67 ff., 73, 74 SortenVO, wobei sich die Zuständigkeit des EuG aus der Übertragung aller Direktklagen nach Art. 173 Abs. 2 EGV ergibt.

103 Lipp, JZ 1997, 326, 328.

3. Urheberrecht

Auch für das Urheberrecht gilt zum einen, daß die einzelstaatlich gewährleisteten Urheberrechte jeweils den begrenzenden Wirkungen des Art. 28 EGV (Art. 30 a.F.) ausgesetzt sind.[104] Zum anderen sind im Urheberrecht schon ganz spezielle Materien moderner Technologie harmonisiert worden. So etwa durch die Richtlinie über den Rechtsschutz von Topographien von Halbleitererzeugnissen[105] sowie im Bereich der EDV mit der Richtlinie über den Rechtsschutz von Computerprogrammen[106].

Insgesamt läßt sich zur Rechtsangleichung bei den gewerblichen Schutzrechten feststellen, daß diese zwar erst stückweise vorangekommen ist, doch bedeutet das Erreichte jetzt schon ein „imponierendes Stück europäischen Zusammenwachsens" in dem schwierigen Bereich des Immaterialgüterrechts, dessen Harmonisierung eine wichtige Voraussetzung für die Vollendung des Binnenmarktes darstellt.[107]

VI. Der Einfluß des Gemeinschaftsrechts in anderen Zivilrechtsbereichen

Auch in anderen Zivilrechtsbereichen ist der Einfluß des Gemeinschaftsrechts nicht zu verkennen. So ist das Handelsrecht in mehreren Bereichen von Angleichungsrichtlinien betroffen worden. Hinzuweisen ist hier insbesondere auf die Richtlinie über die Handelsregisterpublizität,[108] die Bilanzrichtlinien[109] und die Richtlinie über Handelsvertreterverträge[110]. Lediglich bei der letztgenannten Richtlinie handelt es sich um eine genuin handelsrechtliche Regelung. Ansonsten sind dies gesellschaftsrechtliche Richtlinien mit einer Ausstrahlungswirkung auf das Handelsrecht. Wenn sich die bisherige Harmonisierung ausgerechnet auf das Handelsvertreterrecht bezieht, so erklärt sich das damit, daß die Tätigkeit des Handelsvertreters besonders den grenzüberschreitenden Warenverkehr betrifft.[111]

---

[104] Müller-Graff in: Groeben/Thiesing/Ehlermann, EWGV, Vorb. Art. 85-89, Rdnr. 127 f.

[105] ABlEG 1989 Nr. L 24, S. 36.

[106] ABlEG 1991 Nr. L 122, S. 42.

[107] EG-Symposion zur Vereinheitlichung des gewerblichen Rechtsschutzes, GRUR 1986, S. 157; Oppermann, Europarecht, 2. Auflage, S. 498, Rdnr. 1250.

[108] ABlEG 1968 Nr. L 65, S. 8.

[109] ABlEG 1978 Nr. L 222, S. 1; 1983 Nr. L 193, S. 1 - 17; 1986 Nr. L 372, S. 1 - 17.

[110] ABlEG 1986 Nr. L 382, S. 17 - 21.

[111] Klauer, Die Europäisierung des Privatrechts – Der EuGH als Zivilrichter, S. 167.

Auch das Arbeitsrecht ist in vielfacher Hinsicht Gegenstand gemeinschaftsrechtlicher Regelungen geworden. Zunächst einmal gewährt das Ziel der Freizügigkeit von Arbeitnehmern, das in Art. 39 EGV (Art. 48 a.F.) statuiert ist, den Arbeitnehmern das Recht auf freien Beschäftigungszugang, das Recht auf Freizügigkeit innerhalb des Gebiets eines Mitgliedstaates zum Zwecke der Beschäftigung, das Recht auf Behandlung ohne Diskriminierung wegen einer anderen Staatszugehörigkeit sowie einige weitere Rechte. Zur Sicherung von Arbeitnehmerrechten sind eine Reihe weiterer Richtlinien erlassen worden. So etwa die Richtlinie zur Gleichbehandlung von Mann und Frau in Arbeitsbeziehungen,[112] zur Regelung des Rechts der Massenentlassungen,[113] zur Verbesserung der Sicherheit und des Gesundheitsschutzes von Arbeitnehmern bei der Arbeit[114] sowie zum Schutz der Arbeitnehmer im Falle der Betriebsübernahme und der Zahlungsunfähigkeit des Arbeitgebers[115]. Ein besonderes Kapitel stellt die bislang letzte Richtlinie in dieser Reihe dar, die Entsenderichtlinie,[116] die gegen den Widerstand Großbritanniens bei Enthaltung Portugals beschlossen worden war. Diese Richtlinie behandelt den zeitweiligen grenzüberschreitenden Einsatz von Dienstleistungsunternehmen in einem anderen Mitgliedstaat, bei dem die Arbeitnehmer aus dem Ausland mitgebracht werden. Die Richtlinie will diese den Mindestarbeitsbedingungen des Mitgliedstaates unterwerfen, in dem die Dienstleistung erbracht wird. Damit soll Wettbewerbsverzerrungen und dem sog. Sozialdumping entgegengewirkt werden.[117] Letztlich ist auf den Richtlinienvorschlag der Kommission für befristete Arbeitsverträge hinzuweisen, deren Qualität dadurch verbessert werden soll, daß jede Diskriminierung beseitigt und jede mißbräuchliche Nutzung dieser Verträge verhindert wird.[118]

---

112 ABlEG 1975 Nr. L 45, S. 40 - 44.

113 ABlEG 1998 Nr. L 225, S. 16 - 19.

114 ABlEG 1989 Nr. L 183, S. 1 - 8, 1991 Nr. L 206, S. 19 - 21.

115 ABlEG 1980 Nr. L 283, S. 23.

116 ABlEG 1997 Nr. L 18, S. 1 - 6.

117 Konzen, Die Entwicklung des europäischen Arbeitsrechts, S. 63.

118 Siehe dazu den redaktionellen Hinweis in: EuZW 1999, S. 418.

VII. Die Auswirkung der Europäisierung des Privatrechts auf die Tätigkeit des EuGH

Diese - bei weitem nicht vollständige - Auflistung macht deutlich, daß die Zuständigkeit des EuGH auf privatrechtlichem Gebiet in starkem Maße zunimmt, da Art. 234 EGV (Art. 177 a.F.) dem EuGH u.a. für die Auslegung von sekundärem Gemeinschaftsrecht eine Vorabentscheidungskompetenz zuerkennt und den letztinstanzlichen innerstaatlichen Gerichten nach Abs. 3 eine entsprechende Vorlagepflicht auferlegt. Zwar dienen die Richtlinien nach Art. 94 EGV (Art. 100 a.F.) in erster Linie der Rechtsangleichung, doch vermindert sich dadurch die Aufgabe des EuGH nicht. Es ist insoweit anerkannt, daß innerstaatliches Recht, das einen angeglichenen Bereich betrifft, richtlinienkonform auszulegen ist.[119] Der EuGH hat in seiner ständigen Rechtsprechung[120] darauf hingewiesen, daß *„eine Auslegung der Richtlinie unabhängig von ihren Wirkungen [...] für das nationale Gericht zweckmäßig sein kann, damit sichergestellt wird, daß das zur Durchführung der Richtlinie erlassene Gesetz gemeinschaftsrechtskonform ausgelegt und angewendet wird.*" Insofern die nationalen Gerichte dieser Aufforderung nachkommen, ergibt sich in einer zunehmenden Zahl von Fällen die Notwendigkeit zur Auslegung der jeweiligen Richtlinie. Das Auslegungsmonopol steht dabei dem EuGH zu. Gleiches gilt selbstverständlich auch für die Auslegung von Verordnungen sowie des primären Gemeinschaftsrechts, also den Bestimmungen der europäischen Verträge sowie der Zusatzprotokolle und -abkommen. Da die damit umfaßte Rechtsmaterie stetig wächst, läßt sich insgesamt festhalten, daß die Vorlagemöglichkeit nach Art. 234 Abs. 1 EGV (Art. 177 Abs. 1) sowie die Vorlagepflicht nach Abs. 3 in zivilrechtlichen Streitigkeiten zunehmend an Bedeutung gewinnt, da das materielle Gemeinschaftsrecht im Bereich des Zivilrechts stetig zunimmt.[121]

VIII. Entwicklung eines Gemeinschaftsprivatrechts ?

Vereinzelt wird in diesem Zusammenhang sogar schon von der Entwicklung eines eigenen Gemeinschaftsprivatrechts gesprochen.[122] Der Begriff des Gemeinschaftsprivatrechts dient in diesem Zusammenhang nicht der Beschreibung eines schon erreichten Zustandes, sondern bringt vielmehr den Wunsch der Autoren nach einer zukünftigen umfassenden Privatrechts-

---

119 Vgl. insbesondere die Ausführungen des Generalanwalts van Gerven in: Rs. C-106/89 (Marleasing), Slg. I-4135; Di Fabio, NJW 1990, S. 947; Galmot/Bonichot, RFDA 1988, S.1 ff. weisen darauf hin, daß jedoch die prinzipielle Auslegungsfähigkeit der Vorschrift zu beachten ist.

120 EuGH, Rs. 111/75 (Mazzalai ./. Ferrovia del Renon), Slg. 1976, 657, 666.

121 Ebenso: Steindorff, ZHR 156 (1992), 1, 2.

122 So insbesondere: Müller-Graff, NJW 1993, S. 13.

angleichung zum Ausdruck. Dabei werden im wesentlichen zwei unterschiedliche Auffassungen vertreten, wie ein solches Gemeinschaftsprivatrecht geschaffen werden könne. Die verschiedenen Auffassungen in diesem Streit werden nach den rechtshistorischen Vorbildern *Thibauts* und *Savignys* benannt.[123] Die „Thibauts" befürworten eine umfassende Kodifikation des Gemeinschaftsprivatrechts. Eine solche existiert bislang nicht, noch liegt ein entsprechend ausgearbeiteter Vorschlag vor. Vereinzelt sind jedoch schon Versuche unternommen worden, Privatrechtsbereiche zum Gegenstand vereinheitlichender Kodifikationsentwürfe zu machen. Hinzuweisen ist in diesem Zusammenhang etwa auf die Arbeit der „Commission on European Contract Law", der sogenannten Lando-Kommission. Diese hat mittlerweile ihre „Principles of European Contract Law" vorgelegt. Diese Arbeit orientiert sich nach Angaben ihres geistigen Vaters *Ole Lando* in ihrer Zielsetzung an dem „2nd Restatetment of the Law of Contract", herausgegeben vom American Law Institute.[124] Ihre Wirkung wird jedoch außerhalb der Common-Law-Länder eher einem „Model Act", also einer Anregung an den Gesetzgeber gleichkommen, da insoweit für die Gerichte keine Möglichkeit besteht, die ausgearbeiteten Prinzipien anstelle bestehender Kodifikationen anzuwenden. Insoweit stellt diese Arbeit allenfalls eine Anregung an die Mitgliedsländer dar, eine entsprechende Regelung auf Unionsebene herbeizuführen. Damit kann im Ergebnis festgehalten werden, daß ein einheitliches Privatrecht in Form einer umfassenden Privatrechtsangleichung, angesichts der Tatsache, daß eine solche momentan nicht wirklich ernsthaft betrieben wird, noch eine ganze Weile wird auf sich warten lassen.[125]

Ein anderer Ansatz wird von Autoren vertreten, die insofern *Savigny* folgend eine Kodifikation ablehnen und die Entwicklung eines Gemeinschaftsprivatrechts als europäisches Gewohnheitsrecht herbeiführen wollen.[126] Die Grundlage hierfür soll aus Debatten und Diskussionen an den Universitäten, aus Artikeln in Fachzeitschriften und entsprechenden anderen Publikationen, etwa dem Buch von *Kötz* und *Flessner* über „Europäisches Vertragsrecht" kommen. Dieser Ansatz erscheint jedoch etwas realitätsfremd. So kann etwa von seinen Vertretern schon nicht erklärt werden, wie sich diese akademischen Errungenschaften gegenüber nationalen Gesetzen in Civil-Law-Länder und der „doctrine of precedent" in Com-

---

123 Dies bezieht sich auf den Fall des berühmten Kodifikationsstreits zwischen Thibaut und Savigny über die Notwendigkeit eines allgemeinen bürgerlichen Rechts für Deutschland und die gleichnamige Schrift aus dem Jahre 1814, wobei Thibaut, bewegt durch die Freiheitsbewegung als Folge der napoleonischen Kriege, für die Schaffung eines einheitlichen Zivilgesetzbuches für alle deutschen Staaten eintrat, während ein solches von Savigny abgelehnt wurde, da nach seiner Auffassung Recht nicht erst durch Positivierung im Gesetz entsteht, sondern bereits durch eine vorhandene allgemeine Rechtsüberzeugung existent ist.

124 Lando, Making a European Private Law, 41, 44.

125 Insoweit ist Schneider/Burgard, EuZW 1993, S. 617 zuzustimmen, die auf die bisher wenig beachtete Entschließung des Europäischen Parlaments in ABIEG 1989, Nr. C 158, S. 400 hinweisen.

126 So vor allem: Kötz, FS Konrad Zweigert (1981), S. 481, der sich auf Coing und Kegel bezieht.

mon-Law-Länder durchsetzen soll.[127] Außerdem würde ein solches Vorgehen ohne einheitlichen Rechtssetzungsakt die Gefahr uneinheitlicher Anwendung durch die nationalen Gerichte in sich bergen. Die Rechtsunterworfenen könnten kaum erkennen, was die Regeln des geltenden Rechts besagen. Prozesse, in denen Parteien sich auf das europäische Recht stützen, könnten in ihrem Ausgang nicht mehr kalkuliert werden. Eine große Rechtsunsicherheit für die Gemeinschaftsbürger wäre die Folge.

Dementsprechend erscheint ein einheitliches europäisches Privatrecht weder auf dem Weg einheitlicher Kodifikation noch auf dem Weg eines europäischen Gewohnheitsrechts in nächster Zukunft erreichbar. Die Diskussion um ein einheitliches Gemeinschaftsprivatrecht entspricht somit nicht dem augenblicklichen Integrationsstand und geht damit an der augenblicklichen Entwicklung des europäischen Privatrechts vorbei.

IX. Fazit zur Europäisierung des Privatrechts

Demnach kann man mit einer gewissen Berechtigung davon ausgehen, daß es auch auf längere Sicht keine grundlegende Änderung hinsichtlich der gesetzgeberischen Tätigkeit bei der Privatrechtsangleichung geben wird und es somit bei den bekannten Instrumenten der Rechtsvereinheitlichung bzw. Rechtsangleichung durch Richtlinien und Verordnungen bleibt.

Die bisherige Rechtsangleichung und -vereinheitlichung hat zwar in den letzten Jahren erhebliche Fortschritte gemacht, so insbesondere im Gesellschaftsrecht und im Verbraucherschutzrecht, doch mißt man diese Gebiete am Gesamtbestand privatrechtlicher Normen in den Mitgliedstaaten, so beschränkt es sich auch heute noch auf Inseln in dem nach wie vor divergierenden Meer der nationalen Privatrechtsnormen. Die Rechtsordnungen der Mitgliedstaaten sind insgesamt gesehen noch in weiter Entfernung vom angestrebten Ziel einer auf das Funktionsinteresse der Gemeinschaft bezogenen Normenharmonie. Man kann jedoch feststellen, daß das Recht der Mitgliedstaaten schon in vielen Bereichen relativ systematisch[128] im Wege der Rechtsangleichung von gemeinschaftlich gesetzten Norminhalten geprägt wird.[129] Die Inseln dürften in Zukunft zahlreicher und größer werden, auch wenn noch eine längere Zeit vergehen dürfte, bis ein weitgehend einheitliches Zivilrecht vorliegt. Ist dies für das materielle Recht absehbar, so ist es wahrscheinlich, daß es vorläufig auch bei

---

[127] Lando, Making a European Private Law, 41, 48.

[128] Zu Recht wird darauf hingewiesen, daß die Privatrechtsangleichung nicht die systematische Geschlossenheit der mitgliedstaatlichen Zivilrechte aufweisen kann, da sie i.d.R. der Umsetzung einzelner Politiken und Schutzzwecke dient. So: Kieninger/Leible, EuZW 1999, 37, 39, die des weiteren vorschlagen, einen „Europäischen wissenschaftlichen Ausschuß für Privatrecht" bei der Kommission einzusetzen, der eine Neuorientierung in der Privatrechtssetzung durch Bündelung zivilrechtlichen Sachverstandes herbeiführen solle.

[129] So auch: Beutler/Bieber/Pipkorn/Streil, Die Europäische Union, 4. Auflage, S. 396.

der derzeitigen Ausgestaltung des Rechtsschutzsystems des EG-Vertrages verbleibt. Zwar wird sich für das EuG und den EuGH, wie im Bereich der Gemeinschaftsmarke zu sehen, die ein oder andere neue Rechtsprechungskompetenz ergeben, doch ist es unwahrscheinlich, daß es ohne einen durchgreifenden Schub bei der Harmonisierung des materiellen Rechts zu einer durchgreifenden Veränderung bei der prozessualen Geltendmachung des Gemeinschaftsrechts kommen wird. Folglich wird das Rechtsschutzsystem im zivilrechtlichen Bereich auch in Zukunft auf der noch näher zu untersuchenden Aufgabenteilung zwischen den nationalen Gerichten und dem EuGH aufbauen. Es werden also zivilrechtliche Streitfragen des materiellen Gemeinschaftsrechts zunächst nicht direkt vor dem EuGH oder dem EuG behandelt werden, sondern vor den nationalen Zivilgerichten. Die Belastung dieses, auf die Kooperation zwischen nationaler und europäischer Gerichtsbarkeit angelegten, europäischen Gerichtssystems wird durch die beachtliche Zunahme an gemeinschaftsrechtlichen Regelungen steigen.

B. Ziel der vorliegenden Untersuchung vor dem Hintergrund der Europäisierung des Privatrechts

Diese Untersuchung setzt damit zunächst voraus, daß sich die Europäisierung des Privatrechts unter Beibehaltung des bisherigen Systems des zivilrechtlichen Rechtsschutzes, also der Kooperation von nationalen Gerichten und EuGH, vollziehen wird. Es sollen eventuelle Funktionsmängel und Problempunkte des zivilrechtlichen Rechtsschutzes im europäischen Gerichtssystem aufgezeigt und gegebenenfalls Möglichkeiten zu deren Behebung dargestellt werden. Das besondere Augenmerk soll dabei dem Vorabentscheidungsverfahren nach Art. 234 EGV (Art. 177 a.F.) gelten, da es sich dabei um das einzige Verfahren vor dem EuGH handelt, in welchem zivilrechtliche Streitigkeiten behandelt werden können. Dementsprechend soll im Anschluß an die einleitenden Betrachtungen dieses Verfahren hinsichtlich seiner Funktion, seinem Wesen und seiner Bedeutung eingehend untersucht werden. Ein besonderes Interesse gilt dabei der Frage, inwieweit dem Vorabentscheidungsverfahren im zivilrechtlichen Bereich eine Rechtsschutzfunktion zukommt.

Aufbauend auf diese Untersuchung soll dann im zweiten Teil dieser Arbeit das Vorabentscheidungsverfahren daraufhin überprüft werden, ob seine prozessuale Ausgestaltung den Anforderungen eines effektiven Rechtsschutzes und anderer Verfahrensgrundrechte sowie den damit verbundenen Verfahrensprinzipien entspricht. Dazu muß erst einmal geklärt werden, welche Verfahrensgrundrechte und Verfahrensprinzipien den Beteiligten des Vorabentscheidungsverfahren überhaupt zustehen bzw. diese absichern und wie – vor dem Hintergrund der vorher zu klärenden Rechtsschutzfunktion des Vorabentscheidungsverfahrens -

deren inhaltliche Reichweite zu bestimmen ist. Diese Aufgabe stellt sich deshalb, weil die Gemeinschaftsverträge keine expliziten Regelungen hinsichtlich der grundrechtlichen Absicherung der Verfahrensbeteiligten enthalten. Als Ausgangspunkt dieser Bestimmung sollen die Verfahrensgrundrechte der Parteien, die ihnen im zivilrechtlichen Ausgangsverfahren vor den deutschen Zivilgerichten zustehen, kurz dargestellt werden. Sodann ist zu klären, welche Metamorphose diese Rechte der Parteien bei Vorlage einer Sache zur Vorabentscheidung an den EuGH durchmachen. Auch soll der Frage nachgegangen werden, ob die im Ausgangsverfahren bestehenden nationalen Verfahrensrechte sich in irgendeiner Form auf die Bestimmung der Verfahrensgrundrechte und der Verfahrensprinzipien im Vorabentscheidungsverfahren auswirken. Dies wiederum erfordert eine Klärung des Verhältnisses zwischen nationalem Verfahrensrecht und Gemeinschaftsrecht. In einem weiteren Schritt soll dann das Vorabentscheidungsverfahren in seiner verfahrensmäßigen Ausgestaltung auf seine Konformität mit den zuvor ermittelten Verfahrensgrundrechten hin untersucht werden. Dort, wo sich Probleme hinsichtlich dieser Konformität auftun, sollen Änderungsvorschläge in der Verfahrensgestaltung erarbeitet werden.

Im dritten Teil dieser Arbeit soll dann das Rechtsmittelsystem des deutschen Zivilprozeßrechts daraufhin untersucht werden, wie sich das Vorabentscheidungsverfahren in dieses einfügt. Das Rechtsschutzsystem des EG-Vertrages ist im Bereich des Zivilrechts mit seiner Konzentration auf das Vorabentscheidungsverfahren als dem einzigen Verfahren auf eine Kooperation zwischen nationalen Gerichten und EuGH angelegt.[130] Das sich daraus ergebende Nebeneinander von nationalem Prozeßrecht und Europarecht soll dahingehend untersucht werden, ob sich daraus ein effektives Rechtsschutzsystem für den europäischen Zivilrechtsschutz entwickelt hat. Die dabei im Mittelpunkt stehende Verzahnung zwischen diesen beiden Rechtskreisen soll daraufhin überprüft werden, ob diese dem Umstand eines - gerade auch im zivilrechtlichen Bereich - immer weiter um sich greifenden Europäischen Gemeinschaftsrechts unter dem Blickwinkel eines effektiven Rechtsschutzes gerecht wird, oder ob sich das Vorabentscheidungsverfahren rechtsschutzhemmend auswirkt und insbesondere als Bestandteil des deutschen Zivilprozesses ein Integrationsproblem darstellt, welches sich zu Lasten der Parteien in den deutschen Zivilprozeß nur schwerlich einfügt. Dabei soll gerade das Zusammenspiel zwischen dem Vorabentscheidungsverfahren - insbesondere mit der in Art. 234 Abs. 3 EGV (Art. 177 Abs. 3 a.F.) enthaltenen Vorlagepflicht - und dem Rechtsmittelsystem des deutschen Zivilprozeßrechts untersucht werden. Wo Unzulänglichkeiten im Rechtsschutzsystem ausgemacht werden, soll dargestellt werden, wie notwendige Anpassungen der Rechtsschutzregeln aussehen könnten. Auch hierfür ist eine nähere Bestimmung des Verhältnisses zwischen nationalem Verfahrensrecht und dem Gemeinschaftsrecht erfor-

130 Lenz/Borchardt, EG-Vertrag, 2. Auflage, Art. 234, Rdnr. 3.

derlich. Dieses Verhältnis wird vor allem dadurch geprägt, daß sich die Geltendmachung von Rechten aus dem Gemeinschaftsrecht mangels gemeinschaftsrechtlicher Regelung nach dem innerstaatlichen Verfahrensrecht richtet.[131]

Wo sich im Rahmen dieser Untersuchung Bedenken hinsichtlich der Effektivität des Rechtsschutzes auftun, sollen Möglichkeiten zur Behebung dieser Rechtsschutzdefizite zur Diskussion gestellt werden. Dabei soll überprüft werden, ob sich eine dem Individualrechtsschutz dienliche Lösung durch eine geänderte Auslegung de lege lata erreichen läßt, oder ob de lege ferenda eine Erweiterung bzw. Änderung im Rechtsschutzgefüge des EG-Vertrages, den Verfahrensbestimmungen oder dem nationalen Prozeßrecht notwendig ist.

Im vierten und letzten Teil dieser Arbeit soll untersucht werden, inwiefern die Gestaltung und Organisation des Rechtsschutzes im europäischen Gerichtssystem diesen europäischen Gerichten eine ausreichende Kapazität zur Bewältigung ihrer Aufgaben zur Verfügung stellt oder ob durch die Entwicklung der Gemeinschaft zur Union immer weiter zunehmende Belastungen auf die europäischen Gerichte zukommen, die eine Reform des Gerichtssystems erforderlich machen. Dabei sollen gegebenenfalls Vorschläge für eine effizientere Gestaltung der europäischen Gerichte gemacht sowie kapazitätserweiternde Maßnahmen erörtert werden. Die Vorschläge zur Kapazitätserweiterung sollen sich dabei nicht nur auf die Gerichtsverfassung und -organisation, sondern auch den Verfahrensbereich beziehen. Da diese Untersuchung auf eine Verbesserung des zivilrechtlichen Rechtsschutzes im Gemeinschaftsrecht abzielt, sollen die Reformvorschläge nicht nur auf ihre effizienzsteigernde Wirkung, sondern auch daraufhin überprüft werden, ob sie konstruktiv zu einer Verbesserung des Individualrechtsschutzes beitragen.

C. Funktion, Wesen und Bedeutung des Vorabentscheidungsverfahrens

Um der Zielsetzung dieser Untersuchung gerecht zu werden, sollen zunächst einmal die Funktion, das Wesen und die Bedeutung des Vorabentscheidungsverfahrens näher betrachtet werden. Aus diesen drei Faktoren lassen sich möglicherweise wichtige Hinweise für die Überprüfung der verfahrensgrundrechtlichen Absicherung sowie der verfahrensmäßigen Gestaltung der Rechtsmittel bei der Einfügung in das nationale Prozeßrecht gewinnen.

---

131 Vgl. dazu: EuGH, Rs. 265/78 (Ferwerda ./. Produktschap voor Vee en Vlees), Slg. 1980, 617, 629.

I. Die Funktion des Vorabentscheidungsverfahrens

Um die Funktion des Vorabentscheidungsverfahrens zu erfassen ist es zunächst erforderlich, daß man sich die dualistische Struktur des kommunitären Rechtsschutzsystems vor Augen führt.[132] So sind der EuGH und das EuG im institutionellen Sinne die einzigen Gemeinschaftsgerichte. Sie teilen sich diese Aufgabe - insbesondere im zivilrechtlichen Bereich mangels Direktklagemöglichkeit - mit den Gerichten der Mitgliedstaaten. Die nationalen Gerichte sind dabei verpflichtet, im Rahmen ihrer Rechtsprechung europäisches Gemeinschaftsrecht anzuwenden. Diese Verpflichtung ergibt sich nach der Rechtsprechung des EuGH[133] aus Art. 10 EGV (Art. 5 a.F.):

„Die Aufgabe den Rechtsschutz zu gewährleisten, der sich für die Bürger aus der unmittelbaren Wirkung des Gemeinschaftsrechts ergibt, obliegt entsprechend dem in Art. 5 [a.F., d.A.] ausgesprochenen Grundsatz der Mitwirkungspflicht den innerstaatlichen Gerichten."

Mit anderen Worten, der nationale Richter ist der „ordentliche" Richter des Gemeinschaftsrechts hinsichtlich aller unmittelbar geltenden kommunitären Rechtssätze. Da somit eine Vielzahl von Gerichten unterschiedlichster Nationalität neben dem EuGH berufen sind, Gemeinschaftsrecht anzuwenden, hätte die Gefahr einer höchst unterschiedlichen Auslegung und Anwendung in den Mitgliedstaaten bestanden, wenn nicht die einheitliche Auslegung durch eine zentrale Instanz gesichert worden wäre.

1. Die Harmonisierungsfunktion

Schon bei Errichtung des EG-Vertrages - seinerzeit als EWGV - war jedoch den Gründungsvätern bewußt, daß diese Gefahr einer uneinheitlichen Rechtsprechung in Bezug auf die Auslegung gemeinschaftsrechtlicher Fragen bestand. Insofern stellte sich ihnen die Frage, wie die innereuropäische Rechtseinheit gewährleistet werden könne. Hier boten sich zwei Lösungsmodelle an. Einmal wäre die Errichtung eines obersten Gerichts denkbar gewesen, das Fälle des Gemeinschaftsrechts als oberste Revisionsinstanz entscheidet oder bei dem eine Kassationsbeschwerde nach der Durchführung des nationalen Verfahrens möglich wäre. Daraus hätte sich aber ein Hierachieverhältnis ergeben, und zwar die Unterordnung der nationalen Gerichte unter die Rechtsprechung des EuGH. Dies war jedoch bei Gründung der Europäischen Gemeinschaften politisch unerwünscht und damit nicht durchsetzbar. Somit mußte die Lösung in einem Kooperativverfahren gesucht werden. Ein solches fand man in

---

132 Dauses, Das Vorabentscheidungsverfahren, S. 43; Dauses, FS Ulrich Everling (1995), 223, 224 f.; Everling, DRiZ 1993, S. 5; Schwarze, NJW 1992, 1065, 1071.

133 EuGH, Rs. 33/76 (Rewe ./. Landwirtschaftskammer Saarland), Slg. 1976, 1989, 1998.

dem als Vorlageverfahren gestalteten Vorabentscheidungsverfahren des Art. 234 EGV (Art. 177 a.F.), das erstmals schon in Art. 41 EGKS und Art. 150 EAGV in Erscheinung getreten war. Im Gegensatz zu dem Verfahren nach Art. 41 EGKS bezieht sich das Verfahren nach Art. 234 EGV (Art. 177 a.F.) jedoch nicht nur auf Gültigkeitsfragen, sondern auch auf Auslegungsfragen des primären und sekundären Gemeinschaftsrechts.

Das Vorabentscheidungsverfahren dient somit in erster Linie der Wahrung der Rechtseinheit. Dies bringt der EuGH besonders deutlich in den Entscheidungsgründen des Urteils *Rheinmühlen II* zum Ausdruck[134]:

„Art. 177 EWGV [Art. 234 n.F., d.A.] ist von entscheidender Bedeutung dafür, daß das vom Vertrag geschaffene Recht wirklich gemeinsames Recht bleibt; er soll gewährleisten, daß dieses Recht in allen Mitgliedstaaten der Gemeinschaft immer die gleiche Wirkung hat. Auf diese Weise soll er unterschiedliche Auslegungen des Gemeinschaftsrechts verhindern, das die nationalen Gerichte anzuwenden haben; doch zielt er darauf ab, diese Anwendung selbst zu gewährleisten, da er dem nationalen Richter die Möglichkeit gibt, die Schwierigkeiten auszuräumen, die sich aus der Notwendigkeit ergeben können, dem Gemeinschaftsrecht im Rahmen der Rechtsordnungen der Mitgliedstaaten zur vollen Geltung zu verhelfen. Jede Lücke in dem so geschaffenen System würde daher sogar die Wirksamkeit der Vertragsvorschriften und des abgeleiteten Gemeinschaftsrechts in Frage stellen. In diesem Sinne sind die Vorschriften des Artikels 177 [Art. 234 n.F., d.A.] zu würdigen, nach denen jedes nationale Gericht ohne Unterschied den Gerichtshof um Vorabentscheidung ersuchen kann, wenn es dessen Entscheidung zum Erlaß seines Urteils für erforderlich hält.“

Damit soll das Vorabentscheidungsverfahren der Tendenz entgegenwirken, daß nationale Gerichte die im europäischen Recht enthaltenen Rechtsbegriffe allzusehr im Lichte der jeweiligen Rechtstradition auslegen und dadurch die gleichmäßige und einheitliche Anwendung gefährden.[135] Dementsprechend wurde mit diesem Verfahren einerseits den nationalen Gerichten die unabhängige Anwendung des Gemeinschaftsrechts belassen, während andererseits ein Gericht der Gemeinschaft die einheitliche Auslegung und Anwendung des Gemeinschaftsrechts durch die nationalen Gerichte absichert.

---

[134] EuGH, Rs. 166/73 (Rheinmühlen ./. Einfuhr- und Vorratsstelle Getreide), Slg. 1974, 33, 38 (bekannt auch als „Rheinmühlen II“).

[135] Schack, Internationales Zivilverfahrensrecht, S. 34, der auf das unrühmliche Beispiel des Wiener UN-Kaufrechtsabkommens vom 11.4.1980 hinweist, das wegen seiner vielen unbestimmten Rechtsbegriffe und mangels eines Auslegungsmonopols eines Gerichts höchst unterschiedlich von den nationalen Gerichten ausgelegt und angewandt wird.

2. Die Rechtsschutzfunktion

Handelt es sich bei der Harmonisierungsfunktion um die allgemein anerkannte Primärfunktion des Vorabentscheidungsverfahrens, so erschöpft sich sein Funktionsbereich darin jedoch nicht. Das Verfahren diente dem EuGH bislang auch zur Fortentwicklung des Gemeinschaftsrechts, das in den Gründungsverträgen nicht bis ins Detail kodifiziert worden ist. So ist zu Recht festgestellt worden, daß erst die Rechtsprechung des EuGH das Gemeinschaftsrecht zu einem geschlossenen Rechtssystem reifen ließ.[136]

Nach der Rechtsprechung des EuGH hinsichtlich der unmittelbaren Wirkung und dem Vorrang des Gemeinschaftsrechts erfüllt das Vorabentscheidungsverfahren mittlerweile auch gewichtige Rechtsschutzfunktionen für den Bürger, dem hierdurch die Möglichkeit eröffnet ist, sich vor nationalen Gerichten, die sich im Wege der Vorlage an den EuGH wenden können, auf die durch das Gemeinschaftsrecht zugesprochenen Rechte zu berufen. Somit dient das Vorabentscheidungsverfahren anerkanntermaßen auch der Sicherung des Rechtsschutzes des Einzelnen.[137] Diese Feststellung wird in aller Regel jedoch so begründet, daß die Rechtsschutzfunktion insbesondere in Verfahren entdeckt wird, die auf verwaltungsrechtliche Ausgangsverfahren zurückgehen.

Fraglich ist jedoch, ob auch in zivilprozessualen Ausgangsverfahren eine solche Rechtsschutzfunktion besteht. Bei der Ermittlung der Rechtsschutzfunktion kommt man um die Differenzierung, ob es sich im Ausgangsverfahren um einen Verwaltungsprozeß oder einen Zivilprozeß handelt, nicht herum. Der Beantwortung dieser Frage kommt unter Umständen eine weitreichendere Bedeutung zu, denn es können sich daraus möglicherweise Unterschiede für die rechtliche Absicherung der Parteien des Ausgangsverfahrens im Vorabentscheidungsverfahren ergeben. Darüber hinaus kann eine Differenzierung zwischen der Rechtsschutzfunktion im Verwaltungsprozeß und im Zivilprozeß auch bei der Bestimmung der grundrechtlichen Absicherung der Verfahrensbeteiligten von Interesse sein. Aus der Stellung der Parteien im Ausgangsverfahren sowie ihrer grundrechtlichen Absicherung können sich auch Rückschlüsse bei der Bestimmung der Verfahrensgrundrechte und -grundsätze für das Vorabentscheidungsverfahren im Gemeinschaftsrecht ergeben, wie sie im 2. Teil dieser Arbeit vorgenommen werden soll. Darüber hinaus ist der Rechtsschutzcharakter des Vorabentscheidungsverfahrens als eine entscheidende Determinante bei dessen Einfügung in das nationale Prozeßrecht anzusehen, was hinsichtlich der Einfügung in das Rechtsmittelsystem des Zivilprozeß im 3. Teil dieser Arbeit überprüft werden soll. Gerade im Bereich der

---

[136] Everling, Das Vorabentscheidungsverfahren vor dem Gerichtshof der Europäischen Gemeinschaften, S. 17 f.; Wohlfahrt in: Grabitz/Hilf, EGV, Art. 177, Rdnr. 8.

[137] Krück in: Groeben/Thiesing/Ehlermann, EWGV, Art. 177, Rdnr. 9.

Rechtsmittel bestehen entscheidende Unterschiede zwischen Verwaltungs- und Zivilprozeß. Diese ergeben sich schon aus den unterschiedlichen Funktionen von Verwaltungs- und Zivilprozeß. So dient der Verwaltungsprozeß vor allem der Abwehr rechtswidrigen staatlichen Verwaltungshandelns während der Zivilprozeß in aller Regel[138] der Beilegung eines Streits über private Interessen zwischen Privatrechtssubjekten dient[139]. Aus diesen unterschiedlichen Funktionen resultiert auch das wohl auffälligste Unterscheidungsmerkmal zwischen Zivilprozeß und Verwaltungsprozeß, die Rollenverteilung zwischen Richter und Parteien. Im Gegensatz zum Verwaltungsprozeß, der vom Untersuchungsgrundsatz, also der Verpflichtung des Gerichts zur Erforschung und Klärung des Sachverhalts von Amts wegen beherrscht wird, gilt im Zivilprozeß der Verhandlungs- bzw. Beibringungsgrundsatz, nach dem es Aufgabe der Parteien ist, die für die Entscheidung erheblichen Tatsachen gemäß § 129 ZPO schriftlich anzukündigen und in der mündlichen Verhandlung nach § 137 Abs. 2 ZPO vorzutragen.[140] Die Rolle der Parteien im Zivilprozeß ist demnach von einer größeren Herrschaft über den Streitgegenstand geprägt, der zu einer Arbeitsteilung zwischen Parteien und Gericht führt: Die Parteien liefern den Sachverhalt, das Gericht spricht Recht.[141] Dies unterscheidet den Zivilprozeß von allen anderen Prozeßarten.[142] Folglich ist auch das Prozeßrecht im Zivilprozeß anders gestaltet.

Dem europäischen Recht ist diese Differenzierung nach verschiedenen Gerichtszweigen fremd. Wie zuvor schon dargestellt, überläßt das Gemeinschaftsrecht die Entscheidung darüber, was dem Zivilrecht und was dem Öffentlichen Recht zuzurechnen ist, ganz den Mitgliedstaaten. Dementsprechend wurde auch das Vorabentscheidungsverfahren neutral gestaltet, da es sowohl für Vorlagen der Zivilgerichte als auch für Vorlagen der Verwaltungsgerichte oder anderer Gerichtszweige konzipiert wurde.

---

138 Ausnahmen bilden hier etwa Amtshaftungsansprüche die aufgrund der besonderen Verweisung in Art. 34 GG und § 839 Abs. 1 BGB den Zivilgerichten zugewiesen sind.

139 So: Vollkommer in: Zöller, ZPO, 21. Auflage, Einl., Rdnr. 39, der aber auch darauf hinweist, daß dem Zivilprozeß als Institution auch eine soziale Aufgabe zukommt.

140 Kopp, VwGO, 10. Auflage, § 86, Rdnr. 1.

141 Schellhammer, Zivilprozeß, 8. Auflage, S. 145, Rdnr. 340.

142 BVerfG NJW 1979, S. 1925; NJW 1984, S. 2203; BGHZ 38, 254, 257; 53, 246, 250; MDR 1963, S. 124 f.; VersR 1974, S. 160; NJW 1990, S. 3151; RGZ 151, 93, 97; 156, 372, 376.

a. Die Rechtsschutzfunktion der Vorabentscheidung im Rahmen eines Verwaltungsprozesses

Die Gewährleistung individuellen Rechtsschutzes wird zunächst einmal insbesondere aus einem Rechtsschutzdefizit bei den anderen Verfahren vor dem Europäischen Gerichtshof hergeleitet.[143] Dies gilt im besondere Maße für die Nichtigkeitsklage nach Art. 230 EGV (Art. 173 a.F.), da für den Kläger nur im Rahmen eines Vorabentscheidungsverfahrens die Möglichkeit besteht, in Rechtsstreitigkeiten vor den nationalen Gerichten nicht nur Auslegungsfragen des Gemeinschaftsrechts klären zu lassen, sondern auch die Gültigkeit von Rechtshandlungen der Organe der Gemeinschaft überprüfen zu lassen. Das Rechtsschutzdefizit basiert hier auf der höchst eingeschränkten Klagemöglichkeit Privater im Bereich des europarechtlich determinierten Verwaltungshandelns. Der EuGH hält bis heute an der besonders schwierigen Hürde des individuellen Betroffenseins fest. Insoweit ist mittlerweile anerkannt, daß der private Kläger bei Nichtvorliegen eines individuellen Betroffenseins nur durch das Vorabentscheidungsverfahren die Überprüfung seines Anliegens im Rahmen eines europäischen Rechtsschutzes erreichen kann.[144] Insbesondere der EuGH hat mehrfach auf diese besondere Rechtsschutzfunktion von Art. 234 EGV (Art. 177 a.F.) hingewiesen und daraus folgende Schlußfolgerung gezogen[145]:

„[...] *Mit den Art. 173 und 184 EGV [a.F., d.A.] auf der einen und Art. 177 EGV [a.F., d.A.] auf der anderen Seite ist ein umfassendes [europäisches, d.A.] Rechtsschutzsystem geschaffen worden* [...]."

So handelt es sich um einen Fall konkreten Rechtsschutzes, wenn ein Klagender die Ungültigkeit einer Verwaltungshandlung feststellen lassen kann, die aufgrund einer ungültigen Vorschrift des Gemeinschaftsrechts erlassen worden war. Da insoweit den nationalen Gerichten eine Verwerfungskompetenz fehlt, besteht in jedem Fall eine Vorlagepflicht, auch seitens der Instanzgerichte.[146] Somit hat ein Kläger mittelbar durch Einleitung eines nationalen Verfahrens die Möglichkeit, seinen Rechtsschutz vor dem EuGH verwirklicht zu sehen, wenn dieser dann im Rahmen einer insoweit notwendigen Vorlage einen gemeinschaftsrechtswidrigen Akt der Gemeinschaftsorgane für nichtig erklärt. In aller Regel wird es sich in diesen Fällen um die indirekte Kontrolle von Rechtsakten der Gemeinschaftsorgane handeln, die von den nationalen Behörden vollzogen werden, so daß zunächst Rechtsschutz im Rahmen eines nationalen Verwaltungsprozesses gesucht werden muß.

---

143 Heß, ZZP 108 (1995), 59, 65; von Danwitz, NJW 1993, 1008, 1110 m.w.N.

144 Gündisch, Rechtsschutz in der Europäischen Gemeinschaft, S. 90.

145 EuGH, Rs. 294/83 (Les Verts ./. Parlament), Slg. 1986, S. 1339, Tz. 23.

146 EuGH, Rs. 314/85 (Foto-Frost ./. Hauptzollamt Lübeck-Ost), Slg. 1987, S. 4199.

b. Die Rechtsschutzfunktion der Vorabentscheidung im Rahmen eines Zivilprozesses

Fraglich ist, ob sich eine derartige Rechtsschutzfunktion auch für solche Vorabentscheidungsverfahren feststellen läßt, die ihren Ausgang in einem nationalen Zivilprozeß genommen haben. Hier ist keine vergleichbare Lücke wie bei den zuvor erwähnten Direktklagemöglichkeiten auszumachen, da es im zivilrechtlichen Bereich generell an einer Direktklagemöglichkeit fehlt.[147] Der Einzelne kann nach der Ausgestaltung des bisherigen Rechtsschutzsystems nur auf indirektem Wege zum EuGH gelangen. Wegen der steigenden Zahl unmittelbar geltender gemeinschaftsrechtlicher Regelungen im zivilrechtlichen Bereich betrifft ein Großteil der einschlägigen Streitsachen vor den nationalen Gerichten die Vereinbarkeit von innerstaatlichem Recht mit unmittelbar geltendem Gemeinschaftsrecht. Zwar gilt im Grundsatz, daß der EuGH nicht befugt ist, die direkte Frage nach der Vereinbarkeit von nationalem Recht mit dem Gemeinschaftsrecht zu beantworten.[148] Dies wird jedoch häufig von den nationalen Gerichten bei ihren Vorlagefragen übersehen. Es finden sich in den Vorlagen oftmals ganz gezielte Fragen nach der Vereinbarkeit einer nationalen Rechtsvorschrift mit einer gemeinschaftsrechtlichen Bestimmung.[149] Diese an sich unzulässigen Vorlagefragen werden jedoch vom EuGH nicht einfach zurückgewiesen, sondern in dem Sinne umgedeutet, daß das vorlegende Gericht „im Kern" oder „im wesentlichen" um Kriterien für die Auslegung des einschlägigen Gemeinschaftsrechts nachsucht, um selbst die Vereinbarkeit des entscheidungserheblichen nationalen Rechts mit dem Gemeinschaftsrecht beurteilen zu können.[150] Damit werden faktisch im Vorabentscheidungsverfahren Vertragsverletzungen der Mitgliedstaaten gerügt; der EuGH überprüft nur mittelbar das behauptetermaßen gemeinschaftswidrige nationale Recht am Maßstab des Gemeinschaftsrechts. Dem Argument, das Vorabentscheidungsverfahren werde damit in seiner Zielrichtung verkannt und seinem eigentlichen Zweck, der Rechtmäßigkeitskontrolle der Gemeinschaftsnormen, entfremdet, hält der EuGH seit seiner frühen Rechtsprechung entgegen, daß sich der Einzelne auch insoweit auf unmittelbar geltendes Gemeinschaftsrecht berufen könne, als das entgegenstehende nationale Recht den Tatbestand einer Vertragsverletzung erfülle, gegen die mit dem Vertragsverletzungsverfahren nach Art. 226, 227 EGV (Art. 169, 170 a.F.) seitens der Kommission oder eines anderen Mitgliedstaates vorgegangen werden könne. Wenn der Vertrag diese Möglich-

---

147 Sedemund/Heinemann, DB 1995, 713, 720 weisen jedoch darauf hin, daß wohl auch vom EuGH die Möglichkeit, über Art. 177 EGV in jedem Fall zu einer Klärung durch den EuGH zu gelangen, als Ausgleich für die fehlende Direktklagemöglichkeit angesehen wird.

148 EuGH, Rs. 16/83 (Strafverfahren gegen Karl Prantl), Slg. 1984, 1299, 1324 („Bocksbeutel"); Rs. 7/75 (Eheleute F.), Slg. 1975, 679, 689; Rs. 54/72 (FOR ./. VKS), Slg. 1973, 193, 205.

149 Lenz/Borchardt, EG-Vertrag, 2. Auflage, Art. 234, Rdnr. 26 f.

150 EuGH, Rs. 212/87 (Unilec ./. Larroche Frères), Slg. 1988, 5075, 5119; Rs. 14/86 (Pretore di Salò), Slg. 1987, 2545, 2569; Rs. 54/85 (Ministère public ./. Mirepoix), Slg. 1986, 1067, 1076.

keit einräumt, so bedeute dies nicht, daß es für den Einzelnen unmöglich wäre, sich gegebenenfalls vor dem nationalen Richter auf die entsprechende Staatenverpflichtung zu berufen; andernfalls wäre ein effizienter gerichtlicher Schutz individueller Rechte ausgeschlossen.[151] Damit bleibt festzuhalten, daß die objektive Ausgestaltung des Verfahrens, also die Loslösung vom Ausgangsverfahren, sich hier zugunsten der Beteiligten ausgewirkt hat: Indem das Vorabentscheidungsverfahren auch der Kontrolle der Mitgliedstaaten dient, wurden auch in Privatrechtsstreitigkeiten nationale Gesetze auf ihre EG-Konformität überprüft. Daraus folgt im Ergebnis, daß der EuGH eine „Privatrechtswirkung" der Marktfreiheiten im Prinzip anerkannt hat.[152] Demnach erlangen die Beteiligten auch Rechtsschutz vor gemeinschaftsrechtswidrigen Regelungen des nationalen Gesetzgebers im privatrechtlichen Bereich.

Darüber hinaus gibt es einen weiteren Aspekt, der ein gesteigertes Interesse der Parteien daran begründet, daß eine europarechtliche Streitfrage ihres Verfahrens durch eine Vorabentscheidung des EuGH geklärt wird. Die Parteien eines Rechtsstreits können infolge einer EuGH-Vorlage endgültige Gewißheit über die Richtigkeit der Entscheidung über eine europarechtliche Streitfrage erreichen. Dies begründet sich damit, daß in Rechtsstreitigkeiten, die sich in einer entscheidungsrelevanten Frage nach europäischem Recht richten, die Möglichkeit bestehen soll, daß dieses Recht in Inhalt und Tragweite klar umrissen wird. Diese Klarheit ist in aller Regel nur durch ein Vorabentscheidungsersuchen an den EuGH zu erreichen.[153] Den Parteien des Ausgangsverfahrens bietet sich also durch die Vorlage eine erhöhte Richtigkeitsgewähr.[154] Für eine solche Feststellung spricht insbesondere die Tatsache, daß der EuGH in wesentlich stärkerem Maße als nationale Gerichte im einzelstaatlichen Recht gezwungen ist, bei seinen Urteilen den Obersatz (die Norm) erst mit Hilfe seiner bisherigen Rechtsprechung oder anhand der allgemeinen Prinzipien der Gemeinschaft fortzubilden bzw. zu konkretisieren. Auslegung, Rechtsfortbildung und Rechtsschöpfung gehen daher fließend ineinander über.[155] Dies ist das Ergebnis einer anderen Rollenverteilung zwischen den europäischen Organen. Anders als auf der nationalstaatlichen Ebene, existiert zwischen den europäischen Organen ein anderes System von „checks and balances." Eine Gewaltenteilung im herkömmlichen Sinne gibt es nicht. Demnach läßt sich feststellen, daß der EuGH in wesentlich stärkerem Maße Rechtsfortbildung betreibt als ein nationales Gericht. Das Forum für diese Rechtsfortbildung findet der EuGH oftmals bei Vorabentscheidungsverfahren. Ist der

151 EuGH, Rs. 26/62 (Van Gend & Loos ./. Niederländische Finanzverwaltung), Slg. 1963, 1, 26.

152 Beispiele: EuGH Rs. 43/75 (Defrenne II), Slg. 1976, 455 (Arbeitsrecht, Art. 119 EWGV); Rs. C-126/91 (Schutzverband gegen Unwesen in der Wirtschaft ./. Yves Rocher), EuZW 1993, S. 420 (Wettbewerbsrecht, Art. 30 EWGV); Rs. 36/74 (Walrave und Koch ./. Union Cycliste Internationale), Slg. 1974, S. 1405 (Bindung von Sportverbänden an Art. 48, 59 EWGV).

153 Lenz/Borchardt, EG-Vertrag, 2. Auflage, Art. 234, Rdnr. 1.

154 Pfeiffer, NJW 1994, 1996, 1998.

155 Klinke, ZEuP 1995, 783, 793.

EuGH aber des öfteren rechtsfortbildend tätig, so bedeutet dies einerseits, daß der Ausgang eines Verfahrens sich von den nationalen Gerichten schwerer vorherbestimmen läßt und andererseits, daß europarechtliche Garantien erst nach Vorlage an den EuGH voll ausgelotet werden können. Demnach muß man feststellen, daß ein Bürger erst dann endgültige Klarheit über seine dem Gemeinschaftsrecht entstammenden subjektiven Rechte erhält, wenn seine Sache durch eine Vorabentscheidung vor dem EuGH geklärt wurde. Damit enthält das Verfahren vor dem EuGH auch eine ernstzunehmende subjektiv-rechtliche Komponente, die nicht auf verwaltungsprozessuale Ausgangsverfahren begrenzt ist. Auch die anwaltliche Praxis sieht das Vorabentscheidungsverfahren als das wichtigste Verfahren bei dem Begehren nach Rechtsschutz im Gemeinschaftsrecht an, was auch durch den zahlenmäßigen Anteil der beim EuGH anhängigen Verfahren belegt wird. Der Anteil der Vorabentscheidungen beträgt mehr als 50 % aller Verfahren.[156]

Allerdings steht die objektive Ausgestaltung des Verfahrens der soeben festgestellten Rechtsschutzfunktion entgegen: Die Parteien des Ausgangsverfahrens haben vor dem EuGH keine Parteistellung.[157] Als Beteiligte können sie lediglich eine schriftliche Stellungnahme einreichen (Art. 20 Abs. 2 Satzung EG) und in einer mündlichen Verhandlung werden sie angehört. Es handelt sich um ein objektives Verfahren von Richter zu Richter. Die Form des Verfahrens steht damit in einem gewissen Widerspruch zu einem Teil seiner tatsächlichen Funktion. Andererseits kommt dem Vorabentscheidungsverfahren auch die objektive Harmonisierungsfunktion zu, die insoweit die objektive Ausgestaltung des Verfahrens rechtfertigt. Nur in den seltensten Fällen dient ein Verfahren ausschließlich einem subjektiven oder einem objektiven Zweck.[158] Damit muß die objektive Ausgestaltung des Verfahrens nicht unbedingt einen Widerspruch zur ebenfalls bestehenden Rechtsschutzfunktion darstellen. Es können sich aber aus der Rechtsschutzfunktion Konsequenzen für die verfahrensgrundrechtliche Absicherung ergeben, die bestimmte Anforderungen an die Ausgestaltung des Verfahrens nach sich ziehen. Dies soll im 2. Teil dieser Arbeit überprüft werden.

---

[156] Lenz, NJW 1994, 2063, 2065.

[157] So die st. Rspr. des EuGH, zuletzt in: EuGH Rs. C-364/92 (SAT Fluggesellschaft ./. Europäische Organisation für Flugsicherung), Slg. 1994 I, 43, 59 (Eurocontrol); siehe auch: Dauses, Das Vorabentscheidungsverfahren, S. 40, nach dem überkommene Begriffe des streitigen Prozeßrechts wie z.B. Parteistellung im Vorabentscheidungsverfahren keinen eigenständigen Sinn ergeben.

[158] So auch Fasselt-Rommé, Parteiherrschaft im Verfahren vor dem EuGH, S. 19, die darauf hinweist, daß selbst bei einem normalen Zivilprozeß neben dem subjektiven Rechtsschutz objektiv auch die Verwirklichung des Rechts vorliegt.

Nach alledem ist von einer weitreichenden Rechtsschutzfunktion des Vorabentscheidungsverfahrens auch im Bereich des Zivilrechts auszugehen. Neben der primär vorliegenden objektiven Harmonisierungsfunktion ist also zu berücksichtigen, daß auch im Rahmen eines Zivilprozesses die Vorlage an den EuGH dem subjektiven Rechtsschutz der Parteien des Ausgangsverfahrens dient. Diese Feststellung wirft die Frage auf, ob für das Vorabentscheidungsverfahren eine der subjektiven Rechtsschutzfunktion entsprechende rechtsstaatliche Absicherung besteht und die Ausgestaltung des Verfahrens diesen rechtsstaatlichen Anforderungen genügt. Des weiteren bleibt zu untersuchen, ob bei der Einfügung des Vorabentscheidungsverfahrens in den deutschen Zivilprozeß der subjektiven Rechtsschutzfunktion in ausreichendem Maße Rechnung getragen wird.

II. Das Wesen des Vorabentscheidungsverfahrens

Seinem Wesen nach handelt es sich bei dem Vorabentscheidungsverfahren um einen objektiven Zwischenstreit innerhalb eines vor dem vorlegenden Gericht anhängigen Rechtsstreits.[159] Die Klärung eines gemeinschaftsrechtlichen Problems erfolgt demnach in einer Kooperation zwischen EuGH und dem jeweiligen nationalen Gericht, einem Verfahren von Richter zu Richter. Problematisch wirkt sich in diesem Zusammenhang aus, daß der EG-Vertrag kein eigenes Verfahrensrecht kennt, das für alle Rechtssuchenden einheitlich die Durchsetzung ihrer aus dem Gemeinschaftsrecht erwachsenden Rechte regelt. Notwendigerweise richtet sich deren Geltendmachung, entsprechend dem Grundsatz der verfahrensmäßigen Autonomie der Mitgliedstaaten, nach innerstaatlichem Verfahrensrecht.

Im Rahmen des kooperativen Vorabentscheidungsverfahrens kommt es dann zur Verzahnung des Gemeinschaftsrechts mit dem nationalen Recht. Die Vielzahl der dadurch betroffenen Rechtsordnungen mit ihren unterschiedlichen prozessualen Regelungen läßt erahnen, daß bei der Gestaltung des Vorabentscheidungsverfahrens die einzelnen nationalen Prozeßordnungen mit ihren jeweiligen Besonderheiten nur unzureichend Berücksichtigung finden konnten. Daraus resultieren Probleme im Zusammenspiel zwischen EuGH und den, im Rahmen ihrer jeweiligen Prozeßordnung agierenden, nationalen Gerichten.

Der Kooperativcharakter des Verfahrens ist auch ein Grund dafür, daß das Vorabentscheidungsverfahren nach Art. 234 EGV (Art. 177 a.F.) im deutschen Rechtskreis als „eigenartig und kompliziert" empfunden wird.[160] Andererseits sind Vorlageverfahren dem deut-

159 EuGH, Rs. 62/72 (Bollmann ./. HZA Hamburg-Waltershof), Slg. 1973, S. 275.

160 Gündisch, Rechtsschutz in der Europäischen Gemeinschaft, S. 89 f.

schen Prozeßrecht nicht fremd. Ganz im Gegenteil spielen Vorlage- oder Inzidenzverfahren im deutschen Prozeßrecht vornehmlich im Zusammenhang mit Gültigkeits- und Auslegungsfragen schon lange eine bedeutsame Rolle. So existiert hier einmal das Vorlageverfahren vor dem Bundesverfassungsgericht nach Art. 100 GG. Des weiteren sind Vorlageverfahren etwa in den §§ 132 Abs. 2 GVG, 28 Abs. 2 und 3 FGG, 79 Abs. 2 und 3 GBO, 29 Abs. 1 S.2 und 3 EGGVG und § 541 ZPO vorgesehen.

Dabei lassen sich die angeführten Vorlageverfahren in zwei übergeordnete Wesenskategorien einteilen. Die erste Kategorie umfaßt Verfahren, die die Begründung eines Auslegungsmonopols im Hinblick auf einen bestimmten Text eines mit besonderen Fachkenntnissen ausgestatteten Kollegiums bezwecken. Der zweiten Kategorie sind Verfahren zuzurechnen, die der Gefahr einer uneinheitlichen Rechtsprechung durch divergierende Entscheidungen zu ein und derselben Rechtsfrage entgegenwirken sollen.

Das Vorabentscheidungsverfahren vor dem EuGH unterfällt beiden Kategorien. Zum einen soll dem EuGH das Auslegungsmonopol hinsichtlich des EG-Vertrages zustehen, zum anderen ist die primäre Funktion des Verfahrens nach Art. 234 EGV (Art. 177 a.F.) die Harmonisierung der innereuropäischen Rechtsprechung der unterschiedlichen nationalen Gerichte. Ein Vergleich mit den Vorlageverfahren des deutschen Rechts soll im folgenden dort vorgenommen werden, wo ein solcher Vergleich sinnvoll erscheint.

III. Die Bedeutung des Vorabentscheidungsverfahrens

Das Vorabentscheidungsverfahren bildet seit den Anfängen der Rechtsprechung des EuGH einen Schwerpunkt seiner Arbeit. War ihm nach der ursprünglichen Vorstellung der Gründungsväter der Europäischen Verträge nur eine relativ marginale Rolle zugedacht, so hat es sich im Laufe der Jahre zum wohl wichtigsten Verfahren, zu einem „Schluß- und Eckstein" der Gemeinschaftsrechtsordnung entwickelt.[161] Diese Feststellung beruht zum einen auf der zuvor erwähnten Funktion des Vorabentscheidungsverfahrens bei der Wahrung der Rechtseinheit. Wie sehr diese Bemerkung aus der Anfangszeit der Gemeinschaft ihrem Inhalt nach noch heute zutrifft, wird bei einem Blick auf die Statistik deutlich. Die tragende Rolle des Vorabentscheidungsverfahrens spiegelt sich nicht zuletzt in den Verfahrensstatistiken des EuGH wider.[162] Ein Vergleich mit der Anzahl der Direktklagen macht deutlich, daß etwa die Hälfte aller bis 1992 anhängig gemachten Rechtssachen - nämlich 2396 von 4873 - auf Vor-

---

161 R.-M. Chevallier, Commentaire de l'article 177 du traité CEE à usage des juges et des justciables francais, Bd. I, Paris 1964, S. 4.

162 Lenz, AnwBl. 1993, S. 477.

abentscheidungsverfahren entfielen. Im Jahr 1998 wurden 264 (1997: 239) neue Vorabentscheidungsverfahren anhängig gemacht, womit diese einen Anteil von ca. 55 % aller neuen Rechtssachen ausmachten.[163] Noch deutlicher ist der Unterschied bei den ergangenen Entscheidungen, denn von den insgesamt 3318 ergangenen Entscheidungen im Zeitraum zwischen 1953 und 1993 sind 1951 Urteile in Vorabentscheidungsverfahren.[164] Im Jahre 1998 stand das Vorabentscheidungsverfahren mit 157 (1997: 168) auch bei den ergangenen Entscheidungen mit über 62 % an der Spitze.[165] Vergleicht man die Zahl der von Privatpersonen eingeleiteten Nichtigkeitsklagen mit der Zahl der Urteile in Vorabentscheidungsverfahren, so ergibt sich ein Verhältnis von eins zu vier. Auch dies belegt, daß das Vorabentscheidungsverfahren die wichtigste Verfahrensart für den Rechtsschutz von Privatpersonen darstellt. Auch wenn die Aussagekraft solcher Statistiken nicht überschätzt werden sollte, so wird aus ihnen dennoch deutlich, in welchem Umfang die richterliche Vorlage an den EuGH mittlerweile zur Praxis in den Mitgliedstaaten geworden ist. Die Bundesrepublik Deutschland, aus der mit 1113 Verfahren bis 31.12.1998 die meisten Vorlagen stammen, nimmt damit die Spitzenposition in der Gemeinschaft ein.[166] Zu berücksichtigen ist jedoch, daß die Vorlagefreudigkeit sich mehrheitlich auf bestimmte spezialisierte Gerichte beschränkt. So entfielen auf die ordentliche Gerichtsbarkeit lediglich 82 Vorlageverfahren, die von 1953 bis 1992 an den EuGH gerichtet wurden (die Gesamtzahl lag in diesem Zeitraum bei etwa 800), wobei 31 auf den BGH und 51 auf die Instanzgerichte entfielen. Dementsprechend kann man den Instanzgerichten der ordentlichen Gerichtsbarkeit eine signifikante Zurückhaltung attestieren.[167] Um so erstaunlicher werden diese Zahlen, wenn man bedenkt, daß die ordentliche Gerichtsbarkeit das Gros der Gerichte in der Bundesrepublik Deutschland stellt. Allein im Jahr 1996 betrug die Zahl der Verfahrensneuzugänge bei den Zivilgerichten 2.109.955 (1995: 2.170.255) und die Zahl der erledigten Verfahren 2.151.781 (1995: 2.073.416).[168] Stellt man diesen Zahlen, die sich lediglich auf ein einziges Jahr beziehen, die Zahl von 82 Vorlagen zur Vorabentscheidung durch deutsche Zivilgerichte in 39 Jahren gegenüber, so wird deutlich, daß es in der Vergangenheit eine doch geradezu erstaunliche Zurückhaltung der Zivilgerichte gab.

---

163 In den Vorjahren waren es regelmäßig sogar über 60 %.

164 Vgl. dazu insbesondere: Gündisch, Rechtsschutz in der Europäischen Gemeinschaft, Anhang 1, S. 163.

165 Statistical information of the Court of Justice (1998), erschienen Mitte 1999 mit einem umfassenden Zahlenüberblick.

166 EuGH, Abteilung Presse- und Informationsdienst, Statistical information of the Court of Justice (1998), Luxemburg 1999, S. 20, Übersicht 17.

167 Näher dazu: Voß, EuR 1986, 95, 97.

168 Statistisches Bundesamt, Basisstatistiken – Rechtspflege/Gerichtsverfahren für 1995/1996.

Dies kann nicht damit erklärt werden, daß Fragen des Zivilrechts im europäischen Gemeinschaftsrecht keine Rolle spielen würden. Ganz im Gegenteil, die zuvor erläuterte Europäisierung des Privatrechts zeigt, daß nach der zuvor dargestellten Entwicklung eine weitaus größere Zahl an Vorlagen in diesem Bereich zu erwarten gewesen wäre. Die geringe Vorlagebereitschaft der ordentlichen Gerichtsbarkeit wird von mancher Seite damit erklärt, daß wohl *„die Bedeutung des europäischen Rechts für das Zivilrecht* [...] *bislang nur rudimentär in das Bewußtsein der juristischen Fachkreise, insbesondere der Richter* [...], *gedrungen ist.*"[169] Dies bedeutet letztendlich, daß dem Bürger nicht in jedem zivilrechtlichen Verfahren mit europarechtlichem Bezug der bestmögliche und damit effektivste Rechtsschutz zuteil wird, da insoweit der höheren Richtigkeitswahrscheinlichkeit einer europarechtlichen Frage durch ein Vorabentscheidungsurteil des EuGH durch die Instanzgerichte nicht die notwendige Bedeutung zugemessen wird. Der Verdacht liegt nahe, daß neben dem vorerwähnten Mangel an Bewußtsein in juristischen Fachkreisen, noch weitere Gründe für die mangelhafte Verbreitung von Vorlageentscheidungen im Rahmen der ordentlichen Gerichtsbarkeit verantwortlich sind. So soll im weiteren Verlauf dieser Untersuchung auch überprüft werden, ob diese Entwicklung nicht auf das inkongruente Zusammenspiel zwischen nationalem Prozeßrecht und europarechtlich ausgestaltetem Vorabentscheidungsverfahren zurückzuführen ist. Dabei sollen des weiteren Ansätze aufgezeigt werden, wie der mangelnden Vorlagefreudigkeit begegnet werden kann.

[169] Gündisch, Rechtsschutz in der Europäischen Gemeinschaft, S. 94; ebenso: Huff, BRAK-Mitt. 1/1998, 11, 12.

2. Teil: Die rechtsstaatlichen Fundamente des Vorabentscheidungsverfahrens im Gemeinschaftsrecht: Welche Verfahrensgrundrechte und –grundsätze liegen dem Verfahren zugrunde und inwieweit entspricht ihnen sein Ablauf ?

Nachdem somit Funktion, Wesen und Bedeutung des Vorabentscheidungsverfahrens umrissen worden sind, sollen nun die rechtsstaatlichen Grundlagen dieses Verfahrens im Gemeinschaftsrecht untersucht werden. Dabei sollen die Verfahrensgrundrechte der Parteien des Ausgangsverfahrens sowie die bestimmenden Verfahrensgrundsätze im Rahmen des Vorabentscheidungsverfahrens dargestellt werden. Anschließend ist der Ablauf des Verfahrens auf seine Übereinstimmung mit diesen rechtsstaatlichen Grundlagen zu überprüfen.

A. Die Bedeutung der Verfahrensgrundrechte und der Verfahrensgrundsätze für den Zivilprozeß

Die Notwendigkeit zur Überprüfung der rechtsstaatlichen Grundlagen ergibt sich schon daraus, daß man bei der Erörterung prozessualer Grundsatzfragen zwangsläufig zu der Frage der verfassungsrechtlichen Gewährleistungen gelangt. Bei der Untersuchung der Verfahrensgestaltung ist oftmals die Frage der Verfahrensgerechtigkeit zu erörtern, was ohne einen Rückgriff auf das Verfassungsrecht schlechterdings unmöglich ist.[170] Das Verfassungsrecht gibt die Rahmenbedingungen vor, nach denen Verfahrensnormen auszugestalten sind.[171] Dies folgt schon daraus, daß die Rechtsprechung sich als eine Ausübung hoheitlicher Gewalt darstellt,[172] die der verfassungsrechtlichen Legitimation bedarf. Außerdem gilt für die gerichtliche Geltendmachung privater Rechte im Rahmen eines Zivilprozesses, daß die rechtsstaatliche Gerichtstätigkeit jedenfalls auch als eine Ausprägung des staatlichen Gewaltmonopols und des allgemeinen bürgerlichen Gewaltverbots verstanden werden muß. Dem Bürger ist die eigenmächtige Durchsetzung seiner Rechte verwehrt. Im Gegenzug ist der Staat verpflichtet, dem Bürger den Weg vor die Gerichte zu eröffnen, damit er das staatliche Gewaltmonopol im Falle der Verletzung seiner subjektiven Rechte anrufen kann. Die gerichtliche Entscheidung ist im Endeffekt damit auch eine Entscheidung über das Schicksal dieser subjektiven Rechte. Das Verfahrensrecht entscheidet damit über die konkreten Bedingungen, unter denen eine Partei ihre subjektiven Rechte wahrnehmen kann. Insofern entsteht zwischen den Parteien untereinander sowie zwischen jeder Partei und dem Gericht

---

170 Pfeiffer, Internationale Zuständigkeit und prozessuale Gerechtigkeit, S. 288.

171 Stürner, FS Fritz Baur (1981), 647, 648.

172 Arens, Die Grundprinzipien des Zivilprozeßrechts, S.1; Benda/Weber, ZZP 96 (1983), S. 285.

ein Prozeßrechtsverhältnis, welches die Gesamtheit der Rechtsfolgen, die die Prozeßordnung an den begonnenen Prozeß knüpft, bündelt.[173] Abgesichert werden die Rechte der Parteien dieses Prozeßrechtsverhältnisses durch die Verfahrensgrundrechte.

Diese Überlegungen erklären die grundlegende Bedeutung der prozessualen Regeln und der sie absichernden Verfahrensgrundrechte für die Parteien. Darüber hinaus formt die grundrechtliche bzw. grundrechtsähnliche Absicherung des gerichtlichen Rechtsschutzes das Bild einer rechtsstaatlichen Ordnung. Das gilt nicht nur für einen Nationalstaat, sondern auch für eine supranationale Einrichtung wie die Europäische Union, denn in dieser fließen die verschiedenen rechtsstaatlichen Traditionen der Mitgliedstaaten ineinander und prägen diese neue transnationale Ebene. Insoweit ist auch die Europäische Gemeinschaft als ein eigenes rechtsstaatliches Gebilde zu verstehen.[174] Die Verfahrensgrundrechte lassen sich dabei sowohl als institutionelle Garantien auf dieser neuen (supranationalen) Ebene mit ihrer eigenen Gerichtsbarkeit begreifen als auch als Teil eines auf dieser Ebene bestehenden subjektiven Rechts auf Justizgewährung.[175]

Von den Verfahrensgrundrechten zu unterscheiden sind die Verfahrensgrundsätze, die ein Verfahren bestimmen. Zwar werden sie von mancher Seite als bloße technische Regelungen betrachtet, die den Prozeß beherrschen,[176] doch greift eine solch einseitige Betrachtung zu kurz. Die Verfahrensgrundsätze stellen insoweit keine Ansammlung technischer Regeln dar, die beziehungslos nebeneinander stehen, sondern gehen auf Grundgedanken zurück, die den verfassungsmäßigen Grundlagen, etwa den Verfahrensgrundrechten, sowie den gesetzgeberischen Grundentscheidungen zu entnehmen sind.[177] Verfahrensgrundsätze können demnach als die ratio einer Norm verstanden werden, die von ihrer Bedeutung über diese Norm hinaus wirken und der systematischen Bestimmung des Prozeßrechts dienen. Sie erlangen damit insbesondere für die Lösung solcher prozessualen Probleme Bedeutung, für die keine explizite Regelung im Gesetz getroffen wurde. Solche Lücken können mit Hilfe der Verfahrensgrundsätze systemkonform geschlossen werden.[178] Darüber hinaus können anhand der Verfahrensgrundsätze einzelne prozessuale Regelungen und Verfahrensgestaltungen auf ihre Kohärenz mit dem Gesamtsystem des jeweiligen Prozeßrechts hin überprüft

---

173 Siehe dazu: Blomeyer, Zivilprozeßrecht, § 11, S. 87, der darauf hinweist, daß das Prozeßrechtsverhältnis auch dann weiterbesteht, wenn das Gericht wechselt.

174 Dieses Verständnis der EU wird insbesondere betont bei: Scholz, FS Ernst Steindorff (1990), S. 1413 ff.

175 Auf diese dualistische Funktion der Verfahrensgrundrechte auf der staatlichen Ebene weisen hin: Schwab/Gottwald, Verfassung und Zivilprozeß, S. 5.

176 Baumann, Grundbegriffe und Verfahrensprinzipien des Zivilprozeßrechts, S. 28.

177 Grunsky, Grundlagen des Verfahrensrechts, S. 16.

178 So auch: Rengeling/Middeke/Gellermann, Rechtsschutz in der Europäischen Union, S. 314 ff., Rdnr. 587 m.w.N.

werden. Dies soll hier im Anschluß an die nähere Bestimmung der Verfahrensgrundrechte und -grundsätze erfolgen. Dabei ist zu untersuchen, inwieweit diese in der bisherigen Verfahrenspraxis des EuGH im Rahmen des Vorabentscheidungsverfahrens ausreichend beachtet worden sind.

Bei Fortgang der Untersuchung soll ein besonderes Augenmerk der Tatsache gewidmet werden, daß dem Vorabentscheidungsverfahren auch im Rahmen eines Zivilprozesses eine Rechtsschutzfunktion zukommt. Diese Feststellung wirft insoweit die Frage auf, welche Konsequenzen sich daraus im Hinblick auf die Absicherung der prozessualen Rechte des Einzelnen durch Verfahrensgrundrechte ergeben. Dazu ist im folgenden zunächst ganz allgemein zu untersuchen, welche Verfahrensgrundrechte den Parteien des Ausgangsverfahrens im Vorabentscheidungsverfahren zustehen. Zwar sind infolge der weitreichenden Diskussion um den Schutz der Grundrechte auf europäischer Ebene auch schon Untersuchungen hinsichtlich der prozessualen Grundrechte des Einzelnen bei Verfahren vor dem EuGH angestellt worden,[179] doch hat die Frage nach den Verfahrensrechten der Parteien des Ausgangsverfahren im Vorabentscheidungsverfahren bislang in der Literatur keine größere Beachtung gefunden. Inwieweit den Parteien des Ausgangsverfahrens auch bei der Vorlage grundrechtliche bzw. grundrechtsgleiche Absicherungen ihrer Verfahrensrechte zustehen und welche Verfahrensgrundsätze sich für das Vorabentscheidungsverfahren daraus ergeben, ist bisher nicht Gegenstand intensiverer Bemühungen gewesen. Dies soll im 2. Teil dieser Arbeit erfolgen. Die dabei herausgearbeiteten Verfahrensgrundrechte und -grundsätze sollen in der Folge weiterhelfen, Vorschläge zur Überwindung eventuell bestehender verfahrensrechtlicher Schwächen des Vorabentscheidungsverfahrens zu eruieren.

179 Vgl. hierzu: Grzybek, Prozessuale Grundrechte im Europäischen Gemeinschaftsrecht, S. 1 ff.; sowie die Untersuchung von: Fasselt-Rommé, Parteiherrschaft im Verfahren vor dem EuGH, S. 1 ff., die sich lediglich auf die Parteiherrschaft bei Direktklageverfahren vor dem EuGH beschränkt. Im Bereich der Verfahrensgrundsätze ist auf die Untersuchung von: André, Beweisführung und Beweislast im Verfahren vor dem Europäischen Gerichtshof, S. 1 ff. hinzuweisen. Grundlegende Darstellungen zu den Verfahrensgrundsätzen finden sich bei: Habscheidt, Les principes fondamentaux, S. 33 - 66; siehe auch dazu auch: Bebr, Prozeßmaximen, S. 77 ff.; Rengeling/Middeke/Gellermann, Rechtsschutz in der Europäischen Union, S. 314 ff., Rdnr. 587 ff.

B. Die Verfahrensgrundrechte der Parteien des Ausgangsverfahrens und die bestimmenden Verfahrensgrundsätze im Vorabentscheidungsverfahren

Am Anfang der folgenden Untersuchung steht die Frage, welche verfahrensrechtlichen Absicherungen die Parteien - auch vor dem Hintergrund einer Rechtsschutzfunktion des Vorabentscheidungsverfahrens - im Verfahren vor dem EuGH genießen. Kennen wir aus dem deutschen Rechtskreis eine Reihe von Verfahrensgrundrechten, die die Stellung der Parteien absichern, so stellt sich die Frage, ob eine ähnliche Absicherung auf europäischer Ebene gewährleistet ist und inwieweit eine solche verfahrensrechtliche Absicherung auch für das Vorabentscheidungsverfahren Geltung beanspruchen kann.

I. Die wichtigsten Verfahrensgrundrechte und Verfahrensgrundsätze im deutschen Zivilprozeß als Ausgangsverfahren

Ausgangspunkt der Untersuchung soll die Absicherung der Parteien durch Verfahrensgrundrechte und -grundsätze im deutschen Zivilprozeß als Ausgangsverfahren sein. Diese sollen im folgenden kurz skizziert werden. Im Anschluß daran ist dann zu untersuchen, inwieweit sich diese Absicherung bei Vorlage an den EuGH verändert bzw. inwieweit eine Metamorphose der bisherigen Verfahrensrechte stattfindet.

1. Der Anspruch auf effektiven Rechtsschutz nach deutschem Verfassungsrecht

Als Grundlage der verfahrensrechtlichen Absicherungen wird im deutschen Verfassungsrecht vor allem der Anspruch des Bürgers auf einen effektiven Rechtsschutz angesehen, der ihm durch Art. 19 Abs. 4 GG gewährt wird. Es handelt sich dabei um eine Grundsatznorm für die gesamte deutsche Rechtsordnung.[180] Der durch Art. 19 Abs. 4 GG gewährte Schutz bezieht sich jedoch nur auf Akte der öffentlichen Gewalt und kommt dementsprechend nur in allen verwaltungsrechtlichen Streitigkeiten im weiteren Sinne unmittelbar zum Tragen. In privatrechtlichen Streitigkeiten kommt Art. 19 Abs. 4 GG nicht zur Anwendung, da er keinen Anspruch auf effektiven Rechtsschutz im privatautonomen Bereich beinhaltet. Art. 19 Abs. 4 GG wird jedoch als tatbestandlich eigenständiger Teil des Prinzips allgemeiner Justizgewährung angesehen, das unverbrüchlich mit dem Wesen des modernen Rechtsstaates verbunden ist.[181] Zusammen mit den elementaren staatlichen Schutzpflichten bildet die Justizgewährung als staatliche Pflicht und individuelles Recht die Kehrseite des staatlichen Gewalt-

180 BVerfGE 58, 1, 40.

181 Anschütz/Thoma, Handbuch des Deutschen Staatsrechts II, 1932, S. 130.

monopols, der bürgerlichen Friedenspflicht und des Selbsthilfeverbots.[182] Die heutige Basis der Justizgewährung bildet nicht eine einzelne Vorschrift des Grundgesetzes, sondern das Rechtsstaatsprinzip als solches.[183] Mit der staatlichen Justizgewährungspflicht korrespondiert ein jedermann zustehender Justizgewährungsanspruch, der vor allem innerhalb des durch die Prozeßgesetze vorgegebenen Rahmens zu erfüllen ist. Mit der Verfassungsbeschwerde ist dieser Anspruch zwar nicht in ganzer Breite, wohl aber in seinen grundrechtsunmittelbaren Sektoren und in seinen besonders bewährten flankierenden Instituten (Art. 101 Abs. 1 S. 2, Art. 103 Abs. 1 GG) verfolgbar.[184] Insgesamt liegen die allgemeine Justizgewährung und die Justizgewährung nach Art. 19 Abs. 4 GG in ihren Anforderungen nicht weit auseinander. Vielmehr besteht eine Tendenz zur „Parallelisierung", die durch die Grundlage gemeinsamer Rechtsschutzstandards verstärkt wird.[185] Der Justizgewährungsanspruch und Art. 19 Abs. 4 GG stehen in enger Beziehung zu jenen Elementen des Rechtsstaatsprinzips, die die Qualität des gerichtlichen Rechtsschutzes allgemein, d.h. in der ganzen Breite der Justizgewährung ausmachen und die allgemein als Rechtsschutzstandards bezeichnet werden können. Hierher gehören neben ungeschriebenen Elementen wie z.B. der Fairneß des Verfahrens mit ihrer Ausprägung durch das Gebot der Waffengleichheit vor allem das Gebot rechtlichen Gehörs (Art. 103 Abs. 1 GG), das Recht auf den gesetzlichen Richter (Art. 101 Abs. 1 S. 2 GG) und das Gebot der richterlichen Unabhängigkeit (Art. 97 GG). Diese unverbrüchlichen Elemente gelten in allen Gerichtszweigen und sind damit in allen Gerichtsverfahren verbindlich. So führt das Bundesverfassungsgericht[186] aus: *„Das Grundgesetz kennt nur einen einheitlichen Begriff von 'Rechtsweg' und 'Gericht'; es macht für die Anforderungen, die an ein Gericht zu stellen sind, keinen Unterschied zwischen den verschiedenen Zweigen der Gerichtsbarkeit.*" Dementsprechend gelten die Anforderungen, die sich aus dem Recht auf effektiven Rechtsschutz ergeben, auch für das Zivilprozeßrecht.

---

182 BVerfGE 54, 277, 292; Lorenz, Der Rechtsschutz des Bürgers, S. 12; Isensee, Das Grundrecht auf Sicherheit, 1983, S. 36 f.

183 BVerfGE 54, 277, 291; so zuletzt auch in: NJW 2000, S. 797; Bettermann, Die Grundrechte III/2, Berlin 1959, S. 559; Stern, Staatsrecht II, § 43 III 2, S. 919 f.; Isensee, Das Grundrecht auf Sicherheit, 1983, S. 36; Stein/Jonas/Schumann, ZPO, Einl. III c, Rdnr. 204 ff.; Rosenberg/Schwab, Zivilprozeßrecht, § 3 I; ausführlich und m.w.N.: Dütz, Rechtsstaatlicher Gerichtsschutz im Privatrecht, S. 67 ff., 82 ff. und 95 ff.

184 Vgl. dazu auch: Bettermann, Die Grundrechte III/2, S. 559 f.

185 Schmidt-Aßmann in: Maunz/Dürig, GG, Art. 19 Abs. 4, Rdnr. 17.

186 BVerfGE 4, 331, 344.

2. Die Wahrung des rechtlichen Gehörs nach Art. 103 Abs. 1 GG

Einer der zu beachtenden Rechtsschutzstandards findet sich in dem Gebot der Wahrung des rechtlichen Gehörs nach Art. 103 Abs. 1 GG. Im Gegensatz zum Justizgewährungsanspruch eröffnet Art. 103 Abs. 1 GG nicht einen Rechtsweg, sondern gewährleistet einen Mindeststandard an Verfahrensqualität, indem er den Beteiligten ausreichende Einflußmöglichkeiten auf die Gestaltung des gerichtlichen Verfahrens sichert. Im deutschen Recht hat jedermann gemäß Art. 103 Abs. 1 GG einen Anspruch auf rechtliches Gehör. Der Einzelne soll nicht bloßes Objekt des gerichtlichen Verfahrens sein, sondern er soll vor einer Entscheidung, die seine Rechte betrifft, zu Wort kommen, um Einfluß auf das Verfahren und sein Ergebnis nehmen zu können.[187] Jeder Prozeßbeteiligte muß danach die Gelegenheit haben, sich zu dem Streitfall, den entscheidungserheblichen Tatsachen, Beweisen und Beweisergebnissen und auch zu den einschlägigen Rechtsfragen hinreichend und auch in hinreichender Frist vor Erlaß einer Entscheidung zu äußern.[188] Dies setzt voraus, daß der Prozeßbeteiligte Kenntnis von solchen prozeßrelevanten Umständen erlangt, um sich dazu äußern zu können. Dementsprechend gewährt Art. 103 Abs. 1 GG den Prozeßbeteiligten ein Recht auf Information, dem eine Pflicht des Gerichts entspricht, den Beteiligten Kenntnis über diese prozeßrelevanten Umstände zu verschaffen.[189] Damit diese Pflichten der Gerichte jedoch keine wirkungslosen Formalitäten bleiben, enthält Art. 103 Abs. 1 GG letztlich auch ein Recht auf Berücksichtigung des Vorbringens. Dies erfordert Gegenwart, Aufnahmefähigkeit und –bereitschaft aller an der Entscheidung mitwirkenden Richter sowie grundsätzlich eine Begründung der gerichtlichen Entscheidung, die auch auf das wesentliche Parteivorbringen eingeht.[190] Nach alledem wird das Recht auf Gehör als das ausschlaggebende Werkzeug der Rechtswahrung und der Rechtsdurchsetzung im Prozeß angesehen. Seinen Ursprung findet das Recht auf Gehör auch in der Würde der Person, die erfordert, daß über ihre Rechte nicht kurzerhand von Obrigkeits wegen verfügt wird. Das Bundesverfassungsgericht[191] führt dazu aus: *„Das rechtliche Gehör wird dabei nicht nur als „prozessuales Urrecht des Menschen", sondern auch als ein „objektivrechtliches Verfahrensprinzip" gekennzeichnet, das für ein gerichtliches Verfahren [...] konstitutiv und grundsätzlich unabdingbar ist [...].*" Insofern wird der Grundsatz des rechtlichen Gehörs in der Literatur auch als „Magna Charta" des Verfahrensrechts bezeichnet.[192]

---

187 BVerfGE 7, 275, 279; 55, 1, 6; 57, 250, 275; 84, 188, 189.

188 BVerfGE 1, 418, 429.

189 Pieroth/Schlink, Grundrechte/Staatsrecht II, S. 274, Rdnr. 1077.

190 BVerfGE 63, 80, 85; 86, 133, 144 - 147.

191 BVerfGE 55, 1, 6.

192 Schwab/Gottwald, Verfassung und Zivilprozeß, S. 49.

Dieses Recht ist verletzt, wenn das Gericht in den Anspruch auf rechtliches Gehör eines Verfahrensbeteiligten eingreift, ohne verfassungsrechtlich gerechtfertigt zu sein. Dies ist etwa dann der Fall, wenn er keine hinreichende Gelegenheit hat, sich zu den entscheidungserheblichen Tatsachen zu äußern. Es ist allerdings Sache der Verfahrensbeteiligten, von den zur Verfügung stehenden Möglichkeiten der Äußerung nach eigener Verantwortung Gebrauch zu machen. Mit dem Recht auf rechtliches Gehör ist also eine Mitwirkungslast der streitenden Parteien verbunden.[193] Zudem ist eine gerichtliche Entscheidung nur dann wegen Verstoßes gegen das Recht auf rechtliches Gehör fehlerhaft und verfassungswidrig, wenn nicht ausgeschlossen ist, daß bei Beachtung des Grundrechts anders zu entscheiden gewesen wäre.[194] Das Verfahrensprinzip des rechtlichen Gehörs gilt in allen Gerichtsbereichen, so auch im Zivilprozeß. Als Ausfluß dieses Rechts enthält die deutsche Zivilprozeßordnung die Regelung des § 278 Abs. 3, nach der eine rechtliche Erörterung der entscheidungserheblichen Gesichtspunkte zu erfolgen hat, auch wenn eine Partei darauf erkennbar nicht eingegangen ist.[195] Im Gegensatz zum Bundesverfassungsgericht sieht der BGH in Fällen, in denen dies unterbleibt, nicht notwendigerweise immer eine Verletzung des Art. 103 Abs. 1 GG, sondern nimmt lediglich einen Verfahrensfehler i.S.d. §§ 539, 550 ZPO an. Im Ergebnis hält aber auch der BGH jede rechtliche Überrumpelung für verboten.[196]

3. Der Anspruch auf ein faires Verfahren nach Art. 2 Abs. 1 und 20 Abs. 3 GG

Ein weiteres Verfahrensgrundrecht der Parteien des Zivilprozesses ist zwar nicht expressis verbis im Grundgesetz kodifiziert, doch leitet das Bundesverfassungsgericht aus Art. 2 Abs. 1 GG und dem Rechtsstaatsprinzip des Art. 20 Abs. 3 GG den Anspruch der Parteien auf ein faires Verfahren ab.[197] Der Begriff des fairen Verfahrens stammt aus dem angloamerikanischen Sprachgebrauch („fair trial" oder „fair hearing").[198] Das damit benannte Prozeßgrundrecht läßt sich jedoch nur schwer definieren, da es sich hierbei nur um eine verfassungsrechtliche Leitlinie handelt, die das Gericht in seinem Ermessen bindet.[199] Es lassen sich lediglich bestimmte prozessuale Anforderungen an das Gericht daraus ableiten. So soll

193 Lerche, ZZP 78 (1965), 1, 25; Kopp, AöR 106 (1981), S. 604.

194 BVerfGE 60, 313, 319.

195 Zu beachten ist, daß die Frage umstritten ist, inwieweit eine rechtliche Erörterung notwendig ist und ob jeder Verstoß gegen diesen in § 278 Abs. 3 ZPO geregelten Grundsatz gleichzeitig einen Verstoß gegen Art. 103 Abs. 1 GG darstellt (restriktiv: BGH 85, 288, 291; a.A.: BVerfG VersR 1991, S. 1268).

196 BGH NJW 1987, S. 781.

197 BVerfG NJW 1987, S. 2499; 1988, S. 2787; 1991, S. 3140.

198 In den Vereinigten Staaten ist die Fairneß in Form der „due process"-Klausel im V. Amendment (für die Bundesebene) und im XIV. Amendment (für die Bundestaaten) zur Verfassung niedergeschrieben.

199 Schellhammer, Zivilprozeß, 8. Auflage, S. 10, Rdnr. 17.

das Gericht etwa berechenbar prozessieren[200] und auf die Parteien in der jeweiligen Prozeßsituation Rücksicht nehmen.[201] Des weiteren verlangt der Anspruch auf ein faires Verfahren vom Gericht, daß es sich nicht selbst widerspricht[202] und seine eigenen Fehler nicht den Parteien anlastet.[203] So kann das Gericht beispielsweise nicht die unleserliche Unterschrift eines Rechtsanwalts längere Zeit tolerieren und dann ohne Vorwarnung für unwirksam erklären.[204] Des weiteren kann das Gebot der Fairneß Bedeutung erlangen bei der Ausübung der in § 139 Abs. 1 ZPO statuierten Frage- und Aufklärungspflicht des Gerichts.[205] Hier hat das Gericht insbesondere die rechtsunkundige Partei über die Rechtsfolgen ihres Handelns aufzuklären,[206] um keine unfaire Benachteiligung dieser Partei zuzulassen. Dies geht jedoch nicht soweit, daß der zur Neutralität und Distanz verpflichtete Richter zur verstärkten Intervention zugunsten einer Partei aus übergreifenden Fairneß-Erwägungen gehalten wäre.[207]

Die aufgelisteten Beispiele machen aber deutlich, daß es sich bei dem Anspruch auf ein faires Verfahren um einen Sammelbegriff handelt, dessen Übergänge zu anderen Rechtsinstituten – wie etwa dem rechtlichen Gehör - fließend sind, sich teilweise sogar inhaltlich überschneiden. Dementsprechend wird in dem Recht auf ein faires Verfahren ein Prozeßgrundrecht gesehen, an dem Beschränkungen der Verfahrensbeteiligten zu messen sind, die von speziellen Gewährleistungen wie etwa dem Anspruch auf rechtliches Gehör (Art. 103 Abs. 1 GG) nicht erfaßt werden.[208] Zusammenfassend läßt sich demnach festhalten, daß das Recht auf ein faires Verfahren von den Gerichten verlangt, daß sie die ihnen zur Verfügung stehenden prozessualen Gestaltungsmittel nicht zum Nachteil der Verfahrensbeteiligten ausnutzen und diese zu bloßen Objekten des Verfahrens degradieren, sondern ihnen die Möglichkeit einräumt, ihre Rechte als mündige Bürger wahrzunehmen.

---

200 BVerfG NJW 1988, S. 2787.

201 BVerfG NJW 1975 S. 103; NJW 1978, S. 151; NJW 1991, S. 3140.

202 BVerfG NJW 1986, S. 244; NJW 1991, S. 3140.

203 BVerfG NJW 1980, S. 277; NJW 1982, S. 1453 f.; NJW 1987, S. 2003; NJW 1991, S. 3140.

204 BVerfG NJW 1988, S. 2787.

205 So hat der Bundesminister der Justiz in seiner Stellungnahme in BVerfGE 42, 64, 71 die Regelung des § 139 Abs. 1 ZPO als eine nichtverfassungsrechtliche Ausprägung des Rechts auf ein faires Verfahren angesehen.

206 Greger in: Zöller, ZPO, 21. Auflage, § 139, Rdnr. 10c.

207 Stürner, Die richterliche Aufklärung im Zivilprozeß, S. 31 f.

208 Tettinger, Fairneß und Waffengleichheit, S. 4.

4. Das Gleichbehandlungsgebot nach Art. 3 Abs. 1 GG (Waffengleichheit)

In einem engen Zusammenhang mit dem Anspruch auf ein faires Verfahren steht das Gleichbehandlungsgebot bzw. der daraus folgende Anspruch auf Waffengleichheit. Das Grundgesetz enthält an verschiedenen Stellen die Gewährleistung der Gleichheit, insbesondere den allgemeinen Gleichheitssatz in Art. 3 Abs. 1 GG. Er verlangt u.a. die Rechtsanwendungsgleichheit, was im Bereich des Zivilprozeßrechts dazu führt, daß die Parteien grundsätzlich gleiche Rechte haben.[209] Man spricht in diesem Zusammenhang auch von der Waffengleichheit im Prozeß,[210] da es um die Gleichheit der prozessualen Befugnisse geht. War die Waffengleichheit ursprünglich im Strafprozeß zur Verstärkung der Verteidigerstellung entwickelt worden, so ist ihre Bedeutung für das gesamte Prozeßrecht bald erkannt worden.[211] Dementsprechend wird das Gebot der Waffengleichheit in den unterschiedlichsten Sachmaterien und Verfahrensarten herangezogen, um den Verfahrensbeteiligten eine gleichgewichtige Position zu sichern. Das Gebot der Waffengleichheit soll vor allem Wirkung für die Ausgestaltung der Prozeßmaximen, für die Art und Weise der Ermittlung des entscheidungserheblichen Sachverhalts sowie für Voraussetzungen und Wirkungen von Prozeßhandlungen entfalten. Dies gilt insbesondere auch für den Bereich des Zivilprozeßrechts. Das Bundesverfassungsgericht[212] hat insoweit in einer Entscheidung zur Beweislastverteilung in einem Arzthaftungsprozeß ausgeführt:

„Grundsätzliche Waffengleichheit im Prozeß und gleichmäßige Verteilung des Risikos am Verfahrensausgang sind verfassungsrechtlich gebotene Erfordernisse des Gleichheitssatzes."

Im Anschluß daran hat der erste Senat des Bundesverfassungsgerichts in einem Beschluß zur Präklusion von Angriffs- und Verteidigungsmitteln dies weiter dahingehend konkretisiert, daß der Grundsatz der Waffengleichheit verlange, daß im Rahmen der Verfahrensordnung die Möglichkeit garantiert sein muß, daß die Prozeßparteien alles für die gerichtliche Entscheidung Erhebliche vortragen und alle zur Abwehr des gegnerischen Angriffs erforderlichen prozessualen Verteidigungsmittel geltend machen können.[213] In einem anderen Fall hat der zweite Senat des Bundesverfassungsgerichts ein amtsgerichtliches Urteil wegen willkürlicher Anwendung der Präklusionsvorschrift des § 296 Abs. 1 ZPO aufgehoben, weil er darin einen Verstoß gegen das Gleichheitsgebot des Art. 3 Abs. 1 GG erblickte.[214]

---

209 BVerfGE 69, S. 248; NJW 1985, S. 3005; 1991, S. 413; 1992, S. 889; BGH NJW 1987, 255, 256.

210 BVerfG NJW 1979, S. 1925; NJW 1980, S. 1737 f.; NJW 1984, S. 1149; NJW 1989, S. 3271; BGH NJW 1984, S. 1823; NJW 1987, S. 500; NJW 1988, S. 2302 - 2303.

211 Tettinger, Fairneß und Waffengleichheit, S. 18 m.w.N.

212 BVerfGE 52, 131, 144.

213 BVerfGE 55, 72, 94.

214 BVerfGE 54, 117, 126, worin aber eine konkrete Bezugnahme auf den Grundsatz der Waffengleichheit fehlt.

Eine weitere Ausprägung des Gebots der Gleichbehandlung ist die persönliche Unparteilichkeit des Richters. So verlangt das Bundesverfassungsgericht[215] gerade im Bereich des zivilrechtlichen Erkenntnisverfahrens vom Richter, daß er *„jeden Anschein der Parteilichkeit zu vermeiden und vor allem dort die mit der richterlichen Tätigkeit untrennbar verknüpfte Distanz und Neutralität zu wahren [habe].*" Dem dient auch das Ablehnungsrecht, wenn der Richter in einer engeren Beziehung zu einer der Parteien steht. Die Einordnung der Unparteilichkeit in die Waffengleichheit führt dazu, daß das Recht auf einen unparteiischen Richter durch eine Verfassungsbeschwerde geltend gemacht werden kann. Denn die Herleitung der Waffengleichheit aus dem Gleichheitssatz des Art. 3 Abs. 1 GG eröffnet dem Betroffenen im Falle eines Verstoßes - und nach Erschöpfung des Rechtsweges - die Möglichkeit der Verfassungsbeschwerde nach Art. 93 Abs. 4a GG, da insoweit dann eine Grundrechtsverletzung vorliegt.

5. Der Anspruch auf den gesetzlichen Richter nach Art. 101 Abs. 1 S. 2 GG

Des weiteren steht den Parteien eines Rechtsstreits auch der grundrechtsgleiche Anspruch auf den gesetzlichen Richter nach Art. 101 Abs. 1 S. 2 GG zu. Dieser Anspruch verbürgt dem Einzelnen, daß nur der durch Gesetz bestimmte, nicht ein auf andere Weise bestimmter Richter über ihn Recht spricht. Damit stellt Art. 101 Abs. 1 S. 2 GG die Bestimmung des zuständigen Richters unter Gesetzesvorbehalt, während das Recht auf den gesetzlichen Richter selbst nicht unter Gesetzesvorbehalt steht, so daß jeder Eingriff in dieses Recht verfassungswidrig ist. Sinn und Zweck dieser Regelung ist es, solche Manipulationen der Rechtsprechung zu verhindern, die - etwa durch Austausch der Richter - dazu führen könnten, daß eine Entscheidung sachfremden Einflüssen unterliegt.[216]

Das Bundesverfassungsgericht hat den Schutzbereich des Rechts auf den gesetzlichen Richter dahingehend definiert, daß die Zuständigkeit eines Richters für einen konkreten Fall im voraus abstrakt-generell festgelegt sein muß, der Fall muß sozusagen „blindlings" aufgrund allgemeiner Merkmale an den entscheidenden Richter kommen.[217] Richter i.S.d. Art. 101 Abs. 1 S. 2 GG ist jeder staatliche Richter von der untersten Instanz bis zum Bundesverfassungsgericht[218] sowie auch der internationale Richter, also auch die des EuGH.[219]

---

215 BVerfGE 52, 131, 161.

216 Bleckmann, Staatsrecht II – Die Grundrechte, 4. Auflage, § 40, S. 1171.

217 BVerfGE 95, 322, 329.

218 Pieroth/Schlink, Grundrechte/Staatsrecht II, 15. Auflage, S. 269, Rdnr. 1057.

219 BVerfGE 73, 339, 366; siehe auch: Vedder, NJW 1987, 526, 529.

Als Eingriff in dieses Recht ist vor allem das Entziehen des gesetzlichen Richters zu nennen. Ein solches Entziehen liegt vor, wenn eine Verhinderung oder Beeinträchtigung der Verhandlung oder Entscheidung einer Sache durch den gesetzlichen Richter festzustellen ist. Ein derartiger Eingriff ist auf allen drei Ebenen der öffentlichen Gewalt denkbar. So kann im Bereich der Legislative etwa eine gesetzliche Zuständigkeitsregel nicht den vorgenannten Anforderungen genügen. Ein Eingriff durch die Exekutive erscheint zwar weniger wahrscheinlich, doch läge ein solcher nach den Ausführungen des Bundesverfassungsgerichts[220] beispielsweise bei der Ernennung eines Richters „ad hoc und ad personam" vor. Die größte Bedeutung dürfte jedoch dem Entzug des gesetzlichen Richters durch die Judikative selbst zukommen. Der zuständige Richter kann dem Berechtigten durch das Gericht schon dadurch entzogen werden, daß das Gericht verfahrensrechtliche Bestimmungen, z.B. hinsichtlich der Zusammensetzung des Spruchkörpers, Abstimmungsmehrheiten oder Vorlagepflichten an andere Gerichte fehlerhaft anwendet. Zwar führt nicht jeder dieser Verfahrensfehler nach der Rechtsprechung des Bundesverfassungsgerichts zu einem verfassungswidrigen Eingriff in das Recht auf den gesetzlichen Richter, doch gilt es, auch in den vorerwähnten Bereichen dieses Recht zu wahren. So ist etwa die Besetzung der errichteten Spruchkörper – im Gegensatz zur Geschäftsverteilung, die Normcharakter hat - ein Organisationsakt gerichtlicher Selbstverwaltung, doch ist im Hinblick auf Art. 101 Abs. 1 S. 2 GG auch in diesem Bereich zu gewährleisten, daß die Besetzung des jeweiligen Spruchkörpers keinen sachfremden Einflüssen unterliegt. Da in diesem Bereich nicht der Gesetztesvorbehalt gilt, kann dies etwa durch Auslosung bei der Zuordnung der Richter auf die verschiedenen Spruchkörper erfolgen.[221]

Um bei diesen Fragen nicht als Superrevisionsinstanz für jeden Verfahrensfehler angerufen zu werden, hat das Bundesverfassungsgericht die Anwendbarkeit des Art. 101 Abs. 1 S. 2 GG auf die Fälle „willkürlich unrichtiger" Anwendung von Verfahrensvorschriften begrenzt.[222] Im Bereich der Judikative kann ein Eingriff zudem bei gerichtsorganisatorischen Maßnahmen angenommen werden, die die bloße Möglichkeit der Manipulation eröffnen.[223] Da es sich bei Art. 101 Abs.1 S.2 GG um ein grundrechtsgleiches Recht i.S.d. Art. 93 Abs. 1 Nr. 4a GG handelt, eröffnet jeder Verstoß die Möglichkeit einer Verfassungsbeschwerde. Zudem stellt jede Verletzung des Art. 101 Abs. 1 S. 2 GG nach § 551 ZPO auch einen absoluten Revisionsgrund dar.

---

220 BVerfGE 82, 159, 194.

221 Maunz in: Maunz/Dürig, GG, Art. 101, Rdnr. 48.

222 BVerfGE 82, 286, 299; so auch schon in: BVerfGE 3, 359, 363 f.

223 BVerfGE 95, 322, 327.

6. Die Verhandlungsmaxime

Im Bereich der Verfahrensgrundsätze ist zunächst auf die Verhandlungsmaxime hinzuweisen, die für den deutschen Zivilprozeß von zentraler Bedeutung ist. Danach ist es Sache der Parteien, selbst den Streitstoff zu bestimmen und ihn dem Gericht vorzutragen. Demzufolge kommt den Parteien die Verantwortung für die Beschaffung der Tatsachengrundlage des Zivilprozesses zu. Das Gericht wiederum darf auch nur solche Tatsachen bei seiner Entscheidung berücksichtigen, die die Parteien im Rahmen des Prozesses vorgebracht haben. Damit besteht für die Parteien die Möglichkeit, mit einer einverständlichen Darstellung des Sachverhalts Einfluß auf den Inhalt der Entscheidung zu nehmen. Dies ist keiner Vorschrift der ZPO direkt zu entnehmen, doch liegt dieser Rechtsgedanke einigen Vorschriften der ZPO zugrunde, so etwa § 288 ZPO für das Geständnis und § 138 Abs. 3 ZPO für das Nichtbestreiten. Dem Verfassungsrecht ist das Recht der Parteien zu entnehmen, Tatsachen und Beweismittel in den Prozeß einzubringen, wie dies durch Art. 103 Abs. 1 GG garantiert wird. Ein reiner Untersuchungsgrundsatz wäre somit verfassungswidrig.

Seine Rechtfertigung findet der Verhandlungsgrundsatz daneben in der Tatsache, daß im Zivilprozeß um private Rechte gestritten wird. Es besteht in aller Regel kein öffentliches Interesse, die Fakten von Amts wegen in den Prozeß einzuführen und ihre Wahrheit zu ermitteln (sog. Untersuchungsgrundsatz).[224] Der Verhandlungsgrundsatz gilt jedoch nicht uneingeschränkt. So besteht gemäß §§ 273 Abs. 2, 142, 143, 144, 448 ZPO in einigen Fällen für das Gericht die Möglichkeit, von Amts wegen Beweis über ein Parteivorbringen zu erheben und das Ergebnis im Urteil zu verwenden. Dies korrespondiert mit den Hinweis- und Hilfspflichten des Gerichts nach § 139 Abs. 1 ZPO, die im Interesse der Verwirklichung materieller Gerechtigkeit und einer funktionierenden Rechtspflege das Gericht mit der Hilfestellung für schlecht prozessierende Parteien beauftragt, um Überraschungsentscheidungen zu vermeiden.[225] Letztlich darf auch die Bindung des Gerichts an die einvernehmliche Sachdarstellung der Parteien nur soweit reichen, wie die Parteien überhaupt befugt sind, über den Streitgegenstand zu verfügen.[226]

---

224 Zeiss, Zivilprozeßrecht, § 27, S. 67, Rdnr. 174.

225 Greger in: Zöller, ZPO, 21. Auflage, § 139, Rdnr. 9.

226 Blomeyer, Zivilprozeßrecht, § 14, S. 96.

7. Die Dispositionsmaxime

In einem engen Zusammenhang mit dem Verhandlungsgrundsatz steht die Dispositionsmaxime. Bei dieser zeigt sich im besonderen Maße die prozessuale Seite der Privatautonomie, des beherrschenden Strukturelements der deutschen Rechtsordnung. Im Zivilrecht wirkt sich die Privatautonomie dahingehend aus, daß die Verwirklichung privater Rechte grundsätzlich dem Rechtsinhaber obliegt. Im Zivilprozeßrecht herrscht hingegen der Dispositionsgrundsatz bzw. das Prinzip der Parteiherrschaft. Der Dispositionsgrundsatz bedeutet, daß die Parteien, über das „Ob" und das „Worüber" eines Verfahrens verfügen können.[227] Sie können somit Beginn, Gegenstand und Ende des Verfahrens bestimmen.[228]

Von wenigen Ausnahmen abgesehen bedeutet dies, daß im Rahmen der Prozeßgestaltung ein Antrag der Parteien erforderlich ist. So beginnt ein Zivilprozeß in aller Regel erst mit der Erhebung einer Klage gemäß § 253 ZPO („Wo kein Kläger, da kein Richter") und der Stellung eines bestimmten (Klage-)Antrags. Der Antrag stellt insoweit einen Ausfluß der Dispositionsbefugnis dar, da er den Gegenstand des Rechtsstreits insoweit einengt, als das Gericht an den Antrag gebunden ist.[229] Damit bestimmt der Kläger, ob überhaupt und in welchem Umfang ein Prozeß stattfindet. Dieser Grundsatz gilt nicht nur im Vermögensprozeß, sondern sogar auch in Ehe- und Familiensachen. Nur in einzelnen Fällen läßt das Gesetz etwa die Klage der Verwaltungsbehörden zu, wie bei dem Antrag auf Nichtigerklärung der Ehe nach § 1316 Abs. 1 und 3 BGB (sog. Offizialmaxime). Ebenso kommt das Rechtsmittelverfahren gemäß den §§ 511, 545, 567 ZPO nur in Gang, wenn ein Beteiligter ein Rechtsmittel eingelegt hat.

Das zur Entscheidung erforderliche Begehren um Rechtsschutz (Klage, Rechtsmittel) kann bei Geltung der Parteiherrschaft später wieder zurückgenommen und damit der richterlichen Entscheidung wieder entzogen werden. Zwar bedarf die Zurücknahme von einem bestimmten Zeitpunkt an der Zustimmung des Gegners, §§ 269 Abs. 1, 515 Abs. 1 ZPO, aber das Gericht kann diese weder ersetzen, noch die Zurücknahme bei Zustimmung des anderen Teils hindern. Stets können die Parteien gemeinsam den Prozeß in der Hauptsache mit der Erklärung beenden, der Rechtsstreit habe sich erledigt.

---

[227] Grunsky, Grundlagen des Verfahrensrechts, § 4 I, S. 24.

[228] Baur/Grunsky, Zivilprozeßrecht, 9. Auflage, § 4 A.I.1., S. 25.

[229] Jauernig, Zivilprozeßrecht, 25. Auflage, § 24, S. 71.

Des weiteren beansprucht auch heute noch der – dem gemeinen Prozeßrecht entstammende - Grundsatz „ne eat iudex ultra petita partium" seine Gültigkeit. Das Gericht darf nur über den Klageantrag und einen eventuellen Widerklageantrag und im Rechtsmittelverfahren nur über die Rechtsmittelanträge entscheiden. Ein Urteil darf gemäß § 308 Abs. 1 ZPO dem Kläger nicht mehr und vor allem auch nichts anderes zusprechen, als er beantragt hat. Das Rechtsmittelgericht darf im Rechtsmittelverfahren entsprechend den §§ 536, 559 ZPO das angefochtene Urteil nur soweit ändern, *„als eine Abänderung beantragt ist"*. So bestimmt der Kläger bzw. Widerkläger durch seinen Antrag den Gegenstand des Prozesses und der Entscheidung, mithin den Streitgegenstand. Eine Folge hieraus ist die Beschränkung der Urteilsrechtskraft auf den „erhobenen Anspruch" nach § 322 Abs. 1 ZPO.

Ein weiterer Ausdruck der Parteiherrschaft über den Prozeß ist ihre Möglichkeit, den Inhalt der Entscheidung zu beeinflussen. So können die Parteien etwa Vereinbarungen über die rechtliche Bewertung präjudizieller Rechtsverhältnisse treffen, die zulässig und für das Gericht bindend sind, soweit sie nicht den ordre public verletzen.[230] Des weiteren kann der Kläger in der mündlichen Verhandlung auf den geltend gemachten Anspruch nach § 306 ZPO verzichten, der Beklagte diesen nach § 307 ZPO anerkennen. Und letztlich können beide Parteien den Rechtsstreit durch Abschluß eines Vergleichs ohne Urteil beenden.[231] In diesen Fällen ist das Gericht machtlos und an die Vorgaben der Parteien gebunden.[232] Dies alles verdeutlicht die beherrschende Stellung der Parteien im Zivilprozeß.

8. Der Grundsatz der Mündlichkeit

Im modernen Zivilprozeß gilt ebenso wie im Strafprozeß das Prinzip der Mündlichkeit. Es besagt, daß nur das, was in der mündlichen Verhandlung vorgetragen wurde, zur Grundlage der gerichtlichen Entscheidung gemacht werden darf. Prinzipiell darf im deutschen Zivilprozeß gemäß § 128 Abs. 1 ZPO nicht ohne mündliche Verhandlung entschieden werden, wenn eine mündliche Verhandlung – wie im Urteilsverfahren - obligatorisch angeordnet ist. Daneben gibt es aber auch solche Verfahren, in denen eine mündliche Verhandlung nicht obligatorisch, sondern nur fakultativ ist. Dementsprechend kann das Gericht in diesen Fällen eine mündliche Verhandlung gestatten, ist dazu jedoch nicht gezwungen.[233] So verhält es

---

230 BGHZ 49, 384, 387; Greger in: Zöller, ZPO, 21. Auflage, Vor § 128, Rdnr. 9 m.w.N.

231 Eine Ausnahme hierzu besteht bei Verfahren in Ehe- und Kindschaftssachen, in denen nach §§ 617, 640 Abs. 1 ZPO weder ein Anerkenntnis noch ein Prozeßvergleich zulässig ist.

232 Baur/Grunsky, Zivilprozeßrecht, 9. Auflage, § 4 A.I.2., S. 26.

233 Blomeyer, Zivilprozeßrecht, § 20 II, S. 118.

sich etwa bei Entscheidungen über Beschwerden, die Prozeßkostenhilfe, Arrest und Aufgebot und für Entscheidungen über die Zulässigkeit von Berufung und Revision. Die mündliche Verhandlung der Parteien vor Gericht in Wechselrede, gelenkt durch aufklärende Fragen des Gerichts nach § 139 Abs. 1 ZPO, vermittelt den Richtern einen besonders anschaulichen Eindruck vom Streit der Parteien, besonders dann, wenn die Parteien persönlich verhandeln oder wenigstens persönlich angehört werden. Die mündliche Verhandlung bildet damit in aller Regel den Kern des Zivilprozesses. Dementsprechend ist für das Urteil der Prozeßstoff entscheidend, wie er sich am Schluß der mündlichen Verhandlung darstellt. Nach Schluß der mündlichen Verhandlung eingehende Schriftsätze oder Akten sind nach § 296a ZPO nicht mehr bei der Entscheidung zu berücksichtigen. Das Gericht kann allenfalls die mündliche Verhandlung in den engen Grenzen des § 156 ZPO wieder eröffnen.

Der Grundsatz der Mündlichkeit wird jedoch durch wichtige Ausnahmen, die in den §§ 128 Abs. 2, Abs. 3, 251a, 331a, 283, 307 Abs. 2 und 331 Abs. 3 ZPO niedergelegt sind, durchbrochen. Die wichtigsten Durchbrechungen stellen das schriftliche Verfahren nach § 128 Ab. 2 und 3 ZPO sowie die Entscheidung nach Lage der Akten gemäß §§ 251a, 331a ZPO dar. In beiden Fällen dient das schriftliche Vorbringen als – nicht notwendigerweise ausschließliche - Urteilsgrundlage. Diese Durchbrechungen vom Grundsatz der Mündlichkeit sind vom Bundesverfassungsgericht als zulässig erachtet worden, weil die Mündlichkeit keinen Verfassungsrechtsgrundsatz darstelle, sondern nur eine Prozeßmaxime des „einfachen" Gesetzesrechts.[234] Die insoweit schwache Stellung des Grundsatzes der Mündlichkeit wird letztlich auch daran deutlich, daß ein Verstoß zwar durch Rechtsmittel geltend gemacht werden kann, dieser jedoch weder einen absoluten Revisionsgrund nach § 551 ZPO noch einen Nichtigkeitsgrund nach § 579 ZPO darstellt.

9. Der Grundsatz der Öffentlichkeit

Der Grundsatz der Öffentlichkeit betrifft ebenso wie der zuvor erläuterte Grundsatz der Mündlichkeit die Form der Gewinnung der Entscheidungsgrundlage. Beide Grundsätze hängen auch zusammen, da nur eine mündliche Verhandlung von der Öffentlichkeit kontrolliert werden kann. § 169 S. 1 GVG bestimmt auch für den deutschen Zivilprozeß, daß die Verhandlung vor dem erkennenden Gericht einschließlich der Verkündung der Urteile und Beschlüsse öffentlich sein soll. Dies bedeutet, daß jedermann theoretisch die Möglichkeit haben soll, an der Verhandlung des erkennenden Gerichts teilzunehmen. Zweck dieser Regelung soll es sein, daß auch solche Personen, die am Verfahren gänzlich unbeteiligt sind, an der

[234] BVerfGE 15, S. 87.

mündlichen Verhandlung teilnehmen können. Diese Kontrolle durch die Rechtsgemeinschaft soll die Objektivität der Rechtsprechung nach außen dokumentieren und das Vertrauen der Bürger in die Rechtspflege stärken.[235] Die Öffentlichkeit kann jedoch in den gesetzlich vorgesehenen Fällen unter den Voraussetzungen der §§ 170-175 GVG ausgeschlossen werden, was im Zivilprozeß allerdings selten vorkommt.

Die Verletzung des Grundsatzes der Öffentlichkeit stellt einen wesentlichen Verfahrensmangel und damit einen absoluten Revisionsgrund nach § 551 Ziff. 6 ZPO dar, der bei Einlegung der Revision zur Aufhebung des Urteils führt, auch wenn dieses nicht durch den Mangel beeinflußt war. Es ist jedoch kein Nichtigkeitsgrund nach § 579 ZPO anzunehmen, so daß die Rechtskraft des Urteils den Verfahrensmangel heilen kann.

10. Weitere Grundsätze

Weiterhin wird der deutsche Zivilprozeß auch vom Grundsatz der Unmittelbarkeit beherrscht. Dieser besagt, daß das Gericht, welches über die Sache zu entscheiden hat, sich selbst ein Bild von der Sache machen muß.[236] Demnach dürfen gemäß § 309 ZPO das Urteil nur Richter fällen, die an der letzten mündlichen Verhandlung teilgenommen haben.[237] Die Verletzung dieses Grundsatzes ist nicht nur ein absoluter Revisionsgrund nach § 551 Nr. 1 ZPO, sondern rechtfertigt auch eine Nichtigkeitsklage nach § 579 Abs. 1 Nr. 1 ZPO.

Weiterhin ist auch die Konzentrationsmaxime zu erwähnen, die im Interesse eines effektiven Rechtsschutzes gebietet, den Rechtsstreit möglichst in einem Haupttermin zu erledigen.[238] Dies hat in zahlreichen Regelungen des Zivilprozeßrechts seinen Niederschlag gefunden, die dem Gericht prozeßfördernde Mittel an die Hand geben (z.B. §§ 72 Abs. 2, 273, 278, 358a ZPO) und den Parteien mit Präklusion bewehrte Förderpflichten auferlegen (z.B. §§ 282, 296 ZPO). Daraus erklärt sich auch der Inhalt des § 278 Abs. 1 ZPO, der von einem Haupttermin ausgeht, in dem Sach- und Streitstand mit den Parteien erörtert werden sollen.

---

235 Zeiss, Zivilprozeßrecht, § 31, Rdnr. 190, S. 190; Schellhammer, Zivilprozeß, 8. Auflage, S. 187, Rdnr. 435 weist darauf hin, daß insbesondere das entstehen einer Geheimjustiz verhindert werden soll.

236 Schellhammer, Zivilprozeß, 8. Auflage, S. 192, Rdnr. 445.

237 BAG NJW 1971, S. 1332; OLG Köln NJW 1977, S. 1159.

238 Baumann, Grundbegriffe und Verfahrensprinzipien des Zivilprozeßrechts, S. 45.

II. Die Verfahrensgrundrechte der Parteien des Ausgangsverfahrens im Rahmen des Vorabentscheidungsverfahrens nach Art. 234 EGV (Art. 177 a.F.)

Aus dieser kurzen Darstellung der wichtigsten Verfahrensgrundrechte und -grundsätze, die den deutschen Zivilprozeß bestimmen, wird deutlich, daß die Parteien hier eine weitreichende Absicherung ihrer prozessualen Rechte genießen. Es stellt sich im Anschluß daran jedoch die Frage, wie es um das Schicksal dieser weitreichenden Absicherung prozessualer Rechte bei einer Vorlage an den EuGH im Rahmen eines Vorabentscheidungsverfahrens nach Art. 234 EGV (Art. 177 a.F.) bestellt ist. Zwar wird immer wieder betont, daß sich das Vorabentscheidungsverfahren in das nationale Ausgangsverfahren einfügt, doch verändert sich dabei die Stellung der Parteien. Sie werden ihrer Parteistellung enthoben und zu Anhörungsberechtigten im Vorlageverfahren. Wie sich diese Veränderung und die Zuständigkeit einer anderen Gerichtsbarkeit auf die Verfahrensgrundrechte der Parteien/Anhörungsberechtigten und die das Verfahren beherrschenden Verfahrensgrundsätze auswirkt soll im folgenden geklärt werden. Zunächst bedarf es dazu der Klärung des Verhältnisses zwischen Vorabentscheidungsverfahren und Ausgangsverfahren. Dies führt zwangsläufig zu der Frage, in welchem Verhältnis der Gerichtshof im Rahmen des Vorabentscheidungsverfahrens zu den nationalen Gerichten steht, insbesondere, wie sich der EuGH bei seiner Vorabentscheidung in die Gerichtsorganisation der Mitgliedstaaten einfügt. Daneben ist auch das Verhältnis zwischen nationalem Recht und dem Gemeinschaftsrecht von entscheidender Bedeutung. Die Beantwortung dieser Vorfragen soll wichtige Anhaltspunkte dafür liefern, ob und inwieweit die Prozeßmaximen des nationalen Prozeßrechts beim Verfahren vor dem EuGH überhaupt eine Wirkung entfalten oder ob dem Gemeinschaftsrecht eigene Verfahrensgrundrechte und -grundsätze zu entnehmen sind, die Vorrang haben vor den nationalen Regeln.

1. Das Verhältnis von EuGH und nationalen Gerichten auf der Ebene der Gerichtsorganisation

Um das Verhältnis zwischen EuGH und den nationalen Gerichten näher zu beleuchten, muß zunächst darauf hingewiesen werden, daß der EG-Vertrag im Zivilrecht kein eigenes Verfahren bzw. Verfahrensrecht kennt, das für alle Rechtssuchenden einheitlich die Durchsetzung ihrer aus dem Gemeinschaftsrecht erwachsenden Rechte regelt. Notwendigerweise richtet sich daher die Geltendmachung dieser Rechte nach dem innerstaatlichen Verfahrensrecht.[239] Vielfach ist der darin zum Ausdruck kommende Grundsatz der verfahrensmäßigen Autonomie der Mitgliedstaaten als Ausgangspunkt für eine Kompetenzverteilung zwischen Gemein-

---

239 EuGH, Rs. 265/78 (Ferwerda ./. Produktschap voor Vee en Vlees), Slg. 1980, 617, 629.

schaft und Mitgliedstaaten erkannt worden.[240] Dieser Grundsatz ist vom EuGH jedoch im Hinblick auf die Notwendigkeit der einheitlichen Geltung des Gemeinschaftsrechts eingeschränkt worden. Der Erhaltung dieser einheitlichen Geltung dient dabei insbesondere das Vorabentscheidungsverfahren nach Art. 234 EGV (Art. 177 a.F.). Fraglich ist, inwiefern sich dieses Verfahren in das nationale Ausgangsverfahren eingliedert. Dazu ist die Stellung des EuGH und seine Einordnung in die nationale Gerichtsorganisation im Rahmen des Vorabentscheidungsverfahrens zu klären. Dies zu bestimmen, ist schon deshalb wichtig, weil sich hierdurch Aufschluß über den Einfluß des nationalen Prozeßrechts gewinnen läßt. Insofern ist die Frage zu klären, ob der EuGH als nationales Gericht oder als internationales Gericht betrachtet werden muß. Diese Einordnung ist schwierig und umstritten.

Eine Lehrmeinung knüpft an die allgemeine Zuständigkeit des EuGH aus Art. 220 EGV (Art. 164 a.F.) an, wonach er die Wahrung des Rechts bei der Anwendung und Auslegung der Verträge sicherzustellen hat. Die Verträge könnten als völkerrechtliche Instrumente nur von den Organen der Gemeinschaft und von den Mitgliedstaaten, die jeweils Völkerrechtssubjekte darstellten, ausgelegt und angewandt werden. Der EuGH gehöre somit zur internationalen Gerichtsbarkeit.[241]

Eine Gegenmeinung kommt zumindest in Teilbereichen zu einem ganz anderen Ergebnis: Im Vorabentscheidungsverfahren nach Art. 234 EGV (Art. 177 a.F.) werde ein Verfahren vor einem nationalen Gericht unterbrochen, um ein entscheidungserhebliches Problem dem EuGH zur Auslegung vorzulegen. Bei diesem Verfahren fände eine Arbeitsteilung insofern statt, als der EuGH auslege und der nationale Richter dementsprechend anwende. Normalerweise habe ein Richter jedoch beides zu tun. Da der EuGH demnach eine Funktion des nationalen Richters wahrnehme, sei er in diesem Verfahren Bestandteil der nationalen Rechtsordnung und als nationales Gericht zu betrachten.[242]

Die wohl überwiegende Auffassung folgt keiner dieser beiden extremen Meinungen. Es wird hingegen ein Vergleich mit dem Internationalen Gerichtshof (IGH) angestellt. Zwar könne ähnlich wie beim IGH ein Mitgliedstaat einen anderen Mitgliedstaat vor dem EuGH anklagen (Art. 170 EGV), allerdings gebe es auch einen gravierenden Unterschied. So sei die Zuständigkeit des IGH fakultativ, die des EuGH dagegen obligatorisch.[243] Auch sei die Erschöpfung des Rechtsweges oder die Geltendmachung von eigenen Interessen und Rechten

---

240 Vgl. dazu: Rengeling, GS Christoph Sasse (1981), 197, 198 f.

241 Díez de Velasco Vallejo, Tratado de derecho comunitario europeo I, 629, 650; ähnlich: Görgmaier, DÖV 1981, S. 360.

242 Morelli, Studi sul proceso internazionale, 93, 99.

243 Bleckmann, Europarecht, 6. Auflage, S. 348, Rdnr. 1013; Constantinesco, Das Recht der Europäischen Gemeinschaft, Bd. I, S. 840 f.

nicht erforderlich. Ansonsten habe der EuGH auch weiter gefaßte Zuständigkeiten: für Organstreitigkeiten gemäß Art. 230, 232 EGV (Art. 173 Abs. 1, 175 a.F.) - bei der UNO ist die Generalversammlung oder der Sicherheitsrat zuständig - und für Klagen von Privatpersonen gemäß Art. 230 Abs. 2 EGV (Art. 173 Abs. 2 a.F.). Die aufgeführten Beispiele zeigen, daß der EuGH weitaus größere Befugnisse besitzt als ein internationales Gericht im klassischen Sinne und daß er teilweise mit der nationalen Gerichtsbarkeit verschränkt ist, ohne jedoch ein Teil von ihr zu sein. Der EuGH ist daher weder ein internationales noch ein nationales Gericht, sondern er ist als supranationales Gericht mit besonderen Zuständigkeiten zu qualifizieren.[244]

Für die Einordnung des EuGH im Rahmen des Vorabentscheidungsverfahrens hat das Bundesverfassungsgericht in seinem Solange II-Beschluß festgestellt, daß der EuGH kein Organ der Bundesrepublik Deutschland, sondern ein gemeinsames Organ der Europäischen Gemeinschaften sei. Allerdings sei er durch das Vorabentscheidungsverfahren in die deutsche Gerichtsbarkeit funktional eingegliedert.[245] Auch wenn in diesem Zusammenhang immer wieder betont wird, daß der nationale Richter die Kontrolle über das Verfahren behalte, so kann daraus nicht geschlossen werden, daß der EuGH nur eine helfende Position im nationalen Ausgangsverfahren einnimmt. Bei objektiver Betrachtung muß man feststellen, daß der EuGH aufgrund seines Auslegungsmonopols für das Gemeinschaftsrecht gegenüber den nationalen Gerichten eine eher übergeordnete Funktion einnimmt.[246] Die Formel vom EuGH als dem Gehilfen der nationalen Gerichte ist insoweit nur als politische Beschwichtigungsformel anzusehen, die den nationalen Souveränitätsverlust teilweise verschleiert.

Damit wird im Ergebnis deutlich, daß der EuGH nicht als ein nationales Gericht angesehen werden kann, das den jeweiligen nationalen Verfahrensregelungen unterworfen ist. Gegen eine solche Einordnung spricht letzten Endes auch, daß ansonsten das Verfahren vor dem EuGH unterschiedlichen Ausgestaltungen entsprechend den jeweiligen nationalen Verfahrensregeln unterworfen und eine einheitliche Sicherung des Rechtsschutzes nicht mehr zu gewährleisten wäre. Demnach verdient auch der oben erwähnte Grundsatz der verfahrensmäßigen Autonomie der Mitgliedstaaten eine Einschränkung bei der Durchsetzung der einheitlichen Geltung des Gemeinschaftsrechts im Rahmen des Vorabentscheidungsverfahrens. Somit läßt sich von der partiellen funktionalen Einordnung des EuGH in die Gerichtsorganisation der Mitgliedstaaten im Rahmen von Vorabentscheidungsverfahren nicht auf die An-

---

[244] Bleckmann, Europarecht, 6. Auflage, S. 348, Rdnr. 1013; Constantinesco, Das Recht der Europäischen Gemeinschaft, Bd. I, S. 840 f.

[245] BVerfGE 73, 339, 340 (Solange II).

[246] Boulouis in: Plender, European Courts – Practice and Precedents, S. 44, Rdnr. 2-42.

wendbarkeit nationalen Verfahrensrechts in diesem Zusammenhang schließen, sondern es ist von der Anwendbarkeit genuin europarechtlicher Verfahrensregelungen auszugehen.

2. Das Verhältnis von nationalem Verfahrensrecht zum Gemeinschaftsrecht

Ob und wie nationale Verfahrensgrundrechte und –grundsätze im Rahmen des Vorabentscheidungsverfahrens Berücksichtigung finden oder inwieweit sie bei der Bestimmung eigenständiger europäischer Verfahrensgrundrechte anzuwenden sind, läßt sich jedoch nur durch die Klärung des Verhältnisses zwischen nationalem Verfahrensrecht und dem Gemeinschaftsrecht ermitteln. Zur Klärung dieses Verhältnisses ist zunächst festzustellen, daß nach der Rechtsprechung des Bundesverfassungsgerichts[247] und des EuGH[248] das Gemeinschaftsrecht weder Bestandteil der nationalen Rechtsordnung noch Völkerrecht ist, sondern eine eigenständige Rechtsordnung, die einer autonomen Rechtsquelle entstammt.

Der zuvor bereits erwähnte Grundsatz der verfahrensmäßigen Autonomie der Mitgliedstaaten erfährt seine Einschränkung durch den Vorranganspruch des Gemeinschaftsrechts gegenüber dem nationalen Recht. Der Vorranganspruch des Gemeinschaftsrechts stellt das die Verwirklichung der Gemeinschaftsrechtsordnung tragende Prinzip schlechthin dar. Der EuGH[249] bezeichnet das Vorrangprinzip als ein „fundamentales Rechtsprinzip des Gemeinschaftssystems." Die Wirkung dieses Prinzips hat der EuGH näher in seinem Urteil[250] in der Rechtssache *Simmenthal II* beschrieben. Danach haben die Vertragsbestimmungen und die unmittelbar geltenden Rechtsakte der Gemeinschaftsorgane, die von jedem Gericht im Rahmen seiner Zuständigkeit anzuwenden sind, infolge des Grundsatzes des Vorrangs des Gemeinschaftsrechts die Wirkung, daß keine wie auch immer gearteten Rechtsvorschriften des nationalen Rechts dem Gemeinschaftsrecht vorgehen können. Dies läßt den Schluß zu, daß auch Bestimmungen der nationalen Verfassungen dem gemeinschaftsrechtlichen Anwendungsvorrang unterfallen.[251] Dementsprechend treten auch nationale Verfahrensgrundrechte hinter eventuelle europäische Verfahrensregelungen zurück.

---

247 BVerfGE 37, 271, 277 - 279 (Solange I); vgl. dazu auch die früheren Entscheidungen: BVerfGE 22, 293, 296; 31, 145, 173; siehe dazu auch die Einführung auf S. 1.

248 EuGH, Rs. 11/70 (Internationale Handelsgesellschaft ./. Einfuhr- und Vorratsstelle Getreide), Slg. 1970, 1125, 1135.

249 EuGH, Rs. 34/73 (Variola ./. Amministrazione Italiana delle Finanze), Slg. 1973, 981, 992.

250 EuGH, Rs. 106/77 (Simmenthal II), Slg. 1978, 629, 643 f.

251 Bleckmann, Europarecht, 6. Auflage, S. 379, Rdnr. 1088; Oppermann, Europarecht, 2. Auflage, S. 231, Rdnr. 620; Zuleeg, VVDStRL Heft 53, Fn. 49; Rengeling/Middeke/Gellermann, Rechtsschutz in der Europäischen Union, S. 480, Rdnr. 940.

Das Vorrangprinzip begründet der EuGH damit, daß das Gemeinschaftsrecht eine eigenständige, von ihren völkerrechtlichen Grundlagen losgelöste Rechtsordnung darstellt, deren Funktionsfähigkeit eine einheitliche und gleichmäßige Geltung in sämtlichen Mitgliedstaaten erfordert. Diese einheitliche Geltung dürfe nicht durch einseitige mitgliedstaatliche Maßnahmen in Frage gestellt werden, da ihm andernfalls sein Wesen als Gemeinschaftsrecht aberkannt würde. Auch würde eine Gefahr für die Verwirklichung der in Art. 10 Abs. 2 EGV (Art. 5 Abs. 2 a.F.) aufgeführten Ziele des EG-Vertrages entstehen und eine dem Verbot des Art. 12 EGV (Art. 6 a.F.) widersprechende Diskriminierung zu befürchten sein, wenn das Gemeinschaftsrecht *„je nach der nachträglichen innerstaatlichen Gesetzgebung von einem Staat zum anderen verschiedene Geltung haben könnte"*. Bestätigt sieht sich der EuGH durch Art. 249 Abs. 2 EGV (Art. 189 Abs. 2 a.F.), der bedeutungslos sei, wenn gemeinschaftsrechtliche Verordnungen durch einzelstaatliche Gesetzgebungsakte ihrer Wirksamkeit beraubt werden könnten.[252]

Schon frühzeitig haben die deutschen Gerichte - so auch das Bundesverfassungsgericht - den Vorrang des Gemeinschaftsrechts anerkannt.[253] Im Gegensatz zum EuGH geht das Bundesverfassungsgericht jedoch nicht von einem Vorrang des Gemeinschaftsrechts kraft Eigenständigkeit aus, sondern entnimmt eine entsprechende Rangregel der Integrationsermächtigung des ehemaligen Art. 24 Abs. 1 GG (Art. 23 GG n.F.).

Das Bundesverfassungsgericht hat zum Vorranganspruch des Gemeinschaftsrechts für den Bereich der Grundrechte in seinem Solange II-Beschluß[254] ausgeführt: *„Nach Auffassung des erkennenden Senats ist mittlerweile im Hoheitsbereich der Europäischen Gemeinschaften ein Maß an Grundrechtsschutz erwachsen, das nach Konzeption, Inhalt und Wirkungsweise dem Grundrechtsstandard des Grundgesetzes im wesentlichen gleichzuachten ist. Alle Hauptorgane der Gemeinschaft haben sich seither in rechtserheblicher Form dazu bekannt, daß sie sich in Ausübung ihrer Befugnisse und im Verfolgen der Ziele der Gemeinschaft von der Achtung vor den Grundrechten, wie sie insbesondere aus den Verfassungen der Mitgliedstaaten und der Europäischen Menschenrechtskonvention hervorgehen, als Rechtspflicht leiten lassen werden. Es bestehen keine durchgreifenden Anhaltspunkte dafür, daß der erreichte gemeinschaftsrechtliche Grundrechtsstandard nicht hinreichend gefestigt und lediglich vorübergehender Natur sei."* Zur Begründung dieses Ergebnisses verweist das Bundesverfassungsgericht auf die Rechtsprechung des EuGH zu den Grundrechten und die prinzipielle Haltung, die der Gerichtshof mittlerweile gegenüber der Grundrechtsgebundenheit

---

252 EuGH, Rs. 6/64 (Costa ./. ENEL), Slg. 1964, 1251, 1269.

253 BVerfGE 22, 293, 296; 31, 145, 173 f.; 37, 271, 280; BFHE 93, S. 102 - 111; BVerwGE 45, 72, 75; BVerwG RIW 1991, 426, 427.

254 BVerfGE, 73, 339, 378 (Solange II).

der Gemeinschaft, der normativen Verankerung der Grundrechte im Gemeinschaftsrecht und insbesondere der normativen Verbindung mit den mitgliedstaatlichen Verfassungen sowie der EMRK einnimmt. Insofern hat das Bundesverfassungsgericht sich selbst eingeschränkt, als es darauf verzichtet, seine Gerichtsbarkeit über das Gemeinschaftsrecht auszuüben und dieses auch nicht mehr am Maßstab des Grundgesetzes zu messen.[255]

Danach kann aus der Sicht des deutschen Verfassungsrechts[256] die Frage, *„ob der Rechtsschutz vor dem Europäischen Gerichtshof zureichend ausgestaltet ist, allein im Hinblick auf eine mögliche Verletzung des Art. 23 Abs. 1 GG durch das Zustimmungsgesetz zum EG-Vertrag bedeutsam sein, wenn der Rechtsstaatsgrundsatz des Grundgesetzes, der bei der Übertragung von Hoheitsrechten nach Art. 23 Abs. 1 GG zu beachten ist, es erfordert, daß gegen Vorabentscheidungen des Europäischen Gerichtshofs Rechtsbehelfe gegeben sein müßten.*" Dies bedeutet, daß aus der Sicht des deutschen Verfassungsrechts jegliche Überprüfung der Gestaltung der Verfahrensordnung des EuGH nur an diesem Maßstab gemessen werden kann. Dies folgt insbesondere auch aus dem Grundsatz des Vorranges des Gemeinschaftsrechts als dem alles überragenden Prinzip. Zum Verfahrensrecht hat das Bundesverfassungsgericht insoweit in seinem Solange II-Beschluß[257] angemerkt: *„Das Verfahrensrecht des Gerichtshofs genügt rechtsstaatlichen Anforderungen an ein gehöriges Verfahren; es gewährleistet insbesondere das Recht auf Gehör, dem Verfahrensgegenstand angemessene prozessuale Angriffs- und Verteidigungsmöglichkeiten und frei gewählten rechtskundigen Beistand.*"

Demnach sind auch die Verfahrensrechte im Vorabentscheidungsverfahren nach Art. 234 EGV (Art. 177 a.F.) nur nach den Maßstäben des Europäischen Gemeinschaftsrechts zu betrachten. Erst, wenn die Grenze des Art. 23 Abs. 1 GG verletzt wäre, könnte das Verfahren an den Verfahrensgrundrechten des deutschen Verfassungsrechts gemessen werden.

Der Vorrang des Gemeinschaftsrechts kommt insbesondere in Bezug auf die Geltung des nationalen Verfahrensrechts im Rahmen des Anwendungsbereichs des Art. 234 EGV (Art. 177 a.F.) zum Tragen. Aber nicht nur dort. Entgegen vereinzelten Auffassungen ist der Vorranganspruch des Gemeinschaftsrechts nicht auf den Anwendungsbereich des Art. 234 EGV (Art. 177 a.F.) begrenzt. Diesen Auffassungen lag die Vorstellung zugrunde, der Vorranganspruch könne nur in den Fällen eingreifen, in denen sich - wie in den Rechtssachen *Rhein-*

---

255 Diese Auffassung ist jedoch nunmehr durch die Annahme einer Verfassungsbeschwerde im Rahmen des sog. „Bananenstreits" ins Wanken geraten. Es bleibt abzuwarten, ob das BVerfG diese Selbstzurückhaltung im Rahmen dieses Verfahrens durchbricht.

256 BVerfGE 73, 339, 340 (Solange II).

257 BVerfGE 73, 339, 366 f. (Solange II).

mühlen I und *Rheinmühlen II* - Bestimmungen des Verfahrensrechts oder sich widersprechende Vorschriften ein- und desselben Sachbereichs, die eine des nationalen Rechts, die andere des Gemeinschaftsrechts, gegenüberstehen.[258] Demgegenüber hat der EuGH in seinem Urteil in der Rechtssache *Simmenthal II* klargestellt, daß der Vorranganspruch des Gemeinschaftsrechts selbst bei Konflikten zwischen materiellem Gemeinschaftsrecht und dem nationalen Verfahrensrecht eingreift.[259] Somit hat Gemeinschaftsrecht einen umfassenden Vorranganspruch gegenüber innerstaatlichen Regelungen.

Daraus folgt, daß das deutsche Verfassungsrecht in Gestalt der Verfahrensgrundrechte keine direkte Wirkung im Rahmen des gemeinschaftsrechtlichen Vorabentscheidungsverfahrens entwickeln kann. Europäische Verfahrensgrundrechte - deren Existenz das Bundesverfassungsgericht in seinem Solange II-Beschluß vorausgesetzt hat - gehen insoweit vor. Die nationalen Verfahrensgrundrechte können allenfalls bei der Bestimmung der europäischen Verfahrensgrundrechte als allgemeine Rechtsgrundsätze herangezogen werden.

3. Die Verfahrensgrundrechte und Verfahrensgrundsätze im Recht der Europäischen Gemeinschaft

Ist damit geklärt, daß das Verfahren vor dem EuGH nur durch genuin europäische Verfahrensgrundrechte und –grundsätze bestimmt werden kann, so ist im weiteren zu untersuchen, welche eigenständigen Verfahrensgrundrechte und –grundsätze auf der Ebene des Europäischen Gemeinschaftsrechts bestehen. Auch das Verfahren vor dem EuGH ist an bestimmten Grundsätzen ausgerichtet, die den unterschiedlichen Verfahren einen geregelten Ablauf geben. Anders als in den nationalen Rechtsordnungen sind diese Verfahrensgrundrechte und -grundsätze für das Verfahren vor dem EuGH auf Gemeinschaftsebene überhaupt nicht oder nur höchst unvollkommen geregelt.[260] So besagt Art. 220 EGV (Art. 164 a.F.) nur, daß der EuGH die Wahrung des Rechts bei der Anwendung der Verträge sichert.

---

258 Huthmacher, Der Vorrang des Gemeinschaftsrechts bei indirekten Kollisionen, S. 66 - 68.

259 EuGH, Rs. 106/77 (Staatliche Finanzverwaltung ./. S.p.a. Simmenthal), Slg. 1978, 629, 630 (Simmenthal II).

260 Rengeling/Middeke/Gellermann, Rechtsschutz in der Europäischen Union, S. 314, Rdnr. 587.

a. Das Fehlen eines Grundrechtskatalogs

Das geschriebene Recht der Gemeinschaft weist auf Verfassungs- bzw. Vertragsebene keine weiteren prozessualen Grundrechtsgarantien auf. Dies macht ihre Bestimmung und inhaltliche Konkretisierung wesentlich schwieriger. Das gleiche Problem stellt sich auch für die materiellen Grundrechte, die im Gemeinschaftsrecht auf Verfassungsebene nicht kodifiziert sind. Aus dieser Grundrechtsabstinenz der Römischen Verträge wurde ursprünglich der Schluß gezogen, Grundrechte seien ausschließlich Bestandteil der nationalen Rechtsordnungen. Dies hat sich jedoch aufgrund der Rechtsprechung des EuGH seit Ende der 60er Jahre geändert. Seit dem Urteil in der Rechtssache *Stauder*[261] hat der EuGH in einer Vielzahl von Urteilen einen Bestand an Grundrechten geschaffen, der das Bundesverfassungsgericht in seinem Solange II-Beschluß[262] zu der Feststellung veranlaßte, daß „[...] *die Rechtsprechung des Gerichtshofs der Gemeinschaften einen wirksamen Schutz der Grundrechte gegenüber der Hoheitsgewalt der Gemeinschaften generell gewährleistet, der dem vom Grundgesetz unabdingbar gebotenen Grundrechtsschutz im wesentlichen gleichzuachten ist* [...]."

Demnach kann man feststellen, daß die Geltung europäischer Grundrechte aufgrund der Rechtsprechung des EuGH im Bereich des Gemeinschaftsrechts heute unbestritten ist.[263] Der Gemeinschaft fehlt es jedoch bislang an einer sicheren Grundrechtsdogmatik.[264] In der Rechtsordnung der Europäischen Gemeinschaft sind die Grundrechte durch richterliche Rechtsfortbildung herausgearbeitet worden.[265] Vielfach ist daran Kritik dahingehend geübt worden, daß der EuGH mit seiner Rechtsfortbildung im Bereich der Grundrechte seine Kompetenzen überschritten habe, da insoweit der Gesetzgeber berufen sei, eine dementsprechende Konkretisierung herbeizuführen. Gegen diese Kritik sprechen jedoch zwei Überlegungen. Zum einen schafft der EuGH nicht durch seine Urteile diese Grundrechte, sondern konkretisiert lediglich die an sich schon bestehenden allgemeinen Rechtsgrundsätze.[266] Zum anderen ist auch anerkannt, daß Art. 220 EGV (Art. 164 a.F.) dem EuGH die Kompetenz zur richterlichen Rechtsfortbildung dort zuweist, wo das Gemeinschaftsrecht Lücken im Bereich des materiellen Rechts aufweist. Dem steht auch nicht das Prinzip der enumerativen Einzelermächtigung entgegen, das auch für den EuGH gilt. Dieses Prinzip hindert den EuGH lediglich bei der verfahrensrechtlichen Ausdehnung seiner Befugnisse, nicht aber bei der Fortbil-

---

261 EuGH, Rs. 29/69 (Stauder ./. Ulm), Slg. 1969, 419, 425.

262 BVerfGE 73, 339, 340.

263 Vgl. dazu: Schwarze, EuGRZ 1986, S. 293 ff.

264 Bleckmann, Europarecht, 6. Auflage, S. 60, Rdnr. 40.

265 Kugelmann, Grundrechte in Europa: parallele Geltung, S. 22; Kokott, AöR 121 (1996), S. 599.

266 Rengeling, Grundrechtsschutz in der Europäischen Gemeinschaft, S. 8.

dung des materiellen Rechts, da insoweit die Ermächtigung des Art. 220 EGV (Art. 164 a.F.) greift.[267] Die Kompetenz des EuGH zur richterlichen Rechtsfortbildung im Bereich der Grundrechte wird insoweit auch durch die mitgliedstaatlichen Gerichte anerkannt.[268]

Sind die Grundrechte also in zulässiger Art und Weise durch richterliche Rechtsfortbildung herausgearbeitet worden, so ist der Geltungsgrund jedoch ein anderer. Dieser gründet auf der Eigenschaft der Gemeinschaft als Rechtsgemeinschaft. Wie schon eingangs dargestellt, ist die Gemeinschaft von Anfang an mit den Mitteln des Rechts geschaffen worden. Die Europäische Gemeinschaft bezieht auch ihre Legitimation und ihren Wirkungsanspruch aus ihrer Qualität als Rechtsgemeinschaft. Dem Anspruch einer Rechtsgemeinschaft kann die Gemeinschaft aber nur gerecht werden, wenn ihr Recht den allgemeinen Rechtsgrundsätzen entspricht, die als gemeinsame Verfassungstradition in allen Mitgliedstaaten anerkannt sind. Dazu gehört auch, daß diese europäische Rechtsgemeinschaft über eine rechtsstaatliche Struktur und damit auch über eine grundrechtliche Absicherung der Rechtsunterworfenen verfügt. Anders gewendet kann man auch feststellen, daß die Anerkennung und der Schutz der Gemeinschaftsgrundrechte neben den nationalen Grundrechten schlechthin konstitutiv für die Eigenschaft der Gemeinschaft als Rechtsgemeinschaft ist. Folgerichtig ist darauf hingewiesen worden[269], daß die Grundrechte weder durch den EuGH geschaffen noch erfunden wurden, sondern nur fallbezogen konkretisiert wurden. Darin liegt aber auch eine der Schwächen des bisherigen gemeinschaftsrechtlichen Grundrechtsschutzes. Durch die fallbezogene Konkretisierung liegt kein in sich geschlossenes Grundrechtssystem vor, sondern ein fragmentarisches Gebilde mit einer Vielzahl von Lücken. Dies wird oftmals mit dem Fehlen eines schriftlichen Grundrechtskatalogs begründet. Problematisch ist daran, daß die bestehenden Grundrechte dem Laien völlig unbekannt sind und selbst dem Fachmann sich erst durch intensives Studium der Fachliteratur und der betreffenden Urteile des EuGH erschließen lassen, wodurch ein Defizit an Rechtsklarheit entsteht.[270] Des weiteren besteht auch ein Defizit bei der Rechtssicherheit, da der EuGH seine Rechtsprechung ändern bzw. korrigieren kann, da Richterrecht nur selten zu Gewohnheitsrecht erstarkt.[271] Richterrecht hat naturgemäß die Schwäche, daß mangels eines klar umschriebenen normativen Tatbestandes Grundrechtsfragen leicht relativiert werden können.[272] Aus diesem Grunde ist in der Vergangenheit auf europäischer Ebene wiederholt die Kodifizierung der Grundrechte in einem Grundrechts-

---

267 Bleckmann, Europarecht, 6. Auflage, S. 54, Rdnr. 101.

268 Vgl. etwa: BVerfGE 75, 223, 246; Ukrow, Richterliche Rechtsfortbildung durch den EuGH, S. 99 ff. m.w.N. aus der mitgliedstaatlichen Rechtsprechung.

269 Hirsch, Gemeinschaftsgrundrechte als Gestaltungsaufgabe, S. 13.

270 Hoffmann, Ein Grundrechtskatalog für die EG?, S. 75.

271 Wetter, Die Grundrechtscharta des Europäischen Gerichtshofes, S. 235.

272 Bahlmann, FS Karl Carstens (1985), 17, 36.

katalog[273] oder gar der Beitritt der Gemeinschaft zur EMRK[274] vorgeschlagen worden. Gegen den Beitritt der Gemeinschaft zur EMRK spricht augenblicklich schon die Tatsache, daß ein solcher entsprechend den Statuten der Konvention völkerrechtlich nicht durchführbar ist, da nur der Beitritt von Staaten zur Konvention vorgesehen ist.[275] Es müßte zunächst eine komplizierte Änderung der Konvention unter Zustimmung der bisherigen Mitglieder erfolgen. Außerdem müßte ein Beitritt von allen Mitgliedstaaten (meistens durch die Parlamente) ratifiziert werden, was ein langwieriges und politisch unwägbares Unterfangen darstellen würde.[276] Somit erscheint die Ausarbeitung eines Grundrechtskatalogs erfolgversprechender. Dementsprechend hat der Europäische Rat auch am 4.6.1999 in Köln den Beschluss gefaßt, eine Europäische Grundrechtscharta zu erarbeiten. Problematisch ist jedoch noch, welche Funktion der Grundrechtscharta zukommen soll und wie die Normierung der darin enthaltenen Grundrechte erfolgen soll.[277] Es ist allerdings schon zu Recht darauf hingewiesen worden, daß auch dann, wenn ein Grundrechtskatalog existiert, die inhaltliche Konkretisierung der Grundrechte erst durch die höchstrichterliche Rechtsprechung erfolgt.[278] Der EuGH würde aber durch einen kodifizierten Grundrechtskatalog auch erheblich in seinen Möglichkeiten einer dynamischen Grundrechtsentwicklung eingeengt, da hierdurch eine statischere Ordnung geschaffen würde. Es darf bezweifelt werden, ob dies dem augenblicklich dynamischen Grundcharakter der Gemeinschaftsrechtsordnung zuträglich wäre.[279] Insofern erscheint der heutige Stand der Grundrechtsentwicklung ohne Katalog als unvollkommen, nicht jedoch als verfassungsrechtlich unzumutbar.

---

273 Feger, DÖV 1987, 322, 332; Scholz, FS Ernst Steindorff (1990), 1413, 1425; Bahlmann, EuR 1982, 1, 16 - 19; Zuleeg, DÖV 199, 937, 944; differenzierter: Hoffmann, Ein Grundrechtskatalog für die EG?, S. 75; für wenig erfolgversprechend hält die Verabschiedung eines Grundrechtskatalogs dagegen: Pescatore, Der Schutz der Grundrechte in den Europäischen Gemeinschaften und seine Lücken, S. 75.

274 Wetter, Die Grundrechtscharta des Europäischen Gerichtshofes, S. 228 m.w.N.

275 EuGH, Gutachten 2/94, Slg. 1996 I-1759, I-1787 – I-1789; siehe dazu auch: Dauses in: Dauses, Handbuch des EG-Wirtschaftsrechts, P. III, Rdnr. 8, der in diesem Zusammenhang auch die Grenzen der gutachtlichen Stellungnahme durch den EuGH näher beleuchtet.

276 Glaesner, EuR 1980, 161, 164.

277 Vgl. dazu: Weber, NJW 2000, 537 – 544, der sich ausführlich der Erörterung dieser Probleme widmet.

278 Rengeling, Grundrechtsschutz in der Europäischen Gemeinschaft, S. 8, der insbesondere auf das Beispiel der Bundesrepublik Deutschland verweist, da hier dem Bundesverfassungsgericht eine solche Rolle bei der Konkretisierung der Grundrechte zukommt.

279 So auch: Hoffmann, Ein Grundrechtskatalog für die EG ?, S. 86.

b. Wege zur Bestimmung der Verfahrensgrundrechte im Europäischen Gemeinschaftsrecht

Handelt es sich also bei den bisher entwickelten Grundrechten im Europäischen Gemeinschaftsrecht um solche, die durch richterliche Rechtsfortbildung entstanden sind, so erfordert die nähere Bestimmung der Verfahrensgrundrechte im Vorabentscheidungsverfahren zunächst eine nähere Betrachtung der dogmatischen Grundlage, auf der die Richter des EuGH die Grundrechte bislang herausgearbeitet haben.

aa. Die allgemeinen Rechtsgrundsätze

Eine zentrale Bedeutung kommt in der bisherigen Grundrechtsdogmatik des EuGH den allgemeinen Rechtsgrundsätzen zu. Das allgemeine Völkerrecht kennt neben dem Vertragsrecht und dem Völkergewohnheitsrecht eine dritte Rechtsquelle, die allgemeinen Rechtsgrundsätze, die aus einem Vergleich der Rechtssätze der nationalen Rechtsordnungen gewonnen werden. Dem liegt der Gedanke zugrunde, daß die Staaten übereinstimmende Rechtssätze ihrer Rechtsordnungen auch in ihren gegenseitigen Beziehungen als rechtlich bindend ansehen wollen. Es handelt sich also um eine Art Analogie.[280] Entsprechend diesem völkerrechtlichen Grundgedanken ist auch für den Bereich des Gemeinschaftsrechts von der generellen Existenz allgemeiner Rechtsgrundsätze ausgegangen worden. Dies ist mittlerweile sowohl in der Literatur als auch in der Rechtsprechung anerkannt.[281] Hinweise auf die Geltung der allgemeinen Rechtsgrundsätze als Rechtsquelle des Gemeinschaftsrechts sind schon dem EG-Vertrag zu entnehmen. So legt Art. 288 Abs. 2 EGV (Art. 215 Abs. 2 a.F.) fest, daß im Bereich der außervertraglichen Haftung „die Gemeinschaft den durch ihre Organe [...] verursachten Schaden nach den allgemeinen Rechtsgrundsätzen, die den Rechtsordnungen der Mitgliedstaaten gemeinsam sind [ersetzt]." Der EuGH hat die dort genannte Rechtsquelle der allgemeinen Rechtsgrundsätze unter Zugrundelegung seines Rechtsprechungsauftrages nach Art. 220 EGV (Art. 164 a.F.) sowie des Prinzips der Funktionsfähigkeit der Gemeinschaft in seiner Rechtsprechung aufgegriffen und zu einer bedeutenden Erkenntnisquelle des Gemeinschaftsrechts entwickelt. Ein Meilenstein bei dieser Entwicklung stellt das *Stauder*-Urteil aus dem Jahre 1969 dar. In diesem erkannte der EuGH zum ersten Mal an, daß es in der Rechtsordnung der Gemeinschaft allgemeine Rechtsgrundsätze gibt, die er bei der Auslegung und Anwendung des Rechts zur Geltung zu bringen habe. Des weiteren wird in diesem Urteil darauf hingewiesen, daß in diesen allgemeinen Rechtsgrundsätzen

[280] Bleckmann, Europarecht, 6. Auflage, S. 215, Rdnr. 572.

[281] Wetter, Die Grundrechtscharta des Europäischen Gerichtshofes, S. 26 m.w.N.

Grundrechte der Gemeinschaftsbürger enthalten sind.[282] Ein Jahr später bekräftigte der EuGH diesen Ansatz in seiner Entscheidung in der Rechtssache *Internationale Handelsgesellschaft*. Darin führt das Gericht aus, daß die Gewährleistung der Grundrechte durch die allgemeinen Rechtsgrundsätze von den gemeinsamen Verfassungsüberlieferungen der Mitgliedstaaten getragen sei, wobei eine unmittelbare Bindung der Gemeinschaftsorgane an die mitgliedstaatlichen Grundrechte nicht in Betracht komme.[283] Zwischenzeitlich hat die Rechtsprechung des EuGH zu den allgemeinen Rechtsgrundsätzen einen beachtlichen Umfang angenommen. Trotzdem ist der dabei entwickelte Grundrechtsschutz mit seinen umfassenden Garantien hinsichtlich seiner inhaltlichen Ausgestaltung dahingehend kritisiert worden, daß er bei genauerem Hinsehen „seltsam konturlos" geblieben ist.[284] Dafür sind mehrere Faktoren verantwortlich.

Zum einen wirkt sich hier die Tatsache negativ aus, daß keine kodifizierten Grundlagen vorhanden sind, die den Rahmen der Grundrechtsgewährung in verläßlicher Art und Weise abstecken. Des weiteren ist darauf hinzuweisen, daß der EuGH die Grundrechte natürlich nur einzelfallbezogen herausgearbeitet hat. Dementsprechend sind auch die Begründungen des EuGH mehrfach hinsichtlich ihrer Aussagekraft kritisiert worden. Oftmals weisen die Begründungen eine für den Betrachter merkwürdige Vorgehensweise auf, was insbesondere auf die Unterschiedlichkeit der zu berücksichtigenden Rechtstraditionen zurückzuführen ist. Man könnte in diesem Zusammenhang von einer babylonischen Begründungsverwirrung sprechen, da nach Berücksichtigung der unterschiedlichen Begründungstraditionen keiner, der sich eine Begründung des EuGH aus dem Blickwinkel seiner nationalen Traditionen betrachtet, in der Lage ist, die Begründung in ihrer Aussage exakt zu verstehen. Noch komplizierter wird die Problematik dadurch, daß der EuGH seine Entscheidungen und Urteile traditionell knapp begründet.[285]

Zum anderen ist für die Konturenlosigkeit des Grundrechtsschutzes die dogmatische Unklarheit bei der Entwicklung der Rechtsgrundsätze verantwortlich zu machen. Zwar sind die unterschiedlichen Rechtsgrundsätze schon mehrfach dem Versuch einer Kategorisierung unterzogen worden. Dabei folgt die Mehrheit der Betrachtung, nach der die allgemeinen

---

[282] EuGH, Rs. 29/69 (Stauder ./. Ulm), Slg. 1969, S. 419.

[283] EuGH, Rs. 11/70 (Internationale Handelsgesellschaft ./. Einfuhr- und Vorratsstelle Getreide), Slg. 1970, S. 1125 - 1160.

[284] Huber, Recht der Europäischen Integration, S. 101.

[285] So die deutsche Sicht bei: Koenig/Sander, Einführung in das EG-Prozeßrecht, S. 58, Rdnr. 116; anders wird dies jedoch in Frankreich gesehen, wo man von den Obergerichten ohnehin nur kurze und apodiktische Urteile gewöhnt ist. Vermißt wird aus deutscher Sicht insbesondere die Tatsache, daß sich der EuGH nicht mit Rechtsmeinungen in der Literatur auseinandersetzt; in diesem Sinne: Hakenberg/Stix-Hackel, Handbuch zum Verfahren vor dem Europäischen Gerichtshof, S. 25.

Rechtsgrundsätze in drei Kategorien unterteilt werden.[286] Dies sind die Verwaltungsrechtsgrundsätze, die allgemeinen Rechtsgrundsätze mit Verfassungsrang sowie die gemeinschaftsspezifischen Rechtsgrundsätze. Die vom EuGH entwickelten Grundrechte und Verfahrensgarantien gehören zumeist zu der zweiten Gruppe, den allgemeinen Rechtsgrundsätzen mit Verfassungsrang. Eine klare Abgrenzung ist jedoch meistens deshalb schwierig zu treffen, weil ein terminologisches Durcheinander vorherrscht. Dies liegt daran, daß der EuGH selbst keine einheitliche Terminologie verwendet.[287] So wird die Abgrenzung zwischen den Grundrechten als allgemeinen, ungeschriebenen Prinzipien und den Grundfreiheiten des EG-Vertrages vom EuGH[288] nicht immer sauber durchgehalten, wenn er etwa von einer „grundrechtlichen Handelsfreiheit" spricht. Dies könnte u.U. so verstanden werden, daß neben der Grundfreiheit der Art. 28, 29 EGV (Art. 30, 34 a.F.) eine zum Grundrechtskatalog gehörende Handelsfreiheit besteht, deren Anwendungsbereich über den der Art. 28, 29 EGV (Art. 30, 34 a.F.) hinausgeht.[289] Der Unterschied zwischen Grundfreiheiten und Grundrechten besteht insoweit darin, daß die Grundfreiheiten wie auch ihre Einschränkungen im EG-Vertrag kodifiziert worden sind. Die auf der Basis der allgemeinen Rechtsgrundsätze herausgearbeiteten Grundrechte sind hingegen nur im Rahmen des ihnen eigenen – ungeschriebenen - Schrankensystems anwendbar. Eine klare Abgrenzung zwischen diesen beiden Instituten wird demnach auch schon unter dem Gesichtspunkt der Gewährleistung eines effektiven Rechtsschutzes zu fordern sein, da erkennbar sein muß, welchen Beschränkungen Grundfreiheiten oder Grundrechte unterliegen. Es gilt dabei jedoch die Regel, daß Grundfreiheiten im EG-Vertrag und Grundrechte in den allgemeinen Rechtsgrundsätzen zu finden sind. Sowohl den Grundfreiheiten als auch den so gewonnenen allgemeinen Rechtsgrundsätzen wird im Gemeinschaftsrecht Verfassungsrang eingeräumt.[290]

bb. Die Methodik der wertenden Rechtsvergleichung

Der Herleitung der allgemeinen Rechtsgrundsätze dient die Methodik der wertenden Rechtsvergleichung.[291] Dabei werden zunächst die Verfassungsüberlieferungen der Mitgliedstaaten[292] einer näheren Betrachtung unterzogen und anschließend der für das Gemeinschafts-

[286] Ipsen, Europäisches Gemeinschaftsrecht in Einzelstudien, S. 722 f.; Rengeling, EuR 1984, 331, 341 - 348.

[287] Lindemann, Allgemeine Rechtsgrundsätze und europäischer öffentlicher Dienst, S. 50 m.w.N.

[288] EuGH, Rs. 240/83 (Procureur de la Republique ./. AGBHU), Slg. 1985, 531, 548, Rdnr. 9.

[289] Rengeling, Grundrechtsschutz in der Europäischen Gemeinschaft, S. 181.

[290] Schwarze, EuGRZ 1986, S. 293 ff.

[291] Kutscher, Thesen zu den Methoden der Auslegung des Gemeinschaftsrechts aus der Sicht des Richters, S. I-30.

[292] EuGH, Rs. 4/73 (Nold ./. Kommission), Slg. 1974, 491, 507.

recht sinnvollste Regelungsgehalt ermittelt und festgelegt[293]. Dazu werden die mitgliedstaatlichen Rechtsordnungen sowie die von den Mitgliedstaaten abgeschlossenen internationalen Verträge über den Schutz der Menschenrechte im Hinblick auf einen bestimmten rechtlichen Gesichtspunkt untersucht. Die daraus gewonnene Zusammenstellung ist sodann noch einmal mit den einzelnen mitgliedstaatlichen Rechtsordnungen auf ihre Vereinbarkeit zu überprüfen. Läßt sich das Ergebnis der Rechtsvergleichung mit den einzelnen mitgliedstaatlichen Rechtsordnungen vereinbaren, so verbleibt zu prüfen, ob das gefundene Ergebnis sich mit den Zielen und Strukturen des Gemeinschaftsrechts in Einklang bringen läßt. Dies klingt im Grundsatz einfacher, als es sich in der Praxis durchführen läßt. So ist etwa darauf hinzuweisen, daß die Aufgabe, bei der Entwicklung der allgemeinen Rechtsgrundsätze das Recht aller Staaten heranzuziehen, große Schwierigkeiten mit sich bringt. Eine solche universelle Rechtsvergleichung ist nahezu unmöglich, da die in den nationalen Rechtsordnungen individualisierten Rechtsvorschriften jeweils authentisch interpretiert und gewichtet werden müßten.[294] Deshalb genügt es für praktische Zwecke, das Recht repräsentativer Staaten aus allen vertretenen Rechtskreisen zu vergleichen, wobei es hierfür ausreicht, eine Übereinstimmung auf einer abstrakten oder einer konkreten Ebene festzustellen.[295] In Lehre und Rechtsprechung besteht Einigkeit darüber, daß nicht alle Rechtsordnungen der Europäischen Union den genannten Rechtssatz aufweisen müssen, da ansonsten im Ergebnis nur die Entwicklung des kleinsten gemeinsamen Nenners möglich wäre. Dies birgt jedoch die Gefahr, daß je nach Besetzung des Spruchkörpers beim EuGH und der nationalen Herkunft der Generalanwälte die Rechtsordnungen der Herkunftsländer überproportional gewichtet oder sogar ausschließlich herangezogen werden.[296] Dementsprechend werden rechtsstaatliche Bedenken wegen der mangelnden Berechenbarkeit dieser Vorgehensweise vorgebracht.[297] Dies erweist sich als die Kehrseite der Flexibilität der allgemeinen Rechtsgrundsätze. Diese Flexibilität erscheint andererseits wiederum notwendig, um die in den Gemeinschaftsverträgen geschaffene, unvollkommene Gemeinschaft vorsichtig weiterzuentwickeln.[298] Trotz der zuvor aufgezeigten Gefahren ist anzunehmen, daß insoweit nur der EuGH durch seine besondere Besetzung befähigt ist, die Besonderheiten der nationalen Rechtsordnungen bei der Fortentwicklung des europäischen Rechts adäquat zu berücksichtigen, wenn auch der EuGH hier zuweilen an seine Grenzen stößt.

---

[293] Vgl. dazu insbesondere: Rengeling, Grundrechtsschutz in der Europäischen Gemeinschaft, S. 223 ff.

[294] Hoffmann, Ein Grundrechtskatalog für die EG ?, S. 24 f.

[295] Bleckmann, Europarecht, 6. Auflage, S. 215, Rdnr. 573.

[296] Rengeling, EuR 1984, 331, 335; Schwarze, Europäisches Verwaltungsrecht, Bd. II, S. 912.

[297] Bernhardt, Verfassungsprinzip – Verfassungsgerichtsfunktion - Verfassungsprozeßrecht im EWG-Vertrag, S. 25 ff.; Bleckmann, DVBl. 1978, S. 457 ff.; Pernice in: Grabitz/Hilf, EGV, Art. 164, Rdnr. 58.

[298] Hoffmann, Ein Grundrechtskatalog für die EG ?, S. 27.

(1) Probleme der Prozeßrechtsvergleichung

Neben diesen prinzipiellen Problemen im Bereich der wertenden Rechtsvergleichung bestehen darüber hinaus auch spezielle Probleme bei der Prozeßrechtsvergleichung. Im Bereich des materiellen Rechts ist die Anwendung ausländischen Rechts wegen der entsprechenden Verweisungen des Internationalen Privatrechts keine Seltenheit. Zu einer echten Rechtsvergleichung kommt es in der Praxis allerdings nur in einigen Ausnahmefällen, wenn es etwa im internationalen Deliktsrecht im Rahmen der Tatortregel darum geht, das dem Verletzten günstigste materielle Recht zu ermitteln. Die Prozeßrechtsvergleichung ist demgegenüber eine noch in den Anfängen befindliche Aufgabe.[299] Unklar ist dabei schon die Frage, ob es sich dabei um eine selbständige „Methode" oder eine eigene „Disziplin" der Rechtswissenschaft handelt.[300] Die Tatsache, daß die Prozeßrechtsvergleichung ein solches Schattendasein führt, liegt zum einen an dem im internationalen Prozeßrecht immer noch vorherrschenden lex-fori-Prinzip, nach dem die Rechtsordnungen (inkl. des Prozeßrechts) anzuwenden sind, in deren Herrschaftsgebiet sich das angerufene Gericht befindet.[301] Das lex-fori-Prinzip ist zwar nicht ohne Kritik geblieben,[302] doch geht seine Anwendung im Prozeßrecht vielfach auf dogmatische wie auch auf praktische Gründe zurück, so daß das Interesse an ausländischen Prozeßordnungen lange nur rein akademischer Natur war,[303] ja es wurde dieser sogar der „Ruch esoterischer Gedankenspielerei" nachgesagt.[304] Dies ändert sich jedoch aufgrund der Rechtsprechung des EuGH zunehmend, insbesondere im Hinblick auf die Rechtsprechung zum Europäischen Gerichtsstands- und Vollstreckungsübereinkommen (EuGVÜ), da hier eine überwiegend rechtsvergleichende Methode angewandt wird. Der Vergleich verschiedener Prozeßrechte spielt zunehmend auch eine Rolle in der außergerichtlichen Beratungstätigkeit eines Anwalts, denn insbesondere im Zusammenhang mit Gerichtsstandsvereinbarungen sind vor deren Vereinbarung die Unwägbarkeiten des jeweiligen Prozeßrechts mit in die Überlegungen einzubeziehen.

Problematisch erscheint der Gegenstand der Prozeßrechtsvergleichung. In der Privatrechtsvergleichung stehen sich Mikro- und Makrovergleichung gegenüber. Die Mikrovergleichung besteht in der Untersuchung eines eng umgrenzten, konkreten Details eines Rechts-

---

299 Arens, Die Grundprinzipien des Zivilprozeßrechts, S. 11.

300 Einen Überblick über diese Problematik gibt: Gilles, Prozeßrechtsvergleichung – Comparative Procedural Law, S. 16 f.

301 Vgl. etwa: BGH NJW 1985, 552, 553.

302 Rheinstein, Einführung in die Rechtsvergleichung, S. 139 weist darauf hin, daß sich dieses Prinzip als wenig befriedigend erwiesen habe, weil es häufig zur Anwendung eines Rechts führe, mit dem die Prozeßparteien weder rechneten noch rechnen konnten, als sie das str. Rechtsgeschäft abschlossen.

303 Stürner/Stadler, Eigenarten der Prozeßrechtsvergleichung, S. 266.

304 Schlosser, GS Rudolf Bruns (1980), 45, 54.

systems, während sich die Makrovergleichung mit der Gegenüberstellung von Rechtskreisen oder Rechtssystemen beschäftigt.[305] Insoweit im vorliegenden Fall einzelne Verfahrensgrundrechte und –grundsätze verglichen werden sollen, handelt es sich also um eine Mikrovergleichung. Zu beachten ist dabei jedoch, daß die Elemente einer Rechtsordnung, die mit denen anderer Rechtsordnungen verglichen werden sollen, nicht isoliert betrachtet werden dürfen, sondern als Teil eines Ganzen, nämlich des jeweiligen Rechtssystems, gesehen werden müssen. Dies ist jedoch von Rechtsgebiet zu Rechtsgebiet unterschiedlich schwierig. Im materiellen Recht etwa lassen sich Einzelfragen oftmals ohne große Probleme herausgreifen und rechtsvergleichend untersuchen. Dies gilt jedoch nicht für die Prozeßrechtsvergleichung. So gilt etwa für das Zivilprozeßrecht, daß der Prozeß von der Klageerhebung bis zur endgültigen Entscheidung ein organisches Ganzes darstellt. Ohne die gründliche Betrachtung des Systems des Prozeßrechts in seiner Gesamtheit erscheint die Gegenüberstellung von Einzelproblemen die Gefahr in sich zu bergen, an sich ungleiche Gegenstände zu betrachten.[306] Damit kann man, im Unterschied zum materiellen Zivilrecht, im Zivilprozeßrecht nicht einfach ein bestimmtes Institut herausgreifen und es mit einem entsprechenden Institut eines anderen Prozeßrechts vergleichen, sondern es ist dieses Institut im Gesamtzusammenhang des jeweiligen nationalen Prozeßrechts darzustellen.[307] Um Einzelheiten der Prozeßrechte zu vergleichen sollte also im Rahmen der Mikrovergleichung ausführlich der systematische Zusammenhang betrachtet werden. Das macht die Aufgabe, im Rahmen wertender Rechtsvergleichung zu konkreten Ergebnissen bei der inhaltlichen Bestimmung allgemeiner Rechtsgrundsätze zu gelangen um so schwerer, da man die Prozeßrechte von 15 Mitgliedstaaten in ihrer Systematik erfassen muß. Eine fast unlösbare Aufgabe, da hierdurch allein der Rahmen einer jeden rechtsvergleichenden Arbeit gesprengt würde.

In bestimmten Bereichen ist jedoch die institutionelle Funktion eines Rechtsinstituts in den jeweiligen Prozeßrechten so ähnlich, daß sich diese noch am ehesten für einen Vergleich anbieten. Dies gilt auch für die Verfahrensgrundsätze oder Verfahrensgrundrechte wie das Gebot des rechtlichen Gehörs, da man sich bei diesen auch schon auf eine gewisse Vorarbeit bei der Vergleichung stützen kann.[308] Es erscheint zumindest möglich, die prinzipielle Geltung bestimmter Rechtsinstitute zu ermitteln. Schwieriger ist es aber, ihre inhaltliche Reichweite im Wege der Prozeßrechtsvergleichung genau zu ermitteln.

---

305 Rheinstein, Einführung in die Rechtsvergleichung, S. 32 f.

306 In diesem Sinne auch: Stürner/Stadler, Eigenarten der Prozeßrechtsvergleichung, S. 271.

307 Arens, Die Grundprinzipien des Zivilprozeßrechts, S. 11.

308 Stürner/Stadler, Eigenarten der Prozeßrechtsvergleichung, S. 273.

(2) Probleme bei der Ermittlung von allgemeinen Rechtsgrundsätzen zur näheren Bestimmung der Verfahrensrechte im Vorabentscheidungsverfahren

Eine besondere Problematik ergibt sich bei der Bestimmung der Verfahrensrechte im Vorabentscheidungsverfahren durch wertende Rechtsvergleichung. In den allermeisten Mitgliedsländern existiert kein dem Vorabentscheidungsverfahren vergleichbares Vorlageverfahren. Wie bereits dargestellt, findet das Vorabentscheidungsverfahren sein Vorbild in den Vorlageverfahren des deutschen Rechts.[309] Die anderen europäischen Mitgliedstaaten verfügen in aller Regel über kein vergleichbares Verfahren. Insofern ist hier wenig rechtliche Substanz für eine rechtsvergleichende Betrachtung vorhanden. Zwar hat der EuGH auch schon einmal allgemeine Rechtsgrundsätze anhand der Regelung eines einzigen Mitgliedstaates ermittelt,[310] doch dürfte dies die Ausnahme sein. Zudem sind auch im deutschen Recht keine besonderen Verfahrensrechte für die im deutschen Recht bekannten Vorlageverfahren gesetzlich geregelt. Die Verfahrensrechte der Parteien in Vorlageverfahren des deutschen Rechts sind bisher auch nicht zum Gegenstand intensiverer wissenschaftlicher Bemühungen gemacht worden. Dies macht die Ermittlung allgemeiner Rechtsgrundsätze anhand konkreter Regelungen zu Vorlageverfahren unmöglich. Dies ist aber auch nicht unbedingt notwendig, denn Verfahrensgrundrechte sind als verfassungsrechtliche Garantien in aller Regel abstrakt, d.h. unabhängig von den jeweiligen Verfahrensarten in den einzelnen Prozeßrechtsgebieten geregelt. Sie werden erst durch einzelne Vorschriften der jeweiligen Prozeßrechte entsprechend der Funktion des jeweiligen Verfahrens konkretisiert. Das bedeutet im Ergebnis, daß zur Bestimmung der Verfahrensgrundrechte im Vorabentscheidungsverfahren zunächst die verfahrensrechtlichen Garantien in den mitgliedstaatlichen Verfassungen im allgemeinen miteinander verglichen werden müssen. Sodann sind diese entsprechend der Funktion des Vorabentscheidungsverfahrens auf dieses anzupassen.

cc. Die besondere Bedeutung der Regelungen der EMRK bei der Bestimmung der allgemeinen Rechtsgrundsätze

Die vorhergehenden Ausführungen verdeutlichen, wie schwierig die Ermittlung europäischer Verfahrensgrundrechte bzw. –grundsätze im Wege der wertenden Rechtsvergleichung ist. Eine Erleichterung dieser Aufgabe resultiert jedoch daher, daß die Bestimmung der allgemeinen Rechtsgrundsätze nicht nur auf die jeweiligen Verfassungsüberlieferungen, die den mitgliedstaatlichen Verfassungen direkt zu entnehmen sind, beschränkt ist. Vielmehr stellen auch die Regelungen internationaler Abkommen zum Schutz der Menschenrechte (z.B. die

---

309 Ipsen in: Isensee/Kirchhof, Handbuch des Staatsrechts, Bd. VI, § 181, S. 806, Rdnr. 85.

310 EuGH, Rs. 5/55 (Assider ./. Hohe Behörde), Slg. 1954/55, S. 275 - 307.

EMRK), ein weiteres Element zur Ermittlung der allgemeinen Rechtsgrundsätze dar, da auch sie als Bestandteil der nationalen Verfassungstraditionen ihrer Mitgliedsländer angesehen werden.[311] Die EMRK stellt ohnehin eine der wesentlichen Antriebskräfte für einen vereinheitlichten europäischen Rechtsschutz dar. Sie ist als eine der zentralen Errungenschaften des (gesamt-)europäischen Integrationsprozesses anzusehen,[312] durch die gemeinsame Rechtsüberzeugungen im Bereich des Rechtsschutzes des Individuums gegenüber staatlicher Gewalt entwickelt wurden. Dieser Prozeß vollzieht sich vorrangig jedoch auf der Ebene des Europarates, unter dessen Schirmherrschaft die EMRK entwickelt wurde. Ihren Vätern ging es dabei zum einen um die Angleichung der Rechtsschutzstandards im Anwendungsbereich der Konvention und zum anderen um die Herausarbeitung der Grundzüge eines staatenübergreifenden europäischen Rechtsschutz-systems.[313] Die Entwicklung der EMRK vollzieht sich damit außerhalb des Integrations-prozesses der Europäischen Gemeinschaft. Als völkerrechtlicher Vertrag, den nicht die Gemeinschaft abgeschlossen hat, bindet die EMRK die Gemeinschaft formell nicht.[314] Wie zuvor schon ausgeführt, ist der viel diskutierte Beitritt der Gemeinschaft zur EMRK im Augenblick auch nicht möglich, da gemäß Art. 66 Abs. 1 EMRK nur Mitgliedstaaten des Europarates beitreten können und der EuGH in einem diesbezüglichen Gutachten festgestellt hat, daß die Europäische Gemeinschaft zur Zeit nicht über die Zuständigkeit zum Beitritt verfügt.[315]

Dies alles steht jedoch der Heranziehung des Regelwerks der EMRK bei der Ermittlung allgemeiner Rechtsgrundsätze durch den EuGH nicht entgegen. Dies hat der EuGH schon früh in seiner Rechtsprechung deutlich gemacht. So hat er insbesondere in seinem Urteil in der Rechtssache *Nold*[316] ausgeführt, daß er zur Feststellung allgemeiner Rechtsgrundsätze auch internationale Verträge zum Schutze der Menschenrechte, insbesondere die EMRK, heranzieht. Die Anwendbarkeit der EMRK leitet der EuGH aus der Gemeinsamen Erklärung[317] des Europäischen Parlaments, des Rates und der Kommission vom 5. April 1977 ab, in der sich die genannten Organe der Gemeinschaft zur Beachtung der EMRK verpflichtet haben. Er sieht dementsprechend die Hoheitsgewalt der Gemeinschaft als durch die Grundrechtsnormen der EMRK gebunden an. Des weiteren sieht der EuGH die EMRK als einen den Verfassungstradition der Mitgliedstaaten gemeinsamen Mindeststandard an.[318] Dies basiert schon

311 EuGH, Rs. 36/75 (Rutili ./. Minister des Inneren), Slg. 1975, 1219, 1232.

312 In diesem Sinne auch: Bleckmann, Europarecht, 6. Auflage, S. 19, Rdnr. 19.

313 Frowein/Peukert, EMRK, 2. Auflage, Einführung, Rdnr. 1.

314 Frowein/Peukert, EMRK, 2. Auflage, Einführung, Rdnr. 13.

315 EuGH, Gutachten 2/94, Slg. 1996 I, 1759, 1787 ff.

316 EuGH, Rs. 4/73 (Nold ./. Kommission), Slg. 1974, S. 491 – 516.

317 ABlEG 1977, Nr. C 103, S. 1.

318 EuGH, Rs. 11/70 (Internationale Handelsgesellschaft ./. Einfuhr- und Vorratsstelle Getreide), Slg. 1970, S. 1125 - 1160.

auf der Tatsache, daß alle Mitgliedstaaten der Gemeinschaft auch der EMRK beigetreten sind. Von mancher Seite wird daraus sogar eine volle Bindung der Gemeinschaft abgeleitet, da insoweit eine „partielle Pflichtennachfolge" angenommen wird, die sich aus der Mitgliedschaft aller Mitgliedstaaten der Gemeinschaft ergebe.[319] Dies widerspricht jedoch der getrennten Völkerrechtssubjektivität der Mitgliedstaaten und der Gemeinschaft, die dazu führt, daß die völkerrechtlichen Verpflichtungen der Mitgliedstaaten sich nicht unmittelbar auf die Gemeinschaft erstrecken.[320]

Der EuGH ging in seiner Entscheidung in der Rechtssache *Hoechst* jedenfalls soweit, anzudeuten, daß er die Rechtsprechung des Europäischen Gerichtshofes für Menschenrechte (EGMR) im Hinblick auf die Auslegung der EMRK berücksichtigen werde.[321] Bestätigt wurde dies noch einmal im Urteil in der Rechtssache *Orkem*,[322] in dem der EuGH hervorhob, daß sich die Anerkennung des Rechts, die Aussage gegen sich selbst verweigern zu können, weder aus dem Wortlaut des Art. 6 EMRK „noch aus der Rechtsprechung des Europäischen Gerichtshofes für Menschenrechte ergebe". Diese Feststellung steht zwar im Widerspruch zur späteren Rechtsprechung des EGMR, doch sind solche Widersprüche einerseits unvermeidbar und andererseits ist der EuGH bemüht, derartige Widersprüche dadurch auszuräumen, daß er seine Rechtsprechung revidiert und diese den Entscheidungen des EGMR annähert.[323] Im Ergebnis bleibt damit festzuhalten, daß mittlerweile auch die Bestimmungen der EMRK durch die Rechtsprechung des EuGH als allgemeine Rechtsgrundsätze des Europäischen Gemeinschaftsrechts anerkannt sind. Zur Reichweite der Regelungen der EMRK bleibt festzuhalten, daß die Deklaration dieser Regelungen als Mindeststandards beinhaltet, daß die nationalen Verfassungen der Mitgliedstaaten diesen gemeinsamen Mindeststandard nicht unterschreiten sollen. Dies bedeutet, daß die EMRK auch für die Verfahren im Rahmen des Gemeinschaftsrechtsschutzes als Mindeststandard betrachtet werden muß, da die Mitgliedstaaten als "Herren der Verträge" keinen geringwertigeren Rechtsschutzstandard für die Verfahren vor dem EuGH und dem EuG im Sinn gehabt haben werden. Dies ergibt sich zudem aus der Tatsache, daß nationale Verfassungsgerichte die Vereinbarkeit des Vorranges des Gemeinschaftsrechts nur solange zu akzeptieren bereit sind, solange von einer Gleichwertigkeit des durch den EuGH gewährten Grundrechtsschutzes gegenüber dem nationalen Grundrechtsschutz ausgegangen werden kann.[324]

---

319 Tomuschat, EuR 1990, 340, 357, der auf Ausführungen von Pierre Pescatore in: Grundrechtsschutz in Europa, S. 71 hinweist.

320 Bleckmann, Die Bindung der Europäischen Gemeinschaft an die Europäische Menschenrechtskonvention, S. 119 f. mit weiterer ausführlicher Diskussion zur unmittelbaren Anwendbarkeit der EMRK.

321 EuGH, Verb. Rs. 46/87 und 227/88 (Hoechst AG ./. Kommission), Slg. 1989, S. 2919.

322 EuGH, Rs. 347/87 (Orkem ./. Kommission), Slg. 1989, S. 3283 - 3354.

323 Rodriguez Iglesias, FS Rudolf Bernhardt (1995), 1269, 1277.

324 So etwa: BVerfGE 37, 271, 281 - 283.

Die Rechtsprechung des EuGH zur Berücksichtigung der EMRK bei der Bestimmung der allgemeinen Rechtsgrundsätze geht jedoch auf die Zeit vor Inkrafttreten des EUV zurück. Dementsprechend stellt sich nunmehr die Frage, inwiefern die aus dem EUV übernommene Vorschrift des Art. 6 Abs. 2 EGV (Art. F Abs. 2 a.F.) eine Neubewertung des Verhältnisses erfordert. Dieser sieht vor, daß im Gemeinschaftsrecht die Grundrechte gewährleistet werden sollen, die in der EMRK ihren Ausdruck gefunden haben.[325] Auf den ersten Blick könnte man der Auffassung sein, daß hierin ein neuer Ansatzpunkt für die Annahme einer unmittelbaren Anwendbarkeit der EMRK durch den EuGH im Bereich des Gemeinschaftsrecht gesehen werden muß. Gegen diese Annahme spricht jedoch, daß Art. 6 Abs. 2 EUV (Art. F Abs. 2 a.F.) durch Art. 46 EUV (Art. L a.F.) der Rechtsprechungsbefugnis des EuGH entzogen ist. Diese Regelung ist seitens des EuGH mit einer gewissen Verwunderung aufgenommen worden. Der Präsident des EuGH ist jedoch der Auffassung, daß dies nicht bedeuten kann, daß der EuGH die in Artikel F erklärte Verbindlichkeit der Grundrechte der EMRK nicht beachten darf.[326] Dementsprechend stellt Art. 6 Abs. 2 EUV (Art. F Abs. 2 a.F.) zwar keine endgültige Regelung hinsichtlich des Verhältnisses der Gemeinschaft zur EMRK dar, doch findet sich hierin eine weitere Stütze für die bisherige Rechtsprechung des EuGH, nach der die Regelungen der EMRK als allgemeine Rechtsgrundsätze des Gemeinschaftsrechts heranzuziehen sind.

Im Ergebnis bleibt damit festzuhalten, daß die EMRK eine wichtige Erkenntnisquelle bei der Bestimmung europäischer Grundrechte durch den EuGH darstellt und sie daher als ein „mittelbarer Bestandteil" der Gemeinschaftsrechtsordnung angesehen werden muß.[327] Demnach wird im folgenden zu untersuchen sein, inwieweit sich die prozessualen Grundrechte des Gemeinschaftsrechts in Form allgemeiner Rechtsgrundsätze auch aus der EMRK ableiten lassen. Im Rahmen der wertenden Rechtsvergleichung ist jedoch nicht ausschließlich auf die EMRK, sondern auch auf die mitgliedstaatlichen Verfassungsregelungen abzustellen. Mit den Verfahrensgrundrechten und -grundsätzen sind diejenigen Rechtssätze angesprochen, die auf verfassungsrechtlicher Ebene die Gewährung gerichtlichen Rechtsschutzes hinsichtlich von der Rechtsordnung geschützter Güter sichern. In der Sache geht es dabei um die verfassungsmäßigen Anforderungen an den gerichtlichen Rechtsschutz. Dabei betreffen die prozessualen Grundrechte in erster Linie die Frage nach der rechtlichen Stellung der Beteiligten in einem Gerichtsverfahren. Die normative Zielrichtung der prozessualen Grundrechte berührt somit auch die Stellung der Gerichte in einer Rechtsordnung, die Gerichtsorganisation und die Ausgestaltung des gerichtlichen Verfahrens. Dies gilt auch für die Verfahrens-

325 Vgl. dazu: Bleckmann, DVBl. 1992, 335, 336; Ress, JuS 1992, 985, 990.

326 Rodriguez Iglesias, FS Rudolf Bernhardt (1995), 1269, 1281.

327 So auch: Ress/Ukrow, EuZW 1990, S. 501; Rengeling, Grundrechtsschutz in der Europäischen Gemeinschaft, S. 123.

grundsätze, die den „Bauplan" einer Verfahrensordnung bilden.[328] Insoweit soll das Vorabentscheidungsverfahren daraufhin überprüft werden, ob es mit den europäischen Verfahrensgrundrechten und –grundsätzen übereinstimmt oder ob gegebenenfalls ein rechtspolitischer Wertungswiderspruch bzw. gar eine Verletzung dieser Rechte und Grundsätze vorliegt.

c. Die Verfahrensgrundrechte und Verfahrensgrundsätze im Europäischen Gemeinschaftsrecht im einzelnen

Nachdem damit die dogmatische Herleitung der Grundrechte des Europäischen Gemeinschaftsrecht dargestellt wurde, sollen im folgenden die Verfahrensgrundrechte und –grundsätze im einzelnen untersucht und ihre inhaltliche Reichweite näher bestimmt werden. Ausgangspunkt dieser Untersuchung soll die Überprüfung etwaiger Hinweise im EG-Vertrag sein. Daran anschließend soll die Rechtsprechung des EuGH daraufhin überprüft werden, inwieweit sich ihr Hinweise für die Anerkennung einzelner Grundrechte durch den Gerichtshof entnehmen lassen. In einem nächsten Schritt werden dann die vorhandenen mitgliedstaatlichen Regelungen gegenübergestellt, wobei – soweit möglich - ein gemeinsamer Schutzstandard herausgearbeitet werden soll. Letztlich ist auch die EMRK daraufhin zu überprüfen, ob sich aus ihr noch weitergehende Anhaltspunkte zur Bestimmung der Verfahrensgrundrechte und –grundsätze gewinnen lassen.

aa. Die Gewährleistung eines effektiven Rechtsschutzes

Am Anfang der Untersuchung der Verfahrensgrundrechte und –grundsätze steht die Frage, inwiefern das Rechtsschutzinteresse der Gemeinschaftsbürger, das auch im Vorabentscheidungsverfahren seinen Niederschlag gefunden hat, grundrechtlich bzw. grundrechtsähnlich abgesichert ist. Es ist also zu überprüfen, ob auch auf europäischer Ebene ein Anspruch auf effektiven Rechtsschutz bzw. ein Anspruch auf Justizgewährung besteht.

---

[328] Stürner, FS Fritz Baur (1981), S. 647 ff.

(1) Der Regelungsgehalt des EG-Vertrages

Die Bestimmung eines prozessualen Grundrechts auf effektiven Rechtsschutz wird zunächst durch den Umstand erschwert, daß die Gemeinschaftsverträge diesbezüglich keine explizite Regelung enthalten. Insbesondere enthält auch der EG-Vertrag keine Art. 19 Abs. 4 GG vergleichbare Regelung. Das hat seinen Grund darin, daß eine solche Vorschrift zum Zeitpunkt der Gründung der Gemeinschaft nicht den gemeinsamen Verfassungstraditionen aller Mitgliedstaaten entsprach.[329] Ähnliche Regelungen beinhalten nur noch Art. 20 Abs. 1 der griechischen Verfassung, Art. 24 Abs. 1 der italienischen Verfassung und Art. 24 der spanischen Verfassung.[330] Zu berücksichtigen ist jedoch, daß von den aufgeführten Ländern lediglich Italien zu den Gründungsmitgliedern der Gemeinschaft(en) gehört.

(2) Die Rechtsprechung des EuGH

Dementsprechend bedurfte es erst einer längeren Entwicklung in der Rechtsprechung des EuGH, bis sich erste Tendenzen zur Anerkennung eines Anspruchs auf effektiven Rechtsschutz auf europäischer Ebene herausbildeten.

Nach der Rechtsprechung des EuGH ist dem Gemeinschaftsrecht nunmehr der allgemeine Rechtsgrundsatz zu entnehmen, daß dem Bürger ein Anspruch auf umfassenden und effektiven Rechtsschutz zusteht.[331] Diesen Anspruch leitet der EuGH in seiner neueren Rechtsprechung aus den Art. 6 und Art. 13 EMRK wie folgt ab[332]: „[...] *Der in Artikel 6 vorgeschriebene Rechtsschutz ist Ausdruck eines allgemeinen Rechtsgrundsatzes, der den gemeinsamen Verfassungstraditionen der Mitgliedstaaten zugrunde liegt. Dieser Grundsatz ist auch in den Artikeln 6 und 13 der Konvention zum Schutze der Menschenrechte und Grundfreiheiten vom 4. November 1950 verankert. Wie in der gemeinsamen Erklärung der Versammlung, des Rates und der Kommission vom 5. April 1977 (ABlEG. C 103, S. 1) und in der Rechtsprechung des Gerichtshofes anerkannt ist, sind die leitenden Grundsätze dieser Konvention im Rahmen des Gemeinschaftsrechts zu berücksichtigen.[...]*" In einem weiteren Urteil wiederholt der EuGH diese Aussage[333]: „[...] *die Gewährleistung eines effektiven Rechtsschut-*

---

329 Sack, EuR 1985, 319, 325 f.; Bleckmann, FS Christian-Friedrich Menger (1985), 871, 884 f.; siehe auch die Auflistung der in den Verfassungen der Mitgliedsländer niedergelegten Grundrechte bei: Feger, Jura 1987, S. 6-16.

330 Siehe zur Gegenüberstellung: Rengeling, Grundrechtsschutz in der Europäischen Gemeinschaft, S. 154.

331 EuGH, Rs. 222/84 (Johnston ./. Chief Constable of the Royal Ulster Constabulary), Slg. 1986, 1651, 1682; Rs. 222/86 (UNECTEF ./. Heylens), Slg. 1987, 4097, 4117; Rs. 257/86 (Kommission ./. Italien), Slg. 1988, 3249, 3267.

332 EuGH, Rs. 222/86 (UNECTEF ./. Heylens), Slg. 1987, 4097, 4117.

333 EuGH, Rs. 222/84 (Johnston ./. Chief Constable of the Royal Ulster Constabulary), Slg. 1986, 1651, 1682.

zes hängt wesentlich davon ab, daß Entscheidungen einer innerstaatlichen Behörde, durch die die Gewährung dieses Rechts verweigert wird, vor Gericht angefochten werden können. Dieses Erfordernis stellt einen allgemeinen Rechtsgrundsatz des Gemeinschaftsrechts dar, das sich aus den gemeinsamen Verfassungstraditionen der Mitgliedstaaten ergibt und in den Artikeln 6 und 13 der Europäischen Menschenrechtskonvention verankert ist.[...]" Damit ist davon auszugehen, daß der EuGH nunmehr von einer uneingeschränkten Geltung des Anspruchs auf effektiven Rechtsschutz im Bereich des Gemeinschaftsrechts ausgeht.[334]

(3) Der Anspruch auf effektiven Rechtsschutz in den Mitgliedstaaten

In einigen mitgliedstaatlichen Verfassungen lassen sich Regelungen mit einem ähnlichen Inhalt wie Art. 19 Abs. 4 GG finden. So gewährt etwa Art. 24 Abs. 1 der Verfassung Italiens das *„Recht eines jeden, zum Schutz seiner eigenen Rechte und seiner rechtmäßigen Interessen die Gerichte in Anspruch zu nehmen.*" Im zweiten Absatz dieser Bestimmung wird dies noch weiter konkretisiert: *„Die Verteidigung ist in jeder Phase und Stufe des Verfahrens ein unverletzliches Recht.*"

In der spanischen Verfassung wird in Art. 24 jedem Bürger ein Recht auf wirksame Betreuung („tutela efectiva") durch Richter und Gesetz eingeräumt, wonach juristische Schutzlosigkeit („indefensión") nicht eintreten darf. Trotzdem wird aus der Praxis berichtet, daß diesen Grundsätzen weniger Bedeutung zukommt, da Gerichte trotzdem zögerlich und bürokratisch arbeiten und es sich in Fällen, die bloße Geldforderungen betreffen, empfiehlt, nicht den Klageweg zu beschreiten.[335] In der Verfassung Griechenlands ist in Art. 20 Abs. 1 das „Recht eines jeden auf Rechtsschutz durch die Gerichte und auf Geltendmachung seiner Rechte oder Interessen vor ihnen nach Maßgabe der Gesetze" gewährleistet.

---

[334] Darauf, daß mit diesem Urteil ein Durchbruch in dieser Hinsicht erzielt wurde, weist hin: Claasen, Die Europäisierung der Verwaltungsgerichtsbarkeit, S. 31.

[335] Adomeit/Frühbeck, Einführung in das spanische Recht, S. 23 m.w.N.

(4) Der Regelungsgehalt der EMRK

Nach Art. 6 EMRK darf niemand seinem gesetzlichen Richter entzogen werden, und es sind gewisse Rechte und Verfahrensregeln zugunsten des Betroffenen zu beachten.[336] Nach dem bisherigen Verständnis bezog sich der Wortlaut des Art. 6 Abs. 1 EMRK und der darin enthaltene Anspruch sowohl auf Gerichte der Zivil- als auch solche der Strafgerichtsbarkeit.[337] Für die Verwaltungsgerichtsbarkeit wird ein solcher Anspruch aus Art. 13 EMRK hergeleitet. Dieser legt fest, daß dem Einzelnen bei Verletzung etwaiger Rechte aus der Konvention der Beschwerdeweg offenstehen müsse.

Hinzuweisen ist jedoch darauf, daß sich der EuGH in seinen Urteilen immer darauf bezog, daß ein angemessener Rechtsschutz in den Mitgliedstaaten bzw. nach derem nationalen Recht bestehen müsse. Hieraus hat der EuGH dann jeweils neue Anforderungen an einen mitgliedstaatlichen Rechtsschutz gestellt.[338] Daraus läßt sich auf den ersten Blick nichts hinsichtlich eines gemeinschaftsrechtlichen Rechtsschutzstandards herleiten. Man muß jedoch konsequenterweise annehmen, daß der allgemeine Rechtsgrundsatz auf effektiven Rechtsschutz sich nicht allein auf das nationale Recht beschränken läßt, sondern daß er ebenso im Rahmen gemeinschaftsrechtlicher Vorgaben Geltung erlangt.[339] Das ergibt sich auch schon daraus, daß die EMRK auf europäischer Ebene anerkanntermaßen einen Grundrechtsstandard festschreibt, der nicht nur von den einzelnen Staaten zu beachten ist, sondern auch von einer supranationalen Einrichtung wie der Gemeinschaft, deren Institutionen diesen durch die gemeinsame Erklärung anerkannt haben. Geht man dementsprechend von einem Rechtsprinzip des Gemeinschaftsrechts aus,[340] so stellt sich die Frage nach Reichweite und Inhalt dieses Prinzips. Effektiver Rechtsschutz ist immer nur soviel wert, wie auch entsprechende Verfahren, Verfahrensgarantien und ein lückenloses Gerichtssystem bestehen.

---

336 Bast, RIW 1992, 742, 743, der anhand der Rechtsprechung des EuGH ausführt, daß der Anspruch auf rechtliches Gehör sowohl im gerichtlichen wie auch im Verwaltungsverfahren zu beachten ist.

337 Eine Wandelung dieses Verständnisses in der Rechtsprechung des EGMR entdeckt jedoch: Schwarze, EuGRZ 1993, 377, 378.

338 Schmidt-Aßmann, DVBl. 1993, 924, 933.

339 von Danwitz, NJW 1993, 1108, 1114; vgl. auch: Lenz, EuZW 1993, 10, der darlegt, daß bei Fehlen eines entsprechenden Rechtsweges im nationalen Recht ein solcher auf Gemeinschaftsebene geschaffen werden muß.

340 So schon der Leitsatz in: EuGH, Rs. 222/86 (UNECTEF ./. Heylens), Slg. 1987, S. 4097 - 4119; ebensof: Curtin, CMLR 1990, 709, 729; Dubois, RFDA 1988, 691, 693; Pernice, NJW 1990, 2409, 2416; Arndt/Haas, RIW 1989, 710, 716; von Danwitz, NJW 1993, 1108, 1114; Lenz, EuGRZ 1993, 585, 589; Rodriguez Iglesias, EuR 1992, 225, 237; Dauses in: Dauses, Handbuch des EG-Wirtschaftsrechts, P. I., Rdnr. 2; Lenaerts, ZfRV 1992, 281, 293; a.A.: Hoffmann, Ein Grundrechtskatalog für die EG ?, S. 72.

Durch die Anerkennung des Anspruches auf effektiven Rechtsschutz als Grundsatz des Gemeinschaftsrechts sind an den gemeinschaftsrechtlichen Rechtsschutz ähnlich hohe Anforderungen zu stellen, wie an den nationalen Rechtsschutz, der die Effektivität des Gemeinschaftsrechts gewährleisten muß. Dementsprechend muß auch das Gemeinschaftsrecht ausreichende Möglichkeiten zur Gewährung von gerichtlichem Rechtsschutz bieten.

Es fragt sich nun, welche konkreten Anforderungen sich aus der Anerkennung eines solchen Rechts auf effektiven Rechtsschutz auf der Ebene des Gemeinschaftsrechts ergeben. Aus den Regelungen der EMRK und den einzelnen mitgliedstaatlichen Regelungen kann der folgende Schutzstandard herausgelesen werden, der wohl als gemeinsame Tendenz verstanden werden kann: Es besteht eine Garantie einer effektiven, also tatsächlich wirksamen Kontrolle durch die Gerichte. Das bedeutet, daß es keine unzumutbare und willkürliche Erschwerung des Zugangs zu staatlichen Gerichten geben darf. [341] Zu diesem Anspruch auf effektiven Rechtsschutz gehört auch ein Anspruch auf abschließende Entscheidung innerhalb angemessener Frist. Des weiteren besteht ein Anspruch auf vorläufigen Rechtsschutz, soweit ansonsten schwere und unzumutbare Nachteile zu befürchten sind.[342]

(5) Fazit zum Vorliegen eines Anspruches auf effektiven Rechtsschutz

Letztlich ist damit festzuhalten, daß auch auf europäischer Ebene ein allgemeiner Anspruch auf effektiven Rechtsschutz mit bestimmbaren Anforderungen an die dem Rechtsschutz dienenden Verfahren besteht. Insbesondere im Zusammenhang mit der subjektiven Rechtsschutzfunktion des Vorabentscheidungsverfahrens ist also zu untersuchen, welche konkreten Rechte sich daraus für die Verfahrensbeteiligten in diesem Verfahren ableiten lassen. Im Anschluß an die Überprüfung der weiteren Verfahrensrechte ist die bisherige Verfahrensgestaltung daraufhin zu überprüfen, ob sie diesen Anforderungen gerecht wird.

---

341 Vgl. auch: Schwarze/Schmidt-Aßmann, Das Ausmaß der gerichtlichen Kontrolle im Wirtschaftsverwaltungs- und Umweltrecht, S. 279, die in dieser Beziehungen einen prinzipiellen Gleichklang von deutschem und europäischem Recht auf diesem Gebiet sehen.

342 Vgl. dazu: Rengeling, Grundrechtsschutz in der Europäischen Gemeinschaft, S. 156.

bb. Vorliegen einer Rechtsweggarantie ?

Im folgenden soll untersucht werden, ob sich der Anspruch auf effektiven Rechtsschutz soweit verdichten läßt, daß darüber hinaus vom Vorliegen einer Rechtsweggarantie ausgegangen werden kann. Die Frage nach dem Vorliegen einer Rechtsweggarantie dürfte momentan eine der heikelsten Fragen des europäischen Rechtsschutzes sein. Es ist hier also zu untersuchen, ob der gemeinschaftsrechtliche Grundrechtsschutz mittlerweile soweit geht, dem einzelnen Gemeinschaftsbürger auch auf europäischer Ebene eine Rechtsweggarantie - vergleichbar der in Art. 19 Abs. 4 GG - einzuräumen und ob daraus für die Gemeinschaft und die Mitgliedstaaten die Pflicht entsteht, für eine effektivere Durchsetzung individueller Rechte zu sorgen.

(1) Der Regelungsgehalt des EG-Vertrages

Ein solcher Schritt ist bislang in der Literatur nur vereinzelt gefordert worden. Ausgehend von der Anerkennung des Grundsatzes auf effektiven Rechtsschutz wird dort die Rechtsweggarantie als ein notwendiger Schritt betrachtet. Die Vorgabe der Effektivität zwinge dazu, in allen Fällen, in denen Rechte und rechtlich schützenswerte Interessen tangiert werden, die Möglichkeit einer gerichtlichen Streitbeilegung durch Klärung der entsprechenden Rechts- und Sachfragen zu gewährleisten.[343] Dies ist jedoch zunächst nur auf solche Fälle bezogen worden, in denen der Gemeinschaftsbürger durch ein hoheitliches Handeln in seinen Rechten belastet wird, also im Bereich des Öffentlichen Rechts. Der Forderung nach einer geschlossenen Rechtsweggarantie im Sinne von Art. 19 Abs. 4 GG wurde in der Vergangenheit auch mit dem Argument begegnet, daß eine solche nicht dem derzeitigen Integrationszustand entsprechen würde.[344] Dies gilt insbesondere für das Zivilrecht. Hier ist die Entscheidung, eine gerichtliche Klärung zunächst vor den nationalen Gerichten suchen zu müssen, eindeutig. Insofern stellt der EG-Vertrag neben dem Vorabentscheidungsverfahren keine weiteren zivilrechtlichen Klagemöglichkeiten zur Verfügung.

Das Vorabentscheidungsverfahren sieht jedoch keine Vorlageberechtigung der Parteien des Ausgangsverfahrens vor. Insofern ist nicht davon auszugehen, daß den Gemeinschaftsbürgern der Weg vor den EuGH garantiert sein soll. Etwas anderes könnte sich lediglich durch die Sicherung der Vorlagepflicht nach Art. 234 Abs. 3 EGV (Art. 177 Abs. 3 a.F.) ergeben. Daraus könnte sich ein fruchtbarer Ansatz gewinnen lassen. Dabei stellt sich die Frage,

343 Allkemper, Der Rechtsschutz des einzelnen nach dem EG-Vertrag, S. 43.

344 Feger, Die Grundrechte im Recht der EG, S. 135.

inwieweit dem Einzelnen garantiert werden soll, daß ihm in Verfahren, die das europäische Recht betreffen, eine letztverbindliche Anwort nur durch den EuGH gegeben wird und ob damit der EuGH in jedem Fall erreichbar sein muß. Dies soll aber an entsprechender Stelle bei der Überprüfung der Wirksamkeit des nationalen Rechtsmittelsystems zur Sicherung der Vorlagepflicht überprüft werden.

(2) Die Rechtsprechung des EuGH

In der Rechtsprechung des EuGH lassen sich zunächst keine direkten Aussagen entdecken, die über die Anerkennung eines Anspruchs auf effektiven Rechtsschutz hinaus auch konkrete Ansätze zur Anerkennung einer Rechtsweggarantie in der europäischen Gerichtsbarkeit erkennen lassen. In seinem Urteil in der Rechtssache *Unectef* läßt der EuGH[345] erkennen, daß die Gewährleistung eines effektiven Grundrechtsschutzes durch den Vertrag auf gemeinschaftsrechtlicher Ebene dazu führen muß, daß die Betroffenen ihre Rechte „unter den bestmöglichen Voraussetzungen geltend machen können", was letztlich darin endet, die Möglichkeit zu haben, „vor Gericht zu gehen". Auch wegen dieser Aussagen wird in der Literatur der Grundsatz effektiven Rechtsschutzes als Grundlage für die Anerkennung einer allgemeinen Rechtsweggarantie des Gemeinschaftsrechts angesehen.[346]

(3) Die Rechtsweggarantie in den Mitgliedstaaten

Unter den mitgliedstaatlichen Regelungen sticht natürlich Art. 19 Abs. IV GG für den Bereich des öffentlichen Rechts heraus. Doch unter denen beim Recht auf effektiven Rechtsschutz dargestellten weiteren nationalstaatlichen Regelungen gehen einige über die Sicherung der Effektivität hinaus und garantieren den Rechtsweg vor die nationalen Gerichte. So statuiert Art. 24 Abs. 1 der Verfassung Italiens das *„Recht eines jeden, zum Schutz seiner eigenen Rechte und seiner rechtmäßigen Interessen die Gerichte in Anspruch zu nehmen."* Auch in der griechischen Verfassung gewährleistet Art. 20 Abs. 1 das *„Recht eines jeden auf Rechtsschutz durch die Gerichte und auf Geltendmachung seiner Rechte oder Interessen vor ihnen nach Maßgabe der Gesetze."*

---

345 EuGH, Rs. 222/86 (UNECTEF ./. Heylens), Slg. 1987, 4097, 4117; a.A.: Scholz, Europarecht und Grundgesetz, S. 86.

346 Allkemper, Der Rechtsschutz des einzelnen nach dem EG-Vertrag, S. 43.

(4) Der Regelungsgehalt der EMRK

Art. 6 Abs. 1 EMRK enthält für alle Gerichtsverfahren bestimmte Mindestgrundsätze. Die Absätze 2 und 3 legen besondere Garantien für das Strafverfahren fest. Alle Gerichtsverfahren müssen dem Prinzip des „fair trial" gerecht werden. Auch hat jedermann vor Gericht Anspruch darauf, daß das Verfahren innerhalb angemessener Frist ("reasonable time") durchgeführt wird. Schließlich sind die Grundsätze der Öffentlichkeit einschließlich der öffentlichen Urteilsverkündung sowie die Garantien der Unabhängigkeit und Unparteilichkeit des Gerichts festgelegt. Die EMRK enthält in Art. 6 Abs.1 auch ein Recht auf ein Gericht und auf Zugang zum Gericht. Nach ständiger Rechtsprechung des EGMR ist Art. 6 Abs. 1 EMRK nicht nur auf bereits anhängige Verfahren anwendbar, sondern gewährt auch jedem, der die Verletzungen eines (zivilen) Rechts geltend zu machen beabsichtigt, einen Anspruch auf ein Gericht und Zugang zu diesem.[347] Ein weiteres Urteil des Gerichtshofes betrifft die Rechtmäßigkeit eines Rechtswegausschlusses. So hat der EGMR den Rechtswegausschluß in § 9 Abs. 6 des deutschen Abhörgesetzes vom 12.8.1968 nicht als Verstoß gegen die Rechtsweggarantie des Art. 6 Abs. 1 EMRK gesehen, da Abhörmaßnahmen, solange sie zulässigerweise geheim bleiben, einer gerichtlichen Kontrolle auf Initiative des Betroffenen zwangsläufig nicht zugänglich seien. Daher könne die Entscheidung über die Anordnung von Überwachungsmaßnahmen erst dann dem Anwendungsbereich des Art. 6 EMRK unterfallen, wenn nach Beendigung der Überwachung der Betroffene benachrichtigt werde. Eine solche Benachrichtigung habe zu erfolgen, wenn der Untersuchungszweck dadurch nicht mehr gefährdet sei, wie dies letztlich auch nach dem deutschen Abhörgesetz vorgesehen ist. In diesem Zeitpunkt verfüge aber der Betroffene nach deutschem Recht über verschiedene Rechtsbehelfe gegen mögliche Verletzung seiner Rechte.[348] Aus diesen Aussagen des EGMR läßt sich folgern, daß – soweit keine rechtlich gebotene Rechtfertigung vorliegt – der Zugang zu den Gerichten nicht verwehrt werden darf.

(5) Fazit zur Rechtsweggarantie

Im Ergebnis läßt sich damit festhalten, daß wegen der Anerkennung der Rechtsprechung des EGMR nicht nur die Vertragsstaaten, sondern auch die Gemeinschaft Art. 6 Abs. 1 EMRK verletzt, wenn sie den Zugang zu den Gerichten in ungerechtfertigter Weise verwehren. Des weiteren besteht auch eine positive Verpflichtung der Gemeinschaft und ihrer Mitgliedstaa-

347 EGMR, Sporrong u. Lönnroth, 52, 29 Ziff. 80 = EuGRZ 1983, S. 523 - 531.

348 EGMR, Klass u.a., 28, 32 f. Ziff. 75 = EuGRZ 1979, S. 278 - 290.

ten, dafür Sorge zu tragen, daß der Einzelne von seinem Recht auf Zugang zum Gericht in wirksamer Art und Weise Gebrauch machen kann.[349]

cc. Die Wahrung des rechtlichen Gehörs

Im Vergleich mit anderen prozessualen Grundrechten wird der Grundsatz des rechtlichen Gehörs vom Wesensgehalt her für eines der umfassendsten und wesentlichsten Grundrechte gehalten.[350] Mag man dies auch für eine leichte Übertreibung halten, so ist der Grundsatz jedoch essentiell für das Vertrauen des Bürgers in die staatliche Rechtsprechung[351], denn er ist für den Bürger von erheblicher praktischer Bedeutung. Dies wird allein schon daran deutlich, daß eine große Zahl von Entscheidungen der Revisions- und Verfassungsgerichte dazu führt, daß eine erhebliche Anzahl von Entscheidungen der Vorinstanzen wegen Verletzung des rechtlichen Gehörs aufgehoben werden. Nicht zu Unrecht wird behauptet, die Verletzung des rechtlichen Gehörs sei der wohl am häufigsten vorkommende Verfahrensmangel.[352]

Ist dieser verfassungsrechtlich garantierte Grundsatz in Deutschland nur dahingehend zu verstehen, daß bei gerichtlichen Verfahren die Wahrung des rechtlichen Gehörs nur vor Gerichten garantiert ist, so gilt für das europäische Recht, daß beim Vorliegen bestimmter Voraussetzungen der Grundsatz auch im Verwaltungsverfahren zu beachten ist.[353] Im deutschen Verwaltungsrecht findet sich dieser Grundsatz allerdings auf einfachgesetzlicher Ebene, wo er in § 28 VwVfG geregelt ist.

(1) Der Regelungsgehalt des EG-Vertrages

Im EG-Vertrag ist der Grundsatz nicht geregelt. So enthält das Gemeinschaftsrecht keine explizite - kodifizierte – Garantie des rechtlichen Gehörs. In den Satzungen des Gerichtshofes findet sich lediglich die Gliederung des Gerichtsverfahrens in einen schriftlichen und in einen mündlichen Teil (Art. 18 Satzung EG, Art. 21 Satzung EGKS). Auch wenn in diesen Vorschriften Einzelheiten des Verfahrens, wie die Äußerungsmöglichkeiten der Parteien enthalten sind, wird man nicht so weit gehen können, darin bereits eine isolierte Garantie der Gehörgewährung zu sehen. Vielmehr scheinen diese Vorschriften, die den Gang des Verfahrens vor dem Gerichtshof beschreiben, eine Geltung des Rechts auf rechtliches Gehör vor-

349 Frowein/Peukert, EMRK, 2. Auflage, Art. 6, Rdnr. 54.

350 Grzybek, Prozessuale Grundrechte im Europäischen Gemeinschaftsrecht, S. 89.

351 Waldner, Der Anspruch auf rechtliches Gehör, S. 2.

352 Schneider, MDR 1978, 525, 527.

353 Bast, RIW 1992, 742, 743.

auszusetzen. Demnach läßt sich aus der Existenz dieser Vorschriften allenfalls auf die Geltung des Grundsatzes der Gewährung rechtlichen Gehörs schließen.

(2) Die Rechtsprechung des EuGH

Die Geltung des Grundsatzes im Gemeinschaftsrecht geht also vielmehr auf die Bestimmung als allgemeiner Rechtsgrundsatz durch den EuGH zurück. Schon der Gerichtshof hat in zwei frühen Entscheidungen die Gewährung rechtlichen Gehörs als elementaren[354] und fundamentalen[355] Rechtsgrundsatz qualifiziert. Der Grundsatz rechtlichen Gehörs wird daher zu den rechtsstaatlichen Grundsätzen des Gemeinschaftsrechts gerechnet.[356] Diese Entscheidungen des Gerichtshofes, welche die Existenz eines allgemeinen Rechtsgrundsatzes zur Gewährung rechtlichen Gehörs im Gerichtsverfahren zum Gegenstand hatten, haben sich jedoch lediglich auf Einzelaspekte dieses Grundsatzes bezogen. Für die Bestimmung der Reichweite des rechtlichen Gehörs im Gemeinschaftsrecht sind sie daher nur bedingt geeignet. Dagegen hat sich der Gerichtshof mit der Geltung des rechtlichen Gehörs umfassend in einer Entscheidung bezüglich des Verwaltungsverfahrens ausgesprochen.[357] Dort heißt es, daß *„die in sekundärrechtlichen Bestimmungen des Gemeinschaftsrechts enthaltenen Vorschriften über Verfahrensgarantien Ausdruck eines fundamentalen Grundsatzes des Gemeinschaftsrechts sind, demzufolge in allen Verfahren, auch im Verwaltungsverfahren, rechtliches Gehör gewährt werden müsse"*. Das Bemerkenswerte an dieser Entscheidung, die sich vom Gegenstand her mit der Geltung des rechtlichen Gehörs im Verwaltungsverfahren befaßt, zeigt sich in der Feststellung des EuGH, das rechtliche Gehör müsse in allen Verfahren der Gemeinschaft gewährt werden. Daraus wird klar, daß der EuGH für Gerichtsverfahren im allgemeinen von der Geltung dieses Grundsatzes ausgeht.

In seiner weiteren Rechtsprechung hat der Gerichtshof diesen Grundsatz weiter konkretisiert. Anläßlich eines Streits auf dem Gebiet des Beihilferechts führt der EuGH aus: „[...] *die Gewährung des rechtlichen Gehörs (ist) in einem Verfahren, das zu einer den Betroffenen beschwerenden Maßnahme führen kann, ein fundamentaler Grundsatz des Gemeinschaftsrechts und selbst dann sicherzustellen, wenn es keine einschlägigen Verfahrensregeln*

---

354 EuGH, verb. Rs. 42 & 49/59 (SNUPAT ./. Hohe Behörde), Slg. 1961, 109, 169; Rs. 98/79 (Pecastaing ./. Belgien), Slg. 1980, 691, 710 ff.

355 EuGH, Rs. 85/76 (Hoffmann-La Roche ./. Kommission), Slg. 1979, S. 461 ff.

356 Beutler in: Groeben/Thiesing/Ehlermann, EWGV, Anhang C, Grundrechtsschutz, Rdnr. 14 ff.

357 EuGH, verb. Rs. 100 - 103/80 (S.A. Musique Diffusion Francaise u.a. ./. Kommission), Slg. 1983, S. 1825 ff.

gibt."[358] Daran zeigt sich, daß der Grundsatz des rechtlichen Gehörs sich nicht nur auf gemeinschaftsrechtliches Sekundärrecht bezieht, denn das zugrundeliegende Beihilfeverfahren nach Art. 87 ff. EGV (Art. 92 ff. a.F.) gehört zum Vertrags- und damit zum Gemeinschaftsverfassungsrecht. Wenn in dieser Entscheidung die Notwendigkeit der Gehörsgewährung auch für den Fall festgeschrieben wird, daß die Verträge keine derartige Garantie für ein Verfahren enthalten, so wird man von einer Beeinflussung des Vertragsrechts durch den Grundsatz der Gehörgewährung ausgehen können. Danach wird dem rechtlichen Gehör als einem umfassenden und den Verfassungsüberlieferungen aller Mitgliedstaaten entsprechenden Grundsatz der gleiche Rang wie dem Vertragsrecht und damit Verfassungsrang einzuräumen sein.[359] Ist damit die prinzipielle Geltung des Anspruchs auf rechtliches Gehör und seine Stellung im Gefüge des Gemeinschaftsrechts umrissen, so ist nunmehr die inhaltliche Reichweite zu bestimmen. Hier ist die Rechtsprechung des Gerichtshofes bislang fragmentarisch geblieben. Von zentraler Bedeutung ist die Feststellung des EuGH,[360] daß es gegen elementare Rechtsgrundsätze verstoßen würde, „*eine gerichtliche Entscheidung auf Tatsachen und Urkunden zu gründen, von denen die Parteien selbst oder auch nur eine der Parteien keine Kenntnis nehmen und zu denen sie daher auch nicht Stellung nehmen konnten.*"

Zur weiteren Konkretisierung soll hier auch auf die allgemeinen Rechtsgrundsätze, die durch wertende Rechtsvergleichung gewonnen werden, zurückgegriffen werden. Dazu soll hier eine rechtsvergleichende Betrachtung hinsichtlich der Geltung und der Reichweite des Anspruchs auf rechtliches Gehör in den Mitgliedstaaten angestellt werden.

(3) Die Wahrung des rechtlichen Gehörs in den Mitgliedstaaten

Im französischen Zivilprozeßrecht gilt das Recht auf Wahrung des rechtlichen Gehörs („principe de la contradiction") zu den bestimmenden Prinzipien des Prozesses, welches in Art. 14 – 17 und 132 – 137 des „Noveau Code de procédure civile" geregelt ist. Art. 14 formuliert ganz konkret die Regel des audi et alteram partem: „nulle partie ne peut etre jugée sans avoir été entendue ou appelée" (keine Partei kann verurteilt werden ohne zuvor gehört worden zu sein). Daraus folgt, daß das Gericht vor Erlaß eines Urteils nicht nur beiden Parteien die Möglichkeit geben muß, zu den Darstellungen der jeweils anderen Seite Stellung zu

---

358 EuGH, Rs. 234/84 (Königreich Belgien ./. Kommission), Slg. 1986, 2263, 2289 („Meura"); ähnlich auch die Aussagen in: EuGH, Rs. 322/81 (N.V. Nederlandsche Banden-Industrie Michelin ./. Kommission), Slg. 1983, 3461, 3498.

359 So auch: Kutscher, EuR 1981, 392, 403.

360 EuGH, verb. Rs. 42 und 49/59 (SNUPAT ./. Hohe Behörde), Slg. 1961, 109, 169.

nehmen, sondern es muß auch jeder Partei die Möglichkeit einräumen, seine Rechtsauffassungen darzulegen.[361]

Im griechischen Recht ist die Wahrung des rechtlichen Gehörs in Art. 20 der Verfassung niedergelegt. Abs. 1 legt fest, daß jedermann einen Anspruch auf Rechtsschutz durch die Gerichte genießt, während Abs. 2 das Recht auf rechtliches Gehör auch für jede Tätigkeit der Verwaltung statuiert. Daraus kann geschlossen werden, daß ein solches Recht auf rechtliches Gehör insbesondere beim gerichtlichen Rechtsschutz bestehen soll.

Großbritannien gehört zu den Ländern ohne geschriebene Verfassung. Trotzdem kommt dem Recht auf Wahrung des rechtlichen Gehörs eine große Bedeutung zu[362], wobei sich das Recht auf Wahrung des rechtlichen Gehörs aus der due-process-Klausel, die der englischen Rechtstradition entstammt, ergibt.

Das Recht auf Wahrung des rechtlichen Gehörs („principio del contradittorio") ist im italienischen Recht seit Erlaß der republikanischen Verfassung in Art. 24 Abs. 2 niedergelegt. Bis heute gibt es in Italien jedoch keine ausdrückliche Regelung auf der Ebene des einfachen Rechts, die den Richter zur Gewährung rechtlichen Gehörs in diesem Sinne zwingt.[363] Der vorkonstitutionelle „codice di procedura civile" beschränkt sich im Hinblick auf die Gewährung des rechtlichen Gehörs darauf, daß gegen eine nicht ordentlich geladene Partei nicht in Abwesenheit verhandelt werden darf. Anfang der achtziger Jahre entwickelte Reformentwürfe orientierten sich am französischen Vorbild, wonach das Recht auf rechtliches Gehör auf der Ebene des einfachen Rechts zum Grundsatz des gesamten Verfahrensrechts erhoben und darüber hinaus Bestimmungen über die Folgen der Versagung des Rechts eingefügt werden sollten. Diese Ansätze haben sich im Gesetzgebungsverfahren nicht durchsetzen können. Trotzdem hat die Rechtsprechung das Recht auf rechtliches Gehör auf Basis der verfassungsrechtlichen Regelung weiter konkretisiert. In seiner Reichweite ist beim Recht auf rechtliches Gehör die Parallele zwischen Italien und Deutschland deutlich erkennbar. Dies gilt insbesondere für die Rechtsfolge bei Verletzung dieses Rechts.

Im spanischen Recht wird aus dem in der Verfassung in Art. 24 Abs. 1 verbürgten Anspruch auf effektiven Schutz durch Richter und Gerichte ein Recht auf Gehör abgeleitet.[364] Belgien, Dänemark und die Niederlande gehören zur Gruppe der Staaten, die weder über eine verfassungsrechtliche Garantie noch über ausdrückliche Regelungen im einfachen Recht verfügen. Dies bedeutet jedoch nicht zwangsläufig, daß der Anspruch auf Wahrung des

361 Nauta/Meijer in: Snijders, Access to civil procedure abroad, S. 136.

362 Schwab/Gottwald, Verfassung und Zivilprozeß, S. 50.

363 Piekenbrock, Der italienische Zivilprozeß im europäischen Umfeld, S. 160.

364 Schwab/Gottwald, Verfassung und Zivilprozeß, S. 49.

rechtlichen Gehörs in diesen Ländern einen geringeren Stellenwert genießt, denn so ist etwa auch in Belgien dieser Anspruch ohne eine positivrechtliche Ausformung als Eckpfeiler eines jeden geordneten Verfahrens anerkannt.[365] Dies gilt auch für Dänemark und die Niederlande, wobei in den Niederlanden mangels einer eigenen Regelung auf Art. 6 EMRK zurückgegriffen wird.[366] Diese Auflistung zeigt die Schwierigkeit, auf die man im Rahmen der wertenden Rechtsvergleichung häufig stößt. Die Unterschiedlichkeit der Regelungen zur Wahrung des rechtlichen Gehörs und deren unterschiedliche Bedeutung in den nationalen Rechtskreisen verdeutlicht, wie schwer es fällt, eine verallgemeinerungsfähige Grundtendenz herauszuarbeiten. Dies gilt insbesondere dann, wenn es um die inhaltliche Konkretisierung des Rechts auf rechtliches Gehör geht. Allgemeine Anerkennung dürfte jedoch auch für die Mitgliedstaaten die Formulierung finden, daß jedermann in einem gerichtlichen Verfahren, an dem er beteiligt ist, das Recht hat, Anträge zu stellen, Tatsachenbehauptungen aufzustellen und dafür Beweise anzubieten. Der Gegner muß hiervon Kenntnis erhalten und sich dazu äußern können. Mit diesen Rechten der Beteiligten korrespondiert die Pflicht des Gerichts, deren Ausführungen zur Kenntnis zu nehmen und in Erwägung zu ziehen, als erheblich angesehene Beweise zu erheben und selbst gesetzte Äußerungsfristen zu beachten.

(4) Der Regelungsgehalt der EMRK

Des weiteren soll der Blick auf die EMRK und insbesondere auf den in Art. 6 Abs. 1 EMRK statuierten Anspruch auf rechtliches Gehör gerichtet werden. Nach Art. 6 Abs. 1 EMRK hat jedermann *„einen Anspruch darauf, daß seine Sache in billiger Weise öffentlich und innerhalb einer angemessenen Frist gehört wird,* [...]". Nach ständiger Rechtsprechung des EGMR ist Art. 6 Abs. 1 EMRK nicht nur auf bereits anhängige Verfahren anwendbar, sondern gewährt auch jedem, der die Verletzung eines (zivilen) Rechts geltend zu machen beabsichtigt, einen Anspruch auf ein Gericht und Zugang zu demselben[367], sofern die Streitsache nicht bereits rechtskräftig entschieden wurde[368]. Diese Regelung entfaltet ihre Wirkung insbesondere auch bei der Geltendmachung von zivilrechtlichen Ansprüchen. Der Schutzbereich umfaßt alle Verfahren, deren Ergebnis für zivilrechtliche Ansprüche direkt entscheidend ist, unabhängig von der Stellung der Parteien, der Art der entscheidungserheblichen Rechtsvorschriften und des zuständigen Gerichts.[369]

---

365 Schwab/Gottwald, Verfassung und Zivilprozeß, S. 50.

366 Snijders in: Snijders, Access to civil procedure abroad, S. 246.

367 Frowein/Peukert, EMRK, 2. Auflage, Art. 6, Rdnr. 53.

368 EGMR, E 7761/77, DR 14, 171.

369 Rengeling, Grundrechtsschutz in der Europäischen Gemeinschaft, S. 152.

Für Verfahren über zivilrechtliche Ansprüche ist - im Gegensatz zu strafrechtlichen Verfahren - die persönliche Beteiligung der Parteien nicht unbedingt erforderlich. So reicht in diesen die Interessenwahrung im Anwaltsprozeß durch die Prozeßvertreter und im schriftlichen Verfahren durch die Gelegenheit zur schriftlichen Stellungnahme.[370] Art. 6 Abs. 1 EMRK garantiert daher kein absolutes Recht auf persönliche Anhörung im Verfahren über zivilrechtliche Ansprüche, dennoch können bestimmte Streitigkeiten oder bestimmte Umstände eine persönliche Anhörung erforderlich machen und zur Wahrung eines rechtsstaatlichen Verfahrens geboten sein.[371]

(5) Fazit zum Grundsatz des rechtlichen Gehörs

Dementsprechend läßt sich feststellen, daß der Anspruch auf Wahrung des rechtlichen Gehörs auf europäischer Ebene in ähnlicher Weise gewährleistet wird wie in Art. 103 Abs. 1 GG. Im Vergleich zum deutschen Recht mangelt es jedoch an einer detaillierten Konkretisierung durch die Rechtsprechung. Trotzdem ist im Ergebnis festzuhalten, daß jedermann in einem gerichtlichen Verfahren, an dem er beteiligt ist, das Recht hat, Anträge zu stellen, Tatsachenbehauptungen aufzustellen und dafür Beweise anzubieten. Der Gegner muß hiervon Kenntnis erhalten und sich dazu äußern können.

dd. Das Recht auf ein faires Verfahren

In einem engen Zusammenhang mit dem Anspruch auf rechtliches Gehör steht das Recht auf ein faires Verfahren („fair-trial"). Darunter versteht man ein die speziellen verfassungsrechtlichen Prozeßgarantien überwölbendes allgemeines Prozeßgrundrecht.[372] Danach hat jedermann *„Anspruch darauf, daß seine Sache in billiger Weise* [...] *gehört wird"*. Insoweit handelt es sich um eine Konkretisierung des Rechtsstaatsgedankens im Prozeßrecht.[373] So hat das Bundesverfassungsgericht den Grundsatz prozessualer Fairneß auch für das deutsche Recht dem Rechtsstaatsprinzip des Art. 20 Abs. 3 GG entnommen.[374] Der Grundsatz des „fair-trial" beinhaltet zum einen die Direktive an den Gesetzgeber, das Verfahrensrecht

---

370 EGMR, E 1169/61, Yb 6, 520, 572.

371 EGMR, E 7370/76, DR 9, 95, 98; E 1169/61, Yb 6, 520, 570.

372 Vgl. dazu: Vollkommer, GS Rudolf Bruns (1980), S. 195 ff., der sich der Formel des „fair trial" aus der Sicht des Ziviprozeßrechts nähert.

373 Rengeling/Middeke/Gellermann, Rechtsschutz in der Europäischen Union, S. 321, Rdnr. 598.

374 BVerfGE 26, 66, 71; 39, 238, 243; 63, 380, 390; 66, 313, 318; 70, 297, 308; zur Darstellung der Rechtsprechung der einzelnen Senate siehe auch: Dörr, Faires Verfahren – Gewährleistung im Grundgesetz der BRD, S. 106 ff.

rechtsstaatlich auszugestalten. Zum anderen ist der Grundsatz des „fair-trial" Auslegungsmaxime für die Auslegung des Prozeßrechts. Letztlich sichert dieser Grundsatz aber auch die Garantie eines an rechtsstaatlichen Mindeststandards orientierten Verfahrens in Form eines Teilhaberechts der Prozeßparteien.

Grundlegendes Element des Anspruchs auf Fairneß ist das Recht auf Waffengleichheit, das eng mit dem rechtlichen Gehör verknüpft ist. Ihm liegt das Prinzip des „audiatur et altera pars" zugrunde. Es wurde geradezu als die Essenz des Rechts auf einen „fair trial" bezeichnet.[375] Daraus folgt der Grundsatz, daß den Parteien, sei es dem Kläger oder dem Beklagten im Streitverfahren ausreichende, angemessene und gleiche Gelegenheit zur Stellungnahme in tatsächlicher und rechtlicher Hinsicht gegeben wird und daß die eine Partei nicht gegenüber der anderen benachteiligt wird.[376] Aus diesem Grundsatz resultiert wiederum die Regel, daß für jede Partei die Möglichkeit bestehen muß, sich zu allen für die Entscheidung relevanten Fragen äußern zu können.[377] Als weitere Folge des Grundsatzes eines fairen Verfahrens wird auch die Entscheidung in angemessener Frist angesehen.[378]

(1) Der Regelungsgehalt des EG-Vertrages

Der EG-Vertrag enthält keinen Hinweis auf die Geltung des Grundsatzes des „fair-trial" im Gemeinschaftsrecht. Trotzdem erkennt ihn die Rechtsordnung der Europäischen Gemeinschaft nach der Rechtsprechung des EuGH an.[379]

(2) Die Rechtsprechung des EuGH

In seiner Rechtsprechung hat der EuGH die Geltung des in Art. 6 EMRK niedergelegten Grundsatzes, wonach jedermann einen Anspruch auf einen fairen Prozeß hat, schon mehrfach für das Europäische Gemeinschaftsrecht angewandt. In der Rechtssache *Pecastaing*[380] hat er auf ein Vorlageersuchen hin folgende Frage aufgegriffen: *„Folgt in einem Rechtsstreit*

---

[375] EKMR, verb. Rs. 524 & 617/59 (Ofner und Hopfinger), Yb 6 (1963), 680, 693; siehe auch: Golsong/Miehlser/Vogler, EMRK, Art. 6, Rdnr. 353.

[376] EGMR, E 7450/76, DR 9, 108, 110; E 2857/66, CD 29, 15, 26; E 2804/60, Yb 11, 380, 400; Frowein/Peukert, EMRK, 2. Auflage, Art. 6, Rdnr. 55.

[377] Frowein in: Frowein/Ulsamer, Europäische Menschenrechtskonvention und nationaler Rechtsschutz, S. 21 f.

[378] Rengeling/Middeke/Gellermann, Rechtschutz in der Europäischen Union, S. 321, Rdnr. 598.

[379] EuG, Rs. T-7, 9/93 R (Langnese), EuZW 1993, S. 356 - 360.; so auch: EuGH, Rs. 322/81 (N.V. Nederlandsche Banden-Industrie Michelin ./. Kommission), Slg. 1983, 3461, 3499; Rs. 257/85 (Dufay ./. Parlament), Slg. 1987, 1561, 1574.

[380] EuGH, Rs. 98/79 (Pescastaing ./. Belgien), Slg. 1980, 691, 710.

zwischen den Staatsangehörigen eines Mitgliedstaats der Europäischen Gemeinschaft und der Behörde eines anderen Mitgliedstaats, der das Gemeinschaftsrecht berührende Rechte und Pflichten des Zivilrechts... betrifft, aus dem Recht auf einen fairen Prozeß, daß diesem Staatsangehörigen der persönliche Zugang zu den Gerichten des betreffenden Staats effektiv ermöglicht wird?" Dazu hat der EuGH dann weiter ausgeführt: „*Aus Artikel 8 der Richtlinie 64/221 ergibt sich* [...] *für die Mitgliedstaaten nicht die Verpflichtung, die Anwesenheit eines Ausländers in ihrem Hoheitsgebiet während der Dauer des Prozesses zu dulden, vorausgesetzt, daß trotzdem ein fairerer Prozeß für die Betroffenen gewährleistet ist und er seine Verteidigung uneingeschränkt wahrnehmen kann. Dieses Erfordernis bedeutet vor allem, daß die Maßnahme zur Entfernung aus dem Hoheitsgebiet – außer in dringenden Fällen – nicht vollziehbar sein darf, bevor nicht der Betroffene in der Lage war, die zur Einlegung seines Rechtsbehelfs erforderlichen Formalitäten zu erledigen.*"[381]

In einer weiteren Entscheidung hat der EuGH die Geltung des Grundsatzes auf einen fairen Prozeß anerkannt, im gegebenen Fall aber abgelehnt, da insoweit die Voraussetzungen einer Verletzung dieses Anspruches nicht vorlagen. Der EuGH führt dazu aus: „*Dieses Vorbringen ist zu verwerfen. Insoweit genügt die Feststellung, daß der in dieser Bestimmung der Europäischen Menschenrechtskonvention aufgestellte und in der Rechtsordnung der Gemeinschaft anerkannte Grundsatz, daß jedermann Anspruch auf einen fairen Prozeß hat, der Festlegung der Frist für die Erhebung einer Klage nicht entgegensteht.*[382]

Aus alledem kann jedoch nur wenig zur Konkretisierung des Grundsatzes auf einen „fair-trial" im Europäischen Gemeinschaftsrecht gewonnen werden. Es wird lediglich deutlich, daß ein Verfahrensbeteiligter wenigstens die Gelegenheit bekommen muß, das Verfahren, an dem er beteiligt ist, uneingeschränkt wahrzunehmen. Eine weitere Konkretisierung erfordert aber einen Blick auf die mitgliedstaatlichen Regelungen bzw. auf die Rechtsprechung des EGMR zu Art. 6 Abs. 1 EMRK.

(3) Der Anspruch auf ein faires Verfahren in den Mitgliedstaaten

Im englischen Recht und im „Common Law" gehört der Grundsatz des „fair trial" zu den anerkannten Verfahrensgarantien, die den Prozeßparteien zur Seite stehen. So ist im englischen Recht das faire Verfahren Oberbegriff der anderen verfahrensrechtlichen Gewährleistungen und schließt unter anderem die Benachrichtigung vom Verfahren und das rechtliche Gehör ein. Hinsichtlich seiner Reichweite ist festzustellen, daß nach „Common Law" hinsicht-

---

381 EuGH, Rs. 98/79 (Pescastaing ./. Belgien), Slg. 1980, 691, 713 f.

382 EuGH, Rs. 257/85 (Dufay ./. Parlament), Slg. 1987, 1561, 1574, Rdnr. 9 und 10.

lich des Rechts auf Zugang zum Gericht kein geringerer Schutz besteht, als dies bisher vom EGMR in seiner Rechtsprechung zu Art. 6 Abs.1 EMRK herausgearbeitet wurde.[383] Eine Schwierigkeit der konkreten Bestimmung besteht jedoch in der für das „Common Law" typischen Abhängigkeit von der Rechtsprechung im Einzelfall sowie der Tatsache, daß die Mehrzahl der Fälle die Gewährleistungen der Rechte eines Angeklagten in einem Strafverfahren betrifft, ohne, daß die Anwendung des Rechts auf ein faires Verfahren jedoch hierauf beschränkt wäre.[384]

Eine ähnlich weite Gewährleistung in Form einer Generalklausel, die allerdings nicht unter der Überschrift eines fairen Verfahrens geführt wird, enthält die spanische Verfassung in Art. 24 Abs. 2, wonach Verfahren *„unter Einhaltung aller Grundrechte"* stattzufinden haben. Aus diesem Artikel ist letztlich ein sehr breites Konzept für ein Recht auf ein faires Verfahren herausgearbeitet worden. Neben seinem objektiven Gehalt als Konstruktionsprinzip des spanischen Verfassungsrechts ist anerkannt, daß das Recht auf ein faires Verfahren auch subjektive Grundrechte beinhaltet, auf die sich jedermann vor jedem Gericht in Spanien berufen kann. Demnach ist anerkannt, daß die zuvor erwähnten Vorschrift des Art. 24 Abs. 2 der spanischen Verfassung auch prozessuale Garantien enthält, wie unter anderem etwa das Recht auf den gesetzlichen Richter, das Recht auf ein Verfahren ohne ungehörige Verzögerungen und das Recht auf ein öffentliches Verfahren.[385]

Auch in Dänemark gehört das Recht auf ein faires Verfahren zu den Grundprinzipien, die sowohl das zivilrechtliche als auch das strafrechtliche Verfahren bestimmen. Das Recht auf ein faires Verfahren verbürgt auch hier subjektive Rechte, auf die sich der Einzelne im Rahmen seines Prozesses berufen kann. Dazu gehört unter anderem das Recht auf ein Verfahren ohne ungehörige Verzögerung sowie das Recht auf ein öffentliches Verfahren.[386] Die Mehrheit der verbürgten Rechte sowie die Vielzahl der Fälle betrifft jedoch auch in Dänemark das Strafverfahren. Betrifft damit das Recht auf ein faires Verfahren in den meisten Ländern Straf- und Verwaltungsprozesse, so gilt in den Niederlanden wiederum, daß das Recht auf ein faires Verfahren aus den Grundprinzipien des Zivilprozeßrechts gewonnen wird.[387] Dies stößt wiederum in Deutschland auf Skepsis, denn hierzulande wird es für be-

---

383 Walker, European Human Rights Law Review 1 (1999), 4, 11.

384 Vgl. hierzu insbesondere die Untersuchung bei: Dickson, The Right to a Fair Trial in England and Wales, S. 487 ff.

385 Freixes, The Right to a Fair Trial in Spain, S. 57 ff., die u.a. darauf hinweist, daß das Recht auf ein Verfahren ohne unnötige Verzögerung vom spanischen Verfassungsgericht ganz im Sinne der Rechtsprechung des EGMR ausgelegt wird; siehe dazu allerdings auch: Riordan, The Rights to a Fair Trial and to Examine Witnesses Under the Spanish Constitution and the European Convention on Human Rights, S. 375 ff., der auf einige Widersprüche hinweist, die aber in wesentlichen die Strafjustiz betreffen.

386 Garde, The Right to Fair Trial in the Kingdom of Denmark, 533, 550 ff.

387 Gottwald/Schwab, Verfassung und Zivilprozeß, S. 62.

denklich gehalten, wenn einzelne Grundsätze des Zivilprozesses durch ihre Verankerung in der Garantie eines fairen Verfahrens in Verfassungsrang erhoben werden sollen.[388]

Dem Recht auf ein faires Verfahren kommt nach alledem in der Mehrzahl der betrachteten Mitgliedstaaten der Charakter eines Auffanggrundrechts zu. Dementsprechend ist dieses Recht in den unterschiedlichen Mitgliedstaaten auf höchst unterschiedliche Fallgestaltungen angewandt worden. Den Mitgliedstaaten weitestgehend gemeinsam sind jedoch Vebürgungen wie etwa das Recht auf ein Verfahren ohne ungehörige Verzögerung oder das Recht auf ein öffentliches Verfahren. Aufgrund seines Auffangcharakters hat das Recht auf ein faires Verfahren nach alledem jedoch nur einen eingeschränkten Geltungskreis in den nationalen Rechtsordnungen der Mitgliedstaaten bisher entfaltet. In den meisten Fällen spielt der Einfluß der EMRK eine zentrale Rolle.

(4) Der Regelungsgehalt der EMRK

Demnach ist auch im Rahmen dieser Untersuchung als nächstes der Regelungsgehalt der EMRK zu untersuchen, um eine Konkretisierung des Grundsatzes auf ein faires Verfahren zu erreichen. Der Anspruch auf ein faires Verfahren, auf einen „fair trial", wie es im Englischen prägnant heißt, wird von der EMRK zwar in Art. 6 Abs. 1 EMRK angesprochen, aber nicht im einzelnen definiert. Jedoch enthält Art. 6 Abs. 3 EMRK einige Garantien, die zwar vom Wortlaut her auf das Strafverfahren zugeschnitten sind, die zum Teil aber gleichwohl im Zivilverfahren entsprechend beachtlich sein können.[389] So ist in Art. 6 Abs. 3 EMRK vorgesehen, daß der Angeklagte ausreichend Zeit und Gelegenheit zur Vorbereitung der Verteidigung erhält. Im Zivilverfahren bedeutet dies, daß die Prozeßparteien ausreichend Zeit und Gelegenheit zur Vorbereitung ihrer Sache erhalten müssen.

Die Aufzählung des Art. 6 Abs. 3 EMRK ist jedoch keinesfalls erschöpfend.[390] Ob in einem Verfahren die Rechte der jeweils Beteiligten gewahrt wurden, entscheidet sich entsprechend der Spruchpraxis des EGMR und der Kommission für Menschenrechte erst nach Abschluß des Verfahrens unter Berücksichtigung der Verfahrensgesamtheit einschließlich der Rechtsmittelinstanzen[391], wobei auch den aus der inneren Sachgerechtigkeit des jeweiligen Verfahrens sich ergebenden Grundsätzen Rechnung zu tragen ist. Die Einbeziehung der Rechtsmittelinstanzen ist bereits deshalb geboten, weil sie zur Heilung von Verfahrensmängeln der

388 Stürner, FS Fritz Baur (1981), 647, 649.

389 EGMR, Albert u. Le Compte ./. Belgien in: EuGRZ 1983, S. 190 - 196.

390 Albert, Le Compte, EGMR 58, 19 Ziff. 39 = EuGRZ 1983, S. 190 - 196.

391 EGMR, E 9000/80, DR 28, 127; E 5574/72, DR 3, 10, 23.

Vorinstanzen führen können.[392] Damit ist erst nach Abschluß aller Instanzen die Bewertung möglich, ob ein Verfahren gegen das Fairneßgebot verstößt. Grundlegendes Erfordernis des Anspruchs auf einen „fair trial" ist, daß den Parteien, also dem Kläger und dem Beklagten im Streitverfahren, ausreichende, angemessene und insbesondere gleiche Gelegenheit zur Stellungnahme in tatsächlicher und rechtlicher Hinsicht gegeben wird. Letztlich ist aber auch darauf zu achten, daß eine Partei nicht gegenüber der anderen benachteiligt wird.[393] Die Beteiligten haben also Anspruch auf Gelegenheit zur tatsächlichen und rechtlichen Äußerung, was voraussetzt, daß sie den Vortrag der Gegenseite und alle Beweisunterlagen zur rechtzeitigen Kenntnis- und Stellungnahme mitgeteilt bekommen haben, unabhängig davon, ob sie von der Gegenseite vorgelegt oder von Amts wegen eingeholt wurden und ob sie entscheidungserheblich sind oder nicht.

(5) Fazit zum Recht auf ein faires Verfahren

Zur Konkretisierung des in Art. 6 Abs. 1 EMRK aufgeführten Rechts auf ein faires Verfahren lassen sich aus Art. 6 Abs. 3 EMRK einige Anforderungen an die Verfahrensgestaltung auch von Zivilverfahren im Gemeinschaftsrecht entwickeln. Im Gegensatz zur Rechtsprechung des EuGH geht der EGMR ein erhebliches Stück weiter. Kernpunkt ist die Gewährleistung, daß den Parteien eines Streitverfahrens ausreichende, angemessene und insbesondere gleiche Gelegenheit zur Stellungnahme in tatsächlicher und rechtlicher Sicht gegeben wird.

ee. Die Dispositionsmaxime

Die aus dem Prinzip der Parteiherrschaft stammende Dispositionsmaxime stellt ein weiteres Grundprinzip des deutschen Zivilprozesses dar. Danach sind die Parteien Herren des Verfahrens und frei, über den Streitgegenstand und damit über die Einleitung und Beendigung des Verfahrens zu bestimmen sowie durch ihre Anträge, den Umfang der richterlichen Prüfung und der möglichen Entscheidung festzulegen. Das Gegenstück dazu ist das Offizialprinzip, wonach die Einleitung des Verfahrens und die Bestimmung des Verfahrensinhalts von Amts wegen erfolgen. Letzteres ist insbesondere da einschlägig, wo das öffentliche Interesse es verlangt. Daraus kann jedoch nicht geschlossen werden, daß in allen Zweigen der Rechtspflege, wo das öffentliche Interesse überwiegt, schlechthin das Offizialprinzip gelte.[394]

---

392 EGMR, E 7945/77, DR 14, 228; E 2804/66, CD 27, 61, 734.

393 Frowein/Peukert, EMRK, 2. Auflage, Art. 6, Rdnr. 72.

394 Baur/Grunsky, Zivilprozeßrecht, 9. Auflage, § 4, Rdnr. 36, S. 25.

(1) Der Regelungsgehalt des EG-Vertrages

Das Gemeinschaftsrecht, insbesondere das europäische Rechtsschutzsystem folgt im Grundsatz der Dispositionsmaxime.[395] Die Gemeinschaftsorgane sind nicht von Amts wegen zur Einleitung gerichtlicher Verfahren und zur Verfolgung gemeinschaftswidriger Handlungen verpflichtet. Vielmehr wird der Gerichtshof nur dann nach den Vorschriften der Gemeinschaftsverträge tätig, wenn er von einem Gemeinschaftsorgan, einem Mitgliedstaat oder einem Individuum angerufen wird. Ihre positivrechtliche Ausprägung hat die Dispositionsmaxime in einer Vielzahl von gemeinschaftsrechtlichen Vorschriften, insbesondere in den Satzungen des Gerichtshofes erfahren. So wird der Gerichtshof nach Art. 19 Satzung EG, Art. 22 Satzung EGKS erst mit Erhebung der Klage durch die klagende Partei tätig.

Damit läßt sich feststellen, daß in allen Verfahren des Gemeinschaftsrechts die Dispositionsmaxime grundsätzlich unbeschränkt gilt. Diese Feststellung bezieht sich jedoch nicht auf das Vorabentscheidungsverfahren.[396] Bei Vorabentscheidungsverfahren erfolgt die Einleitung durch Übermittlung des Aussetzungs- und Vorlagebeschlusses von dem vorlegenden Gericht eines Mitgliedstaates an den EuGH. Die Parteien des Ausgangsverfahrens bestimmen nicht den Inhalt der Fragen, die an den EuGH gestellt werden. Dies ist allein die Sache des nationalen Prozeßgerichts.

(2) Die Rechtsprechung des EuGH

Zu dieser Problematik hat der EuGH in dem Urteil in der Rechtssache *Singer*[397] ausgeführt: *„Nur die staatlichen Gerichte, nicht die Parteien der vor ihnen anhängigen Streitsache können den Gerichtshof nach Artikel 177 anrufen. Damit haben auch nur die staatlichen Gerichte zu bestimmen, welche Fragen dem Gerichtshof vorzulegen sind. Die Parteien können die Fragen weder inhaltlich ändern noch für gegenstandslos erklären lassen.*

Der Gerichtshof kann daher in dem besonderen Verfahren des Artikels 177 EWG-Vertrag nicht dazu gezwungen werden, sich auf Antrag einer Partei mit einer Frage zu befassen, die ihm vorzulegen nicht den Parteien, sondern nur dem staatlichen Gericht selbst zukommt[...]. Die gegenteilige Ansicht verkennt, daß die Verfasser von Artikel 177 EWG-Vertrag ein unmittelbares Zusammenwirken des Gerichtshofes mit den staatlichen Gerichten in einem nicht-

---

395 Ule, Gutachten für den 46. DJT, S. 77.

396 Fasselt-Rommé, Parteiherrschaft im Verfahren vor dem EuGH, S. 137.

397 EuGH, Rs. 44/65 (Hessische Knappschaft ./. Singer), Slg. 1965, 1267, 1275.

streitigen Verfahren vorsehen wollten, in dem die Parteien keinerlei Initiativrechte, sondern nur Gelegenheit zur Äußerung haben."

Aus diesen Ausführungen wird deutlich, daß der EuGH den Parteien des Ausgangsverfahrens im Rahmen des Vorabentscheidungsverfahrens keine Herrschaft über den Verfahrensgegenstand einräumen möchte.

Fraglich ist somit, ob den Parteien damit zulässigerweise jegliche weitergehende Dispositionsbefugnis, die ihnen bislang im deutschen Zivilprozeß als Ausgangsverfahren zustand[398], entzogen ist. Wurde zuvor bereits die Geltung des Dispositionsgrundsatzes im kommunitären Rechtsschutzsystem nachgewiesen, so sind hier Wirkung und Reichweite dieses Grundsatzes zu untersuchen. Allgemein kann zur Bestimmung der Dispositionsbefugnis der Parteien festgehalten werden, daß die Verteilung der Rechte und Verantwortlichkeiten zwischen dem Gericht und den Parteien sich nach vier Faktoren bestimmen läßt, die als bestimmend für die Grundsätze des Verfahrensrechts angesehen werden können.[399] Dazu gehören die Grundideen einer Rechtsordnung, der Zusammenhang von materiellem Recht und Prozeßrecht, die Funktion eines bestimmten Gerichtsverfahrens sowie schließlich eigenständige prozessuale Faktoren.[400]

Im Vordergrund steht dabei die Frage nach der Funktion eines bestimmten Verfahrens, besser gesagt, ob dieses Verfahren mehr der Wahrung subjektiver Rechte oder mehr der Wahrung objektiven Rechts dient. Danach bestimmt sich inwieweit ein Verfahren verstärkt der Parteiherrschaft unterliegt oder diese aufgrund des größeren Allgemeininteresses eine Einschränkung erfährt.[401] Eine klare Zuweisung ist für kaum ein Verfahren möglich. Wie schon dargelegt, dient das Vorabentscheidungsverfahren nach Art. 234 EGV (Art. 177 a.F.) der Wahrung der Rechtseinheit und ist gleichzeitig ein indirektes und unvollkommenes Rechtsschutzmittel für den Einzelnen.[402] Dieses Ergebnis entspricht auch der zuvor festgestellten Rechtsschutzfunktion, die dem Vorabentscheidungsverfahren bei der Einfügung in zivilrechtliche Verfahren zukommt. Seine Funktion ist damit ambivalent.

Die Betrachtung der Funktion der Gerichtsbarkeit läßt keine klare Entscheidung in dieser Frage zu. Zwar ist der EuGH nach Art. 220 Abs. 1 EGV (Art. 164 Abs. 1 a.F.) berufen, die Auslegung und Wahrung des europäischen Rechts zu überwachen und damit insbesondere dem Allgemeininteresse zu dienen, doch ist mittlerweile anerkannt, daß er in zunehmendem

---

398 Siehe dazu die Ausführungen oben unter B. I. 7.

399 Fasselt-Rommé, Parteiherrschaft im Verfahren vor dem EuGH, S. 17.

400 Habscheid, Les principes fondamentaux, S. 37 ff.

401 Fasselt-Rommé, Parteiherrschaft im Verfahren vor dem EuGH, S. 19.

402 Ress, Wichtige Vorlagen, S. 44.

Maße als Rechtsschutzinstanz tätig wird, da die Gemeinschaftsrechtsordnung im Laufe ihrer Entwicklung zunehmend Rechte und Pflichten des Einzelnen begründet. Dementsprechend läßt sich auch kein anderes Ergebnis aus der Betrachtung der Grundidee der europäischen Rechtsordnung gewinnen. Allenfalls prozessuale Faktoren lassen Zweifel an der Berücksichtigung der Parteiherrschaft aufkommen. Das Vorabentscheidungsverfahren ist nur als objektiver Zwischenstreit ausgestaltet. Seine prozessuale Gestaltung ist auf eine Kooperation von Richter zu Richter angelegt.[403] In dieses Verhältnis lassen sich Elemente der Dispositionsbefugnis nur schwerlich integrieren. Andererseits spielt die prozessuale Gestaltung im Verhältnis zur Funktion nur eine untergeordnete Rolle. Schließlich folgt nicht die Funktion des Verfahrens der prozessualen Ausgestaltung, sondern die prozessuale Ausgestaltung des Verfahrens hat der Funktion des Verfahrens zu folgen.[404] Die ambivalente Funktion des Vorabentscheidungsverfahrens ist dementsprechend Anlaß, die Beachtung der Dispositionsmaxime einzufordern und nach einem Weg zu suchen, wie ihr auch im Rahmen dieses Verfahrens Geltung verschafft werden kann.

(3) Die Dispositionsmaxime in den Mitgliedstaaten

Bisher wenig behandelt wurde die Frage, inwieweit die Dispositionsmaxime, also der Grundsatz der Parteiherrschaft, verfassungsrechtlich gewährleistet wird. Herangezogen wird zumeist, das in den Verfassungen der meisten Länder garantierte Grundrecht auf allgemeine Handlungsfreiheit sowie das Grundrecht auf Eigentum.[405] Dies gilt nicht nur für die Bundesrepublik Deutschland, sondern auch etwa für Spanien.[406] Diese Grundrechte unterliegen jedoch zahlreichen verfassungsrechtlichen Schranken und Begrenzungsmöglichkeiten. Auch im französischen Recht gilt die Dispositionsmaxime. Hier ist sie auch im Zivilprozeßrecht in den Art. 4 – 7, 12 NCPrC kodifiziert. In ihrer neuesten Fassung findet sich jedoch eine Abkehr von der bisherigen Theorie, wonach das Gericht nicht nur an die gestellten Anträge und die dafür vorgebrachten Tatsachen gebunden war, sondern auch an die für oder gegen den Antrag vorgebrachten Rechtsgründe. Nunmehr besteht eine Bindung nur noch hinsichtlich der Anträge und der vorgebrachten Tatsachen, die rechtliche Bewertung obliegt dem Richter selbst.[407] Damit ging die Dispositionsmaxime in Frankreich früher sehr weit, während sie nunmehr dem allgemeinen Standard entspricht.

---

403 Gündisch, Rechtsschutz in der Europäischen Gemeinschaft, S. 89.

404 So im Ergebnis auch: Fasselt-Rommé, Parteiherrschaft im Verfahren vor dem EuGH, S. 19, die die Funktion des Verfahrens als den klar bestimmenden Faktor ansieht.

405 So wird im Grundgesetz der Bundesrepublik Deutschland auf Art. 2 Abs. 1 und Art. 14 verwiesen.

406 So wird in der Verfassung Spaniens auf Art. 33 S. 1 verwiesen.

407 Ferid/Sonnenberger, Das französische Zivilrecht, 1 A 71, S. 61.

Auch in den Mitgliedstaaten, in denen keine konkrete Kodifizierung vorliegt, kann man jedoch feststellen, daß zumindest der Kernbereich der Dispositionsmaxime im normalen Zivilprozeß durch die allgemeine Handlungsfreiheit gewährleistet ist. Sie garantiert insoweit, daß man sich frei für oder gegen die Durchführung eines Verfahrens entscheiden kann.[408] Das gilt auch hinsichtlich der Bindung des Gerichts an die Parteianträge. So kann zwar eine Kostenentscheidung ohne entsprechenden Parteiantrag ergehen,[409] doch darf das Gericht im Zweifel nicht den Streitgegenstand ändern[410].

(4) Der Regelungsgehalt der EMRK

Die EMRK enthält keine Regelung, aus der sich eine Aussage über die Parteiherrschaft bzw. die Dispositionsmaxime in zivilrechtlichen Verfahren gewinnen lassen könnte. Dementsprechend bietet sie keine Anhaltspunkte bei dem Versuch, die Geltung des Grundsatzes im Gemeinschaftsrecht näher zu bestimmen.

(5) Fazit zur Dispositionsmaxime

Im Gemeinschaftsrecht existiert keine konkrete Regelung über die Dispositionsmaxime, noch ergibt sich ihre Geltung aus einem positiv geregelten Anwendungsbefehl. Sie läßt sich jedoch aus den gemeinsamen Rechtstraditionen der Mitgliedstaaten herleiten, wonach die Dispositionsbefugnis der Parteien mit der Funktion des Verfahrens korreliert. Das bedeutet, je mehr ein Verfahren dem subjektiven Rechtsschutz dient, desto mehr soll es der Dispositionsbefugnis der Parteien unterliegen. Dieser Grundsatz gilt auch für Verfahren vor den Gemeinschaftsgerichten. Dies gilt in eingeschränktem Maße auch für das Vorabentscheidungsverfahren.

ff. Der Grundsatz der Öffentlichkeit

Ein weiterer Verfahrensgrundsatz, der auch im Europäischen Gemeinschaftsrecht seine konkrete Ausprägung gefunden hat, ist der Grundsatz der Öffentlichkeit. Der öffentliche Charakter von Verfahren vor gerichtlichen Entscheidungsorganen schützt die Verfahrensbeteiligten gegen eine der öffentlichen Kontrolle entzogenen Geheimjustiz.[411] Der öffentliche Zugang zu

---

[408] Gottwald/Schwab, Verfassung und Zivilprozeß, S. 67.

[409] Vgl. für das deutsche Recht: § 308 Abs. 2 ZPO.

[410] Stürner, FS Fritz Baur (1981), S. 649.

[411] Frowein/Peukert, EMRK, 2. Auflage, Art. 6, Rdnr. 117.

den Gerichten, gleich welcher Instanz, stellt vielmehr ein Mittel dar, das Vertrauen der Bürger in die Justiz zu stärken.

(1) Der Regelungsgehalt des EG-Vertrages

Es liegt zwar keine direkte Regelung des Grundsatzes im EG-Vertrag vor, doch enthalten die aufgrund der EG-Verträge ergangenen Satzungen eine Regelung über den öffentlichen Zugang zu gerichtlichen Verfahren. Nach Art. 28 Satzung EG, Art. 29 Satzung EAG, Art. 26 Satzung EGKS finden die Verhandlungen vor dem EuGH grundsätzlich öffentlich statt. Sinn und Zweck des Grundsatzes der Öffentlichkeit ist auch auf europäischer Ebene, daß die Objektivität der Rechtsprechung verstärkt wird, indem die Verhandlung von EuGH und EuG der Kontrolle der Allgemeinheit unterworfen wird. Dadurch soll das Vertrauen der Gemeinschaftsbürger in die unabhängige Rechtsprechung des EuGH und des EuG gestärkt werden.[412] Demnach muß einem unbestimmten, nicht direkt am Verfahren beteiligten Personenkreis grundsätzlich die Möglichkeit eröffnet sein, an den Sitzungen des EuGH oder des EuG im Rahmen der dort vorhandenen örtlichen und räumlichen Verhältnisse teilzunehmen.[413] Doch ist es auch in der Europäischen Gerichtsbarkeit mit der Öffentlichkeitsmaxime vereinbar, wenn Besucher darauf verwiesen werden, daß der Zutritt nur mit zuvor ausgegebenen Platzkarten möglich ist.[414] Darüber hinaus können solche Besucher, deren äußeres Erscheinungsbild nicht der Würde des EuGH entspricht, zurückgewiesen werden.

Der Öffentlichkeitsgrundsatz umfaßt auch den Zugang von Pressevertretern zu den Verhandlungen zwecks Berichterstattung. Noch völlig offen ist in diesem Zusammenhang, ob dadurch auch die Rundfunk- und Fernsehberichterstattung sowie der Mitschnitt der Sitzung auf Tonträger gedeckt ist.[415] Ebenso wie für den nationalen Prozeß wird man auch für das Verfahren vor dem EuGH feststellen müssen, daß der Grundsatz der Öffentlichkeit nur den unbeschränkten Zugang, nicht aber die ungehinderte Verbreitung des gesprochenen Wortes der verschiedenen Prozeßbeteiligten umfaßt.

---

412 Wolf in: Groeben/Thiesing/Ehlermann, EWGV, (nach Art. 188) Art. 28 Satzung, Rdnr. 2.

413 Klinke, Der Gerichtshof der Europäischen Gemeinschaft – Aufbau und Arbeitsweise, S. 51, Rdnr. 155; Rengeling/ Middeke/Gellermann, Rechtsschutz in der Europäischen Union, S. 320, Rdnr. 597.

414 Wolf in: Groeben/Thiesing/Ehlermann, EWGV, (nach Art. 188) Art. 28 Satzung, Rdnr. 2.

415 Rengeling/Middeke/Gellermann, Rechtsschutz in der Europäischen Union, S. 320, Rdnr. 597.

(2) Die Rechtsprechung des EuGH

Der Grundsatz der Öffentlichkeit gilt nur, soweit nicht der Gerichtshof gemäß Art. 28 Satzung EG entweder von Amts wegen oder auf Antrag der Parteien aus wichtigen Gründen etwas anderes bestimmt. Solche liegen etwa im Falle des Art. 298 EGV (Art. 225 a.F.) oder der Art. 4; 100 § 1; 105 § 4; 108 § 2 VerfO-EuGH vor, in denen dann von einer mündlichen Verhandlung abgesehen werden kann, wenn es um die Preisgabe vertraulicher bzw. personenbezogener Daten und Angaben oder die Wiedergabe von Geschäftsgeheimnissen geht. Weitere Fälle der Einschränkung stellen die Art. 56 Abs. 2 VerfO-EuGH und Art. 57 VerfO-EuG dar. In diesen Fällen wird die Öffentlichkeit nur von den Beteiligten und ihren Prozeßvertretern sowie den am Verfahren Beteiligten Amtspersonen gestellt. Es wird in diesem Fall auch von „Parteiöffentlichkeit" gesprochen. So verwundert es nicht, daß der EuGH sich bislang insbesondere mit Einschränkungen der Öffentlichkeitsmaxime befaßt hat. In spektakulären Verfahren stellt sich immer wieder die Frage, inwieweit Pressevertreter zu den Verhandlungen zwecks Berichterstattung zugelassen werden und ob auch die Rundfunk- und Fernsehberichterstattung sowie der Mitschnitt der Sitzung auf Tonträger gedeckt ist. Letzteres ist bisher positiv entschieden worden.[416]

(3) Der Grundsatz der Öffentlichkeit in den Mitgliedstaaten

Wie schon dargestellt, gilt auch für den deutschen Zivilprozeß die Öffentlichkeitsmaxime. Dies gilt auch für andere Mitgliedstaaten der Gemeinschaft. So ist etwa in Frankreich und in England die Öffentlichkeit des Verfahrens ein allgemeiner Rechtsgrundsatz.

Die italienische Verfassung sieht zwar in keiner Vorschrift eine öffentliche Verhandlung vor, doch hat das italienische Verfassungsgericht diesen Grundsatz als *„grundlegend dafür angesehen, an was sich eine Administration oder die Justiz in einer demokratischen Gesellschaft halten muß, wenn sie auf der Grundlage der Volkssouveränität gebildet wurde."*[417] Damit ist auch in Italien der Grundsatz der Öffentlichkeit des Verfahrens als ein allgemeiner Rechtsgrundsatz anerkannt.

Des weiteren ist auf die schon zuvor gemachten Ausführungen zum Recht auf ein faires Verfahren zu verweisen, da das Recht auf ein öffentliches Verfahren oftmals davon umfasst wird. Dies gilt etwa in Ländern wie Spanien und Dänemark.[418] Der Grundsatz der Öffentlich-

---

416 EuGH, Rs. 178/84 (Kommission ./. Bundesrepublik Deutschland), Slg. 1987, 1227, 1262 - 1277.

417 Snijders, Access to civil procedure abroad, S. 320.

418 Siehe dazu die Ausführungen oben unter dd. (3).

keit hat allgemeine Akzeptanz in den mitgliedstaatlichen Verfahrensrechten gefunden. Ein Ausschluß der Öffentlichkeit zum Schutz der Parteien, des Staates oder gewerblicher Geheimnisse ist aber in nahezu allen Mitgliedsländern vorgesehen und zum Schutz der Grundrechte der Prozeßbeteiligten oder des Staates zulässig.

(4) Der Regelungsgehalt der EMRK

In der EMRK hat der Grundsatz der Öffentlichkeit eine konkrete Regelung in Art. 6 Abs. 1 S. 1 EMRK erfahren. Danach hat jedermann einen Anspruch darauf, daß seine Sache „[...] *öffentlich* [...] *gehört wird*". Öffentlichkeit in diesem Sinne bedeutet Volksöffentlichkeit. Auch danach gewährleistet der öffentliche Charakter von Verfahren vor gerichtlichen Entscheidungsorganen den Schutz der Verfahrensbeteiligten gegen eine der öffentlichen Kontrolle entzogene Geheimjustiz. Die Gewährleistung der Öffentlichkeit wird auch hier als ein Mittel angesehen, das Vertrauen in die Gerichte, gleich welcher Instanz, zu erhalten.[419] Dabei wird ein enger Konnex zum Anspruch auf ein faires Verfahren gesehen, denn dadurch, daß er das Verfahrensgeschehen transparent macht, trägt der Grundsatz der Öffentlichkeit dazu bei, den Zweck des Art. 6 Abs. 1 EMRK zu verwirklichen, nämlich ein faires Verfahren sicherzustellen.[420] Vor allem in erster Instanz ist der Grundsatz der Öffentlichkeit verbindlich und eine öffentliche, mündliche Verhandlung darf ohne Zustimmung der Parteien nicht allein mit der Begründung verweigert werden, daß eine Klage offensichtlich unbegründet ist[421] oder eine mündliche Verhandlung nach innerstaatlicher Rechtspraxis nicht üblich sei.[422] Zu beachten ist, daß die Nichtbeachtung des Grundsatzes der Öffentlichkeit in der Tatsacheninstanz nicht durch Öffentlichkeit der allein auf die rechtliche Überprüfung beschränkten Kassationsinstanz geheilt werden kann.[423] Ist in einer Rechtsmittelinstanz eine mündliche Verhandlung vorgesehen, so muß auch diese öffentlich sein.[424] Die Öffentlichkeit erstreckt sich nach Art. 6 Abs. 1 S. 2 EMRK jedenfalls auf die Urteilsverkündung. Diese ist auf jeden Fall öffentlich, auch wenn die Öffentlichkeit im Verfahren aus einem zulässigen Grunde ausgeschlossen war.[425] Die Fälle des zulässigen Ausschlusses der Öffentlichkeit erfolgen im Interesse der Sittlichkeit, der öffentlichen Ordnung, der nationalen Sicherheit, von Jugendlichen oder zum

419 Frowein/Peukert, EMRK, 2. Auflage, Art. 6, Rdnr. 117.

420 Axen, EGMR 72, 12, Ziff. 25 = EuGRZ 1985, S. 225 - 229; Pretto, 71, 11 Ziff. 21 = EuGRZ 1985, S. 548 - 552.

421 EGMR, B 9486/81, Adler ./. CH, 15.3.1985.

422 EGMR, B 12217/86, Muyldermans ./. B, 2.10.1990, Ziff. 65 ff.

423 Albert, Le Compte, EGMR 58, 19 Ziff. 36 = EuGRZ 1983, S. 190 - 196.

424 Engel u.a., GH 22, 37, Ziff. 89 = EuGRZ 1976, S. 422 - 424.

425 Frowein/Peukert EMRK, 2. Auflage, Art. 6, Rdnr. 119.

Schutze des Privatlebens und letztlich zum Schutze der Rechtspflege. Diese Gründe haben in der Fallpraxis der Konventionsorgane, also auch des EGMR, bislang keine Rolle gespielt. Nach der Rechtsprechung des EGMR kann auf das Recht auf Öffentlichkeit auch verzichtet werden. So ist es etwa zulässig, daß ein Verfahrensrecht für bestimmte Verfahren eine mündliche Verhandlung nur auf Antrag vorsieht, so daß davon auszugehen ist, daß ein Verzicht vorliegt, wenn ein solcher Antrag nicht gestellt wurde, obwohl den Verfahrensbeteiligten bekannt war, daß üblicherweise im schriftlichen Verfahren entschieden wird.[426]

(5) Fazit zum Grundsatz der Öffentlichkeit

Im Ergebnis kann damit festgestellt werden, daß sowohl aufgrund der bisherigen Regelungen im Gemeinschaftsrecht, als auch bei Berücksichtigung der mitgliedstaatlichen Regelungen bzw. den Regelungen der EMRK, von einer allgemeinen Geltung des Grundsatzes der Öffentlichkeit im Gemeinschaftsrecht ausgegangen werden kann. Zudem wird aus der zuvor angestellten Gegenüberstellung klar, daß dieser Grundsatz auf allen Ebenen seine Einschränkungen erfährt. So sind Einschränkungen unter dem Aspekt des Schutzes der Parteien, des Staates, gewerblicher Geheimnisse, des Privatlebens, von Jugendlichen oder den Interessen der Sittlichkeit, der öffentlichen Ordnung, der nationalen Sicherheit, oder zur Sicherstellung des Funktionierens der Rechtspflege gerechtfertigt.

4. Uneingeschränkte Geltung dieser Verfahrensgrundrechte und Verfahrensgrundsätze des Europäischen Gemeinschaftsrechts im Vorabentscheidungsverfahren ?

Sind damit die europäischen Verfahrensgrundrechte und –grundsätze im allgemeinen bestimmt, so ist entsprechend dem zuvor aufgezeigten Untersuchungsgegenstand des weiteren zu überprüfen, ob diese Verfahrensgrundrechte und –grundsätze auch im Vorabentscheidungsverfahren uneingeschränkt Anwendung finden. Dazu ist im Hinblick auf die einzelnen Verfahrensgrundrechte und -grundsätze danach zu fragen, inwieweit aufgrund der Funktion des Vorabentscheidungsverfahrens eine inhaltliche Einschränkung geboten ist. Wie schon dargestellt, wird die inhaltliche Reichweite sowohl eines Verfahrensgrundrechts als auch eines Verfahrensgrundsatzes entscheidend von der Funktion des Verfahrens bestimmt, in dem er zur Anwendung gebracht werden soll. Diese verfahrensspezifische Erörterung der

426 EGMR, Zumtobel ./. A, 268-A, Ziff. 66 f.

Verfahrensgrundrechte und -grundsätze soll im Rahmen der Untersuchung der eventuell identifizierbaren Problempunkte des Vorabentscheidungsverfahrens erfolgen.

III. Kongruenz zwischen Verfahrensgrundrechten und Verfahrensgrundsätzen und dem Ablauf des Vorabentscheidungsverfahrens

Es stellt sich nunmehr die Frage, inwieweit die verfahrensmäßige Gestaltung des Vorabentscheidungsverfahrens den herausgearbeiteten Verfahrensgrundrechten und –grundsätzen entspricht. Es sind also die das Verfahren bestimmenden Regelungen in den Satzungen zu den Gemeinschaftsverträgen sowie der Verfahrensordnung des EuGH auf ihre Übereinstimmung mit diesen Grundrechten und Grundsätzen hin zu überprüfen. Wo eine solche fehlt, ist zu untersuchen, ob es sich um einen rechtspolitischen Wertungswiderspruch handelt oder um einen Verstoß gegen Verfahrensgrundrechte mit der Rechtsfolge der Nichtigkeit der betroffenen Regelung.

1. Der Ablauf des Vorabentscheidungsverfahrens

Dazu soll zunächst der Ablauf des Vorabentscheidungsverfahrens dargestellt werden. Grundsätzlich ist festzustellen, daß sich das Verfahren vor dem EuGH nach seiner Einleitung gemäß Art. 18 Abs. 1 Satzung EuGH jeweils in ein schriftliches und ein mündliches Verfahren gliedert.

a. Die Verfahrenseinleitung

Das Vorabentscheidungsverfahren beginnt nach Art. 20 Abs. 1 Satzung EG damit, daß das Gericht des Mitgliedstaates, das den EuGH anruft, seine Vorlageentscheidung dem EuGH übermittelt. Die Stellung der Parteien ist in diesem Verfahrensstadium sehr schwach. Dies wird schon daran deutlich, daß sie zunächst einmal auf die Formulierung der Vorlagefrage(n) keinen Einfluß haben.[427] Es ist demnach die Sache des Gerichts, das die Vorlageentscheidung trifft, die Vorlagefrage(n) zu formulieren. Das nationale Gericht übermittelt sodann sein Vorlageersuchen an den EuGH, wobei an das Ersuchen selbst keine allzugroßen Formerfordernisse gestellt werden. Im Anschluß daran übermittelt der Kanzler des EuGH die

---

427 Inwieweit den Parteien des Ausgangsverfahrens eventuell ein Rechtsmittel gegen den Vorlagebeschluß zur Verfügung steht, anhand dessen sie doch Einfluß auf die Vorlagefragen nehmen können, soll der Erörterung des Zusammenspiels zwischen Vorabentscheidungsverfahren und nationalem Prozeß im dritten Teil dieser Arbeit vorbehalten bleiben.

Vorlageentscheidung des nationalen Gerichts an die Verfahrensbeteiligten. Das sind zum einen diejenigen, die im Ausgangsverfahren die Parteistellung innehatten, zum anderen die Mitgliedstaaten, die Kommission und gegebenenfalls der Rat, das Parlament oder die Europäische Zentralbank (EZB). Die Zustellung an die drei Letztgenannten erfolgt jedoch nur, wenn die Gültigkeit oder Auslegung einer Tätigkeit dieser Organe in Frage steht. Alle diejenigen, an die eine Zustellung erfolgt, werden damit auch automatisch zu Beteiligten des nunmehr in Gang gekommenen Vorabentscheidungsverfahrens.

Bei jedem neu anhängigen Verfahren weist der Präsident gemäß Art. 9 § 2 VerfO-EuGH die Rechtssache einer Kammer und einem aus ihr bestimmten Berichterstatter zu, wobei die Kammer damit für die weiteren prozeßleitenden Maßnahmen zuständig wird. In der Folge entscheidet der Erste Generalanwalt gemäß Art. 10 § 2 VerfO-EuGH über die Zuweisung der Rechtssache an einen Generalanwalt.

b. Das schriftliche Verfahren

Das schriftliche Verfahren umfaßt bei Vorabentscheidungsverfahren gemäß Art. 18 Abs. 2 Satzung EG die Übermittlung der Schriftsätze sowie aller zur Unterstützung vorgelegten Belegstücke und Urkunden an die Parteien des Ausgangsverfahrens sowie an diejenigen Organe der Gemeinschaft, deren Entscheidungen Gegenstand des Verfahrens sind. Das schriftliche Verfahren soll auch im Vorabentscheidungsverfahren Richter und Generalanwalt über Sachverhalt, Klage, Verteidigungsmittel sowie Anträge der Parteien informieren.[428] Es stellt mitunter die wichtigste Erkenntnisquelle des EuGH dar, wenn es darum geht, das mit der Vorlage verfolgte Anliegen in seinem Tatsachenzusammenhang zu erfassen. Außerdem können durch die Schriftsätze die wirtschaftlichen Zusammenhänge, der politische Hintergrund oder die soziale Bedeutung aufgeklärt werden. Dazu können nach Art. 20 Abs. 2 Satzung EG, Art. 103 § 3 VerfO-EuGH die Parteien des Ausgangsverfahrens, die Mitgliedstaaten, die Kommission und gegebenenfalls der Rat, das Parlament oder die EZB binnen zwei Monaten nach Zustellung der Vorlageentscheidung des nationalen Gerichts Stellungnahmen in der Form eines Schriftsatzes einreichen. Die Einreichung einer Stellungnahme ist nicht zwingend erforderlich, aber zur Vermeidung argumentativer Nachteile ratsam. Zur Einreichung einer Stellungnahme sind nur diejenigen berechtigt, die auch Zustellungsempfänger der Vorlageentscheidung waren, so daß andere Personen und Organe diese Möglichkeit nicht besitzen.[429] Das Fristende bestimmt sich nach dem Ablauf des Tages des übernächsten Monats, der seiner Zahl nach dem Tag der Zustellung der Vorlageentscheidung entspricht.

---

[428] Hakenberg/Stix-Hackl, Handbuch zum Verfahren vor dem Europäischen Gerichtshof, S. 131.

[429] EuGH, Rs. 6/64 (Costa ./. ENEL), Slg. 1964, 1251, 1307.

Da es sich bei der 2-Monats-Frist um eine Ausschlußfrist handelt, führt ihre Überschreitung dazu, daß die betreffende Prozeßhandlung unwirksam ist. Ein nach Ablauf der Frist eingegangener Schriftsatz ist als verspätet zurückzuweisen. Etwas anderes gilt nur, wenn das Vorliegen eines Zufalls oder höherer Gewalt nachgewiesen werden kann (Art. 42 Abs. 1 Satzung EG).

Inhaltlich sollte eine Stellungnahme sich darauf beschränken, Argumente für oder gegen eine bestimmte Auslegung bzw. die Gültigkeit einer bestimmten Norm des europäischen Rechts vorzutragen. Das ergibt sich schon aus der auf die Auslegung und Gültigkeitsprüfung des Gemeinschaftsrechts begrenzten Funktion des Vorabentscheidungsverfahrens. Demnach soll die Stellungnahme lediglich über die oben genannten Zusammenhänge aufklären, nicht jedoch Plädoyers enthalten, die einen bestimmten Antrag unterstützen.[430] Des weiteren sind auch prozeßhindernde Einreden, etwa die Einrede der Unzulässigkeit, wegen des nichtstreitigen Charakters des Vorlageverfahrens nicht statthaft.[431] Die Schriftsätze sind in der Verfahrenssprache abzufassen. In Vorabentscheidungsverfahren ist das nach Art. 29 § 2 Abs. 2 VerfO-EuGH die Sprache des vorlegenden Gerichts.

Eine Gelegenheit zur Erwiderung auf die Stellungnahmen der anderen Verfahrensbeteiligten besteht nicht, da es im Vorlageverfahren nicht möglich ist, einen weiteren Schriftsatz einzureichen. Dies ist insbesondere im Hinblick auf die kurze Frist von zwei Monaten ein erhebliches Problem für die Parteien des Ausgangsverfahrens sowie auch für die weiteren Verfahrensbeteiligten, da sie mit der Zustellung unter Umständen zum erstenmal mit der Sache befaßt werden.[432] Dies führt oftmals dazu, daß die Beteiligung durch sorgfältig ausgearbeitete Rechtsausführungen seitens der Mitgliedstaaten zu wünschen übrig läßt, obwohl eine solche von großem praktischen Interesse sein kann.[433]

---

[430] Anträge können in den Stellungnahmen ohnehin nicht gestellt werden.

[431] Dauses, Das Vorabentscheidungsverfahren, S. 138.

[432] Kritisch hinsichtlich dieser Einschränkung ist insbesondere: Gündisch, Rechtsschutz in der Europäischen Gemeinschaft, S. 107, der nicht erkennen kann, daß sich diese Gestaltung zwingend aus dem Charakter des Vorabentscheidungsverfahrens als nichtstreitigem Verfahren ergeben soll.

[433] Darauf weist hin: Dauses, Das Vorabentscheidungsverfahren, S. 137, der in solchen Ausführungen eine beachtliche Hilfe für den EuGH sieht.

c. Das mündliche Verfahren

Nach Abschluß des schriftlichen Verfahrens wird das mündliche Verfahren vorbereitet. Zu diesem Zweck erstellt der vom Präsidenten bestimmte Berichterstatter („juge rapporteur") einen nicht öffentlichen Vorbericht („rapport préable"), in dem er den Sach- und Streitstand darstellt, auf einschlägige Rechtsprechung hinweist, die Notwendigkeit einer Beweiserhebung überprüft und vorschlägt, welcher Spruchkörper (Kammer oder Plenum) über die Sache entscheiden sollte. Danach wird in einer sogenannten Verwaltungssitzung des Plenums über das weitere Vorgehen in der Rechtssache entschieden.

Von der Durchführung einer weiteren mündlichen Verhandlung kann dann gemäß Art. 104 § 4 VerfO-EuGH abgesehen werden, soweit keine der anhörungsberechtigten Parteien des Verfahrens beantragt hat, ihren Standpunkt mündlich zu Gehör zu bringen. Von der Möglichkeit, im Vorabentscheidungsverfahren von der mündlichen Verhandlung abzusehen, wird zumeist in Verfahren Gebrauch gemacht, die eine technisch äußerst komplexe Materie zum Gegenstand haben, deren kurze mündliche Erörterung in den meisten Fällen nicht möglich ist. Das ist beispielsweise der Fall bei Angelegenheiten, in denen es um die Auslegung agrarrechtlicher Bestimmungen oder Zollstreitigkeiten geht.[434]

Erfolgt eine mündliche Verhandlung, so bestimmt daraufhin der Präsident des Gerichtshofes gemäß Art. 54 VerfO-EUGH den Termin für die Eröffnung der mündlichen Verhandlung. Das mündliche Verfahren setzt sich gemäß Art. 18 Abs. 3 Satzung EG zusammen aus der Verlesung des von einem Berichterstatter vorgelegten Berichts, den in der Verhandlung mündlich vorgetragenen Ausführungen der Bevollmächtigten, Beistände und Anwälte sowie den öffentlich vorgetragenen Schlußanträgen des Generalanwalts.

Zu Beginn der mündlichen Verhandlung liest der Berichterstatter seinen Bericht für die Sitzung („rapport d'audience"), der den wesentlichen Sachverhalt und die Stellungnahmen der Verfahrensbeteiligten für die Sitzung zusammenfassen soll. Dieser Bericht muß den Verfahrensbeteiligten mindestens 3 Wochen vor der mündlichen Verhandlung zugestellt worden sein. Des weiteren wird dieser Bericht am Tag der Sitzung vor dem Sitzungssaal in der Verfahrenssprache ausgelegt.

Anschließend folgen die mündlichen Ausführungen der Prozeßvertreter der Beteiligten sowie eine darauf folgende Befragung des Vortragenden durch die Mitglieder des Gerichtshofes. Die Parteien des Ausgangsverfahrens müssen gemäß Art. 17 Abs. 3 Satzung EG, Art. 58 VerfO-EuGH durch einen Anwalt vertreten werden, wobei es sich gemäß Art. 17 Abs. 4 Satzung EG nur um einen Anwalt handeln darf, der berechtigt ist, vor einem Gericht eines

---

[434] Plender in: Plender, European Courts – Practice and Precedents, S. 431, Rdnr. 13-09 m.w.N.

Mitgliedstaates aufzutreten. Hatte der EuGH früher sehr viel Wert auf die mündlichen Ausführungen der Parteien gelegt, so ist die Redezeit der Verfahrensbevollmächtigten zwischenzeitlich sehr eingeschränkt worden. Nach einer generellen Regel ist sie so bemessen, daß vor den großen Kammern eine halbe Stunde und den kleinen Kammern eine viertel Stunde plädiert werden darf.[435] Diese Tendenz begründet sich damit, daß der EuGH wegen seiner Überlastung Zeit und im Hinblick auf die simultanen Übersetzungen Geld sparen möchte. Folglich dauern die Anhörungen zumeist nicht länger als einen halben Tag.[436] Das erscheint schon deshalb problematisch, weil der vortragende Prozeßvertreter berücksichtigen muß, daß nicht alle Mitglieder des Gerichtshofes seinen Ausführungen in seiner Muttersprache folgen können, sondern auf eine Simultanübersetzung durch einen Dolmetscher angewiesen sind.[437] Inhaltlich muß der Prozeßvertreter darauf achten, daß er zwar seinen Standpunkt nochmals kurz zusammenfassen darf, er aber inhaltliche Wiederholung der schriftlichen Stellungnahme unbedingt vermeiden sollte.

Die mündliche Verhandlung hat im Vorabentscheidungsverfahren hauptsächlich die Funktion, auf die schriftlichen Stellungnahmen des Prozeßgegners im Ausgangsverfahren, der Kommission und der eventuell anderen Beteiligten einzugehen.[438] Des weiteren gibt sie den Richtern des jeweiligen Spruchkörpers die Gelegenheit, Fragen an die Beteiligten zu richten.[439] In den Anfängen der Tätigkeit des EuGH wurde vereinzelt die Auffassung vertreten, eine mündliche Verhandlung sei in einem Zwischenstreitverfahren überflüssig.[440] Mittlerweile hat sich aber die Einsicht durchgesetzt, daß gerade bei einem Gericht, dem Richter vieler verschiedener Nationalitäten angehören und das über höchst unterschiedliche Rechtsmaterien, die in unterschiedlichen nationalen Rechtsordnungen ihren Ausgang nehmen, zu urteilen hat, die mündliche Verhandlung in vielen Fällen den Schwerpunkt des Rechtsstreits verschiebt und die Aufmerksamkeit der Richter auf Probleme lenkt, denen der Berichterstatter noch keine größere Aufmerksamkeit geschenkt hat.[441] Dementsprechend kann die Möglichkeit, vor dem EuGH mündlich vorzutragen, von ganz entscheidender Bedeutung für die tatsächliche Durchsetzung des zivilrechtlichen Rechtsschutzes sein. Diese Möglichkeit besteht bei der Befragung durch das Gericht nicht mehr, da dann nicht mehr die Freiheit besteht, auf alle Punkte einzugehen, die einem wichtig erscheinen. Der Prozeßvertreter ist in dieser Situation durch die Fragestellung des Gerichts in seinem Vortrag limitiert.

---

435 Gündisch, Rechtsschutz in der Europäischen Gemeinschaft, S. 159.

436 Plender in: Plender, European Courts – Practice and Precedents, S. 438, Rdnr. 13-21.

437 Hakenberg/Stix-Hackl, Handbuch zum Verfahren vor dem Europäischen Gerichtshof, S. 140.

438 Gündisch, Rechtsschutz in der Europäischen Gemeinschaft, S. 109.

439 Hakenberg/Stix-Hackl, Handbuch zum Verfahren vor dem Europäischen Gerichtshof, S. 140.

440 Darauf weist hin: Dauses, Das Vorabentscheidungsverfahren, S. 142.

441 Gündisch, Rechtsschutz in der Europäischen Gemeinschaft, S. 159.

Zum Abschluß der mündlichen Verhandlung verliest gemäß Art. 59 § 1 VerfO-EuGH der Generalanwalt seine Schlußanträge und begründet sie. Dies erfolgt in aller Regel in einer gesonderten öffentlichen Sitzung, wobei es sich zwischenzeitlich eingebürgert hat, daß nur noch der eigentliche Entscheidungsvorschlag und nicht auch die umfangreiche Begründung verlesen wird. Da die Schlußanträge die mündliche Verhandlung beschließen, können die Verfahrensbeteiligten sich zu ihnen nicht mehr vor dem EuGH äußern.[442] Der Präsident erklärt gemäß Art. 60 VerfO-EuGH die mündliche Verhandlung für geschlossen. Darauf folgt die Beratung der Richter, die gemäß Art. 32 Satzung EG, Art. 29 Satzung EGKS, Art. 33 Satzung EAG und Art. 27 § 5 VerfO-EuGH nicht öffentlich und geheim abzuhalten ist.

d. Das Urteil

Die Vorabentscheidung des Gerichtshofes ergeht in Form eines Urteils, das gemäß Art. 33 Satzung EG mit Gründen zu versehen ist. Die Urteilsgründe umfassen die Prüfung der Ordnungsgemäßheit der Befassung und die Untersuchung der Vorlagefrage(n). Die Ordnungsgemäßheit der Befassung gibt nur im Falle der Beanstandung größeren Anlaß zur Erörterung. Ansonsten betrachtet sich der EuGH in seiner ständigen Praxis solange als ordnungsgemäß befaßt, solange das nicht beanstandete Vorabentscheidungsersuchen nicht zurückgenommen oder aufgehoben worden ist.[443]

Seinen Urteilstenor faßt der EuGH bei Vorabentscheidungsverfahren so, daß er nicht wie bei Direktklagen „entscheidet", sondern lediglich „für Recht erkennt" („dit pour droit")[444]. Dies begründet sich damit, daß der EuGH nur über die Auslegungs- bzw. Gültigkeit des Gemeinschaftsrechts entscheidet und nicht über den Ausgang des ursprünglichen Rechtsstreits. Der Tenor des Urteils erschließt sich über die Entscheidungsgründe, da er nur „im Lichte der Entscheidungsgründe zu verstehen" und auszulegen ist.[445] Die Entscheidungsgründe zeichnen sich durch „einen knappen, apodiktischen Stil aus, der den Eindruck vermitteln kann, daß sich der EuGH nicht in entsprechender Tiefe mit der Problematik eines Falls auseinandergesetzt hat.[446] Dies erklärt sich aber auch daraus, daß der EuGH in seinen Urteilen keine

---

[442] Dauses, Das Vorabentscheidungsverfahren, S. 142.

[443] Dauses, Das Vorabentscheidungsverfahren, S. 130 f.

[444] Rengeling/Middeke/Gellermann, Rechtsschutz in der Europäischen Union, S. 379, Rdnr. 711; Hakenberg/Stix-Hackl, Handbuch zum Verfahren vor dem Europäischen Gerichtshof, S. 148, die darauf hinweisen, daß die Urteilsformel im Unterschied dazu bei Direktlagen lautet: „Der Gerichtshof hat für Recht erkannt und entschieden."

[445] EuGH, Rs. 1/77 (Bosch ./. Hauptzollamt Hildesheim), Slg. 1977, 1473, 1481 f.

[446] Siehe etwa die diesbezügliche Kritik bei: Schweitzer/Hummer, Europarecht, 5. Auflage, S. 106 f., die einige Versäumnisse in der Begründung der Urteile durch den EuGH ausmachen.

„dissenting opinions", also abweichende Auffassungen, veröffentlicht.[447] Als weitere Besonderheit enthält das Vorabentscheidungsurteil keine Tenorierung hinsichtlich der Kosten, da die Regelung der Kosten dem nationalen Richter überlassen bleibt. Das Urteil wird in öffentlicher Sitzung, zu der gemäß Art. 64 VerfO-EuGH die Parteien zu laden sind, in der jeweiligen Verfahrenssprache verkündet. Mit der Verkündung wird das Urteil gemäß Art. 65 VerfO-EuGH rechtskräftig, da es gegen Entscheidungen des EuGH keine Berufungsmöglichkeit gibt. Es ist damit für das vorlegende Gericht verbindlich.[448] Zur Urteilswirkung ist festzuhalten, daß in den Fällen, in denen der EuGH die Ungültigkeit einer Organhandlung feststellt, das Urteil Bindungswirkung erga omnes, also auch außerhalb des Ausgangsverfahrens, entwickelt.[449] Bei Auslegungsurteilen ist diese erga-omnes-Wirkung hingegen umstritten. Eine Einschränkung wird von mancher Seite für die unterinstanzlichen Gerichte gemacht, da sie keine Vorlagepflicht trifft.[450] Für letztinstanzliche Gerichte wird hingegen eine Bindungswirkung allgemein angenommen, da sie ansonsten eine Vorlagepflicht nach Art. 234 Abs. 3 EGV (Art. 177 Abs. 3 a.F.) träfe.[451] Zu beachten ist, daß sowohl Auslegungs- und Gültigkeitsurteile des EuGH grundsätzlich eine Rückwirkung (ex tunc) entfalten.[452] Der EuGH kann allerdings dort, wo es die Rechtssicherheit gebietet, die Wirkung seiner Auslegungs- oder Gültigkeitsentscheidung auf eine Wirkung ab Urteilsverkündung (ex nunc) begrenzen.[453] Mit der Urteilsverkündung endet das Kooperationsverhältnis zwischen dem nationalen Gericht und dem EuGH.

---

447 Plender/Pompe in: Plender, European Courts – Practice and Precedents", S. 240, Rdnr. 6-73.

448 Everling, Das Vorabentscheidungsverfahren vor dem Gerichtshof der Europäischen Gemeinschaften, S. 61; Koenig/Sander, Einführung in das EG-Prozeßrecht, S. 252, Rdnr. 498; Pietrek, Verbindlichkeit von Vorabentscheidungen nach Art. 177 EWGV, S. 35.

449 Pietrek, Verbindlichkeit von Vorabentscheidungen nach Art. 177 EWGV, S. 233; Rengeling/Middeke/Gellermann, Rechtsschutz in der Europäischen Union, S. 216, Rdnr. 402.

450 Streil, Das Vorabentscheidungsverfahren als Bindeglied zwischen europäischer und nationaler Rechtsprechung, 69, 78 f.; Lieber, Über die Vorlagepflicht des Art. 177 EWG-Vertrag und deren Mißachtung, S. 124 f.; a.A.: Koenig/Sander, Einführung in das EG-Prozeßrecht, S. 253, Rdnr. 499, die für den Fall, daß ein Gericht von der Auslegung des EuGH abweichen will, eine Vorlagepflicht des Richters sehen.

451 EuGH, Rs. 283/81(C.I.L.F.I.T. ./. Ministero della sanità) Slg. 1982, 3415, 3429.

452 EuGH, Rs. C-228/92 (Roquette Frères SA ./. Hauptzollamt Geldern), EuZW 1994, 570, 571.

453 EuGH, Rs. 112/83 (Produits de mais ./. Administration des douanes et droit indirects), Slg. 1985, 719, 747.

2. Problempunkte in der Verfahrensgestaltung und ihre Vereinbarkeit mit den Erfordernissen der für das Vorabentscheidungsverfahren maßgeblichen Verfahrensgrundrechte und Verfahrensgrundsätze

Im weiteren Verlauf der Untersuchung sollen die Problempunkte im Verfahrensablauf aufgegriffen werden, bei denen es fragwürdig erscheint, ob sie den Anforderungen der zuvor herausgearbeiteten europäischen Verfahrensgrundrechte und den zugrundeliegenden Prozeßmaximen entsprechen. Wo dies nicht der Fall ist, sollen Änderungsmöglichkeiten für eine, den rechtsstaatlichen Erfordernissen angepaßte, Ausgestaltung des Verfahrens gemacht werden. Dabei sollen entweder Vorschläge de lege lata oder – wo ein solcher Vorschlag nicht möglich oder geboten erscheint - de lege ferenda gemacht werden. Als mögliche Problempunkte des Verfahrens können die Degradierung der Parteien des Ausgangsverfahrens zu reinen Anhörungsberechtigten, die fehlende Möglichkeit im schriftlichen Verfahren auf andere Schriftsätze zu replizieren, die zeitlich begrenzte Möglichkeit zur Stellungnahme in der mündlichen Verhandlung sowie der Verzicht auf die mündliche Verhandlung ausgemacht werden.

a. Verstoß gegen die Rechtsweggarantie durch die bisherige Regelung des Verfahrenszugangs

Wie zuvor bereits dargestellt, beginnt das Vorabentscheidungsverfahren nach Art. 20 Abs. 1 Satzung EG damit, daß das Gericht des Mitgliedstaates, das den EuGH anruft, seine Vorlageentscheidung dem EuGH übermittelt. In diesem Verfahrensstadium ist die Stellung der Parteien sehr schwach, da sie – nach der bisherigen Praxis - nicht einmal Einfluß auf die Formulierung der Vorlagefrage(n) haben, was vielmehr Sache des nationalen Gerichts ist, das ein Vorlageersuchen an den EuGH richtet. Anschließend übermittelt der Kanzler des EuGH die Vorlageentscheidung des nationalen Gerichts an die beteiligten Parteien. Jetzt erhalten auch die Parteien des Ausgangsverfahrens eine Durchschrift des Vorlageersuchens, wodurch sie erst als Beteiligte in das Vorabentscheidungsverfahren einbezogen werden und aktiv werden. Damit beginnt eine Frist von zwei Monaten, in denen die Beteiligten eine schriftliche Erklärung gemäß Art. 20 Abs. 2 Satzung EG abgeben können.

Es fragt sich nun, ob diese Praxis nicht dem zuvor herausgearbeiteten Grundsatz der Rechtsweggarantie widerspricht. Die Rechtsweggarantie stützt sich im Gemeinschaftsrecht insbesondere auf Art. 6 Abs.1 EMRK, der auch ein Recht auf Zugang zu einem Gericht enthält. Dieses Recht auf Zugang zum Gericht könnte durch die Regelung des Verfahrenszugangs bei Vorabentscheidungen tangiert sein. Trotz seines teils individualschützenden Charakters ist der Zugang zu diesem Verfahren vor dem EuGH so ausgestaltet, daß die Parteien hierauf nahezu keinen Einfluß haben. Zum einen sind sie selbst nicht vorlageberechtigt und zum anderen fehlt ihnen ein entsprechendes Antragsrecht. Damit hängt ihr Zugang zum EuGH in zivilrechtlichen Verfahren von der Vorlagebereitschaft des nationalen Gerichts ab. Zwar ist nach ständiger Rechtsprechung des EGMR Art. 6 Abs. 1 EMRK auch auf bereits anhängige Verfahren anwendbar,[454] doch begründet diese Vorschrift keinen Anspruch auf ein Rechtsmittel. Daher berührt es Art. 6 Abs. 1 EMRK auch nicht, wenn ein bestehendes Rechtsmittel durch Gesetzesänderung abgeschafft oder durch ein anderes ersetzt wird.[455] Dagegen ließe sich einwenden, daß es sich bei dem Vorabentscheidungsverfahren nicht um ein Rechtsmittel in diesem Sinne handelt. Nach der Rechtsprechung des EGMR setzt Art. 6 Abs. 1 EMRK jedoch auch nicht voraus, daß ein bestimmtes nationales Gericht zugänglich ist, das die Kompetenz hat, gesetzliche Bestimmungen aufzuheben oder abzuändern.[456] Im Anschluß daran hat zumindest auch die Europäische Kommission für Menschenrechte in einer Entscheidung über die Zulässigkeit einer Beschwerde ausgesprochen, daß auch kein Anspruch auf Verweisung an den EuGH aus Art. 6 EMRK oder sonstigen Vorschriften der Konvention abzuleiten ist.[457] Zwar kommt dieser Entscheidung nicht die gleiche Bedeutung zu wie einer Entscheidung des EGMR, doch lassen sich aus dessen Rechtsprechung bisher auch keine gegenteiligen Tendenzen erkennen. Demzufolge kann auch im Falle der Nichtvorlage eines Rechtsstreits durch ein nationales Gericht der Anspruch aus der Rechtsweggarantie nicht verletzt werden. Zwar besteht auch eine positive Verpflichtung der Gemeinschaft und ihrer Mitgliedstaaten dafür Sorge zu tragen, daß der Einzelne von seinem Recht auf Zugang zum Gericht auch in wirksamer Art und Weise Gebrauch machen kann.[458] Der Zugang zum Vorabentscheidungsverfahren ist jedoch für die Parteien eines Ausgangsverfahrens nicht eröffnet. Sie müssen sich darauf verlassen, daß der ihnen zustehende Rechtsschutz durch den EuGH wenigstens bei letztinstanzlichen Verfahren durch die Vorlagepflicht nach Art. 234 Abs. 3 EGV (Art. 177 Abs. 3 a.F.) sichergestellt ist. Daraus folgt im Ergebnis, daß bei der jetzigen Gestaltung des Verfahrenszugangs zwar kein direkter Widerspruch zur Rechtsweggarantie angenommen werden kann, seine Regelung für die Parteien aber einen unbefriedigenden Zustand darstellt.

454 EGMR, Sporrong u. Lönnroth, 52, 29 Ziff. 80 = EuGRZ 1983, S. 523.

455 E 7620/76, DR 11, 156.

456 EGMR, James u.a., 98,46 Ziff. 81 = EuGRZ 1988, S. 341; Altun ./. D, DR 36, 209, 223.

457 E 15669/89 vom 28.6.1993; E 15271/89 vom 2.7.1990.

458 Frowein/Peukert, EMRK, 2. Auflage, Art. 6, Rdnr. 54.

b. Verstoß gegen die Dispositionsmaxime durch die Rückstufung der Parteien zu Anhörungsberechtigten

Ein anderer Problempunkt ist die zuvor schon zum Ausdruck gekommene Degradierung der Parteien des Ausgangsverfahrens zu bloßen Anhörungsberechtigten. Insbesondere könnte hier der Aspekt der Parteiherrschaft bzw. der Dispositionsmaxime als dem Normalfall zivilrechtlicher Verfahrenspraxis in bedenklicher Weise mißachtet sein.

Die Dispositionsmaxime gewährt den Parteien die Verfügungsbefugnis über Beginn, Ende und Gegenstand des gerichtlichen Verfahrens. So wird ein zivilrechtliches Verfahren nur auf Antrag des Rechtsuchenden in Gang gesetzt und die Parteien bestimmen den Verfahrensgegenstand (ne ultra petita).[459] Wie oben dargestellt, gilt dieser Grundsatz auch bei Verfahren vor dem EuGH und wird in Direktverfahren auch dementsprechend berücksichtigt. Für das Vorabentscheidungsverfahren wurde dies immer wieder mit dem Hinweis auf seine Ausgestaltung als objektives Zwischenverfahren verneint.

Durch die Vorlage der Sache an den EuGH werden die Parteien ihrer das Verfahren beherrschenden Stellung, die ihnen im deutschen Zivilprozeß zustand, enthoben. Selbst ihre Parteistellung ist im Rahmen dieses Verfahrens aufgehoben. Das Verfahren spielt sich als Kooperation zwischen dem vorlegenden Gericht und dem EuGH ab. Als Beteiligte können die Parteien des Ausgangsverfahrens lediglich gemäß Art. 20 Abs. 2 Satzung EG eine Stellungnahme einreichen und in der mündlichen Verhandlung werden sie angehört.

Die schwache Stellung der Parteien des Ausgangsverfahrens im Vorabentscheidungsverfahren wird auch daran deutlich, daß sie auf die Formulierung der gestellten Vorlagefragen keinen Einfluß haben. In dem *Hessischen Knappschafts-Fall*[460], in dem es um die Auslegung einer Verordnung ging, bat der Beklagte des Ausgangsverfahrens den Gerichtshof, über die Frage zu entscheiden, ob diese Verordnung ungültig sei. Der Gerichtshof antwortete, daß es Sache des nationalen Gerichts und nicht der Partei sei, Vorlagefragen zu stellen und daß die Parteien nicht das Recht hätten, den Inhalt der gestellten Fragen zu ändern. Hingewiesen wird in diesem Zusammenhang auf das geschicktere Vorgehen des Klägers im sogenannten *Getreidehandel-Fall*[461]. Er wandte sich - in Kenntnis der Tatsache, daß der EuGH keine direkt an ihn gerichtete Frage beantworten würde - an das nationale Gericht und bat um eine Ergänzung der Vorlageentscheidung. Von einer solchen Ergänzung sah das nationale Gericht zwar ab, doch übersandte es den Antrag des Klägers an den EuGH und überließ es diesem,

---

459 Baur/Grunsky, Zivilprozeßrecht, § 4 A. I., S. 25.

460 EuGH, Rs. 44/65 (Hessische Knappschaft ./. Singer), Slg. 1965, S. 1268.

461 EuGH, Rs. 17/72 (Gesellschaft für Getreidehandel ./. Einfuhr- und Vorratsstelle Getreide), Slg. 1972, S. 1071.

die zusätzliche Frage für zulässig zu erachten oder nicht. Der EuGH hat diese Frage daraufhin in seinem Urteil berücksichtigt. Das macht deutlich, daß ein solches Ansinnen einer Partei des Ausgangsverfahrens nur zufällig und mit gutem Willen der Gerichte Aussicht auf eine erfolgreiche Einbeziehung bei der Gestaltung der Vorlagefragen bietet. Dementsprechend kann nicht von einer Gestaltungsmöglichkeit der Parteien gesprochen werden. Es zeigt vielmehr, daß sie der Vorlagebereitschaft der Gerichte ausgeliefert sind.

Des weiteren spricht der EuGH den Parteien des Ausgangsverfahrens die Möglichkeit ab, etwa *„durch Vereinbarung zwischen Privatpersonen* [...], *mit denen die Gerichte zur Einholung einer Vorabentscheidung verpflichtet werden sollen, indem ihnen die Möglichkeit zur Ausübung der ihnen in Artikel 177 Absatz 2 eingeräumten Beurteilungsbefugnis genommen wird.*"[462] Genauso sind Absprachen unzulässig, mit denen das Gericht entgegen der normalen Zuständigkeitsverteilung zwischen den Rechtsprechungsorganen der Mitgliedstaaten zur Vorlage veranlaßt werden soll.[463] Zulässig soll es lediglich sein, daß die Parteien eine solche Vorlage nach dem nationalen Verfahrensrecht anregen, ja sogar beantragen dürfen.[464] Nach deutschem Recht ist bislang nur die Anregung zulässig.

Ein Rest der Dispositionsbefugnis verbleibt den Parteien jedoch mittelbar über ihre Herrschaft über den deutschen Zivilprozeß erhalten. Es bleibt ihnen insoweit unbenommen, den nationalen Rechtsstreit - etwa durch einen Vergleich - zu beenden. Damit beenden sie auch das Vorabentscheidungsverfahren, denn mangels Entscheidungserheblichkeit der Frage ist eine Entscheidung darüber durch den Gerichtshof obsolet. In diesem Fall ordnet der Präsident gemäß Art. 77 VerfO-EuGH, Art. 98 f. VerfO-EuGH die Streichung der Rechtssache aus dem Register an. Das Verfahren ist damit beendet.

Es stellt sich die Frage, ob damit der Dispositionsgrundsatz im Rahmen des Vorabentscheidungsverfahrens schon ausreichend Berücksichtigung gefunden hat oder ob sich aus ihm nicht noch weitergehende Anforderungen an das Verfahren herausarbeiten lassen. In diesem Zusammenhang wurde bereits auf die Interdependenz zwischen subjektiver Funktion des Rechtsschutzes und Parteiherrschaft hingewiesen. Der Zweck eines Verfahrens, ob es (eher) dem Schutz subjektiver Rechte oder (eher) der Verwirklichung des objektiven Rechts dient, wirkt sich auf die Verteilung der Rechte und Verantwortlichkeiten zwischen Gericht und Parteien aus. Die Durchführung eines subjektiven Rechtsschutzverfahrens kann den Parteien selbst überlassen bleiben.[465] Wie wirkt sich das auf Vorabentscheidungsverfahren

[462] EuGH, Rs. 93/78 (Mattheus ./. Doego), Slg. 1978, 2203, 2210.

[463] EuGH, Rs. 104/79 (Foglia ./. Novello), Slg. 1980, 745, 759.

[464] EuGH, Rs. 146/73 (Rheinmühlen-Düsseldorf ./. Einfuhr- und Vorratsstelle Getreide), Slg. 1974, S. 139 - 151.

[465] Fasselt-Rommé, Parteiherrschaft im Verfahren vor dem EuGH, S. 19.

im Rahmen von Zivilprozessen aus ? Im Zivilprozeß wird über private Rechte der Parteien gestritten. Er dient also dem subjektiven Rechtsschutz des Einzelnen. Ein Stück weit liegt allerdings die Klärung von zivilrechtlichen Streitigkeiten auch im allgemeinen Interesse, da die Lösung eines konkreten Falls zur Feststellung und Fortbildung des objektiven Rechts beiträgt. Das gilt im besonderen Maße für das Gemeinschaftsrecht als einer Rechtsmaterie im Werden. Trotzdem vermag dies nicht die subjektive Rechtsschutzfunktion des Vorabentscheidungsverfahrens in Zivilprozessen dermaßen in den Hintergrund zu drängen, daß die weitgehende Entmündigung der Parteien des Ausgangsverfahrens zu rechtfertigen wäre. Die bisherige Ausgestaltung wird damit der Doppelfunktion des Vorabentscheidungsverfahrens nicht vollauf gerecht. Unter dem Blickwinkel der Parteiherrschaft wäre auch im Vorabentscheidungsverfahren eine verbesserte Einflußmöglichkeit der Parteien zu fordern, um eine systematische Stimmigkeit zwischen Rechtsschutzfunktion und Parteiherrschaft herzustellen. Dem kann auch nicht die tatsächliche Ausgestaltung des Verfahrens als objektives Zwischenverfahren entgegengehalten werden, denn die Funktion des Verfahrens folgt nicht der Ausgestaltung, sondern die Ausgestaltung hat der Funktion des Verfahrens zu folgen.

In diesem Zusammenhang wird schon seit längerem die Einführung einer Individualvorlage vorgeschlagen.[466] Der Einzelne wäre danach berechtigt, eine Vorlagefrage zu formulieren und sie dem EuGH selbst zu übermitteln. Ihm würden insofern die gleichen Möglichkeiten eingeräumt wie dem nationalen Richter, so daß die Stellung des Einzelnen im dann angenommenen Vorlageverfahren auch nicht anders ausgestaltet werden müßte. Dem nationalen Richter steht es zur Zeit nämlich nicht nur zu, die Vorlagefrage zu formulieren, sondern auch gemäß Art. 20 Abs. 2 Satzung EG die Tatsachen vorzutragen und vorzulegen, die seine Zweifel an der Gültigkeit oder Auslegung des Gemeinschaftsrechts und die Entscheidungserheblichkeit dieser Frage begründen. Insoweit würde sich der Gegenstand des Vorlageverfahrens nicht ändern. Ändern müßten sich hingegen Regelungen des EG-Vertrages sowie auch des nationalen Verfahrensrecht. So müßte z.B. im Zivilprozeßrecht gewährleistet werden, daß der einzelne Prozeßbeteiligte durch seinen Antrag erreichen könnte, daß das nationale Verfahren ausgesetzt wird. Eine solche Befugnis hat augenblicklich im deutschen Zivilprozeßrecht nach § 148 ZPO nur das Gericht. Die Notwendigkeit zur Aussetzung ergibt sich schon aus der weiterhin zu fordernden Entscheidungserheblichkeit der Vorlagefrage. Diese wäre in Frage gestellt, wenn das nationale Gericht das Verfahren trotz der Individualvorlage

466 Einen dahingehenden Vorschlag hat der EuGH unterbreitet in: Gerichtshof der Europäischen Gemeinschaften, Vorschläge zur Europäischen Union, EG-Bull. 1975, Beilage 9/75, S. 19; siehe des weiteren: Kropholler, EuR 1969, 128, 144; Riese, EuR 1966, 24, 49; Karoff, RabelsZ 1984, 649, 715; Lenz, Der Europäische Gerichtshof als gesetzlicher Richter im Sinne des Grundgesetzes, S. 16; Allkemper, Der Rechtsschutz des einzelnen nach dem EG-Vertrag, S. 206, der den Individualanspruch auf Vorlage aus der Rechtsweggarantie herleitet.

weiterbetreiben und ohne Rücksicht auf den EuGH entscheiden könnte. Auf der anderen Seite würde sich bei Einführung einer Individualvorlage im EG-Vertrag eine Verpflichtung zur Aussetzung des nationalen Verfahrens und zur Beachtung der Vorlageentscheidung durch das nationale Gericht schon aus der Verpflichtung zu gemeinschaftsfreundlichem Verhalten nach Art. 10 EGV (Art. 5 a.F.) herleiten. Man könnte dann annehmen, daß das eigentlich bestehende Ermessen des nationalen Gerichts im Rahmen der Aussetzung bei einer solchen Vorlage auf Null reduziert ist, so daß eine Pflicht zur Aussetzung bestehen würde.

Problematisch erscheint aber insbesondere, daß durch die Einführung einer Individualvorlage die Gefahr eines Mißbrauchs dieser Rechtsschutzmöglichkeit durch eine Partei zur Verzögerung des Ausgangsverfahrens zu befürchten wäre. Darüber hinaus würde die Zahl der Verfahren vor dem EuGH dramatisch steigen. Die ohnehin schon große Belastung des EuGH[467] würde durch die Einführung der Individualvorlage ein Maß erreichen, daß Zweifel an der weiteren Funktionstüchtigkeit des EuGH aufkommen lassen würde. Um diese Flut einzudämmen und unberechtigte oder unzulässige Vorlagen auszusortieren, wird die Einführung einer Vorprüfung zur Annahme vorgeschlagen.[468] Dies bedeutet jedoch, daß das mit der Vorlage verbundene Zwischenverfahren erweitert würde und unter Umständen eine zusätzliche Verzögerung eintreten würde. Um das Annahmeverfahren möglichst effektiv auszugestalten wird die Möglichkeit einer vereinfachten Beschlußform sowie einer kleinstmöglichen Besetzung des Spruchkörpers vorgeschlagen, wobei nicht einmal die Entscheidung einer Kammer für notwendig befunden wird.[469] Damit ließe sich auch vereinbaren, daß das nationale Ausgangsverfahren erst bei einer positiven Annahmeentscheidung durch den EuGH seitens des nationalen Gerichts ausgesetzt wird. Um jedoch ein unkoordiniertes Nebenher zwischen Annahmeprüfung und Ausgangsverfahren zu vermeiden, wäre es wiederum notwendig, eine Stellungnahme des nationalen Gerichts hinsichtlich der Maßgeblichkeit der gemeinschaftsrechtlichen Rechtsfrage zu erhalten. Dadurch könnte wenigstens vermieden werden, daß das nationale Gericht trotz der Individualvorlage schon ein Urteil fällt und damit die Einschaltung des EuGH mißachtet. Dieser Vorschlag kann für sich in Anspruch nehmen, daß er der Forderung nach einer stärkeren Beachtung der Parteiherrschaft gerecht wird. Demnach sind diejenigen, die zur Vertragsänderung berufen sind,[470] aufgefordert, einen entsprechenden Vorschlag zur Einführung der Individualvorlage zu unterbreiten.

---

467 Dieser Problematik widmet sich der 4. Teil dieser Untersuchung.

468 Karoff, RabelsZ 1984, 649, 715; Editorial Comments, CMLR 1991, 5, 10; Mischo, RMC 1990, 681, 684; Allkemper, Der Rechtsschutz des einzelnen nach dem EG-Vertrag, S. 206 f.

469 So insbesondere: Allkemper, Der Rechtsschutz des einzelnen nach dem EG-Vertrag, S. 207.

470 Entsprechend Art. N EUV kann das jede Regierung eines Mitgliedslandes oder die Kommission sein, die einen Entwurf zur Änderung des EGV vorlegen.

c. Verstoß gegen den Anspruch auf rechtliches Gehör durch die eingeschränkte Möglichkeit zur Stellungnahme ?

Der Anspruch auf rechtliches Gehör, der auch eine zentrale Rolle im Verfahren vor dem EuGH spielt, könnte im Rahmen des Vorabentscheidungsverfahrens nach Art. 234 EGV (Art. 177 a.F.) durch die Regelung des Art. 20 Abs. 2 Satzung EG beeinträchtigt werden. Danach können die Parteien des ursprünglichen Verfahrens, die Mitgliedstaaten, die Kommission und auch der Rat binnen zwei Monaten nach Zustellung der Vorlageentscheidung des nationalen Gerichts Schriftsätze einreichen. Diese Frist erscheint - insbesondere bei komplexeren Verfahren - einerseits unangemessen kurz. Andererseits werden die Schriftsätze nicht nacheinander, sondern gleichzeitig eingereicht. Praktisch bedeutet das, daß die Verfahrensbeteiligten keine Möglichkeit erhalten, auf die schriftsätzlichen Stellungnahmen der anderen Verfahrensbeteiligten zu replizieren. Dies ist zu Recht als einer der größten Mängel des Verfahrens vor dem Gerichtshof bezeichnet worden.[471] Es könnte darin ein Verstoß gegen den Grundsatz des rechtlichen Gehörs zu erblicken sein. So stellt der EuGH selbst fest, daß es gegen elementare Rechtsgrundsätze verstoßen würde, eine gerichtliche Entscheidung auf Tatsachen und Urkunden zu gründen, von denen die Parteien selbst oder auch nur eine der Parteien keine Kenntnis nehmen und zu denen sie deswegen auch nicht mehr Stellung nehmen kann.[472] Gegen diesen elementaren Rechtsgrundsatz wird aber dann verstoßen, wenn der EuGH sein Vorabentscheidungsurteil auf Schriftsätze von Verfahrensbeteiligten stützt, auf die die Parteien des Ausgangsverfahrens nicht nochmals schriftlich Stellung nehmen konnten. Da es sich bei den weiteren Verfahrensbeteiligten nicht nur um den Prozeßgegner aus dem Ausgangsverfahren, sondern auch um Dritte handelt, die sich bislang noch nicht im Rahmen des Ausgangsverfahrens geäußert haben, erscheint es in hohem Maße wahrscheinlich, daß dadurch neue Aspekte in das Verfahren eingeführt werden, von denen die bisherigen Beteiligten noch keine Kenntnis nehmen und dementsprechend nicht reagieren konnten.

Es ist zu bezweifeln, daß – wie es immer wieder behauptet wird - diese Regel zwangsläufig aus der Gestaltung des Vorabentscheidungsverfahren als kooperativem Zwischenverfahren folgt. Weshalb Rechtsfragen nicht auch in einem solchen Verfahren kontradiktorisch erörtert werden können, ist nicht ersichtlich. Die kontradiktorische Einreichung der Schriftsätze stellt nämlich in aller Regel die effektivste Methode zur Gewährleistung einer möglichst umfassenden Entscheidungsfindung dar, da insofern ein aufeinander bezogener Austausch von Argument und Gegenargument stattfindet.[473] Des weiteren dient eine kontradiktorische

[471] Kutscher, EuR 1981, S. 392; so auch: Anforderungen an Verfassung und Verfahrensanordnung des EuGH, VII. Kolloquium der Wissenschaftlichen Gesellschaft für Europarecht, EuR 1980, 383, 386; Pfeiffer, NJW 1994, 1996, 2000.

[472] EuGH, verb. Rs. 42 und 49/59 (SNUPAT ./. Hohe Behörde), Slg. 1961, 109, 169.

[473] Gündisch, Rechtsschutz in der Europäischen Gemeinschaft, S. 109.

Verfahrensgestaltung der Vertrauensbildung bei den Parteien im Hinblick auf die Gewährleistung einer fairen Möglichkeit, sich vor Gericht ein größtmögliches Gehör mit den eigenen Argumenten zu verschaffen. Die bisherige Gestaltung birgt die Gefahr, daß durch die Schriftsätze der Beteiligten neue Aspekte in das Verfahren eingeführt werden, ohne daß eine Partei des Ausgangsverfahrens auf diese noch einmal reagieren kann. Damit kann auf Seiten dieser Partei der Eindruck entstehen, daß man keine faire Chance hatte, im Hinblick auf alle entscheidungsrelevanten Punkte angemessen vortragen zu können.

Die Möglichkeit zur Stellungnahme im Rahmen des mündlichen Verfahrens schafft hier keinen ausreichenden Ausgleich. Insbesondere ist bei dem Verweis auf die Möglichkeit des mündlichen Verfahrens darauf hingewiesen worden, daß der Gerichtshof in der jüngsten Vergangenheit dazu neigt, die Redezeit der Verfahrensbevollmächtigten zu beschränken. Dabei wird die generelle Regel angewandt, wonach vor den großen Kammern eine halbe Stunde und den kleinen Kammern eine viertel Stunde plädiert werden darf.[474] Dies wird der Unterschiedlichkeit der Fälle und der Kompliziertheit mancher Rechtsfragen in keiner Weise gerecht. Mitte der Achtziger Jahre war noch eine andere Handhabung seitens des Gerichtshofes zu verzeichnen. Damals hatte der EuGH noch sehr viel Wert auf die mündliche Stellungnahme gelegt und es wurden mit einer gewissen Großzügigkeit angemessene Redezeitabsprachen getroffen, wobei den Parteivertretern ein Stück Freiraum belassen wurde.[475] Der Gerichtshof zögerte, den Parteivortrag zu beschneiden. Er beließ es seinerzeit bei einem Appell an die Selbstdisziplin, denn es müsse jeder Zweifel am korrekten Ablauf des Verfahrens und vor allem am uneingeschränkten rechtlichen Gehör ausgeschlossen werden.[476] Damit bringt der Gerichtshof selber den Zweifel zum Ausdruck, daß im Falle einer Redezeitbeschränkung das rechtliche Gehör nicht mehr ausreichend gewährleistet sein könnte. Entgegen diesen Bedenken ist die Redezeit nunmehr auf ein Minimum beschränkt. Innerhalb von 15 oder 30 Minuten können die Prozeßvertreter der Parteien unmöglich das gesamte Vorbringen der Anhörungsberechtigten aus deren Stellungnahmen würdigen. Damit ist sowohl die schriftliche als auch die mündliche Möglichkeit, auf die Schriftsätze der anderen Verfahrensbeteiligten zu reagieren, unzureichend.

Dies verstößt auch gegen die Regelung des Art. 6 Abs. 1 EMRK, dessen Anwendbarkeit auf zivilrechtliche Verfahren und das Gemeinschaftsrecht bereits dargestellt wurde.[477] Art. 6 Abs. 1 EMRK gibt jedermann einen Anspruch darauf, daß seine Sache in billiger Weise öf-

---

474 Vgl. hierzu die vom EuGH veröffentlichten Hinweise für Prozeßvertreter unter C. 5., die allerdings auch die Möglichkeit vorsehen, daß eine Partei eine Ausnahme von dieser Begrenzung beantragt, „um die Gleichbehandlung der Parteien zu gewährleisten."

475 Plender in: Plender, European Courts Practice and Precedents, S. 437 f., Rdnr. 13-21.

476 Everling, Der Gerichtshof als Entscheidungsinstanz, S. 137 ff.

477 Siehe dazu oben unter. B. II. 3. b. cc.

fentlich und innerhalb einer angemessenen Frist gehört wird. Daraus ergibt sich ein Anspruch der Beteiligten auf Gelegenheit zur tatsächlichen und rechtlichen Äußerung, was voraussetzt, daß sie den Vortrag anderer Verfahrensbeteiligter zur Kenntnis mitgeteilt bekommen und darüber hinaus hinreichend Gelegenheit bekommen, dazu eine Stellungnahme abzugeben.[478] In zivilrechtlichen Verfahren reicht dazu die Möglichkeit zur Stellungnahme eines Prozeßvertreters in aller Regel aus.[479] Hier ist die Möglichkeit zur Stellungnahme dermaßen reduziert, daß ein Eingehen auf das Vorbringen der anderen Verfahrensbeteiligten eben nicht mehr ausreichend gewährleistet scheint.

Der Grundsatz des rechtlichen Gehörs ist jedoch nicht absolut, sondern unterliegt Einschränkungen. Die Einhaltung von Fristen, Formen und anderen Bedingungen seiner Ausübung werden als formelle Schranken dieses Rechts anerkannt.[480] Diese dürfen jedoch nicht soweit gehen, daß sie das rechtliche Gehör in seinem Wesensgehalt aushöhlen.[481] Die Redezeitbeschränkung stellt aber nicht nur eine formale Schranke dar, sondern macht eine umfassende Stellungnahme in der Regel unmöglich. Die Möglichkeit, eine Verlängerung zu beantragen, stellt demgegenüber eine eng begrenzte Ausnahmeregelung dar, so daß Zweifel daran bestehen, daß bloß eine formale Schranke im vorerwähnten Sinne vorliegt. Damit ist festzuhalten, daß die bisherige Gestaltung der Möglichkeit zur Stellungnahme auf erhebliche Bedenken unter dem Gesichtspunkt der Verpflichtung zur Beachtung des Rechts auf rechtliches Gehör trifft. Dem kann nur durch die ausreichende Gelegenheit zur Stellungnahme im mündlichen Verfahren oder besser noch durch die Möglichkeit der schriftsätzlichen Erwiderung abgeholfen werden.

d. Verstoß gegen das Recht auf ein faires Verfahren durch die bisherige Anhörungspraxis ?

Die Regelung des Art. 20 Abs. 2 Satzung EG könnte letztlich auch einen Verstoß gegen den im Europäischen Gemeinschaftsrecht zu beachtenden Grundsatz des „fair-trial" darstellen. Wie bereits dargestellt, verlangt auch der Grundsatz des „fair-trial", daß sowohl dem Kläger als auch dem Beklagten im Verfahren ausreichende, angemessene und gleiche Gelegenheit zur Stellungnahme in tatsächlicher und rechtlicher Sicht gegeben wird. Damit besteht eine inhaltliche Nähe zum Recht auf rechtliches Gehör. Unter dem Aspekt des „fair-trial" wird jedoch die Gegenüberstellung der Behandlung der beiden Parteien (des Ausgangsverfah-

---

478 Frowein/Peukert, EMRK, 2. Auflage, Art. 6, Rdnr. 72.

479 Frowein/Peukert, EMRK, 2. Auflage, Art. 6, Rdnr. 97.

480 EKMR, Entscheidung vom 11.12.1981, 8803/79, DR 26, S. 179 (Lingens/Leitgeb).

481 Golsong/Miehlser/Vogler, EMRK, Art. 6, Rdnr. 351.

rens) in den Mittelpunkt der Betrachtung gestellt, da hier insbesondere die Gleichheit der Rechte der Parteien betont wird. Dementsprechend wird im Rahmen des fair-trial-Prinzips von einer Verhandlung vor Gericht verlangt, daß die Parteien ihre Sache und ihre Ansicht über sie unter im wesentlichen gleichen Bedingungen vortragen können. Das bedeutet im großen und ganzen, daß jede Partei ihre Sache dem Gericht in angemessener Weise und unter nicht wesentlich ungünstigeren Bedingungen als die Gegenseite vortragen können muß.[482] Dies ist eine Ausprägung des Grundsatzes der Waffengleichheit, der das grundlegende Element des fair-trial-Prinzips darstellt, das auch in Streitsachen über zivilrechtliche Ansprüche und Verpflichtungen zu beachten ist.

Dadurch, daß die Parteien des Ausgangsverfahrens beide eine nicht verlängerbare Frist zur Einreichung eines Schriftsatzes von 2 Monaten erhalten, ist zumindest der Aspekt der Gleichheit erfüllt. Die Gleichheit besteht auch hinsichtlich der Tatsache, daß beide Seiten im Vorabentscheidungsverfahren die gleiche Möglichkeit zur Stellungnahme erhalten. Trotzdem besteht eine Ungleichheit, die auf die kurze Redezeit zurückzuführen ist. So wird etwa diejenige Partei benachteiligt, deren Rechtsposition in den Stellungnahmen der Dritten auf überwiegende Ablehnung stößt. Auf diese Ablehnung kann eben nur im Rahmen der kurzen Stellungnahmemöglichkeit bei der mündlichen Verhandlung eingegangen werden. Es steht jedoch außer Frage, daß - bei aller Qualität der mündlichen Verhandlung vor dem EuGH - Rechtsfragen in aller Regel nicht in 15 bzw. 30 Minuten erschöpfend dargestellt werden können. Damit ist die Chancengleichheit nicht gewahrt. Die Partei, die etwa sich auf die Unwirksamkeit eines Aktes eines anhörungsberechtigten Organs beruft, ist damit im Nachteil. Das gilt insbesondere weil das Vorabentscheidungsverfahren durch die Einmischung der anderen Anhörungsberechtigten Elemente eines streitigen Verfahrens erhält, da diese insoweit eingeladen sind, die Gültigkeit eventuell angegriffener Akte zu verteidigen.[483] Sie werden sich mit ihrer Stellungnahme in aller Regel subjektiv auf die eine oder andere Seite stellen. Aufgrund der fehlenden Stellungnahmemöglichkeit ist damit die Chance der anderen Partei schlechter. Die Waffengleichheit und damit das fair-trial-Prinzip sind damit nicht ausreichend gewahrt. Auch hier gilt, daß die ausreichende Gelegenheit zur Stellungnahme im mündlichen Verfahren oder besser noch die Möglichkeit der schriftsätzlichen Erwiderung diesen Mangel beheben würde.

---

482 Golsong/Miehsler/Vogler, EMRK, Art. 6, Rdnr. 342.

483 Bebr, 82 Mich. L. Rev., 1229, 1235.

e. Verstoß gegen das Gebot effektiven Rechtsschutzes durch die Einmischung Dritter ?

Hinsichtlich der Einmischung Dritter in den Rechtsstreit entstehen rechtsstaatliche Bedenken unter dem Gesichtspunkt der Sicherung eines effektiven Rechtsschutzes. Im Solange II-Beschluß hat das Bundesverfassungsgericht folgende Feststellung getroffen: *„Art. 19 Abs. 4 GG gebietet eine normative Ausgestaltung des Rechtsweges, die die umfassende Nachprüfung des Verfahrensgegenstandes in tatsächlicher und rechtlicher Hinsicht sowie eine dem Rechtsschutzbegehren angemessene Entscheidungsart verbürgt [...]; unbeschadet etwaiger Tatbestandswirkungen, Wertungs-, Gestaltungs- oder Ermessensrahmen der gesetzgebenden oder vollziehenden Gewalt schließt dies grundsätzlich eine Bindung der Gerichte an tatsächliche Beurteilungen des Einzelfalls seitens Dritter aus. Dies verwehrt indes nicht die normativ vorgesehene Bindung an die Entscheidung anderer Gerichte."*[484]

In das Vorabentscheidungsverfahren nach Art. 234 EGV (Art. 177 a.F.) mischen sich aber - neben dem hiermit angesprochenen Gerichtshof - vehement Dritte ein. So unter anderem die Mitgliedstaaten und die Kommission und u.U. der Rat. So kann es zu der Situation kommen, daß im Rahmen eines Vorabentscheidungsverfahrens einem Urteil Tatsachenbehauptungen der Kommission zugrundegelegt werden, auf die die anderen Prozeßbeteiligten, insbesondere die privaten Parteien, nicht mehr eingehen konnten.[485] Bei diesem Problem besteht eine enge Konnexität zu der Frage der Wahrung des rechtlichen Gehörs.

Sowohl die Kommission als auch die nationalen Regierungen werden in diesem Zusammenhang jeweils als *„amicus curiae"* angesehen.[486] Deren Verhalten ist in aller Regel jedoch anders zu bewerten. So nimmt etwa die Kommission in aller Regel keine abwägende Haltung ein, sondern neigt der Rechtsposition zu, die am ehesten den politischen Vorstellungen der Kommission entspricht. Zu Recht weist *Gilsdorf*[487] darauf hin, daß die Kommission nicht die Funktion eines Generalanwaltes einnimmt, der eine Abwägung der widerstreitenden Interessen vornimmt. Vielmehr nimmt die Kommission oftmals eine parteiische Stellung zugunsten des integrationsfreundlicheren Standpunkts ein. Ähnliches gilt auch für die Stellungnahme der Mitgliedstaaten bzw. der anderen Organe. Dabei ist zu berücksichtigen, daß

---

484 Hummer/Simma/Vedder/Emmert, Europarecht in Fällen, S. 114.

485 Deringer, Statement zu einer Verfahrensreform beim EuGH, 211, 213.

486 Im amerikanischen Recht kann bei „appeals" zu einem „U.S. Court of Appeals" ein „amicus curiae" bzw. Freund des Gerichts nach Fed.R.App.P. 29 zugelassen werden, jedoch nur, wenn die Parteien des Verfahrens der Zulassung zuvor zugestimmt haben oder das Gericht die Anhörung als notwendig zur Lösung des Falles betrachtet, es sei denn bei dem Freund des Gerichts handelt es sich um Vertreter der Bundesregierung. Für die Parteien besteht aber die Möglichkeit, sich zu den Ausführungen zu äußern.

487 Gilsdorf, Der Rechtsschutz vor dem EuGH aus der Sicht der Kommission, S. 163 ff.

im Vorabentscheidungsverfahren durch die Einmischung der vorerwähnten Dritten Elemente eines streitigen Verfahrens in das Verfahren eingeführt werden, da diese insoweit eingeladen sind, die Gültigkeit eventuell angegriffener Akte zu verteidigen.[488] Insgesamt erhalten dadurch Fremdinteressen einen schwerwiegenden Einfluß auf den Ausgang des Verfahrens. Zwar handelt es sich formal um einen objektiven Zwischenstreit, doch - wie bereits oben dargestellt - kommt diesem auch eine individualrechtsschützende Funktion zu und das Verfahren ist funktional - jedenfalls für den hier zu untersuchenden Fall - Bestandteil eines deutschen Zivilprozesses. Aufgrund der bestehenden Bindungswirkung, die ein Vorabentscheidungsurteil des EuGH für die Entscheidung der vorgelegten Rechtsfrage entfaltet, wird damit - wenn auch nur mittelbar - die Entscheidung des nationalen Gerichts im Ausgangsverfahren mitbestimmt.

Wird eine solche Einmischung Dritter nach deutschem Recht unter Umständen als Beeinträchtigung des Gebots eines effektiven Rechtsschutzes angesehen, so sagt dies noch nicht, daß dies auch für die Ebene des europäischen Rechts gilt. Hierzu ist danach zu fragen, ob auf europäischer Ebene ein allgemeiner Rechtsgrundsatz mit diesem Inhalt besteht. Aus der EMRK läßt sich ein solcher Grundsatz nicht direkt herauslesen. Auch läßt sich diese Frage nicht durch die Rechtsprechungspraxis des EGMR bei der Ausgestaltung des Gebots auf effektiven Rechtsschutz, die der EuGH anerkennt, ablesen. Somit verbleibt letztlich nur noch die Möglichkeit, daß sich ein solcher Rechtsgrundsatz aus einer wertenden Rechtsvergleichung gewinnen läßt. Dabei ist jedoch nicht zu erkennen, daß in den anderen Mitgliedstaaten konkrete Regelungen bzw. Äußerungen in der Rechtsprechung hinsichtlich des zulässigen Grades der Einmischung Dritter bestehen.

f. Verstoß gegen Art. 6 Abs. 1 EMRK durch den Verzicht auf die mündliche Verhandlung ?

Bedenken begegnet letztlich auch der neu eingeführte Verzicht auf die mündliche Verhandlung. Diese Reform des Verfahrens soll vor allem eine effizientere Gestaltung des Verfahrens ermöglichen. Insofern war die Verzichtsmöglichkeit auch in der Literatur nachdrücklich gefordert worden.[489] Die Satzung EG schrieb früher in Art. 18 und Art. 34 für alle Rechtssachen, insbesondere auch für Direktklagen und das Vorabentscheidungsverfahren, eine mündliche Verhandlung und öffentliche Verkündung des Urteils vor. Ein Verzicht auf die mündliche Verhandlung war danach auch mit Zustimmung der Beteiligten nicht möglich. Mit der Reform der VerfO-EuGH ist die Möglichkeit, von der mündlichen Verhandlung abzuse-

---

488 Bebr, 82 Mich. L. Rev., 1229, 1235.

489 Bülow, EuR 1980, 307, 319.

hen, gemäß Art. 44a, 104 § 4, 120 VerfO-EuGH nicht nur für Klageverfahren, sondern auch für das Vorabentscheidungsverfahren sowie das Rechtsmittelverfahren eingeführt worden. Von einer mündlichen Verhandlung wird demgemäß in Vorabentscheidungsverfahren dann abgesehen, wenn die Vorlagefrage offenbar mit einer schon entschiedenen Frage übereinstimmt, oder keiner der Beteiligten, die sich schriftlich zu der Sache äußern können, eine mündliche Verhandlung beantragt (Art. 104 § 4 VerfO-EuGH).

Die Möglichkeit, auf die mündliche Verhandlung zu verzichten, begegnet jedoch einigen Bedenken. So spricht gegen eine Verzichtsmöglichkeit, daß die mündliche Verhandlung im Rahmen des Vorabentscheidungsverfahrens für die Parteien des Ausgangsverfahrens als Anhörungsberechtigte die erste und einzige Möglichkeit bietet, sich zu den Schriftsätzen der Gegenseite bzw. Dritter zu äußern.[490] Die mündliche Verhandlung stellt damit die einzige Möglichkeit zur Wahrung des rechtlichen Gehörs gegenüber den Stellungnahmen der Gegenseite bzw. der Kommission, des Rates und der beteiligten Mitgliedstaaten dar. Hierauf hat man allerdings bei der Einführung des Verzichts Rücksicht genommen und den Verzicht so gestaltet, daß zuvor eine Kenntnisnahme des Inhalts der Stellungnahmen gewährleistet ist. In der Praxis des Gerichtshofes werden die Beteiligten anläßlich der Zustellung der Schriftsätze der anderen Verfahrensbeteiligten auf die Möglichkeit hingewiesen, daß keine mündliche Verhandlung durchgeführt wird, wenn keiner der Verfahrensbeteiligten dies beantragt.[491] Zwar ist damit eine Beeinträchtigung des Anspruchs auf rechtliches Gehör unter dem Gesichtspunkt der Dritteinmischung ausgeschlossen. Problematisch könnte sich die Zulässigkeit eines solchen Anhörungsverzichts jedoch bei Berücksichtigung der Schutzwirkung der EMRK unter dem Gesichtspunkt der Öffentlichkeit der Verhandlung ergeben. Wie schon ausgeführt, gelten die Regelungen der EMRK - insbesondere auch Art. 6 Abs. 1 S. 1 - als allgemeine Rechtsgrundsätze des Gemeinschaftsrechts. Nach Art. 6 Abs. 1 S. 1 EMRK hat jedermann Anspruch darauf, daß seine Sache „[...] *öffentlich* [...] *gehört wird.*" Öffentlichkeit im Sinne dieser Regelung bedeutet Volksöffentlichkeit.[492] Der EGMR - dessen Auslegung der EuGH respektiert - hat dies ausdrücklich festgestellt und die Volksöffentlichkeit als Grundprinzip jeder demokratischen Gesellschaft sowie als Mittel zur Förderung des Vertrauens in die Rechtsprechung im allgemeinen und zur Sicherung eines fairen Verfahrens durch öffentliche Kontrolle im besonderen bezeichnet.[493] Der Grundsatz der Mündlichkeit blieb in Art. 6 Abs. 1 EMRK unerwähnt, doch ist er die unentbehrliche Voraussetzung für die Teil-

490 In diesem Sinne auch: Gündisch, Rechtsschutz in der Europäischen Gemeinschaft, S. 109; Koenig/Sander, Einführung in das EG-Prozeßrecht, S. 56, Rdnr. 112.

491 Siehe dazu: Hakenberg/Stix-Hackl, Handbuch zum Verfahren vor dem Europäischen Gerichtshof, S. 142, die darauf hinweisen, daß ein Antrag auf Abhaltung einer mündlichen Verhandlung schriftlich zu erfolgen hat.

492 Golsong/Miehlser/Vogler, EMRK, Art. 6, Rdnr. 331.

493 EGMR, A/71 § 21 (Fall Pretto), Urteil v. 8.12.1983; A/72 § 25 (Fall Axen), Urteil v. 8.12.1983; A/74 § 26 (Fall Sutter), Urteil v. 22.4.1984; A/80 § 91 (Fall Campbell u. Fell), Urteil v. 28.6.1984.

nahme der Allgemeinheit an einem Verfahren. Das schließt die Schriftlichkeit von Verfahrensteilen nicht aus, macht aber eine mündliche Verhandlung, in der die schriftlichen Verfahrensteile erörtert werden können, notwendig.[494] Dementsprechend findet auch im Rahmen des Vorabentscheidungsverfahrens eine öffentliche mündliche Verhandlung statt, von der gemäß Art. 28 Satzung EG nur aus wichtigen Gründen abgesehen werden kann.

Wenn nun Öffentlichkeit des Verfahrens Volksöffentlichkeit bedeutet, entsteht die Frage, wem das Recht zusteht, auf eine öffentliche Verhandlung zu verzichten und ob die Parteien - wie dies in verschiedenen staatlichen Prozeßordnungen vorgesehen ist – dazu imstande sind. Die Beurteilung hängt insbesondere auch von der Bedeutung des Verfahrens ab.[495] Wie oben bereits zu sehen war, fällt diese Entscheidung bei Vorabentscheidungsverfahren nicht ganz leicht, da es sowohl dem objektiven Ziel der Harmonisierung und einheitlichen Anwendung des Gemeinschaftsrechts als auch dem subjektiven Ziel des Individualrechtsschutzes dient. Letztlich kommt es darauf an, welcher Aspekt überwiegt. Dazu kann jedoch keine generelle Feststellung gemacht werden, da dies von Fall zu Fall unterschiedlich ist. So hat auch der EGMR entschieden, daß es bei der Bewertung des Rechts auf Öffentlichkeit immer auch auf die besonderen Umstände des Einzelfalls ankommt.[496]

Bemerkenswert ist diese Ausgestaltung des Verzichts jedoch im Hinblick auf die Dispositionsmaxime. In einem normalen zivilrechtlichen Verfahren vor einem nationalen Gericht begegnet der Verzicht auf die mündliche Verhandlung schon im Hinblick auf die geltende Dispositionsmaxime keinen größeren Bedenken. Die Geltung der Dispositionsmaxime im Vorabentscheidungsverfahren wurde jedoch bisher vom EuGH ausdrücklich abgelehnt. Trotzdem gibt man mit dem Verzicht den Parteien des Ausgangsverfahrens ein Stück Herrschaft über das Verfahren. Unter dem Diktat der Effizienzsteigerung scheint man über diese systematische Inkongruenz hinwegsehen zu können. Insoweit hier aber die Auffassung vertreten wird, daß es sich bei Vorabentscheidungsverfahren insbesondere auch um ein - wenn auch unvollkommen gestaltetes - Instrument des Individualrechtsschutzes handelt, erscheint ein Verzicht im Hinblick auf die zu beachtende Dispositionsbefugnis der Parteien des Ausgangsverfahrens bzw. der Anhörungsberechtigten durchaus hinnehmbar.

---

494 Golsong/Miehlser/Vogler, EMRK, Art. 6, Rdnr. 332.

495 EGMR, A/71 § 21 (Fall Pretto), Urteil v. 8.12.1983; A/72 § 25 (Fall Axen), Urteil v. 8.12.1983.

496 EGMR, A/71 § 21 (Fall Pretto), Urteil v. 8.12.1983; A/72 § 25 (Fall Axen), Urteil v. 8.12.1983; Golsong/Miehlser/Vogler, EMRK, Art. 6, Rdnr. 333.

Letztlich fragt sich nur, ob die effizienzsteigernde Wirkung dieses Verzichts wirklich eintritt, da es aus anwaltlicher Sicht nur in besonderen Fällen ratsam erscheint, auf die mündliche Erörterung zu verzichten. Insbesondere die Stellungnahmen der Verfahrensbeteiligten, die nicht am Ausgangsverfahren teilgenommen haben, dürften in aller Regel Anlaß zur Replik geben. Dies ist bislang aber nur im Rahmen der mündlichen Verhandlung möglich. Ein Verzicht würde den Parteien jedoch dann leichter fallen, wenn ihnen die Möglichkeit offenstände, auf die Schriftsätze der anderen Parteien nochmals durch einen Schriftsatz zu reagieren. Dies erscheint aus der Sicht der Parteien gegenüber der Möglichkeit, in der mündlichen Verhandlung zu replizieren, ohnehin als weitaus attraktiver, da die Redezeit der Prozeßvertreter mittlerweile rigoros beschränkt wird. Damit läßt sich im Ergebnis feststellen, daß durch die Möglichkeit zum Verzicht auf die mündliche Verhandlung kein genereller Verstoß gegen Art. 6 Abs. 1 EMRK erkennbar ist. Im Einzelfall mag dies wegen des Überwiegens des Interesses der Volksöffentlichkeit anders zu bewerten sein.

C. Fazit zur rechtsstaatlichen Fundierung des Vorabentscheidungsverfahrens

Bei der Ermittlung der Verfahrensgrundrechte und –grundsätze sind, ausgehend von dem Grundsatz des Vorrangs des Gemeinschaftsrechts, eigene europäische Grundrechte für die Verfahren vor dem EuGH zu ermitteln. Wie schon das Bundesverfassungsgericht in seinem Solange II-Beschluß feststellte, ist durch die Rechtsprechungstätigkeit des EuGH ein Katalog europäischer Grundrechte herausgearbeitet worden. Der EuGH stützt sich dabei auf die allgemeinen Rechtsgrundsätze des Gemeinschaftsrechts. Diese werden zum einen durch wertende Rechtsvergleichung und zum anderen aus der Europäischen Menschenrechtskonvention gewonnen. So hat der EuGH etwa das Grundrecht auf Gewährleistung eines effektiven Rechtsschutzes auf europäischer Ebene auf Art. 6 und 13 EMRK gestützt. Aber auch die Wahrung des rechtlichen Gehörs, das fair-trial-Prinzip und der Grundsatz der Parteiherrschaft sind mittlerweile auf europäischer Ebene anerkannt.

Legt man die sich daraus ergebenden Verfahrensgrundrechte und –grundsätze bei der Betrachtung des Vorabentscheidungsverfahrens zugrunde, so begegnet die augenblickliche Ausgestaltung des Vorabentscheidungsverfahrens in einigen Punkten rechtsstaatlichen Bedenken. Insbesondere die eingeschränkten Möglichkeiten der Parteien des Ausgangsverfahrens, im Vorabentscheidungsverfahren schriftlich oder mündlich Stellung zu nehmen, kollidieren in vielfacher Hinsicht gegen die Verfahrensgrundrechte, die den Parteien beim Verfahren vor dem EuGH zustehen. Die Verfahrensgestaltung, nach der die Parteien des Ausgangsverfahrens sich nicht schriftsätzlich auf die Stellungnahmen der anderen Verfahrensbeteiligten hin äußern dürfen und auch im Rahmen des mündlichen Verfahrens nur mit eng begrenzter Redezeit reagieren können, begegnet rechtsstaatlichen Bedenken sowohl unter dem Gesichtspunkt des Rechts auf Wahrung des rechtlichen Gehörs als auch unter dem Gesichtspunkt des Rechts auf ein faires Verfahren.

Des weiteren sollte man aufgrund der ambivalenten Funktion des Vorabentscheidungsverfahrens als Harmonisierungsinstrument und unvollkommenes Rechtsschutzinstrument auch in diesem Verfahren von einer Geltung der Dispositionsmaxime als Ausprägung des Grundsatzes der Parteiherrschaft ausgehen. Dieser Grundsatz ist bislang weitgehend ignoriert worden. Lediglich bei der Verzichtsmöglichkeit auf die mündliche Verhandlung sind Elemente der Parteiherrschaft auszumachen. Dies wird jedoch der Rechtsschutzfunktion des Vorabentscheidungsverfahrens nicht gerecht. Insoweit ist eine Verbesserung des Parteieinflusses zu fordern. Die Einführung einer Individualvorlage könnte hier Abhilfe schaffen.

3. Teil: Die Einfügung des Vorabentscheidungsverfahrens in den prozessualen Rahmen des deutschen Zivilprozeßrechts

Im folgenden Teil soll untersucht werden, wie sich das Vorabentscheidungsverfahren nach Art. 234 EGV (Art. 177 a.F.) - insbesondere vor dem Hintergrund der auch im zivilrechtlichen Bereich vorhandenen Rechtsschutzfunktion - in den deutschen Zivilprozeß und die Regeln der deutschen Zivilprozeßordnung einfügt. Wie schon dargestellt, ist das Vorabentscheidungsverfahren als Zwischenverfahren innerhalb des bestehenden nationalen Rechtsstreits gestaltet. Es bildet demnach bei seiner Durchführung einen Teilausschnitt des nationalen Rechtsstreits.[497] Von besonderem Interesse ist dabei die Frage, wie sich im Konfliktfall Widersprüche zwischen nationalem Verfahrensrecht und europarechtlichen Erfordernissen in Einklang bringen lassen. Überprüft werden soll, ob und inwieweit ein prozessual schlüssiges Rechtsmittelsystem beim Zusammenwirken zwischen dem deutschen Zivilgericht und dem EuGH geschaffen wurde und ob dieses in allen Belangen den Erfordernissen eines effektiven Rechtsschutzes gerecht wird.

A. Das Kooperationsverhältnis zwischen EuGH und dem vorlegenden nationalen Gericht

Wurde im 2. Teil dieser Arbeit bereits das Verhältnis zwischen dem nationalen Recht und dem Gemeinschaftsrecht sowie der europäischen und der nationalen Gerichtsbarkeit geklärt, so soll an dieser Stelle speziell das Kooperationsverhältnis zwischen EuGH und nationalem Zivilgericht untersucht werden. Das Grundgesetz enthält keine Regelung darüber, wie die Gemeinschaftsgerichtsbarkeit auf die nationale Gerichtsbarkeit einwirken soll. Dies ist auch nicht weiter verwunderlich, geht das Grundgesetz doch in seinen Artikeln 1 ff., 19 Abs. 4, 92 ff. und 101 grundsätzlich von einem gleichmäßigen und lückenlosen materiellen und verfahrensrechtlichen Individualrechtsschutz für alle Rechtsunterworfenen im Geltungsbereich des Grundgesetzes vor den deutschen Gerichten aus.[498] Allerdings gestattet Art. 24 Abs. 1 i.V.m. Art. 101 Abs. 2 GG das Eindringen der europäischen Gerichtsbarkeit in die Geschlossenheit und Ausschließlichkeit der deutschen Judikative, ohne daß dabei die näheren Modalitäten geregelt wären.

---

497 Insoweit wohl anderer Ansicht: Oppermann/Hiermaier, JuS 1980, 782, 788, die die Einordnung in einen Rechtszug betonen.

498 Vgl. dazu: Erler, VVDStRL, Heft 18, 8, 24 f.

Ausgangspunkt für die Betrachtung dieses Verhältnisses ist die Feststellung, daß im Rahmen des Vorabentscheidungsverfahrens zwischen dem EuGH und dem vorlegenden nationalen Gericht kein hierarchisches, sondern vielmehr ein kooperatives Verhältnis besteht, daß sich am besten als Verfahren von Richter zu Richter kennzeichnen läßt.[499] Dabei bleibt das vorlegende Gericht „Herr des Verfahrens", indem es Fragen formuliert, an die der EuGH grundsätzlich gebunden ist.[500]

Der das Verfahren beherrschende Geist richterlicher Zusammenarbeit verpflichtet sowohl den EuGH, den Verantwortungsbereich des innerstaatlichen Gerichts zu respektieren, als auch das innerstaatliche Gericht, auf die besondere Aufgabe Rücksicht zu nehmen, die der EuGH im Bereich von Art. 234 EGV (Art. 177 a.F.) erfüllt.[501] Im Unterschied zu streitigen Verfahren ist das von der richterlichen Zusammenarbeit geprägte Vorabentscheidungsverfahren weitaus weniger formal gestaltet. So formuliert der EuGH, im Interesse des Ziels der gemeinsamen Rechtsfindung, häufig Fragen um, für deren Beantwortung er nicht zuständig ist und beantwortet Auslegungsfragen, die in Wahrheit die Gültigkeit der betroffenen Rechtsakte nicht unmittelbar berühren[502] oder läßt während des Verfahrens noch weitere Fragen des vorlegenden Gerichts zu[503]. Hier liegt jedoch auch eines der wesentlichen Probleme des Vorabentscheidungsverfahrens, da diese wenig formale Gestaltung andererseits die nationalen Gerichte, die wenig oder gar keine Erfahrung mit Vorabentscheidungsersuchen haben, nicht ausreichend vor den vorhandenen „Stolpersteinen" warnt.[504] Eine besondere Problematik stellt in diesem Zusammenhang die Darlegung des Sach- und Streitstandes durch das vorlegende Gericht dar. Das vorlegende Gericht ist nach Ansicht des EuGH verpflichtet, den für das Ausgangsverfahren relevanten Sachverhalt zusammenzufassen.[505] Darüber hinaus hat der nationale Richter darzulegen, warum er die Beantwortung der Vorlagefragen für die Entscheidung in der betroffenen Sache für erforderlich hält.[506] Hierbei verkennen die nationalen Richter jedoch oftmals ihre „Bringschuld", was als einer der Hauptgründe

---

499 Wohlfahrt in: Grabitz/Hilf, EGV, Art. 177, Rdnr. 3.

500 Es wird jedoch darauf hingewiesen, daß der EuGH in den Fällen, in denen eine Frage nicht zweckmäßig gestellt erscheint, umformuliert: Gündisch, Rechtsschutz in der Europäischen Gemeinschaft, S. 107; in diesem Sinne auch: Everling, Das Vorabentscheidungsverfahren vor dem Gerichtshof der Europäischen Gemeinschaften, S. 56.

501 EuGH, Rs. 244/80 (Foglia ./. Novello II), Slg. 1981, S. 3045 - 3077.

502 EuGH, Rs. 16/65 (Schwarze ./. Einfuhr- und Vorratsstelle), Slg. 1965, S. 1152 - 1170.

503 EuGH, Rs. 50/80 (Horvath ./. Hauptzollamt), Slg. 1981, S. 385 - 407.

504 Darauf weist insbesondere hin: Wägenbauer, EuZW 2000, S. 37 – 42, der ausführlich auf die Unwägbarkeiten im Informationsaustausch zwischen den Gerichten eingeht.

505 EuGH, verb. Rs. C-34/95 bis C-36/95 (De Agostini und Konsumentombudsmannen ./. TV-Shop i Sverige AB), Slg. 1998, I-4261, I-4266.

506 EuGH, verb. Rs. C-128/97 und C-137/97 (Italia Testa und Mario Modesti), Slg. 1998, I-2181, I-2188.

für das Scheitern von Vorabentscheidungsersuchen anzusehen ist, da die vorlegenden Gerichte sich zum Teil auch zu sehr darauf verlassen, daß sich der EuGH aus den übermittelten Akten schon das Notwendige herausfiltern werde.[507] Darauf können sich die nationalen Gerichte aber nicht verlassen, denn nur ein Teil der Unterlagen wird letztlich übersetzt und der Umgang mit den nationalen Prozeßakten dürfte auch den EuGH jedesmal wieder vor neue Probleme stellen. Hier besteht noch ein erheblicher Verbesserungsbedarf bei der Einleitung der richterlichen Zusammenarbeit.

Für das Verhältnis zwischen EuGH und dem nationalen Gericht ist aber nicht nur das Stadium der Verfahrenseinleitung, sondern auch das Verhältnis nach Vorliegen eines abschließenden Urteils von entscheidender Bedeutung. Insbesondere ist hier die Frage nach der Wirkung des Vorabentscheidungsurteils auf das nationale Verfahren und auf anderweitige nationale Rechtsstreitigkeiten zu betrachten. Da der Gerichtshof gemäß Art. 234 Abs.1 EGV (Art. 177 Abs. 1 a.F.) über die Auslegung des EG-Vertrages und über Gültigkeit und Auslegung der Handlungen der Organe der Gemeinschaft und der EZB „entscheidet" und damit über eine im Vorabentscheidungsverfahren ihm unterbreitete Rechtsfrage befindet, handelt es sich bei seinem Urteil nicht um eine bloße Empfehlung, sondern um eine rechtskräftige und das vorlegende Gericht bindende Entscheidung.[508] Diese Bindungswirkung erstreckt sich nicht nur auf das vorlegende Gericht, sondern auf sämtliche Gerichte, die in derselben Sache zu entscheiden haben.[509] Die Bindungswirkung hindert die Gerichte jedoch nicht, den EuGH erneut anzurufen, um eine weitere Klärung der für sie relevanten gemeinschaftsrechtlichen Fragen herbeizuführen.[510] Eine neuerliche Vorlage kommt dann in Betracht, wenn das nationale Gericht bei der Anwendung des Urteils Schwierigkeiten hat, wenn es dem EuGH eine weitere Rechtsfrage stellt oder wenn es ihm neue Gesichtspunkte unterbreitet, die den EuGH veranlassen könnten, eine Frage, über die er bereits entschieden hat, anders zu entscheiden.[511]

Fraglich ist des weiteren, welche Wirkung dem Vorabentscheidungsurteil für nicht mit dem Ausgangsverfahren identische Rechtsstreitigkeiten zukommt. Hierzu enthält Art. 234 EGV (Art. 177 a.F.) keine Regelung. Handelt es sich um ein Auslegungsurteil, so kann man

---

507 Vgl. hierzu: Wägenbauer, EuZW 2000, 37, 41.

508 EuGH, Rs. 52/76 (Benedetti), Slg. 1977, 163, 183; so auch: Fastenrath, JA 1986, 283, 284; Nachbauer, JZ 1992, S. 354; Lenz, EuZW 1993, 10, 11; Schlachter, Der Europäische Gerichtshof und die Arbeitsgerichtsbarkeit, S. 53.

509 Wohlfahrt in: Grabitz/Hilf, Art. 177, Rdnr. 70; Beckmann, Probleme des Vorabentscheidungsverfahrens nach Art. 177 EWG-Vertrag, S. 96; Lieber, Über die Vorlagepflicht des Art. 177 EWG-Vertrag und deren Mißachtung, S. 119 f.; Schaub, NJW 1994, S. 84.

510 EuGH, Rs. 14/86 (Pretore di Salò), Slg. 1987, 2545, 2568 m.w.N.

511 EuGH, Rs. 69/85 (Wünsche Handelsgesellschaft mbH & Co. ./. Bundesrepublik Deutschland), Slg. 1986, 947, 953 (Wünsche III); EuGH, Rs. 14/86 (Pretore di Salò), Slg. 1987, 2545, 2568 f.

als gesichert ansehen, daß die mitgliedstaatlichen Gerichte jedenfalls berechtigt sind, eine von dem EuGH in einem anderen Verfahren gefundene Auslegung des Gemeinschaftsrechts der von ihnen zu treffenden Entscheidung zugrundezulegen.[512] Das ergibt sich aus dem Wesen der Auslegung, die der Ermittlung des Inhalts und der Reichweite gemeinschaftsrechtlicher Vorschriften dient sowie dem Gebot der einheitlichen und gleichmäßigen Anwendung des Gemeinschaftsrechts.[513] Insbesondere sind die letztinstanzlichen Gerichte nach Art. 234 Abs. 3 EGV (Art. 177 Abs. 3 a.F.) verpflichtet, das Gemeinschaftsrecht in der vom EuGH gefundenen Auslegung anzuwenden und in dem Fall, daß sie Zweifel an der Richtigkeit hegen, erneut eine Vorlage an den EuGH zu richten.[514]

Umstritten ist allerdings die Frage, ob eine derartige Bindungswirkung auch die unteren mitgliedstaatlichen Gerichte trifft.[515] Mangels Allgemeinverbindlichkeit eines Vorabentscheidungsurteils wird eine Bindungswirkung der Entscheidung auch für nichtvorlagepflichtige Gerichte in der Regel nur unter Hinweis auf prozeßökonomische Gesichtspunkte und die Leitfunktion des Vorabentscheidungsurteils begründet.[516] Es wird jedoch angezweifelt, wie sich daraus eine Bindungswirkung für unterinstanzliche Gerichte ergeben soll.[517] Von den Befürwortern[518] einer solchen Bindungswirkung wird darauf hingewiesen, daß, wenn die Entscheidung nicht „erga omnes" wirken würde, im Gemeinschaftsrecht eine Spaltung entstehen könne, *„die der vom EuGH stets unterstrichenen Einheit der Auslegung und Anwendung des Gemeinschaftsrechts strikt widerspräche."* Unabhängig vom Ergebnis des vorgenannten Streits wird man zumindest von einer präjudiziellen Wirkung, ähnlich der Rechtsprechung nationaler Obergerichte, ausgehen müssen. Dies gilt insbesondere auch wegen der Verpflichtung zu gemeinschaftsfreundlichem Verhalten, die in Art. 10 EGV (Art. 5 a.F.) verankert ist und die auch von den nationalen Gerichten zu beachten ist.

Je nach Standpunkt in dem vorerwähnten Streit wird man entweder davon ausgehen, daß ein Untergericht, welches von der Rechtsprechung des EuGH abweicht, selbst zu einer Vor-

---

512 Wohlfahrt in: Grabitz/Hilf, EGV, Art. 177, Rdnr. 71; Fastenrath, JA 1986, 283, 284; Nachbauer, JZ 1992, 351, 354.

513 EuGH Rs. 66/80 (International Chemical Corporation ./. Amministrazione delle Finanze dello Stato), Slg. 1981, 1191, 1215.

514 EuGH, Rs. 283/81 (C.I.L.F.I.T. ./. Ministero della sanità) Slg. 1982, 3415, 3429.

515 Einen Überblick über den Streitstand gibt: Bleckmann, Europarecht, 6. Auflage, S. 342 - 345, Rdnr. 992 – 1004.

516 Everling, Das Vorabentscheidungsverfahren vor dem Gerichtshof der Europäischen Gemeinschaften, S. 66; Wohlfahrt in: Grabitz/Hilf, EGV, Art. 177, Rdnr. 73.

517 Streil, Das Vorabentscheidungsverfahren als Bindeglied zwischen europäischer und nationaler Rechtsprechung, 69, 78 f.; Lieber, Über die Vorlagepflicht des Art. 177 EWG-Vertrag und deren Mißachtung, S. 124 f.

518 Siehe hierzu insbesondere: Bleckmann, Europarecht, 6. Auflage, S. 344, Rdnr. 1002.

lage an den EuGH verpflichtet ist[519] oder aber wenigstens der dadurch beschwerten Partei ein Berufungs- oder Revisionsgrund zusteht. In dem Rechtsmittelverfahren wird das Rechtsmittelgericht entweder die Rechtsprechung des EuGH übernehmen und das Urteil der vorhergehenden Instanz aufheben oder aber den EuGH erneut anrufen mit dem Ergebnis, daß die hierauf ergehende Vorabentscheidung nunmehr wiederum alle mit dem Ausgangsrechtsstreit befaßten Gerichte bindet.

Insoweit die nationalen Gerichte nicht berechtigt sind, die Ungültigkeit gemeinschaftsrechtlicher Regelungen festzustellen,[520] sind sie an Vorabentscheidungsurteile aus anderen Verfahren, die die Gültigkeit eines bestimmten Rechtsaktes betreffen, gebunden, da ihnen generell die Kompetenz fehlt, selbständig die Unwirksamkeit eines solchen Rechtsaktes festzustellen.[521] Dies ergibt sich schon aus dem Erfordernis der einheitlichen Wirkung und Anwendung des Gemeinschaftsrechts durch die nationalen Gerichte. Diese sind damit gezwungen, sich entweder der Rechtsprechung des EuGH anzuschließen oder ein erneutes Vorabentscheidungsersuchen an den EuGH zu richten. Bei Gültigkeitsentscheidungen kann die Bindungswirkung trotzdem in Frage gestellt sein, weil der EuGH sich auf die Überprüfung der in der Vorlagefrage angeführten Gesichtspunkte beschränkt.[522]

Eindeutiger verhält sich die Rechtslage, wenn der EuGH die Ungültigkeit einer gemeinschaftsrechtlichen Vorschrift festgestellt hat. Im Unterschied zu Auslegungsurteilen und Urteilen, mit denen die Gültigkeit einer Vorschrift bejaht wird, entfalten Urteile, die die Ungültigkeit einer Vorschrift feststellen, unzweifelhaft eine allgemeine Bindungswirkung,[523] durch die sie sich von den sonstigen Vorabentscheidungen abheben.

Der EuGH ist jedoch nicht berechtigt, Urteile der nationalen Gerichte aufzuheben bzw. abzuändern. Dies ergibt sich aus der Entscheidung der Gründerväter, daß der EuGH nicht die Funktion eines Kassationshofes einnimmt und damit kein Über- bzw. Unterordnungsverhältnis zu den nationalen Gerichten besteht. Somit ist der klagende Bürger auf die Rechtsschutzinstrumentarien des nationalen Rechts verwiesen, wenn er eine konkrete Entscheidung seines Falles erreichen will. Von entscheidender Bedeutung für die Umsetzung des europäischen Rechtsschutzes ist somit die Gestaltung des nationalen Prozeßrechts mit seinen jeweiligen Rechtsmitteln.

---

519 Eine sich daraus ergebende Vorlagepflicht nimmt an: Bleckmann, Europarecht, 6. Auflage, S. 344, Rdnr. 1001.

520 EuGH Rs. 314/85 (Foto-Frost ./. Hauptzollamt Lübeck-Ost), Slg. 1987, 4199, 4232.

521 Wohlfahrt in: Grabitz/Hilf, Art. 177, Rdnr. 72 f.

522 Siehe dazu: EuGH, Rs. 15/83 (Denkavit ./. Hoofproduktschap), Slg. 1984, S. 2171.

523 Beutler/Bieber/Pipkorn/Streil, Die Europäische Union, 4. Auflage, S. 245.

B. Rechtsmittel gegen Vorlageentscheidungen der Gerichte nach deutschem Zivilprozeßrecht

Ein für den Individualrechtsschutz bedeutender Aspekt ist demnach die Möglichkeit der Parteien, gegen die Vorlageentscheidung bzw. Nichtvorlageentscheidung der Gerichte in den jeweiligen Verfahrensstadien Rechtsmittel einlegen zu können. Art. 234 Abs. 2 EGV (Art. 177 Abs. 2 a.F.), der eine Vorlage in das Ermessen des nationalen Gerichts stellt, steht nach Auffassung des EuGH den innerstaatlichen Rechtsmitteln bei ihrer Anwendung gegenüber der Vorlageentscheidung eines nationalen Gerichts im allgemeinen nicht entgegen,[524] obwohl hierdurch das Recht des vorlegenden Gerichts beschnitten wird, sich unmittelbar an den EuGH zur Klärung gemeinschaftsrechtlicher Vorfragen zu wenden.

Im folgenden sollen sowohl die ordentlichen als auch die außerordentlichen Rechtsmittel des deutschen Zivilprozeßrechts auf ihre Anwendbarkeit, ihre Wirksamkeit und - im Problemfall - ihre Vereinbarkeit mit dem Gemeinschaftsrecht hin untersucht werden.

I. Die Berufung bei fehlender Vorlage im erstinstanzlichen Verfahren

Zunächst einmal ist es den Parteien eines zivilrechtlichen Rechtsstreits unbenommen, im Falle einer erstinstanzlichen Entscheidung diese sowohl in tatsächlicher als auch in rechtlicher Hinsicht überprüfen zu lassen, wenn eine Beschwer der betreffenden Partei vorliegt.[525] Beim Beklagten liegt sie in aller Regel bei einer Verurteilung vor. Beim Kläger wird hingegen eine formelle Beschwer vorausgesetzt.[526] Diese ist anzunehmen, wenn die Verurteilung keinen vollstreckungsfähigen Inhalt hat oder dem Klageantrag nicht in vollem Umfang stattgegeben wurde[527]. Sollte nun ein erstinstanzliches Gericht eine Entscheidung über eine europarechtlich problematische Frage erlassen, ohne dem EuGH vorzulegen, so könnte eine beschwerte Partei Berufung gegen dieses Urteil mit der Begründung einlegen, daß die europarechtliche Streitfrage nicht richtig durch das erstinstanzliche Gericht entschieden worden ist. Voraussetzung dafür ist jedoch, daß die Berufungssumme des § 511a ZPO erreicht wird. Ist dies nicht der Fall, so ist die Berufung nur in den eng umgrenzten Ausnahmefällen des §

---

524 EuGH Rs. 13/61 (Kledingverkoopbedrijf ./. Bosch GmbH) Slg. 1962, 97, 109 - 111; Rs. 31/68 (Chanel ./. Cepeha), Slg. 1970, S. 403; Rs. 146/73 (Rheinmühlen-Düsseldorf ./. Einfuhr- und Vorratsstelle Getreide) Slg. 1974, 139, 147.

525 Gummer in: Zöller, ZPO, Vor § 511, Rdnr. 8 ff.; Reichold in: Thomas/Putzo, ZPO, 22. Auflage, Vorbem. § 511, Rdnrn. 16-32, der darauf hinweist, daß in Ausnahmefällen trotz Beschwer das Rechtsschutzbedürfnis fehlen kann.

526 BGH NJW 1991, S. 704.

527 BGH NJW 1958, S. 995; siehe auch: Daig, FS Hans Kutscher (1981), 79, 91.

511a Abs. 2 ZPO statthaft, der eine Berufung in Mietsachen zuläßt, auch wenn die Berufungssumme nicht erreicht wird. Diese Bestimmung greift in der Regel aber nicht ein.

Ist damit die Berufung wegen Nichterreichens der Berufungssumme ausgeschlossen, so fragt sich, ob es sich bei dem erstinstanzlichen Urteil um ein letztinstanzliches Urteil im Sinne des Art. 234 Abs. 3 EGV (Art. 177 Abs. 3 a.F.) handelt, so daß das erstinstanzliche Gericht vorlagepflichtig gewesen wäre. Dies wiederum bestimmt sich nach der umstrittenen Frage, ob letztinstanzlich abstrakt bzw. institutionell oder konkret bzw. funktionell zu verstehen ist. Folgt man der wohl überwiegenden konkreten Auffassung, so ist davon auszugehen, daß das erstinstanzliche Gericht vorlagepflichtig gewesen wäre. Es kommen dann nur noch außerordentliche Rechtsmittel, etwa eine Verfassungsbeschwerde wegen Verletzung des gesetzlichen Richters, in Betracht. Ist die Berufung aber zulässig, so kann der Berufungskläger darauf hinwirken, daß bei Nichtvorlage einer europarechtlichen Streitfrage in der ersten Instanz wenigstens das Berufungsgericht diese Frage dem EuGH vorlegt.

II. Die Beschwerde gegen die Vorlageentscheidung des Gerichts

Will eine Partei nicht erst bis zur Berufungsverhandlung abwarten und gegen eine – seiner Auffassung nach – fehlerhafte Vorlageentscheidung eines Gerichts vorgehen, so stellt sich die Frage, ob ihr dabei die Möglichkeit der Beschwerde offensteht. Im deutschen Zivilprozeßrecht kommt dabei nur die Beschwerde gegen den Vorlagebeschluß in Betracht. Gemäß § 252 ZPO besteht die Möglichkeit, einen Aussetzungsbeschluß mit der einfachen Beschwerde nach § 567 ZPO und die Ablehnung der Aussetzung mit einer sofortigen Beschwerde nach §§ 577 ZPO, 78 ArbGG anzufechten. Die Anwendbarkeit dieser Regeln auf die Vorlageentscheidung nach Art. 234 EGV (Art. 177 a.F.) ist jedoch höchst umstritten[528].

1. Ist der Vorlagebeschluß ein Aussetzungsbeschluß ?

Umstritten ist schon die Frage, ob der Vorlagebeschluß einen Aussetzungsbeschluß nach § 148 ZPO darstellt oder ob diese Vorschrift wenigstens analog auf den Vorlagebeschluß anwendbar ist. Doch zunächst stellt sich die Frage, ob überhaupt eine Aussetzung vorliegt.

528 Gegen eine Beschwerdemöglichkeit: BFHE 132, S. 217 - 219; VGH BW, InfAuslR 1986, S. 206 - 208; OLG Köln, WRP 1977, 733, 734; Dauses, Das Vorabentscheidungsverfahren, S. 84; Riegel, RIW/AWD 1976, S. 110; Hailbronner/Klein/Magiera/Müller-Graff, EWG-Vertrag, Art. 177, Rdnr. 24; für eine Beschwerdemöglichkeit: LG Hildesheim, MDR 1952, S. 185 f.; Schulte, MDR 1952, S. 520 f.; Henrichs, MDR 1952, 528, 529 f.; Pfeiffer, NJW 1994, S. 1996 ff.

Eine Auffassung betrachtet den Vorlagebeschluß als einen eigenständigen Fall der Aussetzung, der nicht auf § 148 ZPO gestützt wird. Vielmehr stützt sich die Aussetzung – wie in anderen Fällen auch[529] – auf eine Norm außerhalb der ZPO, Art. 234 EGV (Art. 177 a.F.).[530]

Nach einer anderen weitverbreiteten Ansicht, der sog. Theorie der Doppelnatur, wird dem Vorlagebeschluß ein doppelter Inhalt gegeben. Danach beinhaltet derselbe Beschluß auf der einen Seite eine Entscheidung über die Vorlage und auf der anderen Seite eine Entscheidung über die Aussetzung. Gestützt wird diese Ansicht auf die inhaltsgleiche Annahme im Falle des Art. 100 Abs. 1 GG, bei dem sich diese Doppelnatur schon aus seinem Wortlaut ergibt[531]. Diese Ansicht wird auf Art. 234 EGV (Art. 177 a.F.) übertragen, was auch durch Art. 20 Abs. 1 Satzung EG bestätigt wird, in dem es heißt: „[...] *obliegt es dem Gericht des Mitgliedstaates, das sein Verfahren aussetzt und den Gerichtshof anruft, diese Entscheidung dem Gerichtshof zu übermitteln.*"

Von der entgegenstehenden Auffassung *Karsten Schmidts* wird eine derartige Doppelnatur des Vorlagebeschlusses abgelehnt.[532] Die Vorlage einer Rechtsfrage an ein anderes Gericht bzw. an einen anderen Spruchkörper, die die ZPO erst seit der Neufassung des § 541 ZPO im Jahre 1991 kennt, wird von ihm als Gegensatz zum traditionellen Instrument der ZPO, der Aussetzung des Rechtsstreits zur Klärung von Vorfragen, wie sie in § 148 ZPO geregelt ist, verstanden. Demnach stellen Vorlage und Aussetzung unterschiedliche Methoden der Vorfragenklärung dar. Der Unterschied zwischen Aussetzung und Vorlage bestehe insbesondere im Betrieb des Verfahrens: Die Aussetzung bewirke einen Stillstand des Verfahrens, während es sich bei der Vorlage anders verhalte, da kein Verfahrensstillstand eintrete, sondern sie einen Teil des Verfahrensbetriebs darstelle, ähnlich der Einholung einer Behördenauskunft oder eines Gutachtens über ausländisches Recht.[533]

Gegen *Karsten Schmidts* Annahme, es liege kein Verfahrensstillstand vor, sprechen jedoch folgende Überlegungen: Das Vorlageverfahren vor dem EuGH unterscheidet sich in entscheidender Weise von der Einholung einer Behördenauskunft oder der Einholung eines Gutachtens über ausländisches Recht. Den beiden letztgenannten prozeßfördernden Maßnahmen ist zu eigen, daß sie in keiner Weise dazu führen, daß nebenher der Prozeß nicht weitergeführt werden kann. Dementsprechend kommt eine Aussetzung in diesen Fällen

---

529 Siehe dazu die diesbezügliche Auflistung bei: Reichold in: Thomas/Putzo, 22. Auflage, § 148, Rdnr. 1.

530 Feiber in: MüKo, ZPO, § 252, Rdnr. 19; Schumann in: Stein/Jonas, 21. Auflage, § 148, Rdnr. 210 f.; Reichold in: Thomas/Putzo, 22. Auflage, § 148, Rdnr. 1; Greger in: Zöller, ZPO, 21. Auflage § 252, Rdnr. 1; Pfeiffer, NJW 1994, 1996, 1998.

531 BVerfGE 34, 320, 323; Rosenberg/Schwab/Gottwald, S. 87; vgl. auch: Roth in: Stein/Jonas, § 148, Rdnr. 93; Stern in: Bonner Kommentar zum GG, Art. 100, Rdnr. 172.

532 K. Schmidt, FS Gerhard Lüke (1997), 721, 724 f.

533 K. Schmidt, FS Gerhard Lüke (1997), 721, 725 unter Hinweis auf: OLG Köln, WRP 1977, 734, 735.

nicht in Betracht. Anders verhält es sich jedoch im Falle eines Vorlageverfahrens. Legt ein Gericht vor, so kommt eine Weiterführung des nationalen Rechtsstreits – trotz der Vorlage an den EuGH – nicht in Betracht. Zwar obliegt es allein der Beurteilung des nationalen Gerichts, in welchem Verfahrensstadium es vorlegt,[534] doch ganz so frei ist es hierbei nicht. Zu beachten hat das nationale Gericht insoweit, daß eine Vorlage aus Gründen der Prozeßökonomie erst sinnvoll ist, wenn der Sachverhalt hinreichend geklärt und die Entscheidungserheblichkeit überblickt werden kann. Der EuGH hat in seiner Rechtsprechung deutlich auf diesen Umstand hingewiesen und im Rahmen einer Vorlage des Landgerichts Hannover, in dem eine solche ausreichende Klärung des Sachverhalts und der sich daraus ergebenden Auslegungsfragen nicht erfolgte, *„keine Veranlassung gesehen, über die Frage des vorlegenden Gerichts zu entscheiden."*[535] Zudem besteht auch nach dem Grundsatz der Prozeßökonomie die Verpflichtung der Gerichte, daß alle vorlagerelevanten Fragen zunächst im nationalen Recht geklärt werden und eine Vorlage durch das Gericht erst dann erfolgt, wenn nach Klärung aller tatsächlichen und rechtlichen Fragen des nationalen Rechts ein Konflikt mit dem Gemeinschaftsrecht bestehen kann.[536] Das bedeutet, daß das nationale Gericht das Verfahren stets so weit wie möglich vor der Vorlage weiterzuführen hat.[537] Dies ergibt sich schon daraus, daß im Hinblick auf die Verfahrensdauer ein Rechtsstreit vor den nationalen Gerichten schneller und effektiver entschieden werden kann. Eine – nach dem Verfahrensstand – nicht gebotene Vorlage würde insoweit das Interesse der Parteien an einem zügigen und effektiven Rechtsschutz beeinträchtigen. Der Anspruch auf raschen und effektiven Rechtsschutz und die sich daraus ergebende Maxime der Prozeßökonomie erfordert deshalb vom nationalen Richter, eine Vorlage zu unterlassen, wenn sie nach dem Stand des Verfahrens (noch) nicht geboten ist.[538] Geht man demnach von der Verpflichtung des nationalen Gerichts aus, das Verfahren erst in ein solches Stadium zu bringen, in dem es zur Entscheidung des Rechtsstreits letztlich nur noch auf die Klärung der europarechtlichen Vorlagefrage bzw. Vorlagefragen ankommt, so besteht kein Raum für das Gericht den nationalen Rechtsstreit während des Vorlageverfahrens weiterzubetreiben.[539] Es tritt somit eine verfahrensstillstandsähnliche Wirkung ein, wenn ein Gericht einen Vorlagebeschluß nach Art. 234 EGV (Art. 177 a.F.) erläßt. Eine solche Wirkung entfalten jedoch in der ZPO nur drei verschiedene

---

534 EuGH, Rs. 36 und 71/80 (Irish Creamery Milk Suppliers Association ./. Irland), Slg. 1981, 735, 748; Rs. 72/83 (Campus Oil Limited u.a. ./. Minister für Industrie und Energie u.a.), Slg. 1984, 2727, 2745; Pescatore, BayVBl. 1987, 33, 37 f.; Ress, FS Günther Jahr (1993), 339, 341.

535 EuGH, Rs. C-83/91 (Meilicke ./. ADV ./. ORGA F.A. Meyer KG), Slg. 1992, S. I-4919 – I-4936.

536 Wolf, FS Gerhard Lüke (1997), 979, 988.

537 Stein/Jonas/Roth, § 148, Rdnr. 192.

538 Wolf, FS Gerhard Lüke (1997), 979, 989.

539 Im Ergebnis ebenso: Schumann, ZZP 78 (1965), 77, 89.

Fälle, die Unterbrechung, die Aussetzung und das Ruhen des Verfahrens.[540] Ein Verfahrensstillstand außerhalb dieser Instrumente des Zivilprozeßrechts würde das Recht der Parteien auf einen effizienten und damit schnellstmöglichen Rechtsschutz verletzen.[541]

Die Gegenauffassung bestreitet den Verfahrensstillstand auch mit der Eingliederung des Vorlageverfahrens in den nationalen Zivilprozeß. Das Vorabentscheidungsverfahren sei - wenn auch im weiteren Sinne - als Teil des Ausgangsverfahrens zu betrachten.[542] Dagegen spricht, daß aus der Sicht der Parteien des Ausgangsverfahrens ein Verfahren eingeleitet wird, daß – wie bereits dargestellt - ihrer ursprünglichen Parteiherrschaft im Ausgangsverfahren entzogen ist. Damit ist das Verfahren aus der Sicht der Parteien unterbrochen. Auch wenn das Vorabentscheidungsverfahren als Bestandteil des Ausgangsverfahren zu betrachten ist, tritt letzteres in ein Stadium, in dem das von der ZPO austarierte Verhältnis zwischen Parteiherrschaft und richterlicher Verfahrensgestaltung nicht mehr gilt. So wird den Parteien sowohl das Verfahren selbst als auch der sich aus einer Aussetzung ergebende Schutz der Parteien in Form der Rechtsfolgen des § 249 ZPO und der Beschwerdemöglichkeit entzogen. Des weiteren handelt es sich bei der Vorabentscheidung um ein Urteil eines anderen Gerichts. Diesem Urteil kommt neben der Rechtsschutzfunktion für die Parteien auch die objektivrechtliche Funktion der Rechtsharmonisierung zu, so daß das Vorlageverfahren nicht allein dem Ausgangsverfahren zu dienen bestimmt ist. Außerdem gelten in diesem Verfahren nicht die Verfahrensregeln und Prozeßmaximen des deutschen Zivilprozeßrechts. Letztlich ist auch die Verfahrensdauer von über 20 Monaten zu berücksichtigen, die den Eindruck eines Verfahrensstillstandes verstärkt. Nach alledem ist von einer verfahrensstillstandsähnlichen Wirkung der Vorlageentscheidung für das Ausgangsverfahrens auszugehen.

Des weiteren mißt *Karsten Schmidt* der Vorlage, die der ZPO bis 1991 gänzlich fremd war,[543] einen in der Beziehung zur Aussetzung eigenständigen Charakter bei. Aussetzung und Vorlage seien „zwei ungleiche Schwestern im Prozeßrecht."[544] Er konstruiert aus der mangelnden Erwähnung der Notwendigkeit eines Aussetzungsbeschlusses in § 541 ZPO, der sich dadurch von Art. 100 Abs. 1 GG unterscheidet, ein derartiges Verständnis des Gesetzgebers. Eine solche gesetzgeberische Intention läßt sich jedoch nicht aus den Materialien des Gesetzgebungsverfahrens gewinnen und basiert damit lediglich auf einer Vermutung. Die Vermutung kann jedoch ebenso dahin gehen, daß der Gesetzgeber die Problematik der Einfassung des Vorlageverfahrens in das Instrumentarium der Zivilprozeßordnung nicht bis

540 So auch: MüKo/Feiber, ZPO, § 249, Rdnr. 1; Pfeiffer, NJW 1994, 1996, 1998.

541 Pfeiffer, NJW 1994, 1996, 1998.

542 OLG Köln, WRP 1977, 734, 735; K. Schmidt, FS Gerhard Lüke (1997), 721, 725.

543 1991 erfolgte die Neufassung des § 541 ZPO.

544 K. Schmidt, FS Gerhard Lüke (1997), 721, 724 f.

ins letzte Detail bedacht hat, mithin ein Fall gesetzgeberischen Unterlassens vorliegt. Eine bewußte gesetzgeberische Intention wird seitens der Mehrheit in der Literatur im Falle des Vorlageverfahrens nach § 541 ZPO nicht angenommen, so daß auch hier ein Aussetzungsbeschluß in analoger Anwendung des § 148 ZPO angenommen wird.[545]

Eine direkte Anwendung des § 148 ZPO kommt auch im Falle der Vorlage nach Art. 234 EGV (Art. 177 a.F.) nicht in Betracht. Weder im Falle der Interpretationsvorlage noch im Falle der Gültigkeitsvorlage handelt es sich um ein zu klärendes Rechtsverhältnis im Sinne des § 148 ZPO.[546] Des weiteren ist das Vorabentscheidungsverfahren zum Zeitpunkt des Vorlagebeschlusses noch nicht anhängig, wie es nach dem Wortlaut des § 148 ZPO erforderlich wäre.[547] Dementsprechend kommt allenfalls eine analoge Anwendung des § 148 ZPO in Frage.[548] Bei der Vorschrift des § 148 ZPO handelt es sich um eine analogiefähige Vorschrift, deren analoge Anwendung in rechtsähnlichen Fällen geboten ist.[549] Dies wird man im Falle der Vorlage nach Art. 234 EGV (Art. 177 a.F.) ebenso annehmen können wie im Falle der Vorlage nach § 541 ZPO. Ob man im Ergebnis dieser Auffasung zuneigt oder der Auffassung, die die Aussetzung nicht auf eine Analogie zu § 148 ZPO stützt, sondern direkt auf Art. 234 EGV (Art. 177 a.F.), der als eigenständiger Fall der Aussetzung verstanden wird,[550] ist an dieser Stelle nicht von größerer Bedeutung, da in beiden Fällen jeweils von einer Aussetzung auszugehen ist.

2. Beschwerdefähigkeit des Vorlagebeschlusses

Es stellt sich nunmehr die Frage, ob der Vorlagebeschluß, der die Aussetzung des Verfahrens zur Folge hat, im Wege der Beschwerde gemäß § 252 ZPO angefochten werden kann.

---

545 Stein/Jonas/Roth, ZPO, § 148, Rdnr. 13; Rosenberg/Schwab/Gottwald, S. 751.

546 Koenig/Sander, Einführung in das EG-Prozeßrecht, S. 227, Rdnr. 453; so auch: Baumbach/Lauterbach/Albers/Hartmann, 58. Auflage, § 148, Rdnr. 3, jedoch wird dort nach Rdnr. 16 dies dann anders bewertet, wenn es sich bei dem in Frage stehende Verfahren um eine letztinstanzliche Entscheidung handelt.

547 Pfeiffer, NJW 1994, 1996, 1998.

548 LG Bonn, EuZW 1996, 159, 160; Stein/Jonas/Roth, ZPO, 21. Auflage, § 148, Rdnr. 13; Koenig/Sander, Einführung in das EG-Prozeßrecht, S. 227, Rdnr. 457.

549 Roth in: Stein/Jonas, ZPO, § 148, 21. Auflage, Rdnr. 13 f.

550 Feiber in: MüKo, ZPO, § 252, Rdnr. 19; Roth in: Stein/Jonas, ZPO, 21. Auflage, § 148, Rdnr. 210 f.; Reichold in: Thomas/Putzo, 22. Auflage, § 148, Rdnr. 1; Greger in: Zöller, ZPO, 21. Auflage, § 252, Rdnr. 1; Pfeiffer, NJW 1994, 1996, 1998.

Nach § 252 ZPO findet die Beschwerde gegen Entscheidungen statt, *„durch die aufgrund der Vorschriften dieses Titels oder aufgrund anderer gesetzlicher Bestimmungen die Aussetzung des Verfahrens angeordnet oder abgelehnt wird* [...].“ Danach sollte man annehmen, daß wegen der zuvor dargestellten Aussetzungswirkung eine Beschwerdemöglichkeit offensteht.

Nach der bislang vorherrschenden Auffassung in Literatur und Rechtsprechung ist eine Beschwerde gegen einen Vorlagebeschluß nach Art. 234 EGV (Art. 177 a.F.) jedoch nicht eröffnet.[551] Zu Recht ist darauf hingewiesen worden, daß diese Auffassung begründen muß, warum trotz Vorliegens einer Aussetzung, „die Beschwerde qua teleologischer Reduktion versperrt ist.“[552] Dazu werden verschiedene Argumentationen angeführt, die im folgenden auf ihre Stichhaltigkeit hin überprüft werden sollen.

Eine Beschwerde setzt zunächst einmal voraus, daß eine Beschwer bzw. eine nachteilige Wirkung vorliegt. Das Vorliegen einer solchen nachteiligen Wirkung wird vom OLG Köln verneint, da das Vorabentscheidungsverfahren unerläßlicher Bestandteil des Verfahrens sei und in jeglicher Hinsicht der Verwirklichung des Justizanspruches der Parteien dient.[553] Das setzt jedoch voraus, daß die Vorlage in die Rechtsschutzinteressen der Parteien nicht eingreift.[554] Das Gegenteil ist der Fall. Trotz der schon festgestellten Rechtsschutzfunktion des Vorabentscheidungsverfahrens besteht nämlich keine Herrschaft der Parteien über das Verfahren, das rechtliche Gehör ist zudem dermaßen eingeschränkt, daß ein Verstoß gegen den Grundsatz der Wahrung des rechtlichen Gehörs sowie des fair-trial-Prinzips vorliegt. Zu guter Letzt mischen sich auch vehement Dritte in den Rechtsstreit ein, ohne daß sich die Parteien des Ausgangsverfahrens ausreichend dazu äußern können. Dies alles macht deutlich, daß die Rechtsschutzinteressen der Parteien in erheblichem Maße betroffen sind. Darüber hinaus kommt es durch eine Vorlage zu einer erheblichen Verzögerung des Rechtsstreits, da die durchschnittliche Verfahrensdauer mittlerweile 21,4 Monate beträgt.[555] Eine Vorlage kann dementsprechend auch eine nachteilige Wirkung für die Parteien entfalten.

---

551 BFHE 132, 217; VGH BW, InfAuslR 1986, S. 206; OLG Köln, WRP 1977, S. 734; Dauses, Das Vorabentscheidungs-verfahren, S. 84; Riegel, RIW/AWD 1976, S. 110 f.; Hailbronner/Klein/Magiera/Müller-Graff, EWG-Vertrag, Art. 177, Rdnr. 24.

552 Feiber in: MüKo, ZPO, § 252, Rdnr. 19; Pfeiffer, NJW 1994, 1996, 1998.

553 OLG Köln, WRP 1977, S. 734.

554 Pfeiffer, NJW 1994, 1996, 1999.

555 EuGH, Abteilung Presse- und Informationsdienst, Statistical information of the Court of Justice (1998), Luxemburg 1999, S. 9, Übersicht 8.

Ein Ansatzpunkt zur Einschränkung der Anwendbarkeit des § 252 ZPO besteht in der Behauptung, durch die Beschwerdemöglichkeit würde in unzulässiger Weise in die instanziellen Kompetenzen des vorlegenden Gerichts eingegriffen. In diesem Zusammenhang wurde auf die Rechtslage beim Normenkontrollverfahren nach Art. 100 GG hingewiesen, bei dem eine Beschwerdemöglichkeit ebenfalls mehrheitlich abgelehnt wird.[556] Es bestehen jedoch funktionelle Unterschiede zwischen dem Vorabentscheidungsverfahren und dem Normenkontrollverfahren, die eine unterschiedliche Bewertung zulassen. So ist das Normenkontrollverfahren ein unerläßlicher Bestandteil des Verfahrens, da ein Gericht, das von der Verfassungswidrigkeit einer Norm überzeugt ist, vorlegen muß, um nicht Recht anwenden zu müssen, das es für verfassungswidrig hält.[557] Dies wäre der Fall, wenn die Vorlage im Beschwerdeverfahren aufgehoben würde. Es würde sowohl gegen den Zweck der Normenkontrolle verstoßen als auch das Prinzip der Selbständigkeit der Instanz verletzen.

Des weiteren ist gegen die Möglichkeit der Beschwerde vorgebracht worden, daß es wegen des Vorranganspruchs des Gemeinschaftsrechts ausgeschlossen sei, daß das rangniedrigere nationale Prozeßrecht nicht eine Überprüfung des durch das ranghöhere Gemeinschaftsrecht eingeräumte Ermessen des nationalen Richters eines Instanzgerichts herbeiführen könne.[558] Dies wird vom europäischen Recht jedoch nicht gefordert.[559] Ganz im Gegenteil hat der EuGH in seiner Rechtsprechung seit dem Urteil in der Rechtssache *Bosch*,[560] das er in dem Beschluß in der Rechtssache *Chanel*[561] und vor allem in dem Urteil in der Rechtssache *Rheinmühlen II*[562] bestätigte, eine Anfechtbarkeit des Vorlageersuchens nach nationalem Prozeßrecht für möglich erklärt. Folglich ist aus der Sicht des Gemeinschaftsrechts die Einschränkung des Vorlageermessens hinnehmbar.

Im Bereich des deutschen Zivilprozeßrechts wird jedoch die Erwägung ins Feld geführt, daß durch die Beschwerde die instanzielle Unabhängigkeit nicht mehr gewährleistet wäre. Das OLG Köln führt dazu aus[563]: *„Auch dann, wenn man in derartigen Fällen eine verfahrensstillstandsähnliche Wirkung des Vorlagebeschlusses annimmt, scheidet eine analoge Anwendung des § 252 ZPO aus dem zwingenden allgemeinen Prozeßrechtsgrundsatz aus, daß die Instanzgerichte ihre eigentliche Prozeßentscheidung unabhängig und ohne ‚Steue-*

---

556 OLG Köln MDR 1970, S. 852 f.; Ehle, NJW 1963, S. 2202 - 2204; Rosenberg/Schwab/Gottwald, S. 87.

557 So auch: MüKo/Feiber, ZPO, § 252 ZPO, Rdnr. 27.

558 Beckmann, Probleme des Vorabentscheidungsverfahrens nach Art. 177 EWG-Vertrag, S. 84.

559 Diese Auffassung vertritt jedoch: Heß, ZZP 108 (1995), 59, 99.

560 EuGH, Rs. 13/61 (Bosch), Slg. 1962, 99, 100.

561 EuGH, Rs. 31/68 (Chanel ./. Cepeha), Slg. 1970, S. 403 - 413.

562 EuGH, Rs. 146/73 (Rheinmühlen-Düsseldorf ./. Einfuhr- und Vorratsstelle Getreide), Slg. 1974, S. 139 - 151.

563 OLG Köln, WRP 1977, S. 734.

rung' durch die übergeordnete Instanz fällen dürfen." Jedoch hat auch das OLG Köln ausdrücklich dahinstehen lassen, ob eine den konkreten Prozeß nicht fördernde, sondern überflüssige Aussetzung analog § 252 ZPO anfechtbar sein könnte.[564] In der Rechtsprechung ist eine differenzierende Auffassung entwickelt worden. Demnach wird zwischen zwei verschiedenen Beschlüssen unterschieden.[565] Es soll einmal ein Aussetzungsbeschluß vorliegen, der nach § 252 ZPO anfechtbar wäre, während andererseits die Vorlageentscheidung als solche der Anfechtbarkeit entzogen sein soll.[566] Damit werde die Entscheidungskompetenz des Erstrichters, die ihm durch Art. 234 Abs. 2 EGV (Art. 177 Abs. 2 a.F.) gewährt wird, unter Ausübung seines Ermessens über die Vorlage zu entscheiden, respektiert.[567] Andererseits unterliegt damit die Verfahrenshandhabung nach deutschem Zivilprozeßrecht - in den Fällen fehlerhafter Aussetzungsbeschlüsse - der Überprüfbarkeit im Beschwerdeweg. Von anderer Seite wird der zugrundeliegende Ansatz von der Doppelnatur des Vorlagebeschlusses zwar mit dem Argument abgelehnt, es komme lediglich auf eine Aussetzungswirkung der Vorlageentscheidung an, doch unterscheidet sie im Ergebnis wenig, da auch dort die Kontrolle darauf beschränkt wird, die Voraussetzungen der Aussetzung und die Einhaltung der rechtlichen Grenzen des richterlichen Ermessens zu überprüfen.[568]

Des weiteren ist gegen die Zulassung der Beschwerde vorgebracht worden, daß dies in einigen Fällen dazu führt, daß der EuGH völlig unnötig tätig wird. Dies beinhaltet den Vorwurf eines Verstoßes gegen den Grundsatz der Prozeßökonomie. Zunächst hat die Einlegung eines nach nationalem Prozeßrecht statthaften Rechtsmittels grundsätzlich keine Auswirkung auf das Verfahren vor dem Gerichtshof, d.h. die Rechtskraft der Vorlageentscheidung ist keine Voraussetzung für die Zulässigkeit des Vorabentscheidungsersuchens. Das Verfahren wird in diesen Fällen fortgesetzt, da der EuGH „[...] *im Interesse der Klarheit und der Rechtssicherheit an die Vorlageentscheidung gebunden ist; diese muß ihre Wirkungen erzeugen, solange sie nicht aufgehoben ist.*" [569] Eine Ausnahme macht der EuGH allerdings von dieser Regel, wenn er vom vorlegenden Gericht oder dem Rechtsmittelgericht davon in Kenntnis gesetzt wird, daß das eingelegte Rechtsmittel nach innerstaatlichem Verfahrensrecht eine aufschiebende Wirkung hat. Dann setzt er das Verfahren zunächst aus und wartet das Ergebnis des Rechtsmittelverfahrens ab. Damit ist dem Erfordernis der Prozeßökonomie

---

564 OLG Köln, WRP 1977, 734, 735 f.

565 OLG Düsseldorf, NJW 1993, S. 1661; BFHE 132, S. 217.

566 So auch: Heß, ZZP 108 (1995), 59, 98.

567 Feiber in: MüKo, ZPO, § 252 ZPO, Rdnr. 19.

568 Pfeiffer, NJW 1994, 1996, 2000.

569 EuGH, Rs. 146/73 (Rheinmühlen-Düsseldorf ./. Einfuhr- und Vorratsstelle Getreide), Slg. 1974, 139, 148; Rs. 127/73 (BRT ./. SABAM und Fonior), Slg. 1974, 51, 62.

ausreichend Rechnung getragen.[570] Der letztlich erhobene Vorwurf, die Beschwerde hätte eine ineffektive Verfahrensverzögerung zur Folge, überzeugt nicht,[571] denn das Beschwerdeverfahren nimmt weitaus weniger Zeit in Anspruch als eine Vorlage an den EuGH.

Im Ergebnis ist damit festzuhalten, daß der Vorlagebeschluß auch einen Aussetzungsbeschluß darstellt, gegen den die Parteien des Verfahrens nach § 252 ZPO eine Beschwerde einlegen können. Die instanzielle Unabhängigkeit gebietet jedoch eine Beschränkung auf die Überprüfung der Frage, ob – unter Bindung an die materiell-rechtliche Beurteilung des Sachverhalts durch das vorlegende Gericht - die Voraussetzungen der Aussetzung zutreffend erkannt sowie die rechtlichen Grenzen des Ermessens eingehalten wurden.[572]

Konsequenterweise wird bei Anerkennung der Beschwerde gegen die Vorlage an den EuGH für den Fall der Nichtvorlage bzw. Nichtaussetzung des Verfahrens eine sofortige Beschwerde nach § 577 ZPO zuzulassen sein. Voraussetzung ist allerdings, daß die Nichtaussetzung durch Beschluß festgestellt oder verneint wird.[573] Das Bundesverfassungsgericht hat eine Beschwerde gegen die unterbliebene Vorlage nach Art. 100 GG anerkannt,[574] allerdings hatte das Gericht im zugrundeliegenden Fall bereits ausgesetzt, es danach jedoch unterlassen, vorzulegen.

III. Die Revision bei unterbliebener Vorlage der Berufungsinstanz

Sollte im Rahmen eines Verfahrens, das eine europarechtliche Streitfrage zum Gegenstand hat, auch in der Berufungsinstanz keine Vorlageentsscheidung getroffen worden sein, so fragt sich, inwieweit eine Möglichkeit der Parteien zur Einlegung der Revision besteht.

1. Die Zulassungsrevision nach § 546 Abs. 1 ZPO

In vermögensrechtlichen Streitigkeiten bis zur Höhe einer Beschwer von DM 60.000,-- wie auch in allen nichtvermögensrechtlichen Streitigkeiten ist die Revision gemäß § 546 Abs. 1 ZPO von der Zulassung durch das OLG abhängig. Die Revision wird vom OLG im Rahmen der sog. Grundsatzrevision zugelassen, wenn der Rechtssache grundsätzliche Bedeutung

570 So im Ergebnis auch: Dauses, Das Vorabentscheidungsverfahren, S. 131.

571 Hailbronner/Klein/Magiera/Müller-Graff, EWG-Vertrag, Art. 177, Rdnr. 24.

572 Roth in: Stein/Jonas, ZPO, 21. Auflage, § 148, Rdnr. 48; Pfeiffer, NJW 1994, 1996, 2000.

573 BGH VersR 1993, S. 1375; Thomas in: Thomas/Putzo, ZPO, 22. Auflage, § 252, Rdnr. 1; Greger in: Zöller, ZPO, 21. Auflage, § 252, Rdnr. 4.

574 BVerfG NJW 173, S. 1319.

zukommt. Einen Unterfall der Grundsatzrevision stellt die Divergenzrevision dar.[575] Weicht das Berufungsurteil von einer Entscheidung des BGH oder des Gemeinsamen Senats der obersten Gerichtshöfe des Bundes ab und beruht die Entscheidung auf dieser Gegenmeinung, so ist auch in diesem Fall die Revision vom OLG zuzulassen.

Problematisch ist, daß das OLG selbst über die grundsätzliche Bedeutung zu entscheiden hat. Der Wortlaut des § 546 Abs. 1 S. 2 ZPO enthält jedoch ein Gebot an das OLG, die Revision unter den vorgenannten Bedingungen zuzulassen. Dem OLG verbleibt kein Ermessensspielraum bei der Zulassung der Revision. Es muß die Zulassung der Revision im Urteil aussprechen, wenn die gesetzlichen Voraussetzungen des § 546 Abs. 1 S. 2 Nr. 1 und 2 ZPO erfüllt sind, ohne daß es eines Antrages bedarf.[576] Die Zulassungsentscheidung des OLG, daß die Beschwerdesumme erreicht sei oder eine grundsätzliche Bedeutung vorliege, ist für den BGH gemäß § 546 Abs. 1 S. 3 ZPO bindend und damit unabänderlich.[577] Das gilt umgekehrt auch für die Nichtzulassungsentscheidung. Anders verhält es sich nur, wenn das OLG eine nichtvermögensrechtliche Streitigkeit irrtümlich als vermögensrechtlich eingeordnet hat und eine nicht revisible Beschwer festgesetzt hat. In diesem Fall bleibt es zwar bei der Unzulässigkeit der Revision nach § 546 Abs. 1 ZPO, doch entfällt die Bindungswirkung für den BGH. Er kann dann die Revision im Rahmen seiner Kompetenz nach § 554 b Abs. 1 ZPO annehmen, weil die Beschwer in Wirklichkeit höher liegt.[578] Andererseits kann er in diesen Fällen die Revision immer noch wegen fehlender grundsätzlicher Bedeutung ablehnen, da diese nicht zuvor durch das OLG geprüft worden war.

Die Bindungswirkung der Nichtzulassungsentscheidung des OLG gegenüber dem BGH nach § 546 Abs. 1 S. 3 ZPO dient zwar dem Grundsatz der Rechtssicherheit, die auch zu den allgemeinen Grundsätzen des Gemeinschaftsrechts gehört, doch widerspricht diese Regelung Art. 234 Abs. 1 EGV (Art. 177 Abs. 1 a.F.), wenn sich die Bindung auf die Frage bezieht, ob eine Vorlage an den EuGH erforderlich ist. Danach hat jedes staatliche Gericht, das im Rahmen seiner Zuständigkeit angerufen wird, unabhängig von seiner Stellung im Gerichtsaufbau das Recht, sich stets dann an den EuGH zu wenden, wenn es eine Vorabentscheidung zum Erlaß seines Urteils für erforderlich hält.[579] Es kommt in diesen Fällen eventuell zu einem Konflikt zwischen der durch das Gemeinschaftsrecht gewährten Freiheit zur Anrufung des EuGH und der Bindung des BGH an die Zulassungsentscheidung des OLG.

---

575 Gummer in: Zöller, ZPO, 21. Auflage, § 546, Rdnr. 37.

576 Baumbach/Lauterbach/Albers/Hartmann, ZPO, 58. Auflage, § 546, Rdnr. 15; Gummer in: Zöller, ZPO, 21. Auflage, § 546, Rdnr. 40; Rosenberg/Schwab, Zivilprozeßrecht, 15. Auflage, § 143 I 1.

577 BGH NJW 1980, S. 344.

578 BGH NJW 1981, S. 579; 1984, S. 371.

579 EuGH, Rs. 166/73 (Rheinmühlen ./. Einfuhr- und Vorratsstelle Getreide), Slg. 1974, 33, 38 („Rheinmühlen I").

2. Die Divergenzrevision nach § 546 Abs. 1 S. 2 Nr. 2 ZPO

Die Divergenzrevision ist als Unterfall der Zulassung wegen grundsätzlicher Bedeutung anzusehen, weil die unterschiedliche Beurteilung einer Rechtsfrage durch das Berufungsgericht und das Revisionsgericht die Rechtssicherheit und damit die Berechenbarkeit des Rechts schmälert, wodurch eine Wirkung über den Einzelfall hinaus eintritt.[580] Eine Divergenz liegt vor, wenn das OLG mit seinem Urteil von einer Entscheidung des BGH oder des Gemeinsamen Senats der obersten Gerichthöfe abweicht.[581] Eine Divergenz kann sich demnach nicht durch die unterschiedliche Beantwortung einer gemeinschaftsrechtlichen Frage ergeben, da Auslegungs- und Gültigkeitsfragen des Gemeinschaftsrechts der Entscheidungskompetenz nationaler Gerichte entzogen sind. Eine Zulassung der Revision wegen Divergenz kommt damit allenfalls dann in Betracht, wenn das OLG im Gegensatz zum BGH oder dem Gemeinsamen Senat der obersten Gerichtshöfe eine nationale Vorschrift für gemeinschaftsrechtswidrig hält und eine gesicherte Rechtsprechung des EuGH zu dieser Frage nicht vorliegt.[582] Liegt hingegen eine insoweit gesicherte Rechtsprechung des EuGH schon vor, so kann es wegen der Bindungswirkung zu einer Divergenz nicht mehr kommen. Der Wortlaut der Regelung verlangt, daß das Urteil auf dieser Abweichung beruht. Demnach liegt eine Divergenz nicht vor, wenn nur in einer Hilfsbegründung[583] oder in einer von mehreren gleichberechtigten Begründungen nebeneinander abgewichen wird.

3. Die Wert- oder Annahmerevision nach § 554 b Abs. 1 ZPO

Bei Rechtsstreitigkeiten über vermögensrechtliche Ansprüche, bei denen der Beschwerdewert 60.000,- DM übersteigt, findet die Wert- oder Annahmerevision statt. Dies gilt insbesondere für die Fälle, in denen das OLG in seinem Berufungsurteil den Wert der Beschwer nach § 546 Abs. 2 ZPO mit Bindungswirkung auf mehr als 60.000,- DM festgesetzt hat. Aber die Annahme findet auch in den zuvor erwähnten Fällen statt, in denen eine Revision eingelegt wurde, obwohl das OLG diese nicht zugelassen hat, weil es irrtümlich in einer nichtvermögensrechtlichen Streitigkeit von einer vermögensrechtlichen Streitigkeit ausging. Letztlich findet eine Annahmerevision auch dann statt, wenn der Revisionskläger die Wertfestsetzung für zu niedrig hält und auch der BGH nach Prüfung von einer 60.000,- DM übersteigenden

[580] Gummer in: Zöller, ZPO, 21. Auflage, § 546, Rdnr. 37.

[581] Gummer in: Zöller, ZPO, 21. Auflage, § 546, Rdnr. 37; Reichold in: Thomas/Putzo, ZPO, 22. Auflage, § 546, Rdnr. 20.

[582] Koch, Einwirkungen des Gemeinschaftsrechts auf das nationale Verfahrensrecht im Falle richterlicher Vertragsverletzung im Zivilprozeßrecht, S. 117.

[583] BGH NJW 1958, S. 1051.

Beschwer ausgeht,[584] denn das Revisionsgericht kann die Beschwer höher festsetzen und das Urteil auf diese Weise von sich aus, d.h. ohne Zulassung durch das Berufungsgericht, doch noch revisionsfähig machen.[585]

Im Rahmen der Annahmerevision kommt es nur darauf an, daß die Revision durch den BGH angenommen wird. Nach § 554 b Abs. 1 ZPO kann das Revisionsgericht die Revision ablehnen, wenn die Rechtssache keine grundsätzliche Bedeutung hat. Diese Voraussetzung ist ein unbestimmter Rechtsbegriff, der dem Revisionsgericht keinen Ermessensspielraum läßt und es ausschließt, daß etwa die Arbeitsbelastung des Revisionsgerichts zum Maßstab genommen wird.[586] Demnach hat der BGH die Revision bei grundsätzlicher Bedeutung zuzulassen. Ein Ermessen ist erst dann eröffnet, wenn der Sache keine grundsätzliche Bedeutung zukommt. Dieses Ermessen wiederum hat das Bundesverfassungsgericht im Rahmen verfassungskonformer Auslegung des § 554 b Abs. 1 ZPO dahingehend bestimmt, daß das Revisionsgericht die Annahme der Revision nur verweigern darf, wenn die Revision keine Aussicht auf Erfolg verspricht.[587] Letztlich muß der BGH damit eine Revision annehmen, wenn sie entweder von grundsätzlicher Bedeutung ist oder Aussicht auf Erfolg hat.

4. Die grundsätzliche Bedeutung gemeinschaftsrechtlicher Fragen i.S.d. Art. 234 Abs. 1 EGV (Art. 177 Abs. 1 a.F.)

Da es sowohl im Rahmen der Zulassungs- als auch im Rahmen der Annahmerevision auf die Frage nach der grundsätzlichen Bedeutung ankommt, ist für diese Untersuchung insbesondere von Interesse, inwieweit gemeinschaftsrechtliche Fragen im Sinne des Art. 234 Abs. 1 EGV (Art. 177 Abs. 1 a.F.) von grundsätzlicher Bedeutung sind. Sowohl nach der Rechtsprechung des BVerwG[588] als auch des BFH[589] ist diesen Fragen eine grundsätzliche Bedeutung zuzusprechen. Das Bundesverfassungsgericht geht ebenfalls von einer grundsätzlichen Bedeutung in diesen Fällen aus.[590]

Dagegen fehlt es bislang an einer konkreten Aussage durch die Zivilgerichte. Weder der BGH noch ein OLG haben dazu ausdrücklich Stellung genommen. Aufschluß über die Hal-

---

584 BGH NJW 1997, S. 1241 f.; NJW 1981, S. 579; 1984, S. 371; Baumbach/Lauterbach/Albers/Hartmann, 58. Auflage, § 546, Rdnr. 26.

585 Jauernig, Zivilprozeßrecht, 25. Auflage, § 74 II 2, S. 264 f.

586 Schellhammer, Zivilprozeß, 8. Auflage, S. 488, Rdnr. 1070.

587 BVerfGE 54, 277, 293.

588 BVerwG, LRE 20, 30, 31; LRE 19, 93, 94.

589 BFH NJW 1987, S. 3096.

590 BVerfGE 82, 159, 196; BVerfG EuGRZ 1988, 107, 113.

tung des BGH gibt jedoch der Nichtannahmebeschluß des BGH vom 11. Mai 1989 in Sachen *Pingo-Hähnchen* [591]. Diesem Beschluß kommt auch insoweit eine Bedeutung zu, als es sich um den ersten Fall in der Geschichte der Gemeinschaft handelt, in dem die Kommission das Vorverfahren nach Art. 226 EGV (Art. 169 a.F.) gegen einen Mitgliedstaat (Bundesrepublik Deutschland) wegen Unterlassung einer Vorlage durch ein letztinstanzliches Gericht eingeleitet hat. Das Verfahren ist jedoch nicht zu Ende geführt worden.[592] Dem Beschluß des BGH liegt ein Verfahren des OLG Köln zugrunde, in dem dieses das Inverkehrbringen von aus den Niederlanden und Belgien importiertem Schlachtgeflügel ohne Hinweis auf dessen ausländische Herkunft als mit § 3 UWG unvereinbar angesehen hatte, obwohl der EuGH zuvor in einer Entscheidung die Verpflichtung, den Ursprung einer Ware in der Kennzeichnung anzugeben, als eine Maßnahme gleicher Wirkung im Sinne des Art. 28 EGV (Art. 30 a.F.) angesehen hatte. Wegen der Abweichung von der Rechtsprechung des EuGH handelte es sich um eine vorlagepflichtige Frage nach Art. 234 Abs. 3 EGV (Art. 177 Abs. 3 a.F.).

Damit ist noch nicht geklärt, inwieweit alle Vorlagefragen nach Art. 234 Abs. 1 EGV (Art. 177 Abs. 1 a.F.) von grundsätzlicher Bedeutung sind. Ganz allgemein hat eine Rechtssache grundsätzliche Bedeutung, wenn die Entscheidung der klärungsbedürftigen Rechtsfrage sich in ihren Auswirkungen nicht nur auf das Verhältnis der Prozeßbeteiligten beschränkt oder nur der Regelung einer von vornherein überschaubaren Zahl von Betroffenen dient.[593] Es genügt also nicht, wenn vom Ausgang des Prozesses ein größerer Personenkreis betroffen ist.[594] Vielmehr ist erforderlich, daß die Rechtsanwendung eine nicht nur begrenzte Auswirkung hat, sondern einer Verallgemeinerung zugänglich ist.[595] Als typischer Fall einer klärungsbedürftigen Rechtsfrage mit nicht nur begrenzter Auswirkung wird die fehlende höchstrichterliche Klärung einer schwierigen Rechtsfrage angesehen.[596] Dem entspricht etwa die Situation der Vorlagebedürftigkeit einer Rechtsfrage an den EuGH. So ist das im ganzen Bundesgebiet geltende Gemeinschaftsrecht revisibel, wenn sich das Berufungsgericht damit bei der Anwendung des innerstaatlichen Rechts in Widerspruch setzt.[597] Die zugrundeliegende Rechtsfrage kann im Revisionsverfahren durch Vorlage an den EuGH geklärt werden. Die Revision ist deshalb stets zuzulassen, wenn dargelegt wird, daß im Revisionsverfahren voraussichtlich eine Vorabentscheidung des EuGH einzuholen sein wird.

---

591 BGH, Beschluß vom 11.05.1989, I ZR 163/88 (unveröffentlicht).

592 Näher dazu: Meier, EuZW 1991, S. 11.

593 BFH 89, 117, 119; OLG Hamm FamRZ 1977, S. 318 - 321.

594 BGH NJW 1970, S. 1549; OLG Hamm FamRZ 1977, S. 318 - 321.

595 Gummer in: Zöller, ZPO, 21. Auflage, § 546, Rdnr. 32.

596 Baumbach/Lauterbach/Albers/Hartmann, 58. Auflage, § 546, Rdnr. 10; Prütting, MDR 1980, 368, 369; a.A.: OLG Frankfurt am Main NJW 1979, S. 1787.

597 Baumbach/Lauterbach/Albers/Hartmann, 58. Auflage, § 549, Rdnr. 12; Gummer in: Zöller, ZPO, 21. Auflage, § 549, Rdnr. 4.

IV. Die Nichtzulassungsbeschwerde bei Nichtzulassung der Revision

Nunmehr ist zu klären, welche Rechtsmittel im Falle der Nichtzulassung zur Verfügung stehen. So wird etwa eine Nichtzulassungsbeschwerde für den Fall einer Nichtvorlage durch deutsche Untergerichte für zulässig erachtet.[598] Diese Möglichkeit eröffnet sich jedoch nur im Rahmen der Verwaltungsprozeßordnung (§ 132 Abs. 3 VwGO), des Arbeitsgerichtsgesetzes (§ 72 a ArbGG), des Sozialgerichtsgesetzes (§ 160 a SGG), der Finanzgerichtsordnung (§ 115 Abs. 3 FGO) und des Gesetzes zur Entschädigung der Opfer nationalsozialistischer Verfolgung (§ 220 BEG). Im Zivilprozeßrecht ist hingegen eine Beschwerde gegen die Nichtzulassung der Revision nicht vorgesehen.[599] § 546 Abs. 1 S. 3 ZPO stellt lediglich fest, daß das Revisionsgericht an die Zulassung der Revision gebunden ist; nach § 554 b Abs. 1 ZPO kann das Revisionsgericht jedoch die Annahme der Revision ablehnen, wenn die Rechtssache keine grundlegende Bedeutung hat. Wie zuvor dargelegt, soll sie grundsätzliche Bedeutung haben, wenn eine Vorlage nach Art. 234 EGV (Art. 177 a.F.) im folgenden Revisionsverfahren zu erwarten ist.[600] Die Vorschrift des § 554 b Abs. 1 ZPO läuft bis hierher noch mit den verwaltungsrechtlichen Regeln gleich, weicht aber dann im entscheidenden Punkt davon ab: Ein Rechtsmittel oder auch nur ein Rechtsbehelf gegen die Ablehnung nach § 554 b Abs. 1 ZPO ist nicht vorgesehen.[601] Auch die Beschwerde nach § 567 ZPO hilft hier nicht weiter, da sie nur in den gesetzlich bestimmten Fällen anzuwenden ist; eine solche Bestimmung liegt für das Revisionsverfahren und seine Zulassung aber nicht vor. Dementsprechend gewährt die Nichtzulassungsbeschwerde also keinen kohärenten Schutz im zivilprozessualen Bereich. An dieser Stelle wird in besonderem Maße deutlich, welche erheblichen Unterschiede zwischen dem zivilprozessualen und dem verwaltungsprozessualen Rechtsschutz im Rahmen des Vorabentscheidungsverfahrens bestehen.

Nach allgemeiner Ansicht ist auch ein außerordentliches Rechtsmittel gegen die Nichtzulassung der Revision nicht gegeben.[602] Etwas anderes könnte jedoch gelten, wenn die Vorlage an den EuGH unterblieben ist, da insoweit das Bundesverfassungsgericht den EuGH als gesetzlichen Richter anerkannt und damit die Möglichkeit der Verfassungsbeschwerde nach

---

598 BVerwG NJW 1988, S. 664; BVerwG RIW 1986, S. 914; Allkemper, Der Rechtsschutz des einzelnen nach dem EG-Vertrag, S. 158 ff. m.w.N.

599 Auf diese Lücke weisen hin: Baumbach/Lauterbach/Albers/Hartmann, 58. Auflage, § 546, Rdnr. 23; Walchshöfer in: MüKo, ZPO, § 546, Rdnr. 73; siehe auch: BGH NJW 1981, S. 346, der darauf hinweist, daß Berufungsgerichte im Zweifel sich stets für die Zulassung entscheiden sollten, was auch dann gelten soll, wenn auch nur die Möglichkeit besteht, daß die zulassungsfreie Revision ausgeschlossen ist.

600 So vor allem auch: BVerfG NVwZ 1997, S. 178; NVwZ 1993, S. 884; Glaesner, EuR 1990, 143, 149; Baumbach/Lauterbach/Albers/Hartmann, 58. Auflage, § 546, Rdnr. 10.

601 Walchshöfer in: MüKo, ZPO, § 554 b, Rdnr. 29.

602 So die st. Rspr. des BGH seit: BGHZ 2, 16 ff.; so auch: Stein/Jonas/Grunsky, ZPO, § 546, Rdnr. 23; Baumbach/ Lauterbach/Albers/Hartmann, 58. Auflage, § 546, Rdnr. 23; a.A.: Proske, NJW 1997, S. 352 ff.

Art. 101 Abs. 1 S. 2 GG eröffnet hat. Insofern ist zu überprüfen, inwieweit in dieser Konstellation solche außerordentlichen Rechtsbehelfe zur Verfügung stehen.

V. Restitutionsklage nach § 580 ZPO bei Verletzung der Vorlagepflicht des Art. 234 Abs. 3 EGV (Art. 177 Abs. 3 a.F.)

Als außerordentlicher Rechtsbehelf kommt neben der Verfassungsbeschwerde nach Art. 93 Abs. 1 Nr. 4 a GG zunächst einmal die Restitutionsklage nach § 580 ZPO in Betracht. Die Wiederaufnahme des Verfahrens im Rahmen der Restitutionsklage soll verhindern, daß die Autorität der Gerichte und das Vertrauen der Allgemeinheit in die Rechtsprechung beeinträchtigt werden, wenn rechtskräftige Urteile nicht überprüft werden können, obwohl ihre Grundlagen erschüttert sind.[603] Ein derartiger Vertrauensschutz ist jedoch dann nicht angebracht, wenn der Restitutionskläger den Anfechtungsgrund bei Anwendung der gebotenen Sorgfalt bereits im Vorprozeß hätte geltend machen können, insbesondere durch Einspruch, Berufung oder Anschlußberufung. Ist dieser Sorgfaltsmaßstab nicht beachtet worden, so ist die Restitutionsklage gemäß § 582 ZPO nicht zulässig. Davon kann bei der Nichtzulassung bzw. Nichtannahme der Revision in der Regel nicht ausgegangen werden.

1. Die Verletzung der Vorlagepflicht des Art. 234 Abs. 3 EGV (Art. 177 Abs. 3 a.F.) als Restitutionsgrund im Sinne des § 580 ZPO

Fraglich ist nun, ob die Verletzung der Vorlagepflicht des Art. 234 Abs. 3 EGV (Art. 177 Abs. 3 a.F.) einen solchen Restitutionsgrund darstellt. Die Verletzung der Vorlagepflicht kann sowohl auf der Verletzung formellen als auch materiellen Gemeinschaftsrechts beruhen. Nach der Rechtsprechung können jedoch nur die in § 580 ZPO aufgeführten Gründe die Zulässigkeit einer Restitutionsklage stützen.[604] Die in § 580 Nr. 1 - 5 ZPO aufgeführten Restitutionsgründe, die an ein strafbares Verhalten eines Prozeßbeteiligten anknüpfen, kommen hier nicht in Frage. Aber weder die rechtswidrige Versagung der Revision noch die Verletzung der Vorlagepflicht sind in den verbleibenden § 580 Nr. 6 und 7 ZPO aufgeführt. Eine direkte Anwendung des § 580 ZPO kommt damit nicht in Betracht.

---

603 BGHZ 57, S. 211 - 216; Greger in: Zöller, ZPO, 21. Auflage, § 580, Rdnr. 1.

604 BGHZ 38, 333, 336.

2. Analoge Anwendung des § 580 ZPO

Eine analoge Anwendung der Vorschrift ist nicht schon deshalb grundsätzlich ausgeschlossen, weil es sich um eine Ausnahmevorschrift handelt.[605] Sie scheidet demnach i.d.R. aus, denn § 580 ZPO können keine Anhaltspunkte dafür entnommen werden, daß der Gesetzgeber die Wiederaufnahmeklage gegen ein rechtskräftiges Urteil allein aufgrund eines Verfahrensmangels habe zulassen wollen.[606]

Eine analoge Anwendung dieser Vorschrift scheidet auch dann aus, wenn das OLG bzw. der BGH bewußt in einer gemeinschaftsrechtlichen Frage von der Rechtsprechung des EuGH abweicht. Das ergibt sich daraus, daß ein Restitionsgrund nur dann anzunehmen ist, wenn mit dem Erlaß der Vorabentscheidung im nachhinein dem Urteil eine der Grundlagen, auf denen es beruht, entzogen wird. Bei bewußter Abweichung kann von einem nachträglichen Wegfall der Grundlage nicht die Rede sein, da das Urteil von Anfang an auf der Abweichung beruht. Dementsprechend verhält es sich anders, wenn die Abweichung durch eine nachfolgende Entscheidung des EuGH eintritt. In einem solchen Fall hatte der BFH[607] im Anschluß an die Entscheidung des EuGH[608] in der Rechtssache *Miritz* zu entscheiden. Der EuGH hatte unter Berufung auf einen Verstoß gegen Art. 31 EGV (Art. 37 a.F.) die deutsche Preisausgleichsabgabe, die auf die Einfuhr von Branntwein erhoben wurde, für gemeinschaftswidrig erklärt. Zuvor hatte der BFH diese Abgabe in einem Urteil für mit Art. 31 EGV (Art. 37 a.F.) vereinbar gehalten, ohne diese Frage dem EuGH vorzulegen, weil keine Zweifel hinsichtlich der Auslegung des europäischen Rechts bestehen würden.[609] Auch wenn eine Verletzung formellen und materiellen Gemeinschaftsrechts vorlag, so hielt der BFH die daraufhin erhobene Restitutionsklage trotzdem für nicht statthaft. Er lehnte eine analoge Anwendung des § 580 ZPO ab. Dies begründete der BFH damit, daß § 580 ZPO keine Anhaltspunkte dafür enthalte, daß der Gesetzgeber die Wiederaufnahmeklage gegen ein rechtskräftiges Urteil schon dann gestatten wolle, wenn nachträglich eine widersprechende Rechtsauffassung in einer höchstrichterlichen Entscheidung vertreten werde. Nach dem BFH ist der Vorschrift nichts zu entnehmen, das eine so weitgehende Durchbrechung der Rechtskraft von Urteilen zuläßt.[610]

---

605 Grunsky in: Stein/Jonas, ZPO, 21. Auflage, § 580, Rdnr. 1.

606 So auch: Koch, Einwirkungen des Gemeinschaftsrechts auf das nationale Verfahrensrecht im Falle richterlicher Vertragsverletzung im Zivilprozeßrecht, S. 134.

607 BFH DVBl. 1978, S. 501 f.

608 EuGH, Rs. 45/75 (Hauptzollamt Göttingen ./. Miritz), Slg. 1976, 217, 230 f.

609 BFHE 114, 298, 301 f.

610 BFH DVBl. 1978, S. 501.

Der BFH berief sich bei seinem Beschluß auf die Entscheidung des EuGH in der Rechtssache *Rewe* und führt dann aus, daß diese Entscheidung keinen gemeinschaftsrechtlichen Vorschriften widersprechen würde, da sein Verständnis der Regelung des § 580 ZPO nicht dazu führe, daß die Rechtsverfolgung praktisch unmöglich gemacht werde. Der Klägerin sei es insoweit möglich gewesen, im Wege der Klage gegen den Steuerbescheid vorzugehen, wovon sie auch Gebrauch gemacht habe. Eine eventuell vorliegende materielle Unrichtigkeit des in der Sache ergangenen Urteils könne jedoch nicht im Wege der Restitutionsklage geltend gemacht werden, denn dies sei nicht mit dem Fall der praktischen Unmöglichkeit der Rechtsverfolgung gleichzusetzen.[611] Der erkennende Senat hielt sich in diesem Fall wiederum nicht für verpflichtet, den EuGH gemäß Art. 234 Abs. 3 EGV (Art. 177 Abs. 3 a.F.) anzurufen, da sich aus seiner Sicht keine Zweifel bei der Auslegung gemeinschaftsrechtlicher Bestimmungen ergeben hätten.[612] Da – wie zuvor schon dargestellt – einzig der EuGH Auslegungs- und Interpretationshoheit über das Gemeinschaftsrecht genießt, ist die Feststellung, § 580 ZPO entspräche den Anforderungen des Gemeinschaftsrechts, die der BFH unter Bezugnahme auf das Urteil des EuGH in der Rechtssache *Rewe* traf, insoweit als eine eigenmächtige Auslegung des Gemeinschaftsrechts anzusehen. Die Abwägung zwischen Gemeinschaftsrecht und dem seine Geltung beschränkenden nationalen Recht zugunsten des Letzteren ist allein aus der Sicht des Gemeinschaftsrechts und deshalb vom EuGH zu beurteilen.[613] Somit bleibt zu überprüfen, ob das Gemeinschaftsrecht nicht eine andere Auslegung des § 580 ZPO erfordert. Insbesondere die gemeinschaftskonforme Auslegung könnte zu einem anderen Ergebnis führen.[614]

611 BFH DVBl. 1978, 501, 502.

612 Kritisch: Meier, DVBl. 1978, 502; Huthmacher, Der Vorrang des Gemeinschaftsrechts bei indirekten Kollisionen, S. 213.

613 Insoweit ist zuzustimmen: Meier, DVBl. 1978, 502.

614 Siehe dazu die Überprüfung der gemeinschaftskonformen Auslegung unten unter C.

VI. Verfassungsbeschwerde bei Verletzung der Vorlagepflicht des Art. 234 Abs. 3 EGV (Art. 177 Abs. 3 a.F.) durch ein letztinstanzliches Gericht

Stellt somit die Restitutionsklage in den meisten Fällen keine praktikable Rechtsschutzmöglichkeit dar, so stellt sich die Frage, inwieweit für die Prozeßpartei, in deren Verfahren die Vorlagepflicht des Art. 234 Abs. 3 EGV (Art. 177 Abs. 3 a.F.) verletzt wurde, die Möglichkeit einer Verfassungsbeschwerde nach Art. 93 Abs. 1 Nr. 4a GG wegen Verletzung des Gebots des gesetzlichen Richters nach Art. 101 Abs. 1 S. 2 GG besteht.

1. Die Vorlagepflicht gemäß Art. 234 Abs. 3 EGV (Art. 177 Abs. 3 a.F.)

Die Vorlagepflicht nach Art. 234 Abs. 3 EGV (Art. 177 Abs. 3 a.F.) setzt zunächst voraus, daß es sich um eine Entscheidung eines vorlagepflichtigen Gerichts handelt.

a. Vorlagepflichtige Gerichte

Die Regelung in Art. 234 Abs. 3 EGV (Art. 177 Abs. 3 a.F.) ordnet eine Vorlagepflicht nur für mitgliedstaatliche Gerichte an, *„deren Entscheidung selbst nicht mehr mit Rechtsmitteln angefochten werden können"*. Welche mitgliedstaatlichen Gerichte von diesen Regelungen betroffen werden, ist Gegenstand einer weitreichenden Diskussion.

Nach der sog. abstrakten Theorie sind nur diejenigen mitgliedstaatlichen Gerichte vorlagepflichtig, deren Entscheidungen generell nicht mit Rechtsmitteln angegriffen werden können[615]. In der Bundesrepublik wären danach nur die fünf Bundesgerichte, das Bundesverfassungsgericht sowie die Landesverfassungsgerichte vorlagepflichtig.

Demgegenüber bestimmen sich nach Auffassung der sog. konkreten Theorie die vorlagepflichtigen Gerichte unabhängig von deren gerichtsverfassungsrechtlicher Stellung danach, ob die von ihnen gefällten Entscheidungen selbst nicht mehr mit Rechtsmitteln des innerstaatlichen Rechts angegriffen werden können.[616] Der EuGH hat sich zu dieser Streitfrage

---

[615] Bleckmann, Europarecht, S. 323, Rdnr. 921; Pescatore, BayVBl. 1987, S. 38; Tomuschat, Die gerichtliche Vorabentscheidung nach den Verträgen über die europäischen Gemeinschaften, S. 44 ff.

[616] Beckmann, Probleme des Vorabentscheidungsverfahrens nach Art. 177 EWG-Vertrag, S. 70; Beutler/Bieber/Pipkorn/Streil, Die Europäische Union, 4. Auflage, S. 254 f.; Krück in: Groeben/Thiesing/Ehlermann, EWGV, Art. 177, Rdnr. 65; Everling, Das Vorabentscheidungsverfahren vor dem Gerichtshof der Europäischen Gemeinschaften, S. 45 f.; Ipsen, Europäisches Gemeinschaftsrecht in Einzelstudien, S. 768; Wohlfahrt in: Grabitz/Hilf, EGV, Art. 177, Rdnr. 49.

zwar bisher nicht eindeutig geäußert, doch ist einigen Ausführungen zu entnehmen, daß er mehr der konkreten Theorie zuneigt.[617]

Der Vorzug der abstrakten Theorie besteht darin, daß sich in jedem Land ziemlich einfach eingrenzen läßt, welche Gerichte darunter zu subsumieren sind. Die Anzahl der Gerichte wäre überschaubar, so daß hiermit auch der Überlastung des EuGH entgegengewirkt werden würde. Darüber hinaus spricht für die abstrakte Theorie, daß höchstrichterlichen Entscheidungen im besonderen Maße eine präjudizielle Wirkung zukommt, so daß gerade sie den Bestand der einheitlichen und gleichmäßigen Anwendung des Gemeinschaftsrechts gefährden. Andererseits führt die abstrakte Theorie aber auch zu einer Gefährdung des Ziels der einheitlichen Anwendung des Gemeinschaftsrechts. Bei den instanzbeendenden Gerichten, die keine höchstrichterlichen Gerichte darstellen und die danach nicht durch die Vorlagepflicht erfaßt würden, könnte sich eine uneinheitliche Anwendung des Gemeinschaftsrechts entwickeln. Der klagende Bürger hätte in den Verfahren vor diesen Gerichten nicht einmal die Chance, daß eine gemeinschaftsrechtlich relevante Frage auf der Basis einer einheitlichen europäischen Rechtsprechung entschieden würde. Der EuGH wäre auch bei Ausschöpfung des Instanzenzuges nicht unbedingt erreichbar. Folglich würde der Rechtsschutz des Bürgers in unzumutbarer Weise verkürzt und die europäische Rechtsweggarantie verletzt.[618] Diese Einschränkung der praktischen Wirksamkeit des Art. 234 Abs. 3 EGV (Art. 177 Abs. 3 a.F.) kann nur vermieden werden, wenn in jedem nationalen Rechtsstreit eine vorlagepflichtige Instanz erreicht werden kann.[619]

Gegen die abstrakte Theorie spricht des weiteren, daß sie die Gefahr der nationalen Manipulation der Funktionstüchtigkeit des Vorabentscheidungsverfahrens als Harmonisierungsinstrument in sich birgt. Ein Mitgliedstaat wäre in der Lage durch Änderung des nationalen Gerichtsverfassungs- und Prozeßrechts den Kreis der vorlagepflichtigen Gerichte stark einzuschränken, so daß die Anpassung eines nationalen Sonderweges hinsichtlich der Behandlung einer bestimmten Rechtsfrage dem Anpassungsdruck, der durch die Vorabentscheidung des EuGH entsteht, entzogen werden könnte.[620] Demnach ist im Ergebnis der konkreten Theorie der Vorzug zu geben.

---

617 EuGH, Rs. 6/64 (Costa ./. ENEL), Slg. 1964, 1251, 1268.

618 Siehe dazu die Ausführungen in: 2. Teil B. III. 2. a.

619 Beckmann, Probleme des Vorabentscheidungsverfahrens nach Art. 177 EWG-Vertrag, S. 70; Rengeling/Middeke/Gellermann, Rechtschutz in der Europäischen Union, S. 207, Rdnr. 385.

620 So auch: Lieber, Über die Vorlagepflicht des Art. 177 EWG-Vertrag und deren Mißachtung, S. 91.

Die Vorlagepflicht eines nationalen Gerichts nach Art. 234 Abs. 3 EGV (Art. 177 Abs. 3 a.F.) greift demnach ein, wenn die Entscheidung nicht mehr mit Rechtsmitteln des innerstaatlichen Rechts anfechtbar ist. Als Rechtsmittel in diesem Sinne gelten nur die ordentlichen Rechtsbehelfe. Hierzu rechnen nur solche, auf deren Einlegung die unterlegene Partei ein Recht hat, die zu ergreifen allein von ihrem Willen abhängen und die generell gegen ein Urteil gegeben sind, um dessen Überprüfung vor demselben oder einem Gericht höherer Instanz zu erreichen.[621] Demgegenüber unterfallen die außerordentlichen Rechtsbehelfe nicht der Regelung der Art. 234 Abs. 3 EGV (Art. 177 Abs. 3 a.F.). Für die Bestimmung der vorlagepflichtigen Gerichte haben daher Rechtsbehelfe, die außerhalb des normalen Instanzenzuges eingelegt werden können, außer Betracht zu bleiben. So ist insbesondere auch eine Verfassungsbeschwerde i.S.d. Art. 93 I Nr. 4a GG kein Rechtsmittel i.S.d. Art. 234 EGV (Art. 177 a.F.). Andernfalls käme es zu der paradoxen Situation, daß nur das Bundesverfassungsgericht zur Vorlage an den EuGH verpflichtet wäre,[622] wodurch die Vorlagepflicht jedoch weitestgehend ins Leere laufen würde.

b. Ausnahmen von der Vorlagepflicht

Nach der Auffassung des EuGH ist eine Ausnahme von der Vorlagepflicht in drei Fällen in Betracht zu ziehen. Dies ist zum einen der Fall, wenn eine bereits gesicherte Rechtsprechung des Gerichtshofes vorliegt, so daß die sich im Ausgangsverfahren ergebenden Rechtsfragen als geklärt anzusehen sind.[623] Es kommt dabei nicht darauf an, in welcher Verfahrensart sich die Rechtsprechung entwickelt hat und ob eine vollkommene Übereinstimmung der strittigen Fragen vorliegt.

Des weiteren entfällt die Vorlagepflicht, wenn die europarechtlich strittige Frage nicht entscheidungserheblich ist. Diese Frage zu entscheiden, obliegt ganz dem nationalen Gericht. Der EuGH kann die Erheblichkeit nicht nachprüfen, weil er dann auch ziemlich weitgehend Fragen des nationalen Rechts entscheiden müßte.[624] Es ist damit die Sache des nationalen Gerichts, sich darüber klar zu werden, ob eine logische Verknüpfung zwischen der europarechtlichen Frage und dem Ausgang des Verfahrens dergestalt besteht, daß abhängig von der Beantwortung der Frage entweder in die eine oder die andere Richtung entschieden

---

621 Lieber, Über die Vorlagepflicht des Art. 177 EWG-Vertrag und deren Mißachtung, S. 96.

622 Wohlfahrt in: Grabitz/Hilf, EGV, Art. 177, Rdnr. 50; Gündisch, Rechtsschutz in der Europäischen Gemeinschaft, S. 104.

623 EuGH, Rs. 283/81 (C.I.L.F.I.T. ./. Ministero della sanità), Slg. 1982, 3415, 3429.

624 EuGH, Rs. 26/62 (van Gend & Loos ./. Niederländische Finanzverwaltung), Slg. 1963, 1, 23 f.; Rs. 6/64 (Costa./. ENEL), Slg. 1964, 1251, 1254; Rs. 20/64 (Albatros ./. SOPÉCO), Slg. 1965, 1, 8.

werden müßte.[625] Besteht diese Verknüpfung nicht, so liegt keine entscheidungserhebliche Frage vor und die Vorlage könnte unterbleiben.

Letztlich entfällt die Vorlagepflicht nach der *„acte-claire-Doktrin"*, *„wenn die richtige Anwendung des Gemeinschaftsrechts derart offenkundig ist, daß keinerlei Raum für vernünftige Zweifel an der Entscheidung der gestellten Frage bleibt."*[626] Die nationalen Richter können von einer Offenkundigkeit aber nur dann ausgehen, wenn sie zu der Überzeugung gelangt sind, daß auch die Gerichte anderer Mitgliedstaaten sowie der EuGH die gemeinschaftsrechtliche Frage in gleicher Weise beantworten würden.[627] Dabei haben sich die nationalen Richter die Eigenheiten des Gemeinschaftsrechts, die besonderen Schwierigkeiten seiner Auslegung sowie die Gefahr voneinander abweichender gerichtlicher Entscheidungen zu vergegenwärtigen.[628] Sie müssen ferner berücksichtigen, daß die Vorschriften des Gemeinschaftsrechts in allen Gemeinschaftssprachen verbindlich sind und ihre Auslegung einen Vergleich der sprachlichen Fassungen erfordert.[629] Dies erfordert ein hohes Maß an Recherchetätigkeit, die die Gerichte im Regelfall nicht leisten können. Folglich soll die Offenkundigkeit restriktiv gehandhabt werden. Erst wenn die nationalen Richter trotz dieser Hürden zu dem Ergebnis kommen, die richtige Anwendung des Gemeinschaftsrechts sei derart offenkundig, daß für einen vernünftigen Zweifel kein Raum bleibt, sind diese an sich vorlagepflichtigen Richter berechtigt, von einer Vorlage an den EuGH abzusehen und die gemeinschaftsrechtliche Frage eigenverantwortlich zu entscheiden.[630] In der Praxis wird die auslegungsbedürftige Formel von der Offenkundigkeit naturgemäß nicht gleichmäßig beachtet und unterliegt höchst unterschiedlichen Einschätzungen.[631]

---

625 Dauses, Das Vorabentscheidungsverfahren, S. 97.

626 EuGH in der Rs. 283/81 (C.I.L.F.I.T. ./. Ministero della sanità), Slg. 1982, 3415, 3430; vgl. auch zur Anwendung dieser Doktrin durch dt. Gerichte: BVerfG NJW 1992, S. 678 f.; BGH NJW 1990, 982, 987; BGH EuZW 1992, 644,646.

627 Lieber, Über die Vorlagepflicht des Art. 177 EWG-Vertrag und deren Mißachtung, S. 113 ff.; Steindorff, ZHR 156 (1992), S. 4 ff.; Fastenrath, JA 1986, 283, 284; Clausnitzer, NJW 1989, 641, 642; Schaub, NJW 1994, S. 83.

628 EuGH Rs. 283/81 (C.I.L.F.I.T. ./. Ministero della sanità), Slg. 1982, 3415, 3430.

629 Streil, Das Vorabentscheidungsverfahren als Bindeglied zwischen europäischer und nationaler Rechtsprechung, S. 74, Rdnr. 18; Chwolik-Lanfermann, Grundrechtsschutz in der EU, S. 249.

630 Vgl. dazu auch: Krück in: Groeben/Thiesing/Ehlermann, EWGV, Art. 177, Rdnr. 72, der der Auffassung ist, daß wegen der erheblichen Anforderungen an den nationalen Richter die Rechtsprechung zur „acte-claire-Doktrin" weitestgehend ohne praktische Konsequenzen bleiben wird.

631 Lieber, Über die Vorlagepflicht des Art. 177 EWG-Vertrag und deren Mißachtung, S. 126 – 135, die zhlreiche Beispiele aufführt, in denen die Vorlagepflicht durch nationale Gerichte in solchen Fällen mißachtet wurde; ebenso: Steindorff, ZHR 156 (1992), S. 4 ff., der den unterschiedlichen Umgang mit der „acte-claire-Doktrin" seitens des französischen Conseil d'Etat und des BGH aufzeigt und darauf hinweist, daß beide Gerichte Rechtsfragen in einer bestimmten Weise für klar hielten, die sich später jeweils als falsch herausstellten.

2. Tauglichkeit der Verfassungsbeschwerde, einer Verletzung der Vorlagepflicht zu begegnen

Das Bundesverfassungsgericht hat mit dem Solange-II-Beschluß den Weg bereitet, um Verletzungen der Vorlagepflicht nach Art. 234 Abs. 3 EGV (Art. 177 Abs. 3 a.F.) zu begegnen. Durch die Anerkennung des Gerichtshofes als gesetzlicher Richter im Sinne des Art. 101 Abs. 1 S. 2 GG kann sich der einzelne Verfahrensbeteiligte mit der Behauptung, dieser Grundsatz sei durch die Nichtvorlage verletzt, an das Bundesverfassungsgericht wenden.

Ein bloßer „error in procedendo" stellt allerdings keinen Verstoß gegen das Gebot des gesetzlichen Richters dar. Es bedarf darüber hinaus des Merkmals der „Willkür". Dies bedeutet nach der Auffassung des Bundesverfassungsgericht, daß die gerichtliche Entscheidung der Nichtvorlage bei verständiger Würdigung als nicht mehr verständlich oder offensichtlich unhaltbar erscheinen muß.[632] Nur die wenigsten Verstöße gegen die Vorlagepflicht des Art. 234 Abs. 3 EGV (Art. 177 Abs. 3 a.F.) werden diesen Maßstab erfüllen. Wann wird die Mißachtung der Vorlagepflicht schon einmal offensichtlich unhaltbar sein ? Damit geht die Vorlagepflicht nach Art. 234 Abs. 3 EGV (Art. 177 Abs. 3 a.F.) wesentlich weiter als der Schutz, den das Willkürverbot nach Art. 101 Abs. 1 S. 2 GG dem Rechtsschutzsuchenden gewährt. Denn nach Art. 234 Abs. 3 EGV (Art. 177 Abs. 3 a.F.) muß vorgelegt werden, wenn es keinen vom EuGH anerkannten Grund gibt, nicht vorzulegen.[633]

a. Der bisherige Willkürmaßstab des Bundesverfassungsgerichts

Nach dem Bundesverfassungsgericht ist Art. 101 Abs. 1 S. 2 GG aber erst dann verletzt, wenn eine Entscheidung willkürlich ist, das heißt, wenn die Maßnahme des entscheidenden Richters bzw. Gerichts auf unsachlichen Erwägungen beruht oder offensichtlich unhaltbar oder gar ohne jeden Bezug auf den gesetzlichen Maßstab ist,[634] so daß keine Gesetzesanwendung mehr vorliegt. Damit ist die Grenze für die Grundrechtsverletzung weit hinausgeschoben. Entfernt sich ein Gericht derart von der zutreffenden Rechtsanwendung, so ist mit Sicherheit eine Grundrechtsverletzung anzunehmen, denn dies stellt die äußerste denkbare Willkürgrenze dar. Es verbleibt dann aber eine Vielzahl gravierender Verfahrensmängel, deren Fehlerintensität diese äußerste Willkürgrenze nicht erreicht.[635]

---

632 BVerfGE 82, 159, 194.

633 EuGH, Rs. 293/81 (C.I.L.F.I.T. ./. Ministero della sanità), Slg. 1982, S. 3415.

634 BVerfGE 6, S. 53.

635 Arnold, FS Karl H. Neumayer (1985), 17, 27.

Das Bundesverfassungsgericht sieht allerdings eine Verletzung des Art. 101 Abs. 1 S. 2 GG auch darin, daß das Gericht seiner Verpflichtung zur Vorlage nicht nachkommt,[636] obwohl das Gericht, dem vorzulegen ist, nur über eine bestimmte Rechtsfrage zu entscheiden hat. Diese Rechtsprechung hat sich an der Vorlagepflicht nach § 132 GVG herausgebildet. Nach § 132 GVG haben die Senate beim BGH den Großen Senat bzw. die Vereinigten Senate anzurufen, wenn ein Senat von der Rechtsauffassung eines anderen Senats abweichen will. Die Senate hatten ein Anfrageverfahren entwickelt, wonach auf die Vorlage immer dann verzichtet wurde, wenn der andere Senat auf Anfrage seinen bisherigen Standpunkt aufgibt. Dieses Anfrageverfahren verstößt gegen Art. 101 Abs. 1 S. 2 GG, weil sich damit ein Senat seiner Vorlagepflicht entzieht und den Vorrang des Gesetzes verletzt. Nur der Gesetzgeber kann eine solche Regelung einführen.[637]

Das Bundesverfassungsgericht hat jedoch noch keine endgültige Fassung des Willkürmaßstabes in Bezug auf die Mißachtung der Vorlagepflicht gefunden. Dies wird anhand von zwei Beschlüssen deutlich, die das Bundesverfassungsgericht mit dem Zusatz versah *„wie immer im übrigen der Maßstab der Willkür im Hinblick auf Verstöße gegen die Vorlagepflicht aus Art. 177 EWGV zu fassen sein mag.“* In der Literatur ist die unveränderte Beibehaltung des Willkürmaßstabes auf breite Ablehnung gestoßen.[638]

b. Modifikation des Willkürmaßstabs durch Vergleich mit Art. 100 Abs. 2 GG

Dementsprechend soll anhand eines Vergleichs der Vorlageverfahren nach Art. 100 Abs. 1 GG und Art. 100 Abs. 2 GG mit dem Vorabentscheidungsverfahren nach Art. 234 EGV (Art. 177 a.F.) ein passender Wilkürmaßstab aufgezeigt werden. Aufgrund von Unterschieden bzw. Ähnlichkeiten in der Funktion der Verfahren, sind hier unter Umständen auch unterschiedliche bzw. ähnliche Willkürmaßstäbe geboten. Diese Verfahren bieten sich im besonderen Maße für einen Vergleich an, weil sich das Bundesverfassungsgericht in beiden Fällen schon ausfürlicher mit der Verletzung des Rechts auf den gesetzlichen Richter auseinandergesetzt hat.[639] Die Vorschrift des Art. 100 Abs. 2 GG weist zunächst einmal viele Parallelen mit der Vorschrift des Art. 234 Abs. 3 EGV (Art. 177 Abs. 3 a.F.) auf. Den beiden Vorschriften ist gemein, daß sie nicht Bestandteil des einfachen Rechts sind. Das ergibt sich für Art. 234 Abs. 3 EGV (Art. 177 Abs. 3 a.F.) schon aus dem Vorrang des Gemeinschaftsrechts, der

636 BVerfGE 3, 359; 9, 213; 13, 132; 17, 99; 18 441; 19, 30; 23, 288.

637 Maunz in: Maunz/Dürig, GG, Art. 101, Rdnr. 54.

638 Stettner, AöR 111 (1986), 359, 395; Schiller, NJW 1983, 2736, 2738; Nicolaysen, EuR 1985, 368, 373; Vedder, NJW 1987, 526, 530 f.; Stein, ZaöRV 47 (1987), 279, 285; Hilf, EuGRZ 1987, 1, 5.

639 Zum Vorlageverfahren nach Art. 100 Abs. 2 GG: BVerfGE 23, S. 288; 64, 1, 21.

ja sogar nationales Verfassungsrecht umfaßt. Für Art. 100 Abs. 2 GG ergibt sich das selbstverständlich schon durch die Normierung innerhalb des Grundgesetzes. Insofern kann das Bundesverfassungsgericht nicht von vornherein auf die jeweilige Heranziehung verzichten. Beide Vorschriften gelten bei Zweifeln über Rechtsfragen. Aber auch Sinn und Zweck der Vorschriften sind vergleichbar. Beide dienen der Vermeidung divergierender Entscheidungen und damit der Einheit der Rechtsordnung, die zu schützen sie jeweils bestimmt sind. Art. 100 Abs. 2 GG dient auch der Vermeidung von Völkerrechtsverletzungen durch die Bundesrepublik Deutschland.[640] Das Bundesverfassungsgericht hat selbst darauf hingewiesen, daß dieses Ziel bei Art. 234 Abs. 3 GG (Art. 177 Abs. 3 a.F.) gerade durch die Verbindung mit Art. 101 Abs. 1 GG erreicht werden soll und kann.[641] Das bedingt allerdings, daß das deutsche Rechtsschutzsystem keine unanfechtbaren Verstöße gegen die Vorlagepflicht nach Art. 234 Abs. 3 EGV (Art. 177 Abs. 3 a.F.) mehr zuläßt. Das ist nach der bisherigen Auslegung des Willkürbegriffs nicht gewährleistet, da dieser nicht alle Verstöße gegen Art. 234 Abs. 3 EGV (Art. 177 Abs. 3 a.F.) abdeckt. Die zu entdeckenden Unterschiede in der Rechtsprechung des Bundesverfassungsgerichts zur Frage, ob die jeweilige Nichtvorlage die Garantie des gesetzlichen Richters verletzt, sind jedoch aufgrund der Ähnlichkeiten der Verfahren verwunderlich. Im Falle des Art. 100 Abs. 2 GG reichen *„objektiv* [...] *ernstzunehmende Zweifel"* zur Vorlagepflicht. Eine Verletzung des Rechts auf den gesetzlichen Richter ist also schon dann anzunehmen, wenn *„ernstzunehmende Zweifel"* an der Nichtvorlageentscheidung bestehen. Ein solcher Zweifel soll nach dem Bundesverfassungsgericht vorliegen, *„wenn das Gericht abweichen würde von der Meinung eines Verfassungsorgans oder von den Entscheidungen hoher deutscher, ausländischer oder internationaler Gerichte oder von den Lehren anerkannter Autoren der Völkerrechtswissenschaft."*[642]

Warum das Bundesverfassungsgericht bei der Vorlagepflicht des Art. 234 Abs. 3 EGV (Art. 177 Abs. 3 a.F.) einen gänzlich anderen Maßstab entwickelt hat, ist nicht ganz verständlich. So verlangt das Bundesverfassungsgericht zur Feststellung der Willkür bei der Mißachtung der Vorlagepflicht im Rahmen des Vorabentscheidungsverfahrens, daß eine Gegenmeinung den *„eindeutigen Vorzug"* verdient.[643] Dies bedeutet einen deutlich schärferen Verstoß als nur die Mißachtung „ernstzunehmender Zweifel." Nicht die bloße Existenz einer ernstzunehmenden Gegenauffassung, sondern ihre eindeutige Vorzugswürdigkeit wird verlangt. Zwar läge die bloße Übertragung des Maßstabs aus der Prüfung der Verletzung der Vorlagepflicht des Art. 100 Abs. 2 GG noch nicht ganz in Übereinstimmung mit der Recht-

640 BVerfGE 46, 342, 360; 64, 1, 14 f. = EuGRZ 1984, S. 344.

641 BVerfG EuGRZ 1988, 109, 110.

642 BVerfGE 64, 1, 15.

643 BVerfGE 82, 159, 195 f.

sprechung des EuGH in seiner *C.I.L.F.I.T.*-Entscheidung, doch würde sie schon eine Verbesserung des Rechtsschutzes gegenüber der bisherigen Rechtsprechung des Bundesverfassungsgerichts bedeuten.[644]

VII. Vollstreckungsgegenklage nach § 767 Abs. 2 ZPO gegen gemeinschaftsrechtlich fehlerhafte Zivilurteile

Sind somit die Rechtsschutzmöglichkeiten, die außerordentliche Rechtsbehelfe gegen die Mißachtung der Vorlagepflicht nach Art. 234 Abs. 3 EGV (Art. 177 Abs. 3 a.F.) bieten, dargestellt, so ergibt sich danach auf der Ebene der Vollstreckung die Frage, wie es um den Rechtsschutz des Einzelnen im Hinblick auf die Beachtung des Gemeinschaftsrechts bestellt ist. Bislang weitgehend ungeklärt ist etwa die Frage, ob gegen Zivilurteile im Falle der nachträglichen Änderung der höchstrichterlichen Rechtsprechung auf europäischer Ebene die Vollstreckungsgegenklage nach § 767 Abs. 2 ZPO offensteht.[645] Zwar stellt die bloße Änderung in der Rechtsprechung keinen erheblichen Grund für die Vollstreckungsgegenklage dar,[646] doch wird etwas anderes dann angenommen, wenn das höchstrichterliche Urteil einer Gesetzesänderung gleichkommt. Dies ist etwa dann der Fall, wenn eine Norm aufgrund höchstrichterlicher Rechtsprechung für ungültig erklärt wird.[647] Für derartige Entscheidungen des Bundesverfassungsgericht ist dies mittlerweile anerkannt[648] und in den §§ 78 Abs. 2 Satz 2, 95 Abs. 3 Satz 3 BVerfGG auch ausdrücklich geregelt. Fraglich ist, ob entsprechendes für Urteile des EuGH gelten kann, die im Rahmen der dem EuGH ebenfalls zustehenden alleinigen Verwerfungskompetenz[649] eine Norm für ungültig erklären. Eine analoge Anwendung dieser Bestimmungen des BVerfGG wird bislang nur in Bezug auf Beanstandungen einer Norm durch den Europäischen Gerichtshof für Menschenrechte (EGMR) nach Art. 53 EMRK befürwortet.[650] Wenn aber schon Entscheidungen des EGMR in Betracht kommen, so muß dies wohl erst recht für Entscheidungen des EuGH zutreffen. Im Gegensatz zum EuGH mangelt es dem EGMR nämlich an einer direkten Verwerfungskompetenz. Dem EuGH steht - ebenso wie dem Bundesverfassungsgericht im deutschen Recht – auf der Ebene des Ge-

---

644 In diesem Sinne auch: Wölker, EuGRZ 1988, 97, 101.

645 So andeutungsweise: Gleiss/Hirsch, Kommentar zum EG-Kartellrecht, Einl. C, Rdnr. 69.

646 OLG Naumburg JW 1934, S. 3015; Herget in: Zöller, ZPO, 21. Auflage, § 767, Rdnr. 13.

647 Die Frage nach der gesetzgeberischen Wirkung der Urteile des BVerfG in Normenkontrollverfahren ist seit längerem umstritten und bislang nicht eindeutig geklärt: Maunz in: Maunz/Dürig, GG, Art. 100, Rdnr. 5 m.w.N.

648 OLG Nürnberg JurBüro 1985, S. 1894 f.; LG München WRP 1984, S. 577.

649 EuGH, Rs. 61/79 (Denkavit), Slg. 1980, 1205, 1224.

650 Stein/Jonas/Grunsky, § 578, Rdnr. 44; Baur/Stürner, Zwangsvollstreckungs-, Konkurs- und Vergleichsrecht, 11. Auflage, Rdnr. 749; Schumann, NJW 1964, 753, 754.

meinschaftsrechts die alleinige Kompetenz zu, die Ungültigkeit eines Gemeinschaftsrechtsaktes festzustellen. Es macht insoweit keinen Unterschied, ob der EuGH die Unvereinbarkeit einer Norm des sekundären mit dem Primärrecht feststellt oder ob das Bundesverfassungsgericht gemäß § 78 S. 1 BVerfGG die Unvereinbarkeit von Bundesrecht mit dem Grundgesetz feststellt. Die nationalen Gerichte haben bis zu einer Ungültigkeitsfeststellung durch den EuGH das Gemeinschaftsrecht anzuwenden und zu respektieren. An die Ungültigkeitsentscheidung des EuGH sind die nationalen Gerichte gebunden.

Zwar wird auch der EuGH nicht direkt legislativ tätig, doch kontrolliert er die legislative Tätigkeit anderer Gemeinschaftsorgane. Insofern kommt einer solchen Entscheidung des EuGH auch ein normändernder Charakter zu. Demnach sind solche höchstrichterlichen Entscheidungen des EuGH mit den Normenkontrollklagen vor dem Bundesverfassungsgericht vergleichbar. Den §§ 79 Abs. 2 Satz 2, 95 Abs. 3 Satz 2 BVerfGG läßt sich die gesetzgeberische Grundentscheidung entnehmen, daß die Vollstreckung aus einer nicht mehr anfechtbaren Entscheidung unzulässig ist, wenn diese auf einer für nichtig erklärten Norm beruht.

Fraglich ist darüber hinaus, wie es sich verhält, wenn der EuGH – wenn auch nur mittelbar- die Gemeinschaftsrechtswidrigkeit einer Norm des deutschen Rechts feststellt. Zwar hat der EuGH nicht die Befugnis, nationales Recht wegen des Vorrangs des Gemeinschaftsrechts für ungültig zu erklären, doch löst der EuGH das Problem dadurch, daß er äußerlich ausschließlich Formulierungen wählt, die als eine Auslegung des Gemeinschaftsrechts anzusehen sind, inhaltlich allerdings unmißverständlich zu erkennen geben, daß die mitgliedstaatliche Norm dem Gemeinschaftsrecht widerspricht und deshalb zurücktritt.[651] Zieht man die Bindungswirkung von Urteilen in Vorabentscheidungen mit in Betracht, so liegt zwar keine Verwerfungskompetenz vor, doch ergibt sich aufgrund des Anwendungsvorrangs eine vergleichbare Interessenlage. Dementsprechend wird man auch in diesen Fällen die Möglichkeit der Vollstreckungsgegenklage bejahen müssen.

Somit ist auch in den Fällen einer geänderten Rechtsprechung des EuGH unter Heranziehung des Rechtsgedankens aus §§ 79 Abs. 2 Satz 2, 95 Abs. 3 Satz 2 BVerfGG ein ausreichender Grund für eine Einwendung im Sinne der Vollstreckungsgegenklage nach § 767 Abs. 2 ZPO anzunehmen. In der Praxis ist diese Problematik bisher nur selten relevant geworden, da eine dem Urteil entgegenstehende Entscheidung des EuGH zwischen seinem Erlaß und seiner Vollstreckung ergehen und den Parteien bekannt werden müßte. Bei der früher üblichen Zeitverzögerung, mit der Urteile des EuGH veröffentlicht wurden, erschien dies höchst unwahrscheinlich. Da die Urteile des EuGH heute innerhalb weniger Tage durch den EuGH

---

651 Auf diese Vorgehensweise des EuGH weist hin: Gündisch, Rechtsschutz in der Europäischen Gemeinschaft, S. 98.

im Internet veröffentlicht werden, kann man davon nicht mehr ausgehen. Vielmehr müssen Anwälte heute – schon im Hinblick auf die zuvor aufgeführte Problematik - die Rechtsprechungsentwicklung ständig im Auge behalten.

VIII. Die Abänderungsklage nach § 323 Abs. 1 ZPO

In Sonderfällen kann eine Abänderungsklage nach § 323 Abs. 1 ZPO in Betracht kommen. Dazu muß es sich um einen Fall der Verurteilung zu einer künftig fällig werdenden wiederkehrenden Leistung handeln. Dabei handelt es sich um die prozessuale Umsetzung des im materiellen Recht bekannten Gedankens des Wegfalls der Geschäftsgrundlage.[652]

Abänderungs- und Vollstreckungsgegenklage schließen sich nach überwiegender Auffassung aus.[653] Während die Vollstreckungsgegenklage der Durchsetzung rechtsvernichtender und rechtshemmender Einwendungen dient, wird mit der Abänderungsklage geltend gemacht, daß der rechtsbegründende Tatbestand, der dem abzuändernden Urteil zugrunde liegt, sich anders entwickelt hat, als im Urteil angenommen.[654] Mit der Vollstreckungsgegenklage wird aber nur die Vollstreckbarkeit angegriffen, nicht die Rechtskraft. Im Gegensatz dazu soll mit der Abänderungsklage die Rechtskraft des Urteils durchbrochen werden.

Voraussetzung für die Begründetheit der Abänderungsklage ist, daß eine wesentliche Veränderung der für den Grund, den Betrag oder die Dauer der Leistung bedeutsamen, bei der früheren Verurteilung maßgebenden Verhältnisse eingetreten ist. Nicht ausreichend ist die bloße Änderung in der Beurteilung der maßgebenden Verhältnisse. Vielmehr müssen sich Tatsachen geändert haben. Dafür ausreichend ist eine Änderung der Rechtslage, wie etwa bei Änderung der höchstrichterlichen Rechtsprechung.[655] Dementsprechend muß eine solche wesentliche Änderung wegen des Vorrangs des Gemeinschaftsrechts auch dann angenommen werden, wenn eine Änderung der Rechtsprechung des EuGH zu einer Änderung für den Grund, den Betrag oder die Dauer der Leistung bedeutsam ist. Des weiteren ist auch im Fall der Abänderungsklage die Nichtigerklärung einer Norm durch das Bundesverfassungsgericht, als wesentlicher Grund anerkannt.[656] Wie schon zuvor ausgeführt, kann für die Nichtigkeits-

---

652 BGH NJW 1983, S. 228; Vollkommer in: Zöller, ZPO, 21. Auflage, § 323, Rdnr. 2.

653 Rosenberg/Schwab/Gottwald, § 158 IV; MüKo/Gottwald, ZPO, § 323, Rdnr. 28 m.w.N.; Grunsky AcP 192, 192, 352; Vollkommer in: Zöller, ZPO, 21. Auflage, § 323, Rdnr. 15; a.A.: Meister, FamRZ 1980, S. 864; Baumbach/Lauterbach/ Albers/ Hartmann, 58. Auflage, § 323, Rdnr. 3; offen lassend: BGH NJW-RR 1989, S. 322.

654 Vollkommer in: Zöller, ZPO, 21. Auflage, § 323, Rdnr. 15.

655 BGHZ 25, S. 390; 58, S. 362; 70, S. 295; BGH NJW 1996, S. 1469 f.

656 BGH NJW 1988, S. 2376 - 2380.

erklärung einer europarechtlichen Norm durch den EuGH nichts anderes gelten. Auch diese Konstellation dürfte nur in einigen wenigen Fällen vorliegen.

IX. Die Vorlage im vorläufigen Rechtsschutzverfahren nach deutschem Zivilprozeßrecht

Bei der Überprüfung des Zusammenspiels zwischen Vorabentscheidungsverfahren und dem nationalen Prozeßrecht verbleibt letztlich die Frage, wie sich das Vorabentscheidungsverfahren mit den summarischen Verfahren des vorläufigen Rechtsschutzes, also Arrest (§ 916 ZPO) und einstweiliger Verfügung (§ 935 ZPO), vereinbaren läßt. Im Schrifttum war anfänglich die Frage aufgeworfen worden, ob sich summarische Verfahren wegen der dabei gebotenen Eile überhaupt mit einer Vorlage vereinbaren lassen. Der EuGH hat dies in seiner Rechtsprechung eindeutig bejaht. Danach hindert weder die Dringlichkeit noch der vorläufige Charakter eines solchen Verfahrens das Recht eines Gerichts zur Anrufung des EuGH, wenn das Gemeinschaftsrecht die entscheidungserhebliche Grundlage seiner Entscheidung darstellt.[657] Dementsprechend sind dann auch in der Vergangenheit einige Urteile des EuGH aufgrund von Vorabentscheidungen im Rahmen von summarischen Verfahren ergangen.[658]

Ist damit die Frage nach der Vorlagemöglichkeit in summarischen Verfahren prinzipiell geklärt, so stellt sich jedoch die weitergehende Frage, ob für die Gerichte in solchen Verfahren eventuell auch eine Vorlagepflicht nach Art. 234 Abs. 3 EGV (Art. 177 Abs. 3 a.F.) bestehen kann. Dies ist in der Literatur höchst umstritten.[659] Die Diskussion dreht sich dabei im wesentlichen um die jüngere Entwicklung der Rechtsprechung des EuGH. Diese hat sich seit dem ersten Urteil, das sich mit der Frage der Vorlagepflicht beschäftigte, dem Urteil in der im Jahre 1977 entschiedenen Rechtssache *Hoffmann-La Roche*[660] wesentlich geändert. In dieser Entscheidung, die auf eine Vorlage des OLG Karlsruhe zurückgeht, verneinte der EuGH eine solche Verpflichtung mit der Begründung, daß in summarischen Verfahren, die die Gewährung vorläufigen Rechtsschutzes zum Gegenstand haben, die einheitliche Ausle-

---

[657] So unter anderem in: EuGH, Rs. 107/76 (Hoffmann-La Roche ./. Centralfarm I), Slg. 1977, 957, 972; verb. Rs. 35 & 36/82 (Elestina Esselina Christina Morson ./. Niederländischen Staat und Leiter der Ortspolizeibehörde im Sinne des Vreemdelingenwet sowie Sewradjie Jhanjan ./. Niederländischen Staat), Slg. 1982, 3723, 3734.

[658] So etwa die Entscheidungen des EuGH in folgenden Fällen: EuGH, Rs. 29/69 (Stauder ./. Ulm), Slg. 1969, S. 419 - 430; Rs. 78/70 (Deutsche Grammophon Gesellschaft mbH ./. Metro-SB-Großmärkte GmbH & Co. KG), Slg. 1971, S. 487 - 514; Rs. 270/80 (Polydor ./. Harlequin Record Shops), Slg. 1982, S. 329 - 428.

[659] Die Vorlagepflicht ablehnend: Schiefer, NJW 1995, 160, 161; Schaub, NJW 1994, 81, 83; Dänzer-Vanotti, BB 1991, S. 1015 ff.; Schlemmer-Schulte, EuZW 1991, 307, 309; Gornig, JZ 1992, 39, 40; die Vorlagepflicht annehmend hingege: Koch, NJW 1995, S. 2331 f.; Schwarze, FS Bodo Börner (1992), 389, 400 f.; Rodriguez Iglesias, EuR 1992, 733, 734; Allkemper, Der Rechtsschutz des einzelnen nach dem EG-Vertrag, S. 167 ff.

[660] EuGH, Rs. 107/76 (Hoffmann-La Roche ./. Centralfarm I), Slg. 1977, S. 957 ff.

gung und Anwendung des Gemeinschaftsrechts in sämtlichen Mitgliedstaaten sicherzustellen, entsprochen werde, wenn in einem ordentlichen Hauptsacheverfahren die Rechtsfrage erneut entschieden werde. Der EuGH betonte dabei, daß eine solche Vorlageverpflichtung selbst dann nicht bestehe, wenn diese Entscheidung nicht mehr mit innerstaatlichen Rechtsmitteln angefochten werden könne.[661] In mehreren Entscheidungen bestätigte der EuGH in der Folge diese Rechtsprechung.[662]

Mit seinem Urteil aus dem Jahre 1987 in der Rechtssache *Foto-Frost* änderte der EuGH dann aber seine diesbezügliche Rechtsprechung. In diesem Verfahren stellte das vorlegende Finanzgericht Hamburg die Frage, ob ein nationales Gericht befugt ist, selbst die Ungültigkeit einer Entscheidung der Kommission festzustellen. Der Gerichtshof beantwortete dies dahingehend, daß er den nationalen Gerichten die Befugnis absprach, selbst die Ungültigkeit von Handlungen der Gemeinschaftsorgane festzustellen, denn diese Befugnis stehe ausschließlich dem EuGH zu.[663] Er setzte sich leider in dieser Entscheidung nicht mit seiner Rechtsprechung aus dem *Hoffmann-La Roche*-Urteil auseinander. Damit blieb unklar, ob diese Verpflichtung nur in Hauptsacheverfahren oder entgegen seiner bisherigen Rechtsprechung auch in summarischen Verfahren bestehen sollte. Erst mit dem Urteil in den verbundenen Rechtssachen *Süderdithmarschen* und *Soest* stellte der EuGH diese Frage 1991 klar[664] und verwarf damit seine Rechtsprechung aus der Rechtssache *Hoffmann-La Roche.*[665] Danach kann für nationale Gerichte auch im Rahmen des vorläufigen Rechtsschutzverfahrens die Verpflichtung zur Vorlage bestehen, wenn ein solches Gericht überzeugt ist, daß ein ergangener Verwaltungsakt auf einer gemeinschaftsrechtlichen Grundlage beruht, die ungültig ist und der EuGH über die Frage der Gültigkeit noch nicht endgültig entschieden hat. Der EuGH argumentiert dabei, daß das nationale Gericht nicht befugt ist, selbst die Ungültigkeit von Gemeinschaftsrechtsakten festzustellen. Dementsprechend ergibt sich daraus für das nationale Gericht die Verpflichtung zur Vorlage, wenn der betreffende Gemeinschaftsrechtsakt nicht angewandt werden soll.[666] Die Aussetzung vollzieht sich dabei jedoch nicht allein nach den Regeln des nationalen Rechts, sondern den gleichen Regeln, nach denen der Gerichtshof selbst vorläufigen Rechtsschutz gewährt.[667] Hierzu führt der EuGH aus: *„Da die*

---

661 EuGH, Rs. 107/76, (Hoffmann-La Roche ./. Centralfarm I), Slg. 1977, 957, 973 f.

662 So beispielsweise in: EuGH, verb. Rs. 35 & 36/82 (Elestina Esselina Christina Morson ./. Niederländischen Staat und Leiter der Ortspolizeibehörde im Sinne des Vreemdelingenwet sowie Sewradjie Jhanjan ./. Niederländischen Staat), Slg. 1982, 3723, 3734.

663 EuGH, Rs. 314/85 (Foto-Frost ./. Hauptzollamt Lübeck-Ost), Slg. 1987, 4199, 4232.

664 EuGH, verb. Rs. C-143/88 und C-92/89 (Zuckerfabrik Süderdithmarschen ./. Hauptzollamt Itzehoe und Zuckerfabrik Soest GmbH ./. Hauptzollamt Paderborn), Slg. 1991, I-415, 541.

665 Siehe hierzu auch: Schlemmer-Schulte, EuZW 1991, S. 307 und Koch, NJW 1995, 2331, 2332.

666 EuGH, verb. Rs. C-143/88 und C-92/89 (Zuckerfabrik Süderdithmarschen ./. Hauptzollamt Itzehoe und Zuckerfabrik Soest GmbH ./. Hauptzollamt Paderborn), Slg. I 1991, 415, 544.

667 Darauf hinweisend: Bleckmann, Europarecht, 6. Auflage, S. 324, Rdnr. 924.

Befugnis der nationalen Gerichte, die Vollziehung eines solchen Verwaltungsaktes auszusetzen, der Befugnis nach Artikel 185 im Rahmen von Klagen nach Artikel 173 enspricht, können diese Gerichte die Vollziehung nur unter den Voraussetzungen aussetzen, die für den Erlaß einer einstweiligen Anordnung durch den Gerichtshof gelten. Insoweit ergibt sich aus der ständigen Rechtsprechung des Gerichtshofes, daß die Vollziehung eines angefochtenen Aktes nur ausgesetzt werden kann, wenn die Aussetzung dringend ist, wenn sie also vor der Entscheidung in der Hauptsache verfügt und wirksam werden muß, damit der Antragsteller keinen schweren und nicht wiedergutzumachenden Schaden erleidet."[668] Diese Rechtsprechung hat der EuGH zwischenzeitlich in seinem Urteil in der Rechtssache *Atlanta* sowie in einer jüngst ergangenen Entscheidung bestätigt.[669]

Das *Süderdithmarschen*-Verfahren knüpfte zwar an eine Vorlage im Rahmen vorläufigen Rechtsschutzverfahrens nach § 69 Abs. 3 FGO und das *Atlanta*-Verfahren an den verwaltungsrechtlichen Rechtsschutz an, doch kann für die einstweilige Verfügung nach §§ 935 ff. ZPO und den Arrest nach §§ 916 ff. ZPO nichts anderes gelten, da es keinen Unterschied macht, ob das einstweilige Verfahren zur Nichtanwendung eines Gemeinschaftsrechtsaktes oder zur vorläufigen Regelung eines durch Gemeinschaftsrechtsakt geschaffenen Rechtszustandes führt.[670] In beiden Fällen geht es darum, eine gemeinschaftsrechtliche Bestimmung nicht zur Anwendung kommen zu lassen.

Die *Süderdithmarschen*-Entscheidung des EuGH ist jedoch auf zum Teil heftige Kritik gestoßen.[671] Die Kritik wirft dem EuGH insbesondere vor, er habe die ihm bei der Rechtsfortbildung gesetzten Grenzen überschritten, indem er durch die Statuierung einer Vorlagepflicht unterinstanzlicher Gerichte in das nationale Prozeßrecht, insbesondere jenes zum vorläufigen Rechtsschutz eingegriffen habe.[672] Die Kritik vermag jedoch im Hinblick auf die vom EuGH festgestellte Vorlagepflicht nicht zu überzeugen. Insoweit hat der EuGH nicht in das nationale Prozeßrecht eingegriffen, sondern lediglich die Vorschrift des Art. 234 Abs. 3 EGV (Art. 177 Abs. 3 a.F.) ausgedehnt.[673] Anders mag dies aussehen hinsichtlich der Ver-

---

668 EuGH, verb. Rs. C-143/88 und C-92/89 (Zuckerfabrik Süderdithmarschen ./. Hauptzollamt Itzehoe und Zuckerfabrik Soest GmbH ./. Hauptzollamt Paderborn), Slg. I 1991, 415, 544.

669 EuGH, Rs. C-465/93 (Atlanta Fruchthandelsgesellschaft mbH ./. Bundesamt für Ernährung und Forstwirtschaft), Slg. I 1995, 3781, 3787; EuGH, Rs. C-17/98, vom 8. Februar 2000 in: EuGRZ 2000, 263, 265.

670 So insbesondere auch: Koch, NJW 1995, 2331, 2332.

671 Dänzer-Vanotti, BB 1991, S. 1015 ff.; Schlemmer-Schulte, EuZW 1991, 307, 309; Gornig, JZ 1992, 39, 40; dem Urteil zustimmend jedoch: Schwarze, FS Bodo Börner (1992), 389, 400 f.; Rodriguez Iglesias, EuR 1992, 733, 734; Allkemper, Der Rechtsschutz des einzelnen nach dem EG-Vertrag, S. 167 ff.

672 Dänzer-Vanotti, BB 1991, 1015, 1017; Schlemmer-Schulte, EuZW 1991, 307, 309; Gornig, JZ 1992, 39, 40. Weiter wird kritisiert, daß der EuGH die Rechtsfortbildung nicht auf die allgemeinen Rechtsgrundsätze stütze, die allen Mitgliedstaaten gemeinsam seien: Dänzer-Vanotti, RIW 1992, 733, 739.

673 So auch: Klein/Haratsch, DÖV 1994, 133, 140; Allkemper, Der Rechtsschutz des einzelnen nach dem EG-Vertrag, S. 168.

pflichtung der nationalen Gerichte, bei der Überprüfung der Voraussetzungen für den einstweiligen Rechtsschutz die Regeln anzuwenden, die der EG-Vertrag für einstweilige Anordnungen des EuGH bereithält und nicht die Vorschriften des nationalen Prozeßrechts. Hier ist in der Tat nicht nachvollziehbar, auf welcher Grundlage der EuGH den nationalen vorläufigen Rechtsschutz zu einem gemeinschaftsrechtlichen vorläufigen Rechztsschutz umfunktioniert und zu einer Nichtanwendung der nationalen Vorschriften gelangt.[674]

Hinsichtlich der Vorlagepflicht gilt aber, daß aufgrund des Vorrangs des Gemeinschaftsrechts ein gemeinsamer, gemeinschaftsrechtlicher Rechtsschutzstandard erreicht wird. Da - wie oben bereits dargestellt - die Vorlage an den EuGH auch im Zivilrecht eine eigene Rechtsschutzfunktion hat, wird durch diese Erweiterung der Vorlagepflicht dieser Rechtsschutz erweitert. Auch der EuGH versteht diese Entscheidung als Erweiterung des Rechtsschutzes, da hier insoweit eine homogene Anwendung des Gemeinschaftsrechts gesichert wird und Rechtspositionen des Einzelnen, die sich aus den Vorschriften der Art. 249 Abs. 2 und 234 EGV (Art. 189 Abs. 2 und Art. 177 a.F.) ergeben, eines effektiven Rechtsschutzes bedürfen.[675] Im Ergebnis führt die *Süderdithmarschen*-Entscheidung dazu, daß die Position des Einzelnen im Vorabentscheidungsverfahren durch die Vorlagepflicht aufgewertet und der Individualrechtsschutz verbessert wird. Der EuGH weist ergänzend darauf hin, daß hierbei eine stärkere Einbindung der Parteien wünschenswert ist.[676] Wie schon dargestellt, gehört die geringe Beteiligung der Parteien des Ausgangsrechtsstreits zu den bisherigen Schwächen des Vorabentscheidungsverfahrens.[677]

---

674 Insweit ist zuzustimmen: Schlemmer-Schulte, EuZW 1991, 307, 309.

675 EuGH, verb. Rs. C-143/88 und C-92/89 (Zuckerfabrik Süderdithmarschen ./. Hauptzollamt Itzehoe und Zuckerfabrik Soest GmbH ./. Hauptzollamt Paderborn), Slg. 1991, S. I-415, 540; so ebenfalls: Schwarze, FS Bodo Börner (1992), 389, 400 f.; Stotz, Rolle des Gerichtshofs bei der Integration, S. 32, der als Gründe das Erfordernis der Einheit der Gemeinschaftsrechtsordnung sowie die Kohärenz des vertraglichen Rechtsschutzsystems nennt.

676 EuGH, verb. Rs. C-143/88 und C-92/89(Zuckerfabrik Süderdithmarschen ./. Hauptzollamt Itzehoe und Zuckerfabrik Soest GmbH ./. Hauptzollamt Paderborn), Slg. 1991, S. I-415, 540.

677 Vgl. oben unter Teil 2 A. II.; so ebenfalls: Gilsdorf, Der Rechtsschutz vor dem EuGH, S. 173.

C. Die Vereinbarkeit der Regelungen des deutschen Rechtsschutzsystems mit den Anforderungen des Gemeinschaftsrechts

Die bisherige Untersuchung hat gezeigt, daß einzelne Komponenten des Rechtsschutzsystems der deutschen Zivilprozeßordnung nicht mit dem Vorabentscheidungsverfahren nach Art. 234 EGV (Art. 177 a.F.) harmonieren. Als besonders auffälig erweist sich dabei, daß nicht auf allen Ebenen des zivilprozessualen Rechtsschutzsystems ein ausreichender Schutz gegen die Verletzung der Vorlagepflicht gewährleistet ist. So ist dies etwa für den Fall der rechtswidrigen Versagung der Revision festzustellen. Soweit das OLG die an sich gebotene Vorlage zum EuGH unterlassen hat, ist es dem BGH wegen § 546 Abs. 1 Satz 3 ZPO verwehrt, die Revision zuzulassen und so den Verstoß des OLG gegen das Gemeinschaftsrecht zu beheben. Daneben ist auch eine Wiederaufnahme des Verfahrens im Wege der Restitutionsklage gemäß § 580 ZPO nicht möglich. Dies ändert sich auch dann nicht, wenn sich im nachhinein herausstellt, daß das OLG bzw. der BGH das Gemeinschaftsrecht eigenmächtig zum Nachteil der durch das Berufungsurteil beschwerten Prozeßpartei falsch ausgelegt hat. Die benachteiligte Partei kann allenfalls eine Verfassungsbeschwerde wegen Verletzung des gesetzlichen Richters nach Art. 101 Abs. 1 Satz 2 GG einlegen und damit versuchen, doch noch eine Vorlage zum EuGH zu erreichen. Dazu müßte jedoch nach der bisherigen Rechtsprechung des Bundesverfassungsgerichts, ein Fall der willkürlichen Unterlassung der Vorlage vorliegen, wobei der Willkürbegriff äußerst restriktiv gehandhabt wird.

Die Vorschriften der deutschen Zivilprozeßordnung verschärfen damit das Problem der Gefährdung der einheitlichen Anwendung des Gemeinschaftsrechts, das bereits durch die gemeinschaftsrechtswidrige Entscheidung des OLG bzw. des BGH eingetreten ist. Damit bleibt die Frage, ob das Unterlassen der Vorlage zu einer fehlerhaften Auslegung des Gemeinschaftsrechts geführt hat und dadurch die Geltung des Gemeinschaftsrecht zu Lasten der Partei vereitelt wird, bis zu einer möglichen Entscheidung des Bundesverfassungsgerichts über eine Verfassungsbeschwerde unbeantwortet. Aber selbst das Verfassungsrecht bietet bislang keine Gewähr dafür, daß europarechtswidrigen Entscheidungen wirksam begegnet wird. Insoweit stellt die Willkürrechtsprechung des Bundesverfassungsgerichts eine kaum zu überwindende Hürde dar. Folglich ist auch diesbezüglich der Frage nachzugehen, ob man unter Beachtung des Gemeinschaftsrechts nicht zu einer anderen Bewertung der prozeßrechtlichen und verfassungsrechtlichen Gestaltungen des nationalen Rechts kommen muß. Dies gilt es im weiteren Verlauf dieser Untersuchung zu überprüfen.

I. Der Vorranganspruch des Gemeinschaftsrechts

Den Ausgangspunkt dieser Überprüfung des Einflusses des Gemeinschaftsrechts auf die nationale Verfassung und das nationale Prozeßrecht stellt der vom EuGH entwickelte Vorranganspruch des Gemeinschaftsrechts dar. Nach Auffassung des EuGH[678] greift dieser Vorrang nur zugunsten solcher Bestimmungen des Gemeinschaftsrechts, die unmittelbare Wirkung entfalten können.[679] Erst aus der unmittelbaren Wirkung des Gemeinschaftsrechts ergibt sich die Möglichkeit des Konflikts mit dem nationalen Recht. Dies gilt nicht für Richtlinien. Der EuGH hat für diese anerkannt, daß sie, wenn sie einmal gemeinschaftlich erlassen und national umgesetzt sind, eine Sperrwirkung entfalten und es dem nationalen Gesetzgeber versagt ist, Recht zu erlassen, das dem Regelungsgehalt der Richtlinie widerspricht.[680]

Darüber hinaus greift nach dem EuGH der Vorrang des Gemeinschaftsrechts auch gegenüber solchen innerstaatlichen Verfahrensregeln ein, die die praktische Wirksamkeit von Art. 234 EGV (Art. 177 a.F.) beeinträchtigen.[681] Zwar wirkt Art. 234 EGV (Art. 177 a.F.) nicht in dem Sinne unmittelbar, daß sich ein Einzelner darauf berufen kann.[682] Damit wird jedoch der Vorrang des Gemeinschaftsrechts abgesichert.[683] Denn ob innerstaatliches Verfahrensrecht unmittelbar wirkende Bestimmungen des Gemeinschaftsrechts beeinträchtigt, wird zumeist nur durch Auslegung der betreffenden Norm des EG-Vertrages zu entscheiden sein, sofern die Auslegungsfrage nicht bereits entschieden ist oder klar und eindeutig ist, so daß zu keinen denkbaren Zweifeln Anlaß besteht. Jede Beeinträchtigung der praktischen Wirksamkeit von Art. 234 EGV (Art. 177 a.F.) gefährdet demnach die Durchsetzung individueller Gemeinschaftsrechte und die einheitliche Anwendung der Vertragsvorschriften. Diese Rechtsprechung aus der Entscheidung *Simmenthal II* hat der EuGH in seinem *Factortame*-Urteil[684] bestätigt. Dabei hat der EuGH das Eingreifen des Vorranganspruchs gegenüber nationalen Verfahrensbestimmungen vor allem mit dessen subjektiver Rechtsschutzfunktion begründet.

---

678 EuGH, Rs. 106/77 (Staatliche Finanzverwaltung ./. Simmenthal II), Slg. 1978, 629, 635.

679 Vgl. auch: Rengeling/Middeke/Gellermann, Rechtsschutz in der Europäischen Union, S. 477, Rdnr. 937, die darauf hinweisen, daß neuerdings vermehrt vorgeschlagen wird, auch den Bestimmungen einer Richtlinie gegenüber dem mit ihr unvereinbaren staatlichen Ausführungsrecht eine Vorrangwirkung zuzuerkennen, was bislang auch von der herrschenden Auffassung in der Literatur abgelehnt wird.

680 EuGH, Rs. C-194/94 (CIA Security International SA ./. Signalson SA/Seciritel SPRL), Slg. 1996, I-2201 ff., Rdnr. 54.

681 EuGH, Rs. 106/77 (Staatliche Finanzverwaltung ./. Simmenthal II), Slg. 1978, 629, 644.

682 Anders: Bernhardt, Verfassungsprinzip – Verfassungsgerichtsfunktion - Verfassungsprozeßrecht im EWG-Vertrag, S. 338 f., der dem Einzelnen, sofern es um seine Rechte aus unmittelbar wirkenden Vorschriften des Gemeinschaftsrechts geht, einen Anspruch darauf zuspricht, daß das letztinstanzlich entscheidende Gericht, wenn es Zweifel über deren Auslegung hat, dem EuGH gemäß Art. 177 EGV vorlegt.

683 Bebr, EuR 1974, 358, 360 f.; Everling, DVBl. 1985, 1201, 1204.

684 EuGH, Rs. 213/89 (The Queen ./. Secretary of State for Transport, ex parte: Factortame Ltd. u.a.), Slg. 1990, 2433, 2474.

II. Die Begrenzung des Vorranganspruches des Gemeinschaftsrechts

Die Bestimmungen des Gemeinschaftsrechts setzen sich aber nicht in jedem Fall gegenüber innerstaatlichen Verfahrensnormen durch, die sie nachteilig betreffen. Der Rechtsprechung des EuGH in der Rechtssache *Rewe* ist zu entnehmen, daß der Vorrang des Gemeinschaftsrechts auf dem Gebiet des Verfahrensrechts durch die allgemeinen Rechtsgrundsätze des Gemeinschaftsrechts begrenzt wird.[685] In seiner Begründung hat der EuGH eine nationale Verfahrensnorm, die die einheitliche Geltung des Gemeinschaftsrechts beeinträchtigt, für anwendbar erklärt, da sie sich als Anwendungsfall eines im Gemeinschaftsrecht verankerten Prinzips darstelle. Somit hat der EuGH die allgemeinen Rechtsgrundsätze, die in ihrem Rang dem primären Recht gleichstehen,[686] als Beurteilungsmaßstab für die Zulässigkeit nationaler Verfahrensregeln herangezogen. Soweit sich der Normzweck der nationalen Verfahrensregel mit eben diesen Grundsätzen in Einklang befindet, können sie grundsätzlich die Rechte, die dem Einzelnen aus dem Gemeinschaftsrecht erwachsen, zulässigerweise beschränken.[687]

Dogmatisch läßt sich dies in Anlehnung an die Entscheidung des EuGH in der Rechtssache *Deutsche Milchkontor* damit begründen, daß nationales Recht, das mit gemeinschaftsrechtlichen Regelungsgrundsätzen übereinstimmt, als eine mögliche Form konkreter Ausgestaltung des europäischen Rechtsgrundsatzes nicht im Widerspruch zum Gemeinschaftsrecht steht. In dieser Entscheidung heißt es unter anderem: *„Die Grundsätze des Vertrauensschutzes und der Rechtssicherheit [sind] Bestandteil der Rechtsordnung der Gemeinschaft [...]. Daher kann es nicht als dieser Rechtsordnung widersprechend angesehen werden, wenn nationales Recht in einem Bereich wie dem der Rückforderung von zu Unrecht gezahlten Gemeinschaftshilfen berechtigtes Vertrauen und Rechtssicherheit schützt."* [688] Eine uneingeschränkte Anwendung des Vorrangprinzips gegenüber dem nationalen Verfahrensrecht führe zwangsläufig zur Mißachtung anderer Gemeinschaftsgrundsätze. Dadurch entstände ein Widerspruch zwischen dem Vorranganspruch und dem mit ihm verfolgten Zweck, die Funktionsfähigkeit der Gemeinschaftsordnung zu sichern.[689] Die Sicherung ihrer Funktionsfähigkeit verlange nämlich die Verwirklichung aller ihrer Ziele, Interessen und allgemeinen Rechtsgrundsätze.[690] Dementsprechend hat der EuGH in der Rechtssache *Rewe* die gemeinschaftsrechtliche Zulässigkeit von nationalem Verfahrensrecht mit einer das EG-Recht be-

---

685 EuGH, Rs. 33/76 (Rewe ./. Landwirtschaftskammer Saarland), Slg. 1976, 1989, 1998.

686 Oppermann, Europarecht, 2. Auflage, S. 187, Rdnr. 488.

687 Siehe dazu insbesondere: Koch, EuZW 1995, 78 – 85.

688 EuGH, verb. Rs. 205-215/82 (Deutsches Milchkontor ./. Bundesrepublik Deutschland), Slg. 1983, 2633, 2669.

689 Vgl. dazu : GA Roemer in der Rs. 13/60 (Geitling ./. Hohe Behörde), Slg. 1962, 239, 243.

690 Dazu insbesondere auch: Huthmacher, Der Vorrang des Gemeinschaftsrechts bei indirekten Kollisionen, S. 189 ff.

schränkenden Wirkung von zwei Voraussetzungen abhängig gemacht. Einerseits dürfen die Bestimmung des nationalen Prozeßrechts dem Einzelnen die Verfolgung gemeinschaftsrechtlich begründeter Rechte nicht wesentlich erschweren oder gar praktisch unmöglich machen. Andererseits dürfen die Bedingungen für Klagen, die das Gemeinschaftsrecht betreffen, nicht ungünstiger ausgestaltet sein als für Klagen, die das innerstaatliche Recht betreffen. Das Prinzip der Rechtssicherheit wird demnach durch das Diskriminierungsverbot als spezifischem Ausdruck des allgemeinen Gleichheitssatzes, einem Grundprinzip der Gemeinschaft, eingeschränkt. Dies rechtfertigt die Anwendung solcher nationaler Vorschriften, die letztlich zu keiner Schlechterstellung im Vergleich zu rein innerstaatlichen Anwendungsfällen führen.

Damit ist als vorläufiges Ergebnis festzuhalten, daß im Konfliktfall zwischen einer Bestimmung des Gemeinschaftsrechts, die unmittelbar wirkt bzw. unmittelbar wirkende Vorschriften absichert, und einer nationalen Verfahrensnorm alle Rechtsgrundsätze der Gemeinschaft sowie die Zielsetzung und Interessen der Gemeinschaftsrechtsordnung zu berücksichtigen sind, um zu bestimmen, ob der Vorranganspruch eingreift.

Aus der Rechtsprechung des EuGH ist eine klar entwickelte und umgesetzte Methode zur Gewinnung allgemeiner Rechtsgrundsätze nicht ohne weiteres erkennbar. Bei solchen Rechtsgrundsätzen, die nicht im geschriebenen Gemeinschaftsrecht verankert sind, läßt der EuGH in aller Regel eine allgemeine Bezugnahme auf die mitgliedstaatlichen Rechtsordnungen genügen.[691] Jedoch hat der EuGH jeweils in seinen Entscheidungen in den Rechtssachen *Algera*[692] und *Industrial Diamond Supplies*[693] zur Bestimmung solcher Rechtsgrundsätze auf die Rechtsgrundsätze der Mitgliedstaaten im Wege der funktionalen (wertenden) Rechtsvergleichung zurückgegriffen. Insofern stellt sich die Frage, wie es in den anderen Mitgliedstaaten um gleichartige Regelungen bestellt ist. Zum anderen sind - wie bereits im 2. Teil dieser Arbeit dargestellt - die Regelungen der EMRK als allgemeine Rechtsgrundsätze des Gemeinschaftsrechts anerkannt. Insbesondere anhand dieser Rechtsgrundsätze sollen nun die §§ 546 Abs. 1 S. 3, 580 ZPO und Art. 101 Abs. 1 S. 2 GG auf ihre Vereinbarkeit mit den Gemeinschaftsrecht hin überprüft werden.

Dementsprechend stellt sich hier die Frage, ob diese untersuchten[694] Verfahrens- und Verfassungsbestimmungen den Vorranganspruch des Gemeinschaftsrechts in zulässiger Weise beschränken. Zunächst gilt es daher zu untersuchen, ob diese Verfahrensvorschriften die Durchsetzung individueller Rechte aus dem Gemeinschaftsrecht gefährden. Nimmt man

---

691 Lecheler, Der Europäische Gerichtshof und die allgemeinen Rechtsgrundsätze, S. 53 ff.

692 EuGH, Rs. 7/56 und 3 bis 7/57 (Frl. Dineke Algera u.a. ./. Gemeinsame Versammlung der EGKS), Slg. 1957, 86, 118.

693 EuGH, Rs. 43/77 (Industrial Diamond Supplies), Slg. 1977, 2175, 2188 f.

694 Siehe dazu oben unter B.

dies an, so ist zu prüfen, ob der Zweck, der diesen Vorschriften zugrunde liegt, sich im Einklang mit den allgemeinen Rechtsgrundsätzen und Zielen des Gemeinschaftsrechts befindet, wobei es zu beachten gilt, daß, soweit diese Vorschriften dem Zweck der Rechtssicherheit dienen, sie überdies durch vergleichbare Vorschriften in den Mitgliedstaaten gedeckt sein müssen. An dieser Stelle sei nochmals auf die Ausführungen des Europäischen Gerichtshofes in der Rechtssache *Simmenthal II* hingewiesen, wonach die im Rahmen ihrer Zuständigkeit angerufenen Gerichte verpflichtet sind, das unmittelbar geltende Gemeinschaftsrecht uneingeschränkt anzuwenden und deshalb entgegenstehendes innerstaatliches Recht von sich aus unbeachtet zu lassen haben, ohne zuvor die Entscheidung einer anderen nationalen Instanz abwarten zu müssen.[695] Es gilt daher unabhängig davon, ob der verfassungsgerichtliche Rechtsschutz dem Vorranganspruch genügt, zu untersuchen, ob sich die vorgenannten Vorschriften der Zivilprozeßordnung, die den Rechtsschutz gegen die Nichtvorlage zum Europäischen Gerichtshof betreffen, in Einklang mit dem Gemeinschaftsrecht und hier insbesondere mit den allgemeinen Rechtsgrundsätzen befinden.

III. Die Vereinbarkeit der Regelung des § 546 Abs. 1 Satz 3 ZPO mit dem Gemeinschaftsrecht

Die Regelung des § 546 Abs. 1 Satz 3 ZPO bindet den BGH an die Nichtzulassungsentscheidung des OLG. Zugleich hindert sie ihn daran, in einem nach dem Gemeinschaftsrecht zu beurteilenden Rechtsstreit die Verletzung der Vorlagepflicht dadurch zu heilen, daß er eine fristgemäß eingelegte Revision nachträglich zuläßt. Auch wenn das OLG in seinem Urteil bei einer entscheidungserheblichen Frage von der bestehenden Rechtsprechung des EuGH abweicht, ist es dem BGH verwehrt, die Revision zuzulassen, um nach Maßgabe der Rechtsprechung des EuGH eine Entscheidung zu treffen. Dementsprechend führt § 546 Abs. 1 Satz 3 ZPO dazu, daß sogar eine bereits feststellbare Beeinträchtigung der Rechte, die der durch das Berufungsurteil beschwerten Partei in Bezug auf das Gemeinschaftsrecht erwachsen ist, aufrechterhalten bleibt. Zudem wird damit auch die praktische Wirksamkeit der Regelung des Art. 234 EGV (Art. 177 a.F.) in erheblicher Weise eingeschränkt.

---

695 EuGH, Rs. 106/77 (Simmenthal II), Slg. 1978, 629, 644 f.

Des weiteren besteht nach § 546 Abs. 1 Satz 3 ZPO eine Bindung des BGH an die rechtliche Beurteilung des OLG in Bezug auf die Frage, ob eine Vorlage an den EuGH erforderlich ist. Wie zuvor bereits dargestellt,[696] kommt entscheidungserheblichen Fragen im Sinne des Art. 234 Abs. 1 EGV (Art. 177 Abs. 1 a.F.) immer dann eine grundsätzliche Bedeutung zu, wenn zu ihrer Beantwortung eine Vorlage an den EuGH erforderlich ist. Durch seine Entscheidung, die Revision in einem Rechtsstreit, der die Auslegung und Gültigkeit von Gemeinschaftsrecht betrifft, nicht zuzulassen, ohne die entscheidungserhebliche Frage im Sinne von Art. 234 Abs. 1 EGV (Art. 177 Abs. 1 a.F.) dem EuGH vorgelegt zu haben, läßt das OLG erkennen, daß es eine Vorlage für nicht erforderlich gehalten hat. Dies kann darauf zurückzuführen sein, daß das OLG die richtige Anwendung des Gemeinschaftsrechts als offenkundig ansah und damit die grundsätzliche Bedeutung der Rechtssache verneint hat. Die ausschließliche Prüfungs- und Entscheidungskompetenz hinsichtlich der grundsätzlichen Bedeutung einer Rechtssache kommt nach § 546 Abs. 1 Satz 2 Nr. 1 ZPO dem OLG zu.[697] Dies hat zur Folge, daß der BGH nach § 546 Abs. 1 Satz 3 ZPO an die Beurteilung des OLG hinsichtlich der grundsätzlichen Bedeutung gebunden ist.[698] Damit ist es dem BGH verwehrt, der durch das Berufungsurteil beschwerten Prozeßpartei Rechtsschutz dadurch zu gewähren, daß er vor seiner eigentlichen Entscheidung über die Zulassung der Revision das Verfahren zwecks Vorlage zum EuGH aussetzt und die Sache an den EuGH vorlegt. Dies würde zumindest in den Fällen in Betracht kommen, in denen die Revision wegen der zu erwartenden Vorlageentscheidung Aussicht auf Erfolg bietet. Doch selbst in diesen Fällen muß der BGH die Revision von vornherein als unstatthaft ablehnen.

Die Regelung geht im wesentlichen auf das Gesetz zur Änderung des Rechts der Revision vom 8. Juli 1975[699] zurück, das in erster Linie darauf abzielte, den BGH als Revisionsgericht zu entlasten. Hinzuweisen ist darauf, daß der ursprüngliche Entwurf dieses Gesetzes[700] noch eine reine Zulassungsrevision bei gleichzeitig unbeschränkter Nichtzulassungsbeschwerde vorsah. In dem späteren Gesetzesentwurf[701] ist diese Regelung jedoch nicht beibehalten worden, da der Gesetzgeber einen zu geringen Entlastungseffekt befürchtete. Folglich wurde die heute im Gesetz befindliche Regelung implementiert. Der Gesetzgeber glaubte, die

696 Siehe dazu oben unter B. III.

697 BGH NJW 1980, S. 344 f.

698 Baumbach/Lauterbach/Albers/Hartmann, 58. Auflage, § 546, Rdnr. 20 m.w.N., unter Hinweis darauf, daß der BGH - nach nicht ganz unbestrittener Auffassung - bei formeller Ordnungsmäßigkeit der Zulassungsentscheidung diese nicht mehr überprüfen darf.

699 BGBl. 1975 I, S. 1863 ff.

700 BT-Drucks. 7/444.

701 BT-Drucks. 7/3596.

Effizienzsteigerung so besser erreichen zu können.[702] Demnach postuliert die Regelung des § 546 Abs. 1 Satz 3 ZPO in erster Linie die Entlastung des Revisionsgerichts.

Daneben dient die Bindungswirkung des § 546 Abs. 1 Satz 3 ZPO auch dem Gebot der Rechtssicherheit. Im Verfahrensrecht wirkt sich die Rechtssicherheit wiederum in der Forderung nach Rechtsmittelklarheit aus.[703] Danach ist ein Rechtsmittel so auszugestalten, daß die Parteien eines Rechtsstreits in der Lage sind, anhand der anzufechtenden Entscheidung und den einschlägigen gesetzlichen Vorschriften zu bestimmen, ob und inwieweit ihnen ein Rechtsmittel eröffnet ist.[704]

Insofern die Regelung des § 546 Abs. 1 Satz 3 ZPO dem Grundsatz der Rechtssicherheit dient, ist sie eine als eine Ausprägung eines allgemeinen Grundsatzes des Gemeinschaftsrechts zu betrachten. Zwischen dieser Regelung und Art. 234 Abs. 1 EGV (Art. 177 Abs. 1 a.F.) entsteht jedoch dann ein Widerspruch, wenn eine Vorlage an den EuGH erforderlich ist, der BGH aber an die rechtliche Beurteilung des OLG gebunden ist und deshalb die Möglichkeit der Vorlage an den EuGH verwehrt wird. Nach Art. 234 Abs. 1 EGV (Art. 177 Abs. 1 a.F.) ist jedes mitgliedstaatliche Gericht, das im Rahmen seiner Zuständigkeit angerufen wird, unabhängig von seiner Einstufung im Gerichtsaufbau berechtigt, sich stets an den EuGH zu wenden, wenn es zum Erlaß seiner Entscheidung eine Vorabentscheidung des EuGH zu einer gemeinschaftsrechtlichen Frage für notwendig erachtet.[705] Bei vorrangiger Geltung dieser Regel ist damit festzustellen, daß der BGH im Fall seiner Anrufung durch die berufungsbeschwerte Partei stets zur Vorlage an den EuGH berechtigt ist. Nach Maßgabe der Kriterien, die der EuGH in der Rechtssache *C.I.L.F.I.T*[706] aufgestellt hat, kann der BGH sogar zur Vorlage verpflichtet sein, soweit eine entscheidungserhebliche Frage zu klären ist, die entweder die Auslegung oder die Gültigkeit des Gemeinschaftsrechts betrifft. Für eine endgültige Beurteilung, ob die Regelung des § 546 Abs. 1 Satz 3 ZPO den BGH zulässigerweise daran hindert, das Gemeinschaftsrecht nach Maßgabe einer Vorabentscheidung des EuGH anzuwenden, ist zu untersuchen, ob vergleichbare Regelungen in den anderen Mitgliedstaaten bestehen, so daß vom Vorliegen eines den Vorrang des Gemeinschaftsrechts begrenzenden allgemeinenen Rechtsgrundsatzes ausgegangen werden kann.[707] Betrachtet man die Zivilprozeßordnungen der Mitgliedstaaten, so zeigt sich, daß mit Ausnahme Ir-

702 Dies ergibt sich aus dem Bericht der Abgeordneten Hauser und Emmerlich in: BT-Drucks. 7/3596, S. 3 - 4.

703 BVerfGE 54, 277, 293; BVerfG NJW 1979, 151, 153.

704 Prütting, Die Zulassung der Revision, S. 257 f.

705 EuGH, Rs. 166/73 (Rheinmühlen ./. Einfuhr- und Vorratsstelle Getreide), Slg. 1974, 33, 38 („Rheinmühlen I"); Rs.146/73 (Rheinmühlen-Düsseldorf ./. Einfuhr- und Vorratsstelle Getreide), Slg. 1974, 139, 148 („Rheinmühlen II"); Lieber, Über die Vorlagepflicht des Art. 177 EWG-Vertrag und deren Mißachtung, S. 75.

706 EuGH, Rs. 283/81 (C.I.L.F.I.T. ./. Ministero della sanità), Slg. 1982, 3415, 3430 f.

707 Vgl. dazu: EuGH, Rs. 33/76 (Rewe ./. Landwirtschaftskammer Saarland), Slg. 1976, 1989, 1999 f.

lands[708] in keinem der verbleibenden Staaten eine Regelung existiert, die das höchste Gericht an die Nichtzulassung eines Rechtsmittels bindet.[709]

Festzuhalten ist schließlich auch, daß vielen Rechtsordnungen der Gedanke gemein ist, daß nur Fragen von grundsätzlicher Bedeutung wegen der damit verbundenen Arbeitsentlastung zum höchsten Gericht gelangen können sollen. Die Entscheidung über die Frage, ob einer Rechtsfrage eine solche Bedeutung zukommt, obliegt jedoch in der Regel immer den dafür zuständigen höheren bzw. höchsten Gerichten. Zwar wird die Kassationsklage in einem Teil der Mitgliedstaaten als außerordentlicher Rechtsbehelf angesehen, doch steht dies einer rechtsvergleichenden Betrachtung nicht entgegen. Es ist zwar einem außerordentlichen Rechtsmittel gleichsam zu eigen, daß es nicht von der Zulassung eines Gerichts, dessen Entscheidung angefochten wird, abhängig gemacht werden kann. Die Kassation dient jedoch den gleichen Zwecken wie die Revision, nämlich der Wahrung der Rechtseinheit und Rechtsfortbildung. Außerdem ist sie wie die Revision auf die Untersuchung von Gesetzesverletzungen beschränkt und - sofern nicht neue oder außergewöhnliche Voraussetzungen erfüllt sind - keiner erneuten rechtlichen Überprüfung zugänglich. Sie unterscheidet sich somit auch von dem außerordentlichen Rechtsbehelf der Wiederaufnahme des Verfahrens im Wege der Restitutions- bzw. Nichtigkeitsklage und wird nicht zuletzt deshalb als Rechtsmittel im Sinne von Art. 234 Abs. 3 EGV (Art. 177 Abs. 3 a.F.) angesehen.[710]

Da in den Mitgliedstaaten keine vergleichbaren Regelungen exisitieren, kann § 546 Abs. 1 S. 3 ZPO nicht als Ausdruck eines allgemeinen Rechtsgrundsatzes des Gemeinschaftsrechts angesehen werden. Das bedeutet, daß die Regelung des § 546 Abs. 1 S. 3 ZPO letztlich eine Gefährdung individueller Rechte, die durch das Gemeinschaftsrecht gewährt werden, mit sich bringt, so daß sie vom BGH nicht angewendet werden darf. Auch scheidet eine gemeinschaftsrechtskonforme Auslegung wegen des eindeutigen Wortlauts des § 546 Abs. 1 Satz 3 ZPO und des klar erkennbaren Willens des Gesetzgebers aus.[711] Demnach steht es dem BGH frei, in den Fällen fristgerecht eingelegter Revisionen, diese zuzulassen und daraufhin die Sache dem EuGH zur Vorabentscheidung vorzulegen. Des weiteren kann der BGH auch sein Revisionsurteil fällen, ohne vorzulegen, wenn die Rechtsfrage bereits zuvor in einem anderen Verfahren durch den EuGH entschieden worden ist. Der BGH kann auch der

[708] Lediglich in Irland ist der Supreme Court an die Nichtzulassungsentscheidungen des High Court gebunden, die im sog. case-stated-Verfahren ergangen sind; vgl. dazu: Böttger, Zivilgerichtsbarkeit in den Ländern, S. 25 ff.

[709] Vgl. dazu: Koch, Einwirkungen des Gemeinschaftsrechts auf das nationale Verfahrensrecht im Falle richterlicher Vertragsverletzung im Zivilprozeßrecht, S. 142 ff.

[710] GA Caporti, Schlußanträge in der Rs. 107/76 (Hoffmann-La Roche), Slg. 1977, 974, 981.

[711] Vgl. dazu den Bericht der Abgeordneten Hauser und Emmerlich in: BT-Drucks. 7/3596, S. 3 – 4.

berufungsbeschwerten Prozeßpartei nachträglich Rechtsschutz dadurch gewähren, daß er vor seiner eigentlichen Entscheidung über die Zulassung der Revision das Verfahren im Hinblick auf die Vorlage an den EuGH aussetzt und dessen Entscheidung zunächst einmal abwartet. Sollte der EuGH die Vorlagefragen dahingehend beantworten, daß die Revision Aussicht auf Erfolg bietet, kann er diese entgegen § 546 Abs. 1 Satz 3 ZPO zulassen.

IV. Die Vereinbarkeit der Regelung des § 580 ZPO mit dem Gemeinschaftsrecht

Fraglich ist des weiteren, ob die Restitutionsklage nach § 580 ZPO mit der Begrenzung auf die bisher aufgeführten Fälle mit dem Gemeinschaftsrecht zu vereinbaren ist. Wie bereits zuvor dargestellt, beinhaltet § 580 ZPO keinen Restitutionsgrund, der bei Verletzung der Vorlagepflicht eingreift. Genausowenig ist die Wiederaufnahme des Verfahrens in solchen Fällen zugelassen, in denen sich nachträglich zeigt, daß das letztinstanzliche Gericht das Gemeinschaftsrecht eigenmächtig falsch ausgelegt und angewandt hat. Somit hat das Gericht, das nach § 584 Abs. 2 ZPO für die Entscheidung über die Restitutionsklage zuständig ist,[712] keine Möglichkeit, im nachhinein Rechtsschutz gegen die Mißachtung der Vorlagepflicht zu gewähren. Diese Situation führt sowohl dazu, daß die Durchsetzung gemeinschaftsrechtlich gewährter Rechte der beschwerten Prozeßpartei gefährdet wird als auch dazu, daß die praktische Wirksamkeit des Art. 234 Abs. 3 EGV (Art. 177 Abs. 3 a.F.) beeinträchtigt wird. Dadurch bleibt es dem Gericht, das für die Entscheidung über die Restitutionsklage zuständig wäre, verwehrt, nachträglich Rechtsschutz dadurch zu gewähren, daß es die Sache im Rahmen der Restitutionsklage dem EuGH vorlegt und dann entsprechend den Antworten des Vorabentscheidungsurteils die Sache entscheidet.[713]

1. Vereinbarkeit nach Vergleich mit den Prozeßordnungen der Mitgliedstaaten

Die Zulässigkeit des § 580 ZPO richtet sich danach, ob die in ihm enthaltene Einschränkung der Durchbrechung der Rechtskraft zugunsten der Rechtssicherheit, durch vergleichbare Regelungen in den Mitgliedstaaten gedeckt ist. Die Möglichkeit der Wiederaufnahme ist als ein dem Rechtsschutz dienliches Korrektiv zu erachten, solange es in einem ausgewogenen Verhältnis zum Grundsatz der Rechtssicherheit steht. Folglich ist die Wiederaufnahme des Verfahrens in allen Zivilprozeßordnungen der Mitgliedstaaten als prinzipielle Möglichkeit ent-

---

712 Ist die Revision vom Revisionsgericht als unzulässig verworfen worden, so ist das Berufungsgericht für die Restitutionsklage zuständig: RGZ 120, 170, 173; BGHZ 14, 251, 257; vgl. auch: Baumbach/Lauterbach/Albers/Hartmann, ZPO, 58. Auflage, § 584, Rdnr. 5.

713 Auf diese Beschneidung der Möglichkeiten des für die Restitutionsklage zuständigen Gerichts weist hin: Meier, EuZW 1991, 11, 15.

halten.[714] Selbst die Wiederaufnahmegründe, die in den mitgliedstaatlichen Regeln niedergelegt sind, weichen nicht sehr weit voneinander ab. Beispielsweise ist in fast allen Zivilprozeßordnungen als Wiederaufnahmegrund der Fall anerkannt, daß nach Urteilsverkündung entscheidende Dokumente auftauchen, oder daß sich im nachhinein herausstellt, daß entscheidende Dokumente nicht richtig bzw. echt sind. Des weiteren wird nahezu überall auch betrügerisches Erschleichen des Urteils oder die später erkannte Falschaussage eines Zeugen als Wiederaufnahmegrund angesehen. Im Gegensatz dazu begründet weder ein Urteil, das in einer anderen Sache ergangen ist, noch ein bloßer Verfahrensmangel einen Restitutionsgrund in einem der Mitgliedstaaten der Gemeinschaft.[715] Es kommt auch in keinem der Mitgliedstaaten eine analoge Anwendung der Wiederaufnahmevorschriften für den Fall in Betracht, daß der EuGH in einem zeitlich nachfolgenden Urteil eine Frage des Gemeinschaftsrechts, die für die Entscheidung des nationalen Gerichts entscheidungserheblich war, nunmehr anders auslegt. Folglich ist davon auszugehen, daß § 580 ZPO inhaltlich durch die vergleichbaren Regelungen in den anderen Mitgliedstaaten gerechtfertigt ist.[716] In der Literatur wurde jedoch im Anschluß an eine Entscheidung des Bundesfinanzhofs[717] von einer größeren Zahl der Autoren die Auffassung vertreten, daß eine analoge Anwendung des § 580 Nr. 6 ZPO in den Fällen gemeinschaftsrechtlich erforderlich sei, wenn ein Urteil des EuGH dazu führe, daß ein nationales Gericht in einer vorhergehenden Entscheidung eine gemeinschaftsrechtliche Vorschrift ohne Vorlage an den EuGH falsch ausgelegt habe.[718] Insoweit § 580 ZPO mit den Regelungen der meisten Mitgliedstaaten im Einklang steht, stellt die Vorschrift eine Ausprägung eines allgemeinen Rechtsgrundsatzes des Gemeinschaftsrechts dar, so daß subjektive Rechte des Gemeinschaftsrechts in zulässiger Weise beschränkt werden. Daraus läßt sich die Schlußfolgerung ziehen, daß im Gemeinschaftsrecht die Rechtskraft von Urteilen im Falle der Wiederaufnahme den Individualrechten des Gemeinschaftsrechts vorgehen.[719]

---

[714] Siehe dazu: Koch, Einwirkungen des Gemeinschaftsrechts auf das nationale Verfahrensrecht im Falle richterlicher Vertragsverletzung im Zivilprozeßrecht, S. 151 f., der einen Überblick über die Ausgestaltung der Wiederaufnahme in einer Vielzahl der Mitgliedstaaten der Union gibt.

[715] Siehe dazu die nähere Untersuchung bei: Koch, Einwirkungen des Gemeinschaftsrechts auf das nationale Verfahrensrecht im Falle richterlicher Vertragsverletzung im Zivilprozeßrecht, S. 151.

[716] Hinzuweisen ist darauf, daß die Wideraufnahmeklage gegen höchstrichterliche Urteile nicht in allen Mitgliedstaaten statthaft ist. Beispielsweise sieht Art. 395 ital. C. P. C. vor, daß nur solche Urteile mit der Wiederaufnahmeklage angefochten werden können, die in der Berufungsinstanz erlassen wurden oder einer Berufung nicht unterliegen.

[717] BFH DVBl. 1978, S. 501 f.

[718] Meier, EuZW 1991, 11, 14; Huthmacher, Der Vorrang des Gemeinschaftsrechts bei indirekten Kollisionen, S. 214 f.; Bemhardt, Verfahrensprinzipien, S. 341 f.; vor dem Urteil des BFH die analoge Anwendung des § 580 ZPO bejahend: Meier, EuR 1976, 158, 160 f; so auch: Basse, Das Verhältnis der Gerichtsbarkeit des Gerichtshofes der Europäischen Gemeinschaft und der deutschen Zivilgerichtsbarkeit, S. 187 ff.

[719] So im Ergebnis auch: Koch; Einwirkung des Gemeinschaftsrechts auf das nationale Verfahrensrecht im Falle richterlicher Vertragesverletzung im Zivilprozeßrecht, S. 151; Möller, Der Europäische Gerichtshof als gesetzlicher Richter, S. 44; Rengeling, GS Christoph Sasse, Bd. 1, S. 210.

2. Vereinbarkeit mit den Rechtsgrundsätzen der EMRK

Eine andere Beurteilung könnte sich allenfalls aus den Grundsätzen der EMRK ergeben. Dazu ist zunächst zu untersuchen, wie sich die EMRK auf das Gemeinschaftsrecht und wegen der sich daraus ergebenden Interdependenz über dieses letztlich auf das nationale Verfahrensrecht auswirkt. Es kommt insoweit nämlich ein Verstoß gegen Gemeinschaftsrecht wegen der aus der EMRK gewonnenen allgemeinen Rechtsgrundsätze in Betracht. Fraglich ist aber inwieweit die EMRK in diesem Rahmen als Maßstab herangezogen werden kann.

Neben den nationalen Rechtsordnungen hat der EuGH seit seinem *Nold* -Urteil[720] zur Feststellung allgemeiner Rechtsgrundsätze auch internationale Verträge zum Schutze der Menschenrechte, insbesondere die EMRK, der zu diesem Zeitpunkt alle Mitgliedstaaten beigetreten waren, herangezogen. In seiner *Hoechst*-Entscheidung ist der Gerichtshof sogar soweit gegangen, anzudeuten, daß er die Rechtsprechung des EGMR im Hinblick auf die Auslegung der EMRK berücksichtigen werde.[721]

Die EMRK kommt hier inhaltlich soweit in Betracht, als sie auch in ihrem Art. 6 Regelungen zum Inhalt und Umfang des Rechts auf Zugang zu den Gerichten enthält. Im Grundsatz ist darin erst einmal festgelegt, daß zur Entscheidung über zivilrechtliche Ansprüche und Verpflichtungen für jedermann die prinzipielle Möglichkeit eines Verfahrens vor einem unabhängigen und unparteiischen, auf Gesetz beruhenden Gericht gewährleistet sein muß.[722] Jedoch ist unter der Voraussetzung, daß der Grundsatz des Zugangs zu den Gerichten gewahrt ist, die weitere Ausgestaltung der Gerichtsbarkeit dem Ermessen der einzelnen Staaten überlassen.[723] Das Recht auf Zugang zu den Gerichten gewährt kein Recht auf einen bestimmten Instanzenzug[724] oder - wo ein solcher besteht - auf Gerichtsbarkeit in allen Instanzen[725]. Es besteht auch keine Verpflichtung der Staaten, einen außerordentlichen Rechtsweg zu eröffnen.[726] Ist ein solcher Rechtsweg gegeben, so liegt die Regelung der Zuständigkeit und des Verfahrens im Ermessen des jeweiligen Staates.[727] Letztlich läßt sich aus dem Recht auf Zugang zu den Gerichten insbesondere auch keine Pflicht ableiten, die

720 EuGH, Rs. 4/73 (Nold ./. Kommission), Slg. 1974, S. 491 – 516.

721 EuGH, verb. Rs. 46/87 und 227/88 (Hoechst AG ./. Kommission), Slg. 1989, 2919, Rdnr. 18.

722 Golsong, EMRK, Art. 6, Rdnr. 271.

723 EKMR, Entscheidung vom 8.10.1976, 6915/75, DR 6, S. 112.

724 EKMR, Entscheidung vom 28.7.1961, 673/59, CD 7, S. 102; Entscheidung vom 6.2.1969, 2717/66, CD 29, S. 12 f. und Entscheidung vom 9.7.1973, 4859/71, CD 44, S. 1. In EKMR, Entscheidung vom 2.2.1970, 3775/68 wird gar ausgesprochen, daß - sofern ein Rechtsmittelverfahren vorgesehen ist - die Festsetzung der Berufungsgründe läge im Ermessen der jeweiligen Staaten.

725 EGMR, Urteil vom 23.6.1981 (Le Compte/Van Leuven/De Meyere), A/43 § 51.

726 EKMR, Entscheidung vom 7.7.1959, 436/58, CD 1; Entscheidung vom 2.6.1960, 448/59, CD 3; Entscheidung vom 4.1.1961, 778/60, CD 5; Entscheidung vom 28.7.1961, 673/59, CD 7, S. 102.

727 EKMR, Entscheidung vom 2.2.1970, 3775/68, CD 31, S. 119.

Wiederaufnahme eines rechtskräftig abgeschlossenen Verfahrens zuzulassen.[728] Bestehen solche Rechtswege, müssen die Verfahren aber jedenfalls nach den Garantien des Art. 6 EMRK eingerichtet sein.[729] Eine derartige Verletzung kommt hier im Hinblick auf § 580 ZPO nicht in Betracht. Anders könnte dies jedoch im Hinblick auf die Auslegung des Willkürkriteriums bei Art. 101 Abs. 1 S. 2 GG zu bewerten sein.

V. Vereinbarkeit der bisherigen Auslegung von Art. 101 Abs. 1 S. 2 GG mit dem Europäischen Gemeinschaftsrecht und dem Staatsziel der europäischen Integration

Die bisherige Auslegung des Willkürbegriffs durch das Bundesverfassungsgericht könnte die Durchsetzung von Rechten in Frage stellen, die dem Einzelnen durch das Gemeinschaftsrecht gewährt werden. Dies ist schon dann anzunehmen, wenn nicht jede Verletzung der Vorlagepflicht entsprechend der Rechtsprechung des EuGH in seinem Urteil in der Rechtssache *C.I.L.F.I.T.*[730] als eine Willkür im Sinne des Art. 101 Abs. 1 S. 2 GG angesehen werden könnte. Sobald der Willkürmaßstab strengere Voraussetzungen definiert, sind die Gemeinschaftsrechte der Unionsbürger in solchen Fällen, in denen eine Verletzung der Vorlagepflicht anzunehmen ist, die aber noch nicht als Willkür angesehen werden können, in ihrer letztendlichen Durchsetzung gefährdet. Um eine Gefährdung dieser Rechte auszuschließen, dürfte der Willkürmaßstab deshalb keine strengeren Voraussetzungen beinhalten. Dementsprechend müßte jede Nichtvorlage entscheidungserheblicher Fragen, die die Auslegung und Gültigkeit des Gemeinschaftsrechts betreffen, ohne daß der EuGH diese schon in einer vorhergehenden Entscheidung abschließend geklärt hat, vom Bundesverfassungsgericht als willkürlich angesehen werden.[731] Dies ist bislang jedoch nicht der Fall.

Wendet man den zuvor dargestellten Willkürbegriff des Bundesverfassungsgerichts und die von ihm herausgearbeiteten Fallgruppen an, so kommt es zwar nicht zu einer Beeinträchtigung des Vorranganspruchs des Gemeinschaftsrechts in Fällen, in denen das letztinstanzliche Gericht bewußt von der bestehenden Rechtsprechung des EuGH abweicht. Denn in diesen Fällen dürfte auch nach der bisherigen Rechtsprechung des Bundesverfassungsgerichts von einer Willkür unter dem Gesichtspunkt der *„grundsätzlichen Verkennung der Vorlagepflicht"* auszugehen sein. Hingegen kann es zu einer Beeinträchtigung in den Fällen

---

728 EKMR, Entscheidung vom 5.3.1962, 1237/61, CD 8, S. 77; Entscheidung vom 10.3.1962, 864/60, CD 9, S. 21; Entscheidung vom 8.5.1978, 7761/77, DR 14, S. 173 ff.

729 EGMR, Urteil 17.1.1970 (Delcourt), A/11 § 25 und EKMR, Entscheidung vom 6.10.1976, 7211/75, DR 7, S. 107.

730 EuGH, Rs. 283/81 (C.I.L.F.I.T. ./. Ministereo della Sanita), Slg. 1982, 3415, 3430 f.

731 In diesem Sinne auch: Rabe, FS Konrad Redeker (1993), 201, 209.

kommen, in denen die Vorlagepflicht verletzt ist, dies aber nicht auf einer *„grundsätzlichen Verkennung*" beruht und damit die vom Bundesverfassungsgericht bislang geforderte Schwelle der Willkür nicht erreicht wird.

Die in seiner Rechtsprechung zum Ausdruck kommende restriktive Haltung bei der Auslegung des Art. 101 Abs. 1 S. 2 GG begründete das Bundesverfassungsgericht regelmäßig mit dem Hinweis, daß es die Aufgabe der Fachgerichte sei, das einfache Recht anzuwenden und auszulegen. Auch im Falle der Vorlagepflicht nach Art. 234 Abs. 3 EGV (Art. 177 Abs. 3 a.F.) sei das Kriterium der Willkür anzuwenden.[732] Würde das Bundsverfassungsgericht dieses Kriterium bei der Überprüfung der Vorlagepflicht nicht anwenden, so wäre es entgegen seiner eigentlichen Aufgabenstellung gezwungen, die Rolle eines *„nationalen obersten Vorlagenkontrollgerichts*" zu übernehmen.[733] Hinter dieser Aussage verbirgt sich die schon im rein nationalen Kontext gehegte Befürchtung des Bundesverfassungsgerichts, als Superrevisionsinstanz mißbraucht zu werden.[734]

Des weiteren wird in diesem Zusammenhang auch auf den Aspekt der Rechtssicherheit hingewiesen.[735] So hat auch das Bundeverfassungsgericht in einem anderen Kontext dargelegt, daß für den Fall, daß rechtskräftige Urteile wegen eines jeden noch so kleinen Verstoßes gegen Zuständigkeitsbestimmungen angegriffen werden könnten, in die Rechtskraft gerichtlicher Entscheidungen und damit in das Vertrauen der Gegenpartei auf den Bestand des Urteils eingegriffen würde.[736]

1. Vereinbarkeit mit dem Europäischen Gemeinschaftsrecht durch Vergleich mit den anderen Mitgliedstaaten

Inwieweit die europarechtliche Zulässigkeit der Auslegung von Art. 101 Abs. 1 S. 2 GG bei Prüfung der Voraussetzungen einer willkürlichen Verletzung der Vorlagepflicht gegeben ist, richtet sich danach, ob sie durch vergleichbare Regelungen in den Mitgliedstaaten der Europäischen Gemeinschaft gedeckt ist. Vorab ist jedoch anzumerken, daß der Schutz des gesetzlichen Richters außer in Großbritannien in allen mitgliedstaatlichen Rechtsordnungen zu

---

[732] BVerfGE 42, 237, 242; 58, 1, 44.

[733] BVerfG EuGRZ 1988, 109,110.

[734] Maunz in: Maunz/Dürig, GG, Art. 93, Rdnr. 65, der darauf hinweist, daß es nicht Aufgabe des Bundesverfassungsgerichts ist, Entscheidungen der Gerichte auf die Richtigkeit der getroffenen Feststellungen der Auslegung der Gesetze oder der Anwendung des Rechts auf den konkreten Fall nachzuprüfen.

[735] So insbesondere: Koch; Einwirkung des Gemeinschaftsrechts auf das nationale Verfahrensrecht im Falle richterlicher Vertragesverletzung im Zivilprozeßrecht, S. 154.

[736] BVerfGE 49, 260, 263, wobei sich diese Aussage hier aus einer Prüfung des Art. 103 Abs. 1 GG ergab.

finden ist,[737] so daß ohne weiteres von einem allgemeinen Grundsatz des Gemeinschaftsrechts ausgegangen werden kann.

Unterschiede ergeben sich jedoch bei der Frage nach der Möglichkeit der verfassungsgerichtlichen Kontrolle der Verletzung dieses Grundsatzes. Lediglich in Spanien besteht eine dem deutschen Recht vergleichbare Möglichkeit zur Verfassungsbeschwerde wegen des Entzugs des gesetzlichen Richters, wobei keinerlei Erfahrungswerte bisher existieren, ob bei Verletzung der Vorlagepflicht auch eine Verletzung des Rechts auf den gesetzlichen Richter anzunehmen ist.[738] Bestehen mithin keine entsprechenden Rechtsschutzmittel in der Mehrheit der anderen Mitgliedstaaten, so kann man daraus noch nicht die Schlußfolgerung ziehen, daß der Willkürmaßstab des Bundesverfassungsgerichts gemeinschaftsrechtlich gedeckt ist. Dies erklärt sich zum Teil schon mit den unterschiedlichen Rechtssystemen in der Gemeinschaft, die zum Teil nicht über eine Verfassungsgerichtsbarkeit mit entsprechenden Rechtsschutzmitteln verfügen, sondern Grundrechtsschutz auch nur im Rahmen der ordentlichen Gerichtsbarkeit gewähren.[739]

Um diesen Systemunterschieden gebührend Rechnung zu tragen, ist für die Beurteilung der Übereinstimmung mit den Grundsätzen des Gemeinschaftsrechts die Frage zu stellen, ob und inwieweit die Auslegung von Art. 101 Abs. 1 S. 2 GG durch das Bundesverfassungsgericht mit der Handhabung außerordentlicher Rechtsmittel bei Verletzung der Vorlagepflicht in den anderen Mitgliedstaaten übereinstimmt. Es wurde jedoch schon im Rahmen der Untersuchung zu § 580 ZPO aufgezeigt, daß es in den anderen Mitgliedstaaten keinen Rechtsschutz gegenüber richterlichen Entscheidungen, die nicht mehr mit Rechtsmitteln im Sinne von Art. 234 Abs. 3 EGV (Art. 177 Abs. 3 a.F.) angegriffen werden können, gibt. Dementsprechend ist die Rechtsprechung des Bundesverfassungsgericht - unter Zugrundelegung dieses Ansatzes - für mit den gemeinschaftsrechtlichen Anforderungen im Einklang stehend bewertet worden.[740]

Fraglich ist, ob das Bundesverfassungsgericht nicht trotzdem aus dem Gemeinschaftsrecht zu einer anderen Auslegung des Art. 101 Abs. 1 S. 2 GG verpflichtet ist. So könnte sich etwa aus dem Gebot umfassenden Rechtsschutzes im Zusammenspiel mit dem Vorrang des Gemeinschaftsrechts und des Prinzips des *„effet utile"* eine andere Bewertung ergeben.[741]

---

737 Vgl. dazu auch: Schwab/Gottwald, Verfassung und Zivilprozeß, S. 26.

738 Siehe dazu die ausführlichere Untersuchung bei: Koch, Einwirkungen des Gemeinschaftsrechts auf das nationale Verfahrensrecht im Falle richterlicher Vertragsverletzung im Zivilprozeßrecht, S. 157.

739 Schwab/Gottwald, Verfassung und Zivilprozeß, S. 29.

740 Koch, Einwirkungen des Gemeinschaftsrechts auf das nationale Verfahrensrecht im Falle richterlicher Vertragsverletzung im Zivilprozeßrecht, S. 157.

741 Allkemper, Der Rechtsschutz des einzelnen nach dem EG-Vertrag, S. 172.

Dieses Effektivitätsprinzip besagt, daß auch nationale Gerichte und Behörden angehalten sind, auf eine möglichst effektive Durchsetzung des Gemeinschaftsrechts hinzuwirken.[742] Demnach könnte man annehmen, daß das Bundesverfassungsgericht daraus eine Verpflichtung ableitet, der Vorlagepflicht des Art. 234 Abs. 3 EGV (Art. 177 Abs. 3 a.F.) zu einer größtmöglichen Wirkung zu verhelfen und dementsprechend die restriktive Auslegung des Willkürmaßstabs aufzugeben. Betrachtet man sich jedoch die Rechtsprechung des Bundesverfassungsgerichts zum Prinzip des *„effet utile"*, so ist es doch eher unwahrscheinlich, daß dieses seine bisherige Rechtsprechung zum Willkürmaßstab allein auf dieses Prinzip gestützt, ändern wird. So hat das Gericht schon in seinem *Maastricht*-Urteil gegenüber Kompetenzerweiterungen, die sich allein auf dieses Prinzip stützen, eine kritische Haltung eingenommen, da es diese als mit dem Demokratieprinzip des Grundgesetzes in Widerspruch stehend bewertet hat.[743] Demnach darf bezweifelt werden, daß sich aus dem Prinzip des *„effet utile"* allein eine neue Auslegung des Willkürbegriffs für das deutsche Verfassungsrecht gewinnen läßt, die vom Bundesverfassungsgericht akzeptiert würde. Käme dies doch einer eigenen Kompetenzerweiterung des Bundesverfassungsgerichts im Bereich der Überprüfung des Rechts auf den gesetzlichen Richter gleich.

---

742 Bleckmann, Europarecht, 6. Auflage, S. 476, Rdnr. 1318.

743 BVerfGE 89, 155, 210.

2. Vereinbarkeit der bisherigen Auslegung von Art. 101 Abs. 1 S. 2 GG mit der Regelung des Art. 6 der EMRK als allgemeinem Rechtsgrundsatz des Europäischen Gemeinschaftsrechts

Einen weiteren Ansatzpunkt für eine andere Bewertung des Willkürmaßstabes könnte sich aus den Regelungen der Europäischen Menschenrechtskonvention (EMRK) ergeben. Durch Art. 6 EMRK ist der gesetzliche Richter auch in der EMRK garantiert. Auf die Interdependenz zwischen der EMRK und dem Gemeinschaftsrecht und der sich daraus ergebenden Beeinflussung des nationalen Rechts ist zuvor schon hingewiesen worden. Fraglich ist, ob sich hier aus der Garantie des gesetzlichen Richters in Art. 6 EMRK eine andere Bewertung der Anforderungen an den Willkürbegriff des Art. 101 Abs. 1 S. 2 GG gewinnen läßt.

Gegen eine solche Annahme könnte schon die Tatsache sprechen, daß die EMRK im deutschen Recht nur zum einfachen Gesetzesrecht gezählt wird und damit in der Hierarchie der Rechtsquellen unterhalb des Verfassungsrechts angesiedelt ist,[744] so daß eine Heranziehung zur Auslegung verfassungsrechtlicher Normen zunächst nicht in Betracht zu kommen scheint. Die Stellung der EMRK als einfaches Gesetzesrecht im deutschen Recht wird jedoch durch die Bedeutung der EMRK im europäischen Gemeinschaftsrecht relativiert. Als allgemeine Rechtsgrundsätze des Gemeinschaftsrechts kommen die Garantien der EMRK in den Genuß, am Vorrang des Gemeinschaftsrechts vor dem nationalen Recht teilzunehmen. Der Vorrang des Gemeinschaftsrechts beruht auf der ständigen Rechtsprechung des EuGH[745] und wird von der überwiegenden Auffassung in der europarechtlichen Literatur geteilt.[746] In seiner *Simmenthal*-Entscheidung hat der EuGH festgestellt, daß *„keine wie auch immer gearteten Rechtsvorschriften"* dem Gemeinschaftsrecht vorgehen können.[747] Aus der darin liegenden Unterscheidung nach dem Rang der nationalen Rechtsvorschrift ist geschlossen worden, daß auch Bestimmungen der nationalen Verfassungen dem uneingeschränkten Vor-

---

744 BVerfGE 74, 358, 370; BVerwGE 5, 153, 161; 47, 365, 378; 52, 313, 334; Maunz in: Maunz/Dürig, Art. 1, Rdnr. 59; Ros, Die umittelbare Anwendbarkeit der EMRK, § 4 I, S. 117 f.; Schumann, FS Karl Heinz Schwab (1990), 449, 456.

745 EuGH, Rs. 6/64 (Costa ./. ENEL), Slg. 1964, 1251, 1269; Rs. 14/68 (Wilhelm ./. Bundeskartellamt), Slg. 1969, 1, 15; Rs. 11/70 (Internationale Handelsgesellschaft ./. Einfuhr- und Vorratsstelle Getreide), Slg. 1970, 1125, 1135; Rs. 34/73 (Variola ./. Amministrazione Italiana delle Finanze), Slg. 1973, 981, 991; Rs. 106/77 (Simmenthal II), Slg. 1978, 629, 643 f.; Rs. 44/79 (Hauer ./. Land Rheinland Pfalz), Slg. 1979, 3727, 3728; Rs. C-213/89 (The Queen ./. Secretary of State for Transport, ex parte: Factortame Ltd. u.a.), Slg. 1990, I-2433, 2473.

746 Vgl. Rengeling/Middeke/Gellermann, Rechtsschutz in der Europäischen Union, S. 477, Rdnr. 932 ff.; Grabitz/Hilf, Art. 189, Rdnr. 18 ff.; Oppermann, Europarecht, 2. Auflage, S. 230, Rdnr. 616 ff.; Schweitzer, Staatsrecht III, Rdnr. 40; Arndt, Europarecht, 2. Auflage, S. 71 f.; Vgl. auch die Übersicht bei: Streinz, Europarecht, 4. Auflage, S. 62 - 64, Rdnr. 179 – 193.

747 EuGH, Rs. 106/77 (Simmenthal II), Slg. 1978, 629, 643 f.; ähnlich schon die Ausführungen in: EuGH, Rs. 11/70 (Internationale Handelsgesellschaft ./. Einfuhr- und Vorratsstelle Getreide), Slg. 1970, 1125, 1135.

rang des Gemeinschaftsrechts unterfallen.[748] Auch die allgemeinen Rechtsgrundsätze des Gemeinschaftsrechts nehmen an dem Vorranganspruch des Gemeinschaftsrechts teil. Dementsprechend könnte Art. 6 EMRK – unterstellt, es besteht ein weitergehender Schutz – als allgemeiner Rechtsgrundsatz des Gemeinschaftsrechts Art. 101 Abs. 1 S. 2 GG vorgehen. Zu beachten ist aber, daß wiederum die europarechtskonforme Auslegung des deutschen Rechts der Durchsetzung des Vorranganspruchs europarechtlicher Normen grundsätzlich vorgeht.[749] Ihre Grenze findet die europarechtskonforme Auslegung jedoch dann, wenn der Norm des nationalen Rechts ein gegenteiliger Sinn vermittelt würde, wenn ihr grundlegender Gehalt neu bestimmt würde oder wenn das Ziel des Gesetzes in wesentlichen Punkten verfehlt würde. Erst wenn eine europarechtskonforme Auslegung zu einer dieser Wirkungen führen würde, wäre grundsätzlich dem Vorranganspruch des Gemeinschaftsrechts Geltung zu verschaffen. Um zu bestimmen, ob ein Vorranganspruch oder eine europarechtskonforme Auslegung in Betracht kommt, ist zu überprüfen, ob Art. 6 EMRK überhaupt weitergehende Rechte im Vergleich zu Art. 101 Abs. 1 S. 2 GG sichert.

Wie schon zuvor dargestellt, enthält Art. 6 EMRK Regelungen zu Inhalt und Umfang des Rechts auf Zugang zu den Gerichten. Die im Grundsatz gewährleistete Verpflichtung der prinzipiellen Klagemöglichkeit vor einem unabhängigen, unparteiischen auf Gesetz beruhenden Gericht bei Verfolgung zivilrechtlicher Ansprüche und Verpflichtungen steht hier nicht in Frage. Jedoch könnte die Ausgestaltung des Verfahrens durch die Garantie des gesetzlichen Richters bestimmt werden. Zwar ist die Ausgestaltung der Gerichtsbarkeit dem Ermessen der einzelnen Staaten überlassen[750] und das Recht auf Zugang zu den Gerichten gewährt kein Recht auf einen bestimmten Instanzenzug[751] oder auf Gerichtsbarkeit in allen Instanzen,[752] noch besteht eine Verpflichtung der Staaten, einen außerordentlichen Rechtsweg zu eröffnen[753]. Doch läßt sich der EMRK die Verpflichtung entnehmen, daß bei Bestehen eines außerordentlichen Rechtswegs, das Verfahren nach den Garantien des Art. 6 EMRK auszugestalten ist.[754] Folglich ist bei Eröffnung des außerordentlichen Rechtswegs dieser wegen

---

748 Bleckmann, Europarecht, 6. Auflage, S. 379, Rdnr. 1088; Beutler/Bieber/Pipkorn/Streil, Die Europäische Union, 4. Auflage, S. 97; Oppermann, Europarecht, 2. Auflage, S. 231, Rdnr. 620; Schweitzer, Staatsrecht III, Rdnr. 5o; Streinz, Europarecht, 4. Auflage, S. 65, Rdnr. 197; Zuleeg, VVDStRL, Heft 53, Fn. 49.

749 Huber, Recht der europäischen Integration, S. 140.

750 EKMR, Entscheidung vom 8.10,1976, 6915/75, DR 6, S. 112.

751 EKMR, Entscheidung vom 28.7.1961, 673/59, CD 7, S. 102; Entscheidung vom 6.2.1969, 2717/66, CD 29, S. 12 f. und Entscheidung vom 9.7.1973, 4859/71, CD 44, S. 1. In EKMR, Entscheidung vom 2.2.1970, 3775/68 wird gar ausgesprochen, daß - sofern ein Rechtsmittelverfahren vorgesehen ist - die Festsetzung der Berufungsgründe läge im Ermessen der jeweiligen Staaten.

752 EGMR, Urteil vom 23.6.1981 (Le Compte/Van Leuven/De Meyere), A/43 § 51.

753 EKMR, Entscheidung vom 7.7.1959, 436/58, CD 1; Entscheidung vom 2.6.1960, 448/59, CD 3; Entscheidung vom 4.1.1961, 778/60, CD 5; Entscheidung vom 28.7.1961, 673/59, CD 7, S. 102.

754 EGMR, Urteil 17.1.1970 (Delcourt), A/11 § 25 und EKMR, Entscheidung vom 6.10.1976, 7211/75, DR 7, S. 107.

der notwendigen Durchsetzung des Rechts auf den gesetzlichen Richter wenigstens entsprechend der Reichweite des Art. 6 EMRK in Bezug auf dieses Recht auszugestalten. Daraus läßt sich aber kein Maßstab für die Überprüfung der Verletzung des gesetzlichen Richters herausarbeiten. Art. 6 EMRK sichert insoweit nur zu, daß dieses Verfahren wiederum den dort geschützten Mindeststandards bei der Verfahrensgestaltung entsprechen muß. Damit ist der EMRK in Bezug auf den Willkürmaßstab nichts zu entnehmen.

3. Vereinbarkeit der bisherigen Auslegung von Art. 101 Abs. 1 S. 2 GG mit der neuen Fassung des Art. 23 Abs. 1 GG

Geänderte Anforderungen an die Auslegung des Willkürbegriffs des Art. 101 Abs. 1 S. 2 GG könnten sich letztlich aber aus dem neuen Art. 23 Abs. 1 GG, dem *„Europaartikel"*, der nach dem Beitritt der neuen Bundesländer in seiner alten Form obsolet geworden war und der nunmehr die weiteren Integrationsbemühungen auf europäischer Ebene im deutschen Verfassungsrecht absichern soll.[755] Die verfassungsrechtliche Legitimation für die Teilnahme am Prozeß der europäischen Integration vollzog sich bis zur Ratifizierung des Vertrages von Maastricht über Art. 24 Abs. 1 GG, wonach *„der Bund durch Gesetz Hoheitsrechte auf zwischenstaatliche Einrichtungen übertragen"* kann. Der Vertrag von Maastricht führte jedoch nach einer weit verbreiteten Auffassung zu einem qualitativen Übergang von einem *„wirtschaftlicher Zweckverband"* mit *„zwischenstaatlichem"* Charakter zu einer *„eigenstaatlichen Einrichtung "* supranationaler Art.[756] Demgemäß ist gefordert worden, daß es für den Abschluß des Maastricht Vertrages und die damit verbundene Gründung der Europäischen Union einer neuen Ermächtigungsgrundlage bedürfe. Dem ist mit der Neufassung des Art. 23 Abs. 1 S. 1 GG Rechnung getragen worden. Danach wirkt die Bundesrepublik Deutschland zur Verwirklichung eines vereinten Europas *„bei der Entwicklung der Europäischen Union mit, die demokratischen, rechtsstaatlichen, sozialen und föderativen Grundsätzen verpflichtet ist und einen diesem Grundgesetz im Wesentlichen vergleichbaren Grundrechtsschutz gewährleistet."* Diese Änderung durch den verfassungsändernden Gesetzgeber, der die europäische Einigung nicht mehr nur in der Präambel verankert sehen wollte, ist dann zum Anlaß genommen worden, die Rolle der nationalen Gerichtsbarkeit im Prozeß der europäischen Einigung *„im Lichte des neu gefaßten Staatsziels zu überdenken"*, was insbesondere auch für die Rolle des Bundesverfassungsgerichts bei der Überprüfung von Vorlageent-

---

[755] Vgl. dazu: BVerfGE 37, 271, 277 ff.; 73, 339, 367 ff.; 75, 223, 242 ff.

[756] So insbesondere: Gemeinsame Verfassungskommission von Bundestag und Bundesrat, BT-Drucks. 12/6000, 20; siehe auch: Heitsch, EuGRZ 1997, S. 461; Scholz, NJW 1992, S. 2593; Ipsen, Europäisches Gemeinschaftsrecht in Einzelstudien, S. 197 ff., 254, 1055; Rupp, ZRP 1993, S. 211; a.A.: Everling, DVBl. 1993, 936, 937 - 943.

scheidungen letztinstanzlicher Fachgerichte am Maßstab des gesetzlichen Richters nach Art. 101 Abs.1 S. 2 GG gilt.[757]

Die Verwirklichung eines vereinten Europas durch Entwicklung der Europäischen Union ist durch die Neufassung des Art. 23 Abs. 1 GG zu einem Staatsziel der Bundesrepublik Deutschland erklärt worden.[758] Zuvor war in der Präambel das Ziel *„als gleichberechtigtes Mitglied in einem vereinten Europa dem Frieden der Welt zu dienen"* enthalten. Ob sich daraus eine Rechtspflicht ergeben hat, ist jedoch bezweifelt worden, da offen war, welcher Natur das *„vereinte Europa"* sein solle.[759] Dementsprechend unklar war auch, inwieweit sich daraus ein Rechtssatz zur Bestimmung rechtlicher Verpflichtungen der staatlichen Gewalt herleiten ließ. Auch Art. 24 Abs. 1 GG, der zuläßt, daß vertragliche Hoheitsrechte auf zwischenstaatliche Einrichtungen übertragen werden können, wurde in der Literatur nicht als Verpflichtung verstanden, an der europäischen Integration teilzunehmen.[760] Dieser Ansicht ist der verfassungsändernde Gesetzgeber mit der Neufassung des Art. 23 Abs. 1 GG entgegengetreten, da nunmehr die Mitwirkung an der Entwicklung der Europäischen Union ausdrücklich als Staatsziel in die Verfassung eingearbeitet wurde.[761] Dementsprechend stellt sich nach dieser Neufassung die Frage, welche Konsequenzen sich für die staatlichen Gewalten, insbesondere die Rechtsprechung, aus einer solchen neugefaßten Staatszielbestimmung ergeben. Begrifflich wird eine Staatszielbestimmung dahingehend verstanden, daß sie der weiteren Staatstätigkeit nachhaltig die Erfüllung ihrer Aufgaben unter Beachtung dieses bestimmten Ziels vorschreibt. Zwar richten sich Staatszielbestimmungen primär an den Gesetzgeber, indem sie diesem die Wahl der Mittel und den Zeitpunkt der endgültigen Verwirklichung dieses Ziels überlassen, doch binden sie auch alles staatliche Handeln, also auch Exekutive und Judikative. Für die Judikative gilt insbesondere, daß sie dieses Staatsziel auch bei der Auslegung von Vorschriften zu beachten hat.[762]

Dementsprechend ist die Rechtsprechung im Hinblick auf Art. 23 Abs. 1 S. 1 GG verpflichtet, bei der Auslegung von Vorschriften die Verwirklichung der Europäischen Union zu berücksichtigen. Dies gilt jedoch nur insoweit, als die Europäische Union den Anforderungen *„demokratischer, rechtsstaatlicher, sozialer und föderativer Grundsätze sowie dem Grundsatz der Subsidiarität verpflichtet ist."* Daraus folgt, daß die Unionsbestimmungen bei der Auslegung dann nicht zu berücksichtigen wären, wenn die Europäische Union beim gegen-

---

757 Heitsch, EuGRZ 1997, S. 461-469.

758 So die amtliche Begründung in: BR-Drs. 501/92, 11.

759 Randelzhofer, VVDStRL 49 (1990), 101, 105, 118 m.w.N.

760 Randelzhofer, VVDStRL 49 (1990), 101, 105 m.w.N.

761 Pernice in: Isensee/Kirchhof, Handbuch des Staatsrechts, Bd. VIII, § 191, Rdnr. 5.

762 Heitsch, EuGRZ 1997, 461 463; Klein, DVBl. 1991, 729, 733; Sommermann, DÖV 1994, 596, 602.

wärtigen Integrationsstand den zuvor genannten Anforderungen der Strukturklausel im Kernbereich nicht entsprechen würde.[763] Eine Kontroverse besteht in diesem Zusammenhang hinsichtlich der Frage, welche Anforderungen sich aus der Strukturklausel ergeben. Von einer Auffassung wird dabei gefordert, daß die Europäische Union den grundlegenden Konstitutionsprinzipien des Grundgesetzes entsprechen muß.[764] Von der Mehrheit in der Literatur wird hingegen als ausreichend erachtet, daß zumindest rechtsstaatliche und demokratische Anforderungen an die Ausübung von Herrschaftsgewalt erfüllt werden, wie sie den Mitgliedstaaten der Europäischen Union und ihrer Verfassungskultur gemeinsam sind.[765] Dafür spricht auch schon, daß eine Bindung der Europäischen Union an die Konstitutionsprinzipien des Grundgesetzes – wie auch an die Verfassungen anderer Mitgliedstaaten – schon von der Natur einer supranationalen Integrationsgemeinschaft her grundsätzlich auszuscheiden hat, soll das Gemeinschaftsrecht nicht in jedem Mitgliedstaat mit anderen Maßgaben gelten.[766] Das bedeutet, daß die Forderung nach Demokratie und Rechtsstaatlichkeit in der Europäischen Union im Rahmen des Art. 23 Abs. 1 GG den Anforderungen der Mehrheit der Mitgliedstaaten genügen muß.

Den Erfordernissen der Demokratie wird in der Europäischen Union in diesem Zusammenhang in hinreichendem Maße genügt. Die Organe der Europäischen Gemeinschaften und ihre Befugnisse beruhen auf Verträgen, denen die nationalen Parlamente zugestimmt haben. Diese Verträge halten die europäischen Organe in Grenzen, die das Bundesverfassungsgericht mit seiner weiten Auslegung erfaßt.[767] Der Rechtsschutz gegen Europäische Gemeinschaftsakte vor dem EuGH wird des weiteren als weitgehend Art. 19 Abs. 4 GG entsprechend eingestuft.[768] Eine völlige Übereinstimmung kann wegen der Berücksichtigung der Rechtsschutzsysteme der anderen Mitgliedstaaten in diesem Zusammenhang nicht verlangt werden. Das Bundesverfassungsgericht hat dementsprechend in seiner Solange II-Rechtsprechung festgestellt, daß die Europäischen Gemeinschaften nunmehr die strukturellen Voraussetzungen einer Übertragung von Hoheitsrechten gemäß Art. 23 Abs. 1 S. 2 GG erfüllen, wobei insbesondere die vom EuGH entwickelten Rechtsprinzipien denen der Grundrechte des Grundgesetzes vergleichbar erachtet werden.[769] Insgesamt kann damit festgehal-

---

763 So insbesondere: Heitsch, EuGRZ 1997, 461, 463.

764 Scholz in: Maunz/Dürig, GG, Art. 23, Rdnr. 24.

765 Rojahn in: Münch/Kunig, GG, Bd. 2, Art. 23, Rdnr. 20; Heitsch, EuGRZ 1997, 461, 463; Breuer, NVwZ 1994, S. 422; Everling, DVBl. 1993, 936, 944; Ossenbühl, DVBl. 1993, S. 633.

766 Huber, Recht der Europäischen Integration, S. 33.

767 Bleckmann, Europarecht, 6. Aufage, S. 432, Rdnr. 1231.

768 Vgl. Bleckmann, Europarecht, 6. Auflage, S. 433, Rdnr. 1232, der allerdings drauf hinweist, daß eine völlige Deckung nicht vorliegen kann, weil auch die Rechtsschutzsysteme der anderen Mitgliedstaaten berücksichtigt werden müssen.

769 BVerfGE 73, 339, 376 ff.

ten werden, daß, trotz mancher Defizite in der demokratischen Ausgestaltung, die Europäische Union soweit den Anforderungen an die von Art. 23 Abs. 1 S. 2 GG geforderten Stukturprinzipien gerecht wird.

Das Staatsziel der europäischen Integration ist deshalb gemäß dem Interpretationsprinzip der Einheit der Verfassung auch bei der Auslegung des Art. 101 Abs. 1 S. 2 GG heranzuziehen. Ein solche Auslegung dient auch am effektivsten der Rechtseinheit, der in der Europäischen Union eine überragende Bedeutung zukommt, denn wesentlicher Garant des Zusammenhalts der Europäischen Union ist ein einheitlich ausgelegtes und angewendetes Gemeinschaftsrecht.[770] Vor allem dient das Recht in der Europäischen Union auch als Bindeglied, das den Zusammenhalt der Gemeinschaft sichert. Dies würde sich dann jedoch ändern, wenn das europäische Recht nicht überall gleich wäre, weil es von nationalen Gerichten unterschiedlich ausgelegt wird. Die Einheit der Rechtsordnung wird aber gerade durch das Vorabentscheidungsverfahren nach Art. 234 EGV (Art. 177 a.F.) abgesichert. Das gilt insbesondere, wenn man in Betracht zieht, in welcher Art und Weise der EuGH durch seine Rechtsprechung in Vorabentscheidungsverfahren das europäische Recht und den subjektiven Grundrechtsschutz entwickelt hat. Das Vorabentscheidungsverfahren stellt danach ein wesentliches Instrument dar, um einerseits die rechtliche Integration voranzubringen und andererseits die Rechtsstaatlichkeit der EU zu sichern.

Unter Berücksichtigung der Funktion des Vorabentscheidungsverfahrens sowie unter Berücksichtigung der aus Art. 23 Abs. 1 S. 1 GG folgenden, verbindlichen Pflicht, auf die Förderung der europäischen Integration hinzuwirken, hat auch die Rechtsprechung dieses Ziel zu beachten. Dementsprechend haben die letztinstanzlichen Fachgerichte ihrer aus Art. 234 Abs. 3 EGV (Art. 177 Abs. 3 a.F.) erwachsenden Vorlagepflicht strikt nachzukommen. Bei der Anwendung des Art. 101 Abs. 1 S. 2 GG ist diese besondere Situation zu beachten.

Verschiedentlich ist bezweifelt worden, daß ein anderer Auslegungsmaßstab im Rahmen des Vorabentscheidungsverfahrens zu einem Verstoß gegen den Gleichheitsgrundsatz führen würde, da insoweit ein anderer Maßstab gelte als beim Entzug des gesetzlichen Richters auf nationaler Ebene.[771] Dem ist jedoch entgegenzuhalten, daß eine Verletzung des Gleichheitsgrundsatzes immer bedingt, daß keine sachlichen Gründe für eine Ungleichbehandlung vorliegen, die diese rechtfertigen. Solche Gründe liegen hier jedoch vor. Anders als bei Entziehung des gesetzlichen Richters im nationalen Rahmen, wo nationales Verfassungsrecht in Frage gestellt wird, steht im Falle der Entziehung des gesetzlichen Richters im Rahmen des Vorabentscheidungsverfahrens zusätzlich auch die Verantwortung der Bundesrepublik

---

770 So auch: Heitsch, EuGRZ 1997, 461, 468.

771 Ress, DV 1987, 177, 180.

Deutschland gegenüber der Europäischen Union auf dem Spiel.[772] Das Staatsziel der europäischen Integration gebietet, etwa vorhandene Auslegungsspielräume in integrationsfreundlicher Weise auszugestalten. Dementsprechend ist Art. 101 Abs. 1 S. 2 GG integrationsfreundlich auszulegen, so daß sich der anzulegende Willkürmaßstab an den Anforderungen des Gemeinschaftsrechts auszurichten hat.

4. Modifizierung des Willkürmaßstabs entsprechend den Erfordernissen des Europäischen Gemeinschaftsrechts und des Staatsziels der europäischen Integration

Untersucht werden soll nun, wie sich eine integrationsfreundliche Auslegung des Willkürmaßstabs gewinnen läßt. Dazu hat das Bundesverfassungsgericht selbst den Weg gewiesen. Nach seiner Auffassung ist der Willkürmaßstab *„kein frei schwebender"* Maßstab, sondern ein auf Sachgesichtspunkte bezogener, der sich an *„den Besonderheiten des in Rede stehenden Rechtsgebiets auszurichten habe."*[773] Dies bedeutet, daß für die konkrete inhaltliche Bestimmung dessen, was im Einzelfall Willkür ist, das jeweilige Rechtsgebiet, hier also das Gemeinschaftsrecht, heranzuziehen ist.[774] Insofern ist der Willkürmaßstab den Besonderheiten des Vorabentscheidungsverfahrens anzupassen. Auch das Bundesverfassungsgericht führte in einem seiner Beschlüsse[775] unter anderem aus, daß für die *„konkrete Bestimmung dessen, was im Einzelfall Willkür ist, auch das Gemeinschaftsrecht und die völkerrechtliche Verpflichtung der Bundesrepublik Deutschland aus Art. 234 Abs. 2 und 3 EGV (Art. 177 Abs. 2 und 3 a.F.) zu beachten sind."* Bemerkenswert ist schließlich auch, daß das Bundesverfassungsgericht in drei verschiedenen Beschlüssen den Halbsatz anfüge *„wie immer im übrigen der Maßstab der Willkür im Hinblick auf Verstöße gegen die Vorlagepflicht aus Art. 177 EWG-Vertrag zu fassen sein mag."* Damit hat das Bundesverfassungsgericht immerhin angedeutet, daß es eine Modifizierung der bisherigen Willkür-Rechtsprechung im Hinblick auf die Verletzung der Vorlagepflicht aus Art. 234 Abs. 3 EGV (Art. 177 Abs. 3 a.F.) nicht ausschließt.[776]

---

772 Ebenso: Heitsch, EuGRZ 1997, 461, 468; Wölker, EuGRZ 1988, 97, 101.

773 BVerfG NJW 1988, S, 1456 f.

774 Rodi, DÖV 1989, 750, 754.

775 Vgl. dazu: BVerfG, EuR 1988, 109, 110.

776 In diesem Sinne auch: Schiller, RIW 1988, 452, 457.

Eine erhebliche Verbesserung des Rechtsschutzes der in Deutschland klagenden Gemeinschaftsbürger würde schon dann erreicht, wenn das Bundesverfassungsgericht den Maßstab des Art. 234 Abs. 3 EGV (Art. 177 Abs. 3 a.F.) anstatt des bisherigen Willkürmaßstabes anlegen würde.[777] Damit wäre den Besonderheiten der gemeinschaftsrechtlichen Vorlagepflicht nach Art. 234 Abs. 3 EGV (Art. 177 Abs. 3 a.F.) entsprochen. Zudem hätte das Bundesverfassungsgericht mit der Vorlagepflicht einen einfach zu handhabenden Maßstab, der ihm auch bestens vertraut sein dürfte, da es selbst zu den vorlagepflichtigen Gerichten gehört.[778]

Infolge einer solchen Modifikation des Willkürbegriffs wäre das Bundesverfassungsgericht gehalten, solche Urteile, die unter Mißachtung der Vorlagepflicht des Art. 234 Abs. 3 EGV (Art. 177 Abs. 3 a.F.) ergangen sind, im Falle einer Verfassungsbeschwerde entsprechend § 95 Abs. 2 BVerfGG aufzuheben und nach einem Verfahren nach § 90 Abs. 2 S. 1 BVerfGG die Sache an das zuständige Gericht zurückzuverweisen. Dieses Gericht müßte dann unter Vorlage an den EuGH neu entscheiden. Das Bundesverfassungsgericht handelt also in solchen Fällen wie ein Kassationshof. Daran ist oftmals die Kritik geübt worden, daß das Bundesverfassungsgericht damit quasi zu einem *„obersten Vorlagenkontrollgericht"* gemacht würde. Dieser Vorwurf zielt in Richtung der Aussage, daß das Bundesverfassungsgericht keine Superrevisionsinstanz sei. Inwieweit dieser Vorwurf substanzhaltig ist, soll im folgenden überprüft werden. Bei näherer Betrachtung erweist sich dies als eine Art Totschlagargument, ganz nach dem Motto, daß es dem Bundesverfassungsgericht nicht zugemutet werden dürfe, mit einer solch untergeordneten Aufgabe wie dem Zugang zum EuGH beschäftigt zu werden, obwohl Karlsruhe sich doch als der oberste Garant der bürgerlichen Rechte der bundesdeutschen Unionsbürger betrachtet. Richtig daran ist, daß sich die Rolle des Bundesverfassungsgerichts auf die Anwendung *„spezifischen Verfassungsrechts"* beschränkt.[779] Dementsprechend verfängt der Vorwurf, das Bundesverfassungsgericht würde als *„oberstes Vorlagenkontrollgericht"* mißbraucht, dann nicht, wenn sich eine solche Rolle aus der Anwendung spezifischen Verfassungsrechts ergibt.

Da sich der zuvor befürwortete Maßstab für die Willkürprüfung von unterlassenen Vorlagen nach Art. 234 Abs. 3 EGV (Art. 177 Abs. 3 a.F.) in erster Linie auf den geänderten Art. 23 Abs. 1 S. 1 GG stützt, handelt es sich dabei um die Anwendung spezifischen Verfassungsrechts. Dementsprechend kann sich das Bundesverfassungsgericht dieser Aufgabe nicht mit dem Argument, es würde als *„Vorlagenkontrollgericht"* mißbraucht, entziehen. Auch systematische Einwände, die gegen diese Rolle des Bundesverfassungsgerichts vorgebracht wur-

777 Lenz, NJW 1994, 2063, 2065.

778 Koenig/Sander, Einführung in das EG-Prozeßrecht, S. 244, Rdnr. 483.

779 BVerfGE 15, 245, 247 f.

den, vermögen nicht zu überzeugen. Die Verfassungsbeschwerde sei zuallererst als ein Mittel des Individualrechtsschutzes konzipiert und soll die Grundrechte absichern. Genau diese stehen hier aber auf dem Spiel, denn das Recht auf den gesetzlichen Richter ist ein Individualgrundrecht. Darüber hinaus sichert das Bundesverfassungsgericht mit der Kontrolle der Einhaltung von Vorlagepflichten auch den Anspruch auf effektiven Rechtsschutz, dem ja auch das Vorabentscheidungsverfahren nach Art. 234 EGV (Art. 177 a.F.) dient. Können also derartige Bedenken nicht überzeugen, so bleibt nichts anderes anzunehmen, als daß das Bundesverfassungsgericht die Rolle als „*Vorlagenkontrollgericht*" zu übernehmen hat.[780] Die – wohl aus Gründen der Selbständigkeitsbehauptung – betriebene Flucht durch die Hintertür eines restriktiven Willkürkriteriums entspricht nicht mehr den Erfordernissen des deutschen Verfassungsrechts und wirkt zudem integrationshemmend. Dementsprechend hat das Bundesverfassungsgericht eine Verletzung von Art. 101 Abs. 1 S. 2 GG dann anzunehmen, wenn ein nationales Gericht seine Vorlagepflicht unter Berufung auf innerstaatliches Recht mit nicht nachvollziehbarer Begründung verneint. Mit der verfassungsrechtlich gebotenen Übernahme dieses oder eines ähnlichen Prüfungsmaßstabs würde das Bundesverfassungsgericht zu einer erheblichen Verbesserung des Rechtsschutzes der Unionsbürger im Bereich der deutschen Gerichtsbarkeit im Zivilrechtsschutz beitragen.

D. Vorschläge zur Verbesserung des Individualrechtsschutzes außerhalb des deutschen Zivilprozeßrechts

Nachdem bisher die geltende Rechtslage daraufhin untersucht wurde, ob mittels Auslegung der einschlägigen Rechtsschutzvorschriften eine verbesserte Anwendung zugunsten des Individualrechtsschutzes erreicht werden kann, soll im folgenden erörtert werden, welche neuen Rechtsschutzformen zur Verwirklichung dieses Ziels im System des EG-Vertrages denkbar sind. Gesamteuropäische Lösungen haben dabei den Vorteil, daß sie dem Ziel der Harmonisierung des Rechtsschutzstandards dienlicher sind, da insofern ein einheitlicher Rechtsschutzstandard geschaffen wird.

I. Die Nichtvorlagebeschwerde zum EuGH

In der Literatur wird de lege ferenda der Vorschlag gemacht, die Vorlage an den EuGH nach Art. 234 EGV (Art. 177 a.F.) einklagbar zu machen, etwa im Sinne einer Nichtvorlagebe-

[780] So im Ergebnis auch: Wölker, EuGRZ 1988, 586, 588.

schwerde. Für diese Lösung hat sich neben der Europäischen Kommission auch der EuGH ausgesprochen.[781]

Durch die Möglichkeit, auf dem Wege der Nichtvorlagebeschwerde deutlich verbesserte Zugangsmöglichkeiten zum EuGH zu erreichen, würde im Grundrechtsbereich das Element des Individualrechtsschutzes im Rahmen des Vorabentscheidungsverfahrens gestärkt.[782] Dies könnte im Ergebnis dazu führen, daß sich der einzelne Bürger der EU nicht hilflos ausgeliefert fühlt. Gerade in der Bundesrepublik Deutschland mit ihrem ausgeprägten Grundrechtsschutz durch das Bundesverfassungsgericht könnte hierdurch die Akzeptanz der Europäischen Gemeinschaft bei ihren Bürgern im Sinne von Karl Carstens gestärkt werden.

Die Entwicklung einer Nichtvorlagebeschwerde an den EuGH setzt am selben Ausgangspunkt an, wie die soeben unter B. dargestellten Rechtsmittellösungen.[783] Mit der Nichtvorlagebeschwerde soll jenes Verhalten sanktioniert werden, welches bereits unter dem Aspekt der Nichtzulassung der Revision erläutert wurde. Nach derzeit geltender Rechtslage kann das Problem, daß unterinstanzliche Gerichte unter Nichtzulassung der Revision entscheiden und dabei einen Vorlageantrag einer Partei nicht berücksichtigen, nur über die Sanktion der sog. Nichtzulassungsbeschwerde gelöst werden. Dies gilt jedoch nicht für das deutsche Zivilprozeßrecht, da eine Nichtzulassungsbeschwerde dort nicht vorgesehen ist. Insofern kann es nach wie vor zu Fällen kommen, in denen es das über die Zulassung entscheidende Gericht unter Verstoß gegen Art. 10 EGV (Art. 5 a.F.) unterläßt, die Revision und damit die Möglichkeit einer eigentlich gebotenen Vorlage zuzulassen. Um dieser Situation entgegenzuwirken, soll de lege ferenda die Möglichkeit geschaffen werden, sich mit einer Nichtvorlagebeschwerde[784] an den EuGH zu wenden.

Es wird allerdings auch von Befürwortern einer solchen Nichtvorlagebeschwerde darauf hingewiesen, daß der Weg eines Rechtsmittels zum EuGH bei Verletzung der Vorlagepflicht durch ein innerstaatliches Gericht möglicherweise rechtspolitisch schwer durchsetzbar ist, da es insoweit eines formellen Vertragsänderungsverfahrens bedürfe, bei dem alle Mitgliedstaaten zustimmen müßten.[785] Dies ergibt sich schon daraus, daß das bestehende Verhältnis zwischen EuGH und den nationalen Gerichten entscheidend verändert würde. Der EuGH

---

781 Vgl. Bull. EG Beil. 9/75.

782 Bleckmann, FS Christian-Friedrich Menger (1985), 871, 884; Chwolik-Lanfermann, Grundrechtsschutz in der EU, S. 345.

783 Mutke, DVBl. 1987, 403, 405; wohl auch: Mischo, RMC 1990, 681, 684; Meilicke, RIW 1994, 477, 479; Everling, EuR 1990, 195, 211; Everling, ZfRV 1992, 241, 253; allgemeiner: Lenz, Der Europäische Gerichtshof als gesetzlicher Richter im Sinne des Grundgesetzes, 1, 15; skeptisch: Klaas, AnwBl. 1989, 149, 150; Kutscher, EuR 1981, 392, 398.

784 Begriff bei: Mutke, DVBl. 1987, 403, 405; vgl. auch: Everling, ZfRV 1992, 241, 253.

785 Everling, Das Vorabentscheidungsverfahren vor dem Gerichtshof der Europäischen Gemeinschaften, S. 79; Carl, FS Werner von Simson (1983), 229, 233; Scholz, FS Ernst Steindorff (1990), 1413, 1433.

würde mit der Nichtvorlagebeschwerde stärker in den Bereich der nationalen Verfahrensregeln eingreifen können, da sich im Falle einer erfolgreichen Beschwerde dem Beschwerdeführer eine weitere Instanz eröffnen würde.[786]

Die Ausgestaltung dieses Rechtsmittels hat im Vergleich zur oben erläuterten Möglichkeit nach anderen Prämissen zu erfolgen. Insbesondere ist in Betracht zu ziehen, daß der Beschwerdegegenstand hier differenzierter zu behandeln ist, da es sich nicht um die Ablehnung eines Vorlageantrages, sondern um die Versagung weiterer Rechtsmittel im nationalen Rechtsstreit handelt. Folglich erhält der EuGH eine erhebliche Einflußmöglichkeit im Bereich des nationalen Prozeßrechts, da er dem Einzelnen eine weitere Instanz, nämlich die Revision eröffnet. Stellt der EuGH als Ergebnis der Nichtvorlagebeschwerde fest, daß ein Vorabentscheidungsverfahren zur Streitentscheidung des nationalen Falles erforderlich gewesen wäre, muß das nationale Gericht als Folge der Gemeinschaftstreue aus Art. 10 EGV (Art. 5 a.F.) die Revision zulassen. Im anschließenden Revisionsverfahren muß die den Gegenstand der Vorlage bildende Frage zur Grundlage der nationalen Entscheidung gemacht werden. Dabei müßte die Frage dann erneut dem EuGH vorgelegt werden. Das erscheint jedoch unnötig umständlich, so daß es aus der Sicht der Prozeßeökonomie wünschenswert wäre, wenn der EuGH diese erneute Vorlage durch seine Befassung im Rahmen der Nichtvorlagebeschwerde ersetzt. In dieser muß er ohnehin schon der Frage nachgehen, ob eine Frage des Gemeinschaftsrechts für den Rechtsstreit maßgeblich war, die nicht vorgelegt wurde. Insoweit er diese Frage ohnehin bestimmt, sollte er sie zur Vermeidung einer weiteren Vorlage auch gleich beantworten können.

Dieser Vorschlag erscheint schon deshalb als schwer durchsetzbar, weil der EuGH - entgegen dem Willen der Gründerväter der Europäischen Gemeinschaften - zu einer Art Kassationsgericht gegenüber den letztinstanzlichen Entscheidungen mitgliedstaatlicher Gerichte heranreifen würde. Das Verhältnis zwischen nationalen Gerichten und EuGH würde von einem horizontalen Kooperationsverhältnis in ein vertikales Hierachieverhältnis transformiert. Außerdem brächte die Einführung einer solchen Nichtvorlagebeschwerde eine nicht unerhebliche Mehrbelastung des EuGH mit sich. Zwar ist zu erwarten, daß letztendlich die letztinstanzlichen Gerichte vorsichtiger mit den Kriterien des *C.I.L.F.I.T.*-Urteils bezüglich ihrer Vorlagepflicht umgehen würden, doch schließt das eine permanente Mehrbelastung des EuGH nicht aus. Andererseits wäre damit eine wirklich wirksame Absicherung der Vorlagepflicht der nationalen Gerichte erreicht. Insofern handelt es sich hierbei um einen Vorschlag, der auf seine politische Durchsetzbarkeit hin überprüft werden sollte.

---

[786] Aus diesem Grunde lehnen Everling, ZfRV 1992, 241, 253, Everling, DRiZ 1993, 5, 12; sowie Berichterstatter Rothley, aaO, EP-Dok. A 3-228/93, Rz. 22, die Nichtvorlagebeschwerde ab, da sie die Struktur des Vorabentscheidungsverfahrens - Kooperation der Gerichte - mißachte.

II. Die Absicherung des Vorabentscheidungsverfahrens durch das Vertragsverletzungsverfahren nach Art. 226 EGV (Art. 169 a.F.)

Letztlich wird zur effektiveren Absicherung des Individualrechtsschutzes im Gemeinschaftsrecht immer wieder versucht, das Vertragsverletzungsverfahren nach Art. 226 EGV (Art. 169 a.F.) heranzuziehen.[787] Dieser Ansatz gründet auf der Auffassung, daß auch ein nationales Gericht durch seine Entscheidung zu einer einem Mitgliedstaat zuzurechnenden Vertragsverletzung beitragen kann.[788] Das nationale Gericht als Teil der staatlichen Gewalt eines Mitgliedstaates unterliegt insoweit der Sanktionsgewalt der Gemeinschaft, wobei eine Kollision mit der prinzipiellen richterlichen Unabhängigkeit der Gerichte besteht.[789]

Das Vertragsverletzungsverfahren bietet aber nur einen mittelbaren Rechtsschutz. Eine Einleitung des Verfahrens nach Art. 226 EGV (Art. 169 a.F.) erfolgt nicht automatisch wegen der Mißachtung des Gemeinschaftsrechts durch das nationale Gericht. Es bedarf vielmehr einer Verfahrenseinleitung durch die Europäische Kommission. Der einzelne Bürger hat somit keinerlei Möglichkeit ein Vertragsverletzungsverfahren selbständig in Gang zu setzen. Ein einklagbares Recht auf Einleitung und Durchführung eines Vertragsverletzungsverfahrens besteht für ihn nicht.[790] Dementsprechend beschränken sich die diesbezüglichen Vorschläge darauf, daß der Bürger bei der Kommission ein solches Vertragsverletzungsverfahren anregen sollte.[791] Dies kann in Form einer Beschwerde seitens eines Bürgers, eines Unternehmens oder einer Gewerkschaft erfolgen. Dabei kommt den Beschwerdeführern entgegen, daß die Zulässigkeitsvoraussetzungen für eine wirksame Beschwerdeerhebung auf ein Mindestmaß beschränkt worden sind. Verlangt wird nur, daß die Eingabe schriftlich erfolgt, die Verletzung einer gemeinschaftsrechtlichen Verpflichtung durch einen Mitgliedstaat glaubhaft gemacht wird und die Aufforderung an die Kommission enthält, ihrer Aufgabe als Hüterin des Gemeinschaftsrechts nachzukommen und gegenüber dem betreffenden Mitgliedstaat für die Wiederherstellung eines gemeinschaftskonformen Zustandes zu sorgen.[792] Dies mag im Einzelfall hilfreich sein, doch ist damit kein verläßlicher Rechtsschutz gewährleistet. Hinzu kommt, daß das Vertragsverletzungsverfahren keinen kassatorischen Charakter hat, so daß auf diesem Wege nicht erreicht werden kann, daß eine gemeinschaftsrechtswidrige nationa-

---

787 So zuletzt: Allkemper, Der Rechtsschutz des einzelnen nach dem EG-Vertrag, S. 181 f.

788 Nicolaysen, EuR 1985, S. 368 m.w.N.; Schaub, NJW 1994, 81, 83.

789 Lenz, Der Europäische Gerichtshof als gesetzlicher Richter im Sinne des Grundgesetzes, S. 7; Wölker EuGRZ 1988, 97, 100; Allkemper, Der Rechtsschutz des einzelnen nach dem EG-Vertrag, S. 181.

790 Lenz/Borchardt, EG-Vertrag, 2. Auflage, Art. 226, Rdnr. 13.

791 Lenz, EuZW 1993, 10, 12.

792 Lenz/Borchardt, EG-Vertrag, 2. Auflage, Art. 226, Rdnr. 8 f.

le Entscheidung aufgehoben wird. Der EuGH kann die Entscheidung weder selbst aufheben,[793] noch einen Mitgliedstaat zur Aufhebung verurteilen.[794]

Trotzdem geht man in der Literatur einen Schritt weiter und diskutiert, dem Gemeinschaftsbürger einen einklagbaren Anspruch auf Einleitung eines Vertragsverletzungsverfahrens im Sinne des Art. 226 Abs. 1 EGV (Art. 169 Abs. 1 a.F.) zu gewähren.[795] Jedoch wird ein solcher Anspruch auf Einleitung eines Vertragsverletzungsverfahrens gegen die Kommission von der ganz herrschenden Auffassung abgelehnt.[796] Auch der EuGH hat vor kurzem in mehreren Urteilen entschieden, daß der Einzelne nicht befugt sei, eine Untätigkeitsklage gegen die Kommission mit dem Antrag zu erheben, diese zur Einleitung eines Vertragsverletzungsverfahrens zu verurteilen.[797] Der EuGH begründet seine Rechtsprechung damit, daß der Kommission hinsichtlich der Klageerhebung im Vertragsverletzungsverfahren nach Art. 226 Abs. 2 EGV (Art. 169 Abs. 2 a.F.) ein Ermessensspielraum zustehe. Dieses Ermessen läßt sich demnach auch nicht auf einen Anspruch des Einzelnen reduzieren, da es sich bei der Erhebung des Vertragsverletzungsverfahrens nicht um einen Rechtsakt handelt, der den Einzelnen unmittelbar und individuell betrifft, so daß er nicht im Sinne des Art. 232 Abs. 3 EGV (Art. 175 Abs. 3 a.F.) klagebefugt ist.[798]

Im Ergebnis läßt sich damit festhalten, daß die Ansätze zur Änderung der Rechtsschutzmöglichkeiten im Gemeinschaftsrecht kaum eine Aussicht auf baldige Verbesserung des Rechtsschutzstandards bieten. Insofern bleibt der nationale Gesetzgeber in Deutschland aufgerufen, eine Verbesserung des Individualrechtsschutzes durch die zuvor herausgearbeiteten Änderungsvorschläge auf der Ebene des nationalen Prozeßrechts herbeizuführen. Außerdem bleibt das Bundesverfassungsgericht aufgerufen, seine Rechtsprechung hinsichtlich der Auslegung des Willkürbegriffs den verfassungsrechtlichen Erfordernis des neuen Art. 23 GG anzupassen.

---

793 Karpenstein in: Grabitz/Hilf, EGV, Art. 171, Rdnr. 4 ff.; Daig in: Groeben/Thiesing/Ehlermann, EWGV, Art. 169, Rdnr. 6; Beutler/Bieber/Pipkorn/Streil, Die Europäische Union, 4. Auflage, S. 230.

794 Karpenstein in: Grabitz/Hilf, EGV, Art. 171, Rdnr. 4; Bleckmann, Europarecht, Rdnr. 522.

795 Bernhardt, Verfassungsprinzip – Verfassungsgerichtsfunktion - Verfassungsprozeßrecht im EWG-Vertrag, S. 352 ff.; Bleckmann, Europarecht, S. 265, Rn. 653.

796 Wohlfahrt in: Grabitz/Hilf, EGV, Art. 175, Rdnr. 19; Seidel, Rechtsangleichung, 293, 300 f.; Gilsdorf, Der Rechtsschutz vor dem EuGH, S. 178; Ehlermann, FS Hans Kutscher (1981), 135, 138; Gündisch, Rechtsschutz in der Europäischen Gemeinschaft, S. 73; Schaub, NJW 1994, 81, 84; GA Roemer, Schlußanträge zu Rs. 103/63 (Rhenania), Slg. 1964, 927, 934; GA Gand, Schlußanträge zu Rs. 48/65 (Alfons Lütticke GmbH ./. Hauptzollamt Saarlouis), Slg. 1966, 41, 43 - 58.

797 EuGH, Rs. 247/87 (Star Fruit Company S.A. ./. Kommission), Slg. 1989, 291, 301; Rs. C-371/89 (Emrich), Slg. 1990, S. I-1555, 1557.

798 EuGH, Rs. 247/87 (Star Fruit Company S.A. ./. Kommission), Slg. 1989, 291, 301; Rs. C-371/89 (Emrich), Slg. 1990, S. I-1555, 1557; a.A.: Allkemper, Der Rechtsschutz des einzelnen nach dem EG-Vertrag; S. 120 f.

4. Teil: Die Überlastung des EuGH als Hindernis eines effektiven Rechtsschutzes - Lösungsmodelle zur Überwindung der Kapazitätsprobleme

Abschließend soll im Rahmen dieser Untersuchung ein praktisches Hindernis bei der Verwirklichung eines effektiven Individualrechtsschutzes auf der Ebene der europäischen Gerichtsbarkeit untersucht werden: die Überlastung der europäischen Gerichte. Diese tritt mittlerweile immer drastischer zu Tage und stellt inzwischen die größte Herausforderung für die weitere Entwicklung des europäischen Gerichtssystems dar.[799] So wurde in den vergangen Jahren bereits vermehrt auf die extrem lange Verfahrensdauer beim EuGH hingewiesen, aus der sich eine mittlerweile unzumutbare Verzögerung ergibt, die ein erhebliches Hindernis für die Verwirklichung des Individualrechtsschutzes darstellt.[800] Auch der Präsident des EuGH erblickt in der weiteren Verlängerung der Verfahrensdauer ein so schwerwiegendes Problem, daß er dem Rat der Justizminister Vorschläge und Überlegungen zur Zukunft des Gerichtssystems der Europäischen Union unterbreitet hat.[801]

A. Der gegenwärtige Stand der Arbeitsbelastung und die zu erwartende Entwicklung durch künftige Aufgaben der europäischen Gerichte

Unbestreitbar ist die Effizienz der Vorabentscheidungsverfahren durch die stetig steigende Zahl von Verfahren vor dem EuGH stark eingeschränkt worden. So betrug die zu erwartende Verfahrensdauer eines neu eingeleiteten Vorabentscheidungsverfahrens im Jahre 1994 im Durchschnitt mehr als 20 Monate.[802] Im Jahr 1996 war nach Auskunft des EuGH zwischenzeitlich sogar mit fast 2 Jahren zu rechnen.[803] Zwar ist zwischenzeitlich eine leichte Besserung durch die Setzung interner Fristen eingetreten, so daß sich die durchschnittlichen Verfahrenszeiten zeitweise verkürzten, doch war dieser Entlastungseffekt nur von kurzer Dauer. Nach den neuesten Angaben des EuGH betrug die zu erwartende Verfahrensdauer Ende 1997 wieder 21,4 Monate.[804] In den letzten Jahren hat die Zahl der Verfahren vor dem EuGH und dem EuG zusammengenommen regelmäßig 600 Verfahren überstiegen (1995: 408 vor dem EuGH und 253 vor dem EuG; 1996: 416 vor dem EuGH und 229 vor dem EuG). Im

---

799 So auch: Koopmans, The Future of the Court of Justice of the European Communities, Yearbook of European Law 11 (1991), S. 15.

800 Wägenbauer, FS Fritz Baur (1981), 667, 678 ff.; Bülow, EuR 1980, S. 307 - 328; Lenz, NJW 1994, 2063, 2065; Everling, EuR 1997, 398, 402.

801 EuGH, Abteilung Presse- und Informationsdienst, Pressemitteilung Nr. 36/99 vom 28.05.1999, Vorschläge und Überlegungen zur Zukunft des Gerichtssystems der Europäischen Union, S. 1.

802 Lenz, NJW 1994, 2063, 2065.

803 So die Auskunft der Kanzlei des EuGH im Dezember 1996.

804 EuGH, Abteilung Presse- und Informationsdienst, Statistical information of the Court of Justice (1998), Luxemburg 1999, S. 9, Übersicht 8.

letzten Jahr hat dann das EuG sogar alleine diese Marke überschritten, während auch beim EuGH eine signifikante Steigerung zu registrieren war. Zusammen haben damit die beiden Gerichte mittlerweile die Marke von 1000 Verfahren pro Jahr überschritten (EuGH: 445; EuG: 644; zusammen: 1085). Die Zahl der offenstehenden Verfahren hat Ende 1997 einen neuen dramatischen Höchststand erreicht (EuGH: 623; EuG: 640). Das Ende dieser Entwicklung ist noch nicht absehbar. Die Zahl der vor den EuGH gebrachten Rechtssachen dürfte vielmehr noch weiter dramatisch ansteigen. Diese Voraussage bedarf keiner prophetischen Fähigkeiten, denn sie stellt sich als natürliche Folge der zuvor beschriebenen Europäisierung weiter Rechtsbereiche dar. Mit der stetigen Erweiterung des Gemeinschaftsrechts im Privat- und Verwaltungsrecht sowie der anstehenden Osterweiterung der Gemeinschaft ist mit einem weiteren vehementen Anstieg der Verfahrenszahl und damit der Verfahrensdauer in Zukunft zu rechnen.[805] Man kann daher feststellen, daß die zunehmende Belastung keine temporäre Erscheinung darstellt, sondern daß ein Zusammenwirken mehrerer struktureller Gründe vorliegt, die die Entwicklung als unausweichlich erscheinen lassen.[806]

Zwar ist das Lamento über die Verfahrensdauer im Grunde nicht ganz neu,[807] doch hat die mittlerweile eintretende Verfahrensverzögerung ein Maß erreicht, das mit dem Prinzip eines effektiven Rechtsschutzes nur noch schwer zu vereinbaren erscheint. Selbst nach der Vorstellung der Richter des EuGH[808] stellt die heute zu erwartende Verfahrensdauer ein eklatantes Hindernis für die Vorlagefreudigkeit von Instanzgerichten und dementsprechend eine Behinderung des Rechtsschutzes dar. Bezieht man nun die - im 1. Teil dieser Arbeit herausgearbeitete – Entwicklung einer immer weiter ansteigenden Zahl an zivilrechtlichen Regelungen auf europäischer Ebene[809] mit in die Überlegungen ein, so erscheint insbesondere ein weiterer Anstieg im Bereich der Vorabentscheidungsersuchen nationaler Gerichte unausweichlich und zur Fortentwicklung eines weiter um sich greifenden europäischen Privatrechts an sich auch wünschenswert. Beispielhaft sei hier etwa darauf hingewiesen, daß im Falle einer baldigen Entscheidung zugunsten der Einführung der Europäischen Gesellschaft (Societas Europea) mit einer zunehmenden Zahl von Vorlagen nationaler Gerichte zu rechnen

---

805 Diese Erwartung hegt auch das British Institute of International and Comparative Law, das sich jüngst in einer Untersuchung zu dem Thema „The Role and Future of the European Court of Justice", S. 2 mit dieser Entwicklung und Vorschlägen zu ihrer Bekämpfung angenommen hat.

806 British Institute of International and Comparative Law, The Role and Future of the European Court of Justice, S. 2.

807 Siehe dazu: Wägenbauer, FS Fritz Baur (1981), 667, 678 f. und Bülow, EuR 1980, S. 307 - 328, die sich schon im Jahre 1980 bei einer durchschnittlichen Verfahrensdauer für Vorabentscheidungsverfahren von 9,3 Monaten um die Funktions-fähigkeit des Gerichtshofes sorgten.

808 EuGH, Report on certain aspects of the application of the Treaty on EU, May 1995, S. 4.

809 Siehe dazu oben unter: 1. Teil A.

wäre. Zwar würde sich die Gründung der Societas Europea gemäß Art. 11a[810] nach dem Recht des Sitzstaates vollziehen, doch handelte es sich dabei in weiten Bereichen um angeglichenes Recht,[811] so daß es in einer größeren Zahl von Fällen Anlaß zur Vorlage an den EuGH geben würde. Darüber hinaus erwarten die Richter des EuGH einen Arbeitsanstieg auch durch die verschiedenen Übereinkommen im Rahmen der dritten Säule der Europäischen Union (Justiz und Inneres).[812]

Hinzu kommt, daß die aufgezeigten Wege zur Verbesserung des Individualrechtsschutzes - hier sei beispielsweise auf die Nichtvorlagebeschwerde hingewiesen - im Endeffekt allesamt zu einer stärkeren Belastung des EuGH führen werden. Insoweit wird die Überlastung des EuGH zum Hauptargument von Reformkritikern.[813] Eine weitere Verbesserung des Individualrechtsschutzes wird dementsprechend auf starken Widerstand stoßen, wenn nicht gleichzeitig Maßnahmen zur effizienteren Gestaltung des Verfahrens bzw. zur Verbesserung der Kapazitäten beim EuGH ergriffen werden. Es müssen dementsprechend Vorschläge herausgearbeitet werden, die die Überlastung des EuGH wirksam bekämpfen und gleichzeitig eine Verbesserung des Individualrechtsschutzes zulassen.

Die Problematik gewinnt eine neue Dimension, wenn man die grundrechtliche Absicherung des Verfahrens vor dem EuGH in die Überlegung mit einbezieht. Ausgehend von der heutigen Situation ist festzustellen, daß die Dauer eines Zivilprozesses durch eine Vorlage an den EuGH in ernstzunehmendem Maße verlängert wird. Eine Verfahrensdauer von weit über fünf Jahren bei einem Prozeß über drei Instanzen mit wenigstens einer Vorlage an den Gerichtshof ist realistischerweise zu erwarten. In Einzelfällen kann dies jedoch noch weit überschritten werden. So dauerten 47 der abgeschlossenen 144 Vorabentscheidungsverfahren des Jahres 1998 länger als 24 Monate und immerhin 22 Vorabentscheidungsverfahren dauerten gar länger als 27 Monate.[814] Die dadurch eintretende Gesamtdauer eines Verfahrens stößt damit leicht an die Grenze des Verbots überlanger Prozeßdauer. Dieses Verbot ist Art.

---

810 Die Artikelbezeichnung bezieht sich insoweit auf den dritten geänderten Vorschlag vom 16.5.1991, ABlEG 1991 Nr. C 176, S. 1 - 95.

811 Dies gilt insbesondere für die Vorschriften der 1. und 2. Richtlinie über die Offenlegung, über die Aufbringung des Mindestkapitals und über die Haftung für die vor der Entstehung der SE begründeten Verbindlichkeiten.

812 EuGH, Abteilung Presse- und Informationsdienst, Pressemitteilung Nr. 36/99 vom 28.05.1999, Vorschläge und Überlegungen zur Zukunft des Gerichtssystems der Europäischen Union, S. 1; so auch: Rösler, ZRP 2000, 52, 53.

813 Schwarze, FS Hans-Jürgen Schlochauer (1981), 927, 946; Schwarze, NJW 1992, 1065, 1072; siehe dazu auch: Bülow, EuR 1980, 307, 311.

814 EuGH, Abteilung Presse- und Informationsdienst, Statistical information of the Court of Justice (1998), Luxemburg 1999, S. 10, Grafik 1.

6 Abs. 1 S. 1 EMRK[815] zu entnehmen, der der Überschreitung der angemessenen Frist, innerhalb derer über einen zivilrechtlichen Anspruch zu entscheiden ist, entgegenwirken soll.

Erst kürzlich hat der EGMR, dessen Rechtsprechung der EuGH insoweit anerkennt, klargestellt, daß ein solcher Verstoß auch dann in Betracht kommt, wenn das betroffene Ausgangsverfahren durch ein Vorlageverfahren verlängert wird, da auch der teils objektivrechtliche Charakter dieses Verfahrens einem Verstoß gegen Art. 6 Abs. 1 S. 1 EMRK nicht entgegensteht.[816] Der EGMR ist vielmehr der Auffassung, daß es zur Annahme eines solchen Verstoßes ausreicht, wenn der Ausgang des Vorlageverfahrens für zivilrechtliche Ansprüche oder Verpflichtungen ausschlaggebend ist.[817] Das vom EGMR betrachtete Vorlageverfahren betraf zwar die Vorlage eines Zivilgerichts an das Bundesverfassungsgericht im Rahmen des Verfahrens nach Art. 100 Abs. 1 GG, doch können die dort gemachten Ausführungen auch auf Vorlageverfahren vor dem EuGH übertragen werden, da der EGMR insbesondere an die Entscheidungserheblichkeit für das Ausgangsverfahren anknüpfte, die auch bei Vorlagen an den EuGH eine Zulassungsvoraussetzung darstellen. Des weiteren wird das Vorabentscheidungsverfahren nach Art. 234 EGV (Art. 177 a.F.) auch als Bestandteil des zivilrechtlichen Ausgangsverfahrens begriffen. Daraus ergibt sich die Notwendigkeit, zur Vermeidung von Verstößen gegen die EMRK, die Verfahrensdauer von Vorabentscheidungsverfahren effizienter zu gestalten.

Bei der Verkürzung des Verfahrens ist jedoch zu beachten, daß eine Verkürzung des Rechtsschutzes vermieden wird, denn eine solche Verkürzung des Rechtsschutzes aus reinen Praktikabilitätserwägungen würde dem Rechtsstaatsprinzip widersprechen.[818] Daraus folgt, daß eine Verkürzung des Rechtsschutzes, wie sie von mancher Seite zur Überwindung der Kapazitätsprobleme vorgeschlagen wird, nur dann zulässig wäre, wenn praktikable Lösungen zur Kapazitätserweiterungen nicht mehr möglich sind und andere Lösungen zur Aufrechterhaltung der Effektivität des Rechtsschutzes erschöpft sind.

Weiterhin ergibt sich aus dem – zuvor schon erwähnten - Rechtsstaatsprinzip im Gemeinschaftsrecht nicht nur eine Verpflichtung der Gemeinschaftsorgane zu gesetzmäßigem Handeln, sondern es wird auch verlangt, daß jedem Bürger der Zugang zum Gerichtshof zur Klärung seiner dem europäischen Recht entstammenden Rechtsprobleme weiterhin of-

---

815 Vgl. dazu: Heß, ZZP 1995, 59, 104; Zuck, NJW 1996, S. 1656 f.; Lipp, JZ 1997, 326, 327.

816 EGMR, Urteil vom 1. Juli 1997 – Nr. 48/1996/667/853 – in: EuGRZ 1997, 310, 314.

817 So: EGMR in Fortführung seiner Rechtsprechung aus dem Urteil Süßmann, S. 1171, Ziff. 41, EuGRZ 1996, 514, 518.

818 Ebenso: Allkemper, Der Rechtsschutz des einzelnen nach dem EG-Vertrag, S. 212; Everling, ZGR 1992, 376, 393; Schwarze, Fortentwicklung des Rechtsschutzes, 13, 20 f.; Wägenbauer, FS Fritz Baur (1981), 667, 679.

fensteht. So läßt sich aus der EMRK der allgemeine Rechtsgrundsatz ableiten, daß die Gemeinschaft zur Gewährung eines umfassenden und vor allem effektiven Rechtsschutzes und letztlich auch zur Anerkennung einer Rechtsweggarantie verpflichtet ist.[819] Damit korrespondiert die Pflicht, die entsprechenden institutionellen und verfahrensrechtlichen Voraussetzungen für die Gewährung eines effektiven Rechtsschutzes zu schaffen.

Vor diesem Hintergrund hat sich eine lebhafte Diskussion hinsichtlich der Frage entwickelt, wie der Überlastung des EuGH und der damit verbundenen Verfahrensdauer zu begegnen ist. Dieser Problematik hat sich insbesondere auch *Dauses* in seinem Gutachten für den 60. Deutschen Juristentag (DJT) in Münster angenommen. Darin schlägt er etwa zur Verbesserung der Arbeitsfähigkeit des EuGH vor, die Annahme von Vorabentscheidungsverfahren durch den EuGH restriktiver zu gestalten oder alternativ sollten die nationalen Gerichte selbst Zurückhaltung mit ihrer Vorlagefreudigkeit üben.[820] Diese und andere in der Diskussion befindliche Vorschläge sollen daraufhin überprüft werden, ob sie der Verbesserung des Individualrechtsschutzes und der Verkürzung der Verfahrensdauer dienlich sind.

B. Vorschläge zur Reform des Verfahrens vor dem EuGH und zur Reform des europäischen Gerichtssystems

Die in der Diskussion befindlichen Vorschläge zur effizienteren Gestaltung des Verfahrens vor dem EuGH und die gleichzeitig diskutierten Vorschläge zur Reform des Gerichtssystems lassen sich in zwei Gruppen einteilen, in Vorschläge de lege lata und Vorschläge de lege ferenda. So bedürfen Vorschläge zur Verbesserung des Verfahrens nicht in jedem Fall einer Gesetzesänderung. Soweit aber Vorschläge zur Reform des Gerichtssystems unterbreitet werden, handelt es sich bei diesen meist um Vorschläge de lege ferenda, da sie in der Regel wenigstens eine Änderung der Verfahrensordnung notwendig machen.

I. Vorschläge zu Änderungen im Verfahrensbereich

Die erste Kategorie von Vorschlägen, die gemacht werden, um die Belastungssituation des EuGH zu verbessern, betreffen Maßnahmen zur Vereinfachung und Verkürzung der Verfahren vor dem EuGH. Die Mehrheit dieser Vorschläge zielt in erster Linie darauf ab, die Zahl

---

819 Vgl. dazu die Ausführungen im 2. Teil dieser Arbeit sowie: Allkemper, Der Rechtsschutz des einzelnen nach dem EG-Vertrag, S. 213.

820 Dauses, Gutachten D zum 60. Deutschen Juristentag, S. D 121 f., der auf Vorschläge zur Selbstbeschränkung aus der deutschen Administration hinweist.

der Verfahren vor dem EuGH zu begrenzen. Inwieweit eine solche Begrenzung wünschenswert und inwieweit diese mit dem Ziel eines effektiven Rechtsschutzes vereinbar ist, soll im folgenden überprüft werden. Bei der Bewertung der einzelnen Vorschläge ist davon auszugehen, daß eine Verkürzung des Rechtsschutzes nicht in Frage kommt.[821]

1. Begrenzung der Vorlagemöglichkeit im Rahmen des Vorabentscheidungsverfahrens

Da die Überlastung des EuGH insbesondere auf den enormen Anstieg der Zahl der Vorabentscheidungsersuchen zurückzuführen ist, wird zur Verkürzung der Verfahrensdauer vorgeschlagen, die Vorlagemöglichkeit der Instanzgerichte einzuschränken oder gar ganz zu beseitigen, um die Zahl der anhängigen Verfahren abzusenken.[822] Vorlagen sollen demnach nur noch von den vorlagepflichtigen Gerichten der letzten Instanz vorgenommen werden. Für diesen Vorschlag spricht zunächst, daß nahezu 70 % aller Vorlagen von Instanzgerichten an den EuGH gerichtet werden,[823] so daß der EuGH auf einen Schlag eine signifikante Anzahl von Vorlagen loswerden könnte.

Gegen die Begrenzung der Vorlageverfahren spricht aber, daß der EuGH das Verwerfungsmonopol sekundären Gemeinschaftsrechts für sich beansprucht, so daß Instanzgerichte ohne Vorlagemöglichkeit unter Umständen gezwungen wären, rechtswidriges Gemeinschaftsrecht anzuwenden.[824] Andernfalls müßte man für diese Fälle eine Ausnahme zulassen, so daß eine Vorlage von Instanzgerichten nur dann zulässig wäre, wenn dieses nationale Gericht einen Gemeinschaftsakt für vertragswidrig hält und deshalb nicht anwenden will.[825] Eine solche Ausnahme würde mögliche Entlastungseffekte jedoch schon schmälern, auch wenn die weit überwiegende Zahl der zivilrechtlichen Vorlagen die Auslegung des Gemeinschaftsrechts und nicht die Gültigkeit von Gemeinschaftsrecht betrifft. Außerdem hat auch der EuGH selbst auf die Notwendigkeit der Vorlagemöglichkeit der Instanzgerichte hingewiesen, weil diese von entscheidender Bedeutung dafür sei, daß das vom Vertrage geschaffene Recht wirklich gemeinsames Recht bleibe.[826]

---

821 In diesem Sinne auch: Everling, EuR 1997, 398, 409.

822 Siehe dazu: Bülow, EuR 1980, 307, 316 und insbesondere auch: Dauses, Gutachten D zum 60. Deutschen Juristentag, S. D 93 ff.; ablehnend hingegen: Lenz, NJW 1993, S. 2664 ff.

823 Nach Lenz, NJW 1993, S. 2664 belief sich die Zahl der Vorlagen durch Instanzgerichte in dem Zeitraum 1981 – 1990 auf 1784, während ca. 700 auf letztinstanzliche Gerichte entfielen.

824 Dauses, Gutachten D zum 60. Deutschen Juristentag, S. D 167.

825 So auch: Everling, EuR 1997, 398, 409 m.w.N.

826 EuGH, Rs. 166/73 (Rheinmühlen ./. Einfuhr- und Vorratsstelle Getreide), Slg. 1974, 34, 38 („Rheinmühlen I").

Eine abgemilderte Version dieses Vorschlages zielt darauf ab, daß die nationalen Instanzgerichte von sich aus Zurückhaltung mit Vorlageersuchen an den EuGH üben. Dagegen spricht aber, daß aus nationaler Sicht ein Interesse daran besteht, den EuGH mit einer möglichst großen Zahl von Vorlagen nationaler Gerichte zu konfrontieren. Der EuGH hat nämlich die Aufgabe, die den Mitgliedstaaten gemeinsamen generellen Rechtsgedanken als Rechtsquellen heranzuziehen und zur Anwendung zu bringen.[827] Die Anwendung eines einer nationalen Norm zugrundeliegenden Rechtsgedankens hat immer dann zu erfolgen, wenn es zur Ergänzung des Vertragsrechts erforderlich erscheint. Insofern ist es wünschenswert, den EuGH in besonderem Maße mit den jeweiligen nationalen Rechtsgedanken zu beschäftigen.[828] Demnach ist auch eine Selbstbeschränkung der Gerichte aus der jeweils nationalen Sicht wenig wünschenswert und damit wenig erfolgversprechend.

Zudem dürfte auch die Frage von entscheidender Bedeutung sein, welche Wirkung eine solche Verkürzung für die Effizienz des Rechtsschutzes des Einzelnen hat. Die Begrenzung der Vorlagemöglichkeit auf letztinstanzliche Gerichte würde für die Parteien des Ausgangsrechtsstreits bedeuten, daß sie, um letztendlich Klarheit über eine Auslegungsfrage im europäischen Recht zu erlangen, gezwungen wären, das Verfahren bis in die letzte Instanz zu betreiben. Damit würde jedoch erst recht eine längere Verfahrensdauer des gesamten Prozesses zu erwarten sein. Eine solche Reform würde damit dem Grundsatz der Prozeßökonomie zuwiderlaufen.[829] Zudem würde das Bestreben der Justiz nach Bürgernähe unterlaufen. Insofern der Vorlage eine eigene Rechtsschutzfunktion zukommt, bedeutet dies in den Fällen, in denen der Zug durch die Instanzen zeitraubend ist, eine erhebliche Beschränkung des Rechtsschutzes. Hinzu kommt die bislang mangelhafte Absicherung der Vorlagepflicht letztinstanzlicher Gerichte.[830] Oftmals wird diese Problematik schon durch freiwillige Vorlagen der Instanzgerichte entschärft. Dieser Mechanismus würde aber bei Abschaffung der Vorlagemöglichkeit der Instanzgerichte nicht mehr funktionieren.

Letztlich widerspricht dieser Vorschlag auch der Zielsetzung des Vertrages über die Europäische Union, nach dessen Präambel die Mitgliedstaaten entschlossen sind, den mit der Gründung der Europäischen Gemeinschaft eingeleiteten Prozeß der europäischen Integration auf eine neue Stufe zu stellen. Dabei fällt auch dem EuGH eine wichtige Rolle zu, da er insoweit in der Vergangenheit des öfteren als Motor der Integration funktionierte. Dem EuGH dürfte es schwer fallen, diese Rolle auch weiterhin zu spielen, wenn er immer weniger mit Vorlagen beschäftigt würde. Dadurch hätte der EuGH immer weniger die Gelegenheit, durch

---

827 Hellner, Das Vorlageverfahren der Europäischen Gemeinschaft, S. 41; Lagrange, RTDP 1958, S. 886 f.

828 Meier, EuZW 1995, S. 257.

829 Everling, EuR 1997, 398, 409; Lenz, NJW 1993, 2664, 2665; Bülow, EuR 1980, 307, 316.

830 Vgl. dazu die Untersuchung im 2.Teil dieser Arbeit.

richtungsweisende Entscheidungen die Integration zu fördern, so daß letztlich mit einer Behinderung des weiteren Integrationsprozesses auf dem Gebiet des Rechts zu rechnen wäre. Dem Gerichtshof kommt insofern nämlich die schwierige Aufgabe zu, nicht nur das geschriebene Recht auszulegen, sondern auch übergeordnete Rechtsgrundsätze des Gemeinschaftsrechts herauszuarbeiten und auf diese Weise eine kohärente und effektive Rechtsordnung der Gemeinschaft zu entwickeln.[831] So hat der EuGH im Rahmen von Vorabentscheidungsverfahren eine Vielzahl wegweisender Entscheidungen getroffen, die der Fortentwicklung des europäischen Rechts entscheidende Impulse gegeben haben. Beispielhaft sei hier etwa auf die Entwicklung europäischer Grundrechte oder die Anerkennung eines europäischen Amtshaftungsanspruchs gegenüber den Mitgliedstaaten bei der Nichtumsetzung von Richtlinien hingewiesen.[832] Bisheriger Schlußstein in der Entwicklung dieser Staatshaftung stellt das Urteil des EuGH in der Rechtssache *Dillenkoffer*[833] dar, das auf eine Vorlage eines Instanzgerichts, des Landgerichts Bonn, zurückzuführen ist. Aber auch viele andere wegweisende Entscheidungen sind auf die Vorlagen von Instanzgerichten zurückzuführen.[834] Nach alledem ist die Abschaffung der Vorlagemöglichkeit für Instanzgerichte nach Art. 234 Abs. 2 EGV (Art. 177 Abs. 2 a.F.) abzulehnen.

2. Vorschaltung eines Annahmeverfahrens zur Vorabentscheidung

Ein weiterer Vorschlag zur Begrenzung von Vorabentscheidungen sieht vor, daß der Zugang zum EuGH durch die Vorschaltung eines Annahmeverfahrens für Vorabentscheidungen, in dem die grundsätzliche Bedeutung der Sache überprüft werden soll, abhängig gemacht wird.[835] Eine solche Beschränkung der Vorlagen auf Rechtssachen von grundsätzlicher Bedeutung ist in Art. 234 EGV (Art. 177 a.F.) bisher nicht vorgesehen. Ohnehin könnte sie nur die fakultativen Vorlagen von Instanzgerichten im Rahmen des Art. 234 Abs. 2 EGV (Art. 177 Abs. a.F.) betreffen, da eine derartige Vorprüfung sich nicht mit der Vorlagepflicht letztinstanzlicher Gerichte nach Art. 234 Abs. 3 EGV (Art. 177 Abs. 3 a.F.) vereinbaren ließe. Ansonsten würde in einigen Fällen die absurde Situation entstehen, daß die Vorlage eines Instanzgerichts mangels grundsätzlicher Bedeutung abgelehnt würde, der EuGH aber dann

---

831 Hirsch, Der Europäische Gerichtshof – Das unbekannte Wesen, S. 8.

832 Zunächst wurde diese entwickelt in: EuGH, Rs. C-6/90 (Francovich u.a. ./. Italien), Slg. 1991, I-5358 ff.

833 EuGH, verb. Rs. C-178/94, C-179/94, C-188/94, C-189/94, C-190/94 (Dillenkofer u.a. ./. Bundesrepublik Deutschland), Tätigkeiten des EuGH und des EuG, Nr. 26/96, 1, Rdnr. 21.

834 So gehen etwa folgende wegweisenden Entscheidungen auf Vorlagen von Instanzgerichten zurück: EuGH, Rs. 120/78 (Rewe-Zentral-AG ./. Bundesmonopolverwaltung für Branntwein), Slg. 1979, S. 649 - 675 („Cassis de Dijon"), das auf eine Vorlage des Hessischen Finanzgerichts zurückgeht; EuGH, Rs. 29/69 (Stauder ./. Stadt Ulm, Sozialamt), Slg. 1969, S. 419 - 430, das auf eine Vorlage des Verwaltungsgerichts Stuttgart zurückgeht.

835 Dauses, Gutachten D zum 60. Deutschen Juristentag, S. D 94.

im Falle der abermaligen Vorlage der Sache durch ein letztinstanzliches Gericht sich nunmehr der Sache annehmen müßte. Auch dieser Vorschlag hätte wiederum zur Folge, daß die Parteien zum Zug durch die Instanz gezwungen würden, um letztlich eine Entscheidung des EuGH zu erreichen. Dies läuft jedoch dem - auch dem europäischen Recht bekannten - Gedanken der Prozeßökonomie zuwider. Außerdem würde eine solche Änderung der eigentlichen Funktion des Vorabentscheidungsverfahrens, der Wahrung der Rechtseinheit, widersprechen. Demzufolge stellt *Dauses* in seinem Gutachten für den 60. DJT zu Recht fest, daß mit der Einführung einer solchen Vorprüfung die Wahrung der Einheit der Gemeinschaftsrechtsordnung nicht mehr gewährleistet werden könnte.[836] Dies ergibt sich schon daraus, daß nationale Gerichte sich mit einer Vorlage zurückhalten würden, um sich nicht der Gefahr einer eventuellen Zurückweisung auszusetzen. Des weiteren wäre unterhalb der Schwelle der grundsätzlichen Bedeutung zu befürchten, daß eine einheitliche Rechtsprechung der Instanzgerichte nicht mehr aufrechtzuerhalten ist, da insoweit den Gerichten die Möglichkeit fehlt, die Rechtsprechung der anderen europäischen Gerichte zu überwachen. In diesem Zusammenhang ist aber auch auf die Rechtsprechung des EuGH in der Rechtssache *Mecanarte* hinzuweisen, nach der es die einheitliche Anwendung des Gemeinschaftsrechts in den Mitgliedstaaten erfordert, den nationalen Gerichten weitestgehend die Möglichkeit zu geben, den Gerichtshof zu befassen, wenn sie der Ansicht sind, daß eine bei ihnen anhängige Rechtssache entscheidungserhebliche Rechtsfragen über die Auslegung bzw. Gültigkeit des Gemeinschaftsrechts beinhaltet.[837] Unübersehbar bleibt des weiteren die Problematik, wer die Vorprüfung der grundsätzlichen Bedeutung der Rechtssache vornehmen sollte. Sollte der EuGH die Prüfung selber vornehmen, stellt sich die Frage, ob damit wirklich eine fundamentale Verbesserung der Arbeitsbelastung gegeben wäre. Denn auch die Entscheidung über die Frage, ob eine grundsätzliche Bedeutung vorliegt, erfordert eine intensivere Prüfung der Sache. Einem anderen Gericht, etwa dem Gericht erster Instanz, die Befugnis zur Vorprüfung zu übertragen, würde bedeuten, den EuGH in erheblichem Maße in seiner Kompetenz zu beschneiden, da insoweit sein bisheriges Kontrollmonopol beschnitten würde. Aus diesem Grunde ist eine Vorprüfung durch eine andere Instanz inakzeptabel. Nach alledem ist die Beschränkung auf Vorlagen von grundsätzlicher Bedeutung insgesamt abzulehnen.

---

836 Dauses, Gutachten D zum 60. Deutschen Juristentag, S. D 94.

837 EuGH, Rs. C-348/89 (Mecanarte ./. Chefe de Servicio da Conferencia Final da Alfandega do Porto), Slg. 1991, S. I-3277, 3312.

3. **Begrenzung der Vorlagen durch eine Modifikation der „acte-claire-Doktrin"**

Zur Begrenzung der Vorlagenzahl ist weiterhin der Vorschlag gemacht worden, daß der EuGH eine Änderung in seiner Rechtsprechung zur acte-claire-Doktrin herbeiführen solle. Diese - an sich dem französischen Recht[838] entstammende - Doktrin hatte der EuGH in seinem bekannten *C.I.L.F.I.T.*-Urteil für das europäische Recht herausgearbeitet.[839] Nach der bisherigen Rechtsprechung des EuGH braucht ein innerstaatliches Gericht demgemäß eine Frage dann nicht vorzulegen, wenn kein Raum für einen vernünftigen Zweifel an deren richtiger Entscheidung bleibt und nach seiner Überzeugung auch für die Gerichte der übrigen Mitgliedstaaten und den EuGH die gleiche Gewißheit bestünde.

Seitens deutscher Gerichte wird im wesentlichen - in Übereinstimmung mit diesem Grundsatz - von der Einholung einer Vorabentscheidung abgesehen, wenn an dem Auslegungsergebnis kein ernsthafter Zweifel besteht[840] oder wenn im Hinblick auf eine gesicherte Rechtsprechung des EuGH eine Vorlage „*entbehrlich*" erscheint[841].

Demgegenüber hält *Canaris* die Aufrechterhaltung dieser Rechtsprechung angesichts der steigenden Zahl vorlageberechtigter Gerichte für unrealistisch[842]. Befinde sich das innerstaatliche Gericht ohnehin in Übereinstimmung mit der (mutmaßlichen) Ansicht des EuGH, so bilde nicht schon die bloße Möglichkeit, sondern nur das Vorliegen einer abweichenden Entscheidung eines anderen innerstaatlichen Gerichts eine nennenswerte Gefahr für die europäische Rechtseinheit. Das setzt aber voraus, daß die nationalen Gerichte in der Lage sind, solche, möglicherweise abweichenden Entscheidungen zu überblicken. Das macht einen Informationsfluß zwischen den nationalen Gerichten notwendig, der zur Zeit auf europäischer Ebene nicht besteht und auch auf absehbare Zeit nicht hergestellt werden kann[843]. Denn dazu bedarf es sprachlicher und rechtsvergleichender Kenntnisse, die selbst Spezialisten in der Wissenschaft im allgemeinen nicht mitbringen, da es hierbei gilt, 14 verschiedene Rechtsordnungen mit 11 verschiedenen Sprachen zu überblicken. Demnach muß man davon ausgehen, daß auch kein Gericht sich mit ausreichender Sicherheit über das Vorliegen bzw. Nichtvorliegen einer Entscheidung eines anderen nationalen Gerichts zu einer Frage des europäischen Rechts vergewissern kann. Darin liegt gerade einer der unbestreitbaren Vortei-

---

838 Anfang der siebziger Jahre haben die französischen Gerichte diese Doktrin allerdings aufgegeben. Siehe dazu: Schweitzer/Hummer, Europarecht, 5. Auflage, S. 163, Rdnr. 540; Constantinesco, Das Recht der Europäischen Gemeinschaft, Bd. I, S. 831 f.; vgl. aber auch das Urteil des Conseil d'Etat vom 22.12.1978, EuR 1979, S. 292 - 299.

839 EuGH, Rs. 283/81 (C.I.L.F.I.T. ./. Ministerio della sanità), Slg. 1982, 3415, 3416.

840 BVerwGE 66, 29, 38; BGH, RIW 1989, S. 745 - 747; BVerfGE RIW 1989, S. 823.

841 Hess. VGH, NVwZ 1989, S. 387 - 389; BGH, NJW 1986, S. 659.

842 Canaris, EuZW 1994, S. 417.

843 Darauf weist in einem anderem Zusammenhang hin: Basedow, EuZW 1996, S. 97.

le des EuGH. Durch das Vorabentscheidungsverfahren besteht eine einmalige Abstimmungs- und Harmonisierungsmöglichkeit, die es dem jeweiligen nationalen Richter ermöglicht, auf dem neuesten Stand der jeweiligen Rechtsprechung zu einer europarechtlichen Frage zu bleiben. Die Rechtsprechung des EuGH kann von den nationalen Gerichten in allen Mitgliedsländern überblickt werden.

Darüber hinaus widerspricht dem Vorschlag von *Canaris* auch die Funktion des Vorabentscheidungsverfahrens. Wie anfänglich aufgezeigt, kommt dem Vorabentscheidungsverfahren auch im Rahmen des Zivilprozesses, insbesondere wegen der höheren Richtigkeitsgewähr, eine entscheidende Rechtsschutzfunktion zu. Der von daher bestehende Anspruch auf effektiven Rechtsschutz der Parteien des Ausgangsverfahrens würde insoweit nicht berücksichtigt. Zudem sind die nachträglichen Rechtsschutzmöglichkeiten des Einzelnen, wie bereits für das deutsche Recht aufgezeigt,[844] in den nationalen Prozeßrechten bislang unzureichend ausgebildet. Entscheidet sich nämlich der EuGH nach dem Urteil eines nationalen Gerichts, das ohne Vorlage ergangen ist, anders und läuft damit die Mutmaßung des innerstaatlichen Gerichts ins Leere, so fehlen den Parteien des bereits abgeschlossenen innerstaatlichen Verfahrens die entsprechenden Korrekturmöglichkeiten.

Eine Änderung wie sie von *Canaris* angeregt wird, führt im Ergebnis dazu, daß sich die Entscheidung über die Klarheit von einer objektiven Bestimmbarkeit zu einer subjektiven Gewißheit des Prozeßrichters umwandeln würde. Eine Überprüfbarkeit dieser Entscheidung wäre nur noch schwerlich möglich und dem Mißbrauch der acte-claire-Doktrin durch nationale Gerichte wäre Tür und Tor geöffnet.[845] Dadurch könnte es langfristig zu einer weitgehenden Aushöhlung der Vorlagepflicht des Art. 234 Abs. 3 EGV (Art. 177 Abs. 3 a.F.) kommen, da die Vorschrift in einer Vielzahl von Fällen ins Leere laufen würde[846]. Dementsprechend ist eine Aufweichung der bestehenden acte-claire-Doktrin abzulehnen.

4. Verzicht auf die Schlußanträge des Generalanwalts

Letzten Endes wird zur Straffung des Verfahrens auch ein Verzicht auf die Schlußanträge des Generalanwalts befürwortet.[847] Die Funktion und Bedeutung des Generalanwalts und der Schlußanträge ist - insbesondere von Stimmen aus dem deutschen Rechtskreis – schon des öfteren in Frage gestellt worden.[848] Untersuchungen über die Rolle des Generalanwalts ha-

---

[844] Siehe dazu oben die Ausführungen im 3. Teil dieser Arbeit.

[845] In diesem Sinne auch: Dauses, Das Vorabentscheidungsverfahren, S. 114.

[846] Folsom, European Union Law, S. 101.

[847] Bülow, EuR 1980, 307, 319.

[848] Gaissert, Der Generalanwalt, S. 353 ff. m.w.N.

ben in aller Regel jedoch zu der Feststellung geführt, daß dem Generalanwalt im Rahmen des Verfahrens vor dem EuGH eine eminent wichtige Funktion bei der Aufarbeitung des Falles in rechtlicher und tatsächlicher Hinsicht zukommt.[849] Es handelt sich dabei um eine Art - gegenüber dem Richterkollegium - unabhängigen Berichterstatter, der nur dem Gemeinschaftsrecht verpflichtet ist.[850] Die Funktion des Generalanwalts sowie die Schlußanträge stammen aus dem französischen Rechtssystem. Die Schlußanträge sind von ihrer Zielsetzung her ein für die Zwecke der Beratung des jeweiligen Spruchkörpers erstelltes Rechtsgutachten mit Entscheidungsvorschlägen, die sich ausschließlich an den Spruchkörper richten.[851] In den meisten Fällen legt der Generalanwalt damit eine wichtige Grundlage für die spätere Entscheidung, zumal der Gerichtshof in der Mehrzahl der Fälle mit seiner Entscheidung den Schlußanträgen des Generalanwaltes gefolgt ist. Selbst wenn das Gericht nicht den Anträgen des Generalanwaltes gefolgt ist, so haben die Schlußanträge doch in aller Regel in erheblichem Maße zur Meinungsbildung des Gerichtshofes beigetragen. Durch seine zum Teil äußerst detaillierten Ausführungen und Erörterungen nimmt er dem Richtergremium ein gutes Stück Arbeit bei der rechtlichen Auswertung des jeweiligen Falls ab.[852] Das Gutachten des Generalanwaltes ist meist sogar ausführlicher als das später ergehende Urteil des EuGH.[853] Damit trägt der Generalanwalt zur Freihaltung von Arbeitskapazität beim EuGH bei. Der Verzicht auf die Schlußanträge des Generalanwalts würde demzufolge die von ihm geleistete Arbeit wieder auf die Schultern der Richter des Gerichtshofs laden, was schließlich wiederum zu einer Verzögerung des Entscheidungsprozesses führen würde. Aus zeitökonomischen Gründen wird in jüngerer Zeit zumeist von einer Verlesung des gesamten Textes abgesehen und lediglich eine Zusammenfassung präsentiert bzw. der Entscheidungsvorschlag verkündet.[854] Dementsprechend ist auch im Hinblick auf die Zeit, die im Rahmen der mündlichen Verhandlung auf die Schlußanträge verwendet wird, die Forderung nach einem Verzicht nicht mehr besonders stichhaltig. Letztlich werden von den Generalanwälten dann und wann auch rechtliche Lösungen präsentiert, die progressiver sind als die spätere Lösung des Spruchkörpers, die jedoch langfristig einen Anstoß für eine geänderte Rechtsprechung des EuGH geben. Damit tragen die Generalanwälte auch zur Rechtsfortbildung auf europäischer Ebene bei.

---

849 Brandt, JuS 1994, 300, 302; Gündisch, Rechtsschutz in der Europäischen Gemeinschaft, S. 62; Allkemper, Der Rechtsschutz des einzelnen nach dem EG-Vertrag, S. 225.

850 Lenz, EuZW 1993, 10, 12; Rengeling/Middeke/Gellermann, Rechtsschutz in der Europäischen Union, S. 13, Rdnr. 25.

851 Hakenberg/Stix-Hackl, Handbuch zum Verfahren vor dem Europäischen Gerichtshof, S. 145.

852 Brandt, JuS 1994, 300, 302.

853 D'Sa/Duffy in: Plender, European Courts Practice and Precedents, S. 146, Rdnr. 4-22.

854 Hakenberg/Stix-Hackl, Handbuch zum Verfahren vor dem Europäischen Gerichtshof, S. 145.

Von anderer Seite wird lediglich eine Beschränkung der Tätigkeit der Generalanwälte auf Rechtssachen von grundsätzlicher Bedeutung vorgeschlagen, da diese den Verfahrensablauf zwischen mündlicher Verhandlung und Urteilsberatung unnötig verzögern würde, da in aller Regel selbst bei zügiger Arbeit des Generalanwalts mindestens drei Wochen bis zum Vortrag der Schlußanträge vergehen würden.[855] Dies führt dazu, daß der für die Sachentscheidung wichtige Eindruck von der mündlichen Verhandlung bei der Urteilsberatung verblaßt ist und die Richter ihre Erinnerung arbeitsaufwendig auffrischen müßten. Aber auch in diesen Fällen ohne grundsätzliche Bedeutung gilt, daß der Generalanwalt mit seinen Schlußanträgen zur Meinungsbildung des Gerichtshofes entscheidend beiträgt und damit den Richtern in Bezug auf die rechtliche Auswertung des jeweiligen Falls in erheblichem Maße Arbeit abnimmt. Ein Verzicht auf die Schlußanträge dürfte damit auch in Sachen ohne grundsätzliche Bedeutung keine Vorteile im Hinblick auf die Arbeitsbelastung bringen. Vielmehr muß diese Arbeit dann zusätzlich von den Richtern geleistet werden. Nach alledem ist sowohl ein Verzicht auf die Schlußanträge als auch deren Einschränkung abzulehnen, da nicht zu erwarten ist, daß sich dies verfahrensbeschleunigend auswirken würde.

5. Einführung eines vereinfachten Verfahrens

Des weiteren wird seitens des EuGH die Schaffung eines beschleunigten und vereinfachten Verfahrens zur Behandlung von offenkundig dringenden Rechtssachen vorgeschlagen.[856] Wie sich dieses beschleunigte und vereinfachte Verfahren allerdings gestalten sollte, wird jedoch weitestgehend offen gelassen. Es wird lediglich eine Reduzierung der öffentlichen Sitzungen bzw. die Durchführung eines rein schriftlichen Verfahrens angeregt. Es erscheint jedoch fragwürdig, wie dadurch eine weitreichende Entlastung des EuGH herbeigeführt werden soll. Denn von einer mündlichen Verhandlung kann nicht nur in Klageverfahren, sondern auch in Vorabentscheidungsverfahren abgesehen werden. In Vorabentscheidungsverfahren wird grundsätzlich dann von einer mündlichen Verhandlung abgesehen, wenn die Vorlagefrage offenbar mit einer schon entschiedenen Frage übereinstimmt und keiner der Beteiligten, die sich schriftlich äußern können, gemäß Art. 104 § 4 VerfO EuGH eine mündliche Verhandlung beantragt.[857] Daraus wird ersichtlich, daß der Vorschlag wohl eher darauf abzielt, das schriftliche Verfahren auch ohne Zustimmung der Parteien anordnen zu können. Das trifft

---

855 Everling, EuR 1997, 398, 402; ähnlich auch der Ansatz des British Institute of International and Comparative Law in: The Role and Future of the European Court of Justice, S. 53, das sich von der Abschaffung der Schlußanträge bei Routineverfahren eine Verfahrensbeschleunigung verspricht.

856 EuGH, Abteilung Presse- und Informationsdienst, Pressemitteilung Nr. 36/99 vom 28.05.1999, Vorschläge und Überlegungen zur Zukunft des Gerichtssystems der Europäischen Union, S. 1.

857 Hakenberg/Stix-Hackl, Handbuch zum Verfahren vor dem Europäischen Gerichtshof, S. 142.

aber auf größte Bedenken hinsichtlich des Anspruchs auf Gewährung rechtlichen Gehörs. Auf der Ebene des Vorabentscheidungsverfahren müßte dann die Möglichkeit eingeräumt werden, auf Schriftsätze der anderen Verfahrensbeteiligten zu reagieren. Dies ist ohnehin einer der Kritikpunkte[858] am Vorabentscheidungsverfahren, der sich bei Wegfall der mündlichen Verhandlung noch verschärft. Des weiteren würde ein weiteres Element der ohnehin nicht besonders ausgeprägten Dispositionsmaxime genommen, wenn es nicht den Parteien überlassen bleibt, auf die Durchführung einer mündlichen Verhandlung zu verzichten. Aus diesen Gesichtspunkten begegnet die Einführung eines vereinfachten Verfahrens unter Verzicht auf die mündliche Verhandlung allergrößten Bedenken.

6. Befugnis zur Nachfrage um Klarstellung einer Vorlagefrage

Das Anliegen des Gerichtshofes, die nationalen Gerichte um Klarstellung der Vorlagefragen zu ersuchen,[859] erscheint hingegen ein sinnvoller Ansatz zur Verbesserung des Kooperationsverhältnisses. Wie schon oben dargestellt, liegt in der unzureichenden bzw. unzulänglichen Kommunikation zwischen den kooperierenden Gerichten einer der Stolpersteine des Vorabentscheidungsverfahrens. Es hilft nur wenig, wenn die Richter rätseln müssen, was mit einer Vorlagefrage gemeint sein könnte und dann letztendlich auf der Grundlage von Mutmaßungen die Frage so beantworten, wie sie es am sinnvollsten erachten. Der nationale Richter kann dann unter Umständen seinerseits wenig mit dem Urteil des EuGH anfangen und glaubt seine Frage(n) nicht richtig beantwortet. Insofern ist eine solche Möglichkeit zur Klarstellung von Vorlagefragen zu begrüßen. Es fragt sich nur, ob damit wirklich eine Veränderung gegenüber der schon geltenden Rechtslage herbeigeführt wird, denn Rückfragen des EuGH sind auch schon heute grundsätzlich möglich. Sie gestalten sich allerdings in solchen Fällen schwierig, in denen die Aussetzung des nationalen Verfahrens durch abschließendes Urteil eingeleitet wird. Eine Abänderung der Fragestellung müßte dann durch Abänderung des Urteils erfolgen und es müßten die betroffenen Parteien des Ausgangsverfahrens dazu gehört werden.[860] Darüber hinaus ist es dem EuGH auch erlaubt ein nationales Gericht unter Übermittlung eines Urteils, das in der Zwischenzeit in einem anderen Vorabentscheidungsverfahren ergangen ist, um Mitteilung darum zu bitten, ob das vorlegende Gericht vor diesem Hintergrund seine Vorlagefragen ganz oder teilweise aufrechterhält. Demnach scheint

---

858 Siehe dazu die Ausführungen oben unter: 2. Teil B. III. 2. c.

859 EuGH, Abteilung Presse- und Informationsdienst, Pressemitteilung Nr. 36/99 vom 28.05.1999, Vorschläge und Überlegungen zur Zukunft des Gerichtssystems der Europäischen Union, S. 1; so auch schon: Deringer, Some Comments by a German Advocate on Problems concerning the Application of Article 177 EEC, 211, 212.

860 Hakenberg/Stix-Hackl, Handbuch zum Verfahren vor dem Europäischen Gerichtshof, S. 112.

kein allzugroßer Neuerungseffekt mit der Einführung einer solchen Nachfragemöglichkeit verbunden. Sollte jedoch aus Sicht des EuGH damit eine Erleichterung in der Kommunikation zwischen den kooperierenden Gerichten erreicht werden können, so sollte diese Möglichkeit nochmals ausdrücklich eröffnet werden.

7. Möglichkeit zur Entscheidung über vorgelegte Fragen durch Beschluß

Im Verfahrensbereich wünscht sich der EuGH für das Vorabentscheidungsverfahren zudem eine Erweiterung der Beschlußfassungsmöglichkeit. Dies soll in den Fällen möglich sein, in denen sich die Antwort bereits aus der vorliegenden Rechtsprechung erschließen läßt.[861] Dies stellt eine Erweiterung von Artikel 104 § 3 Verfo-EuGH dar, denn darin ist eine Entscheidung per Beschluß für die Fälle vorgesehen, in denen die *„vorgelegte Frage offensichtlich mit einer Frage übereinstimmt, über die der Gerichtshof bereits entschieden hat.“* Der EuGH möchte also die Beschlußmöglichkeit auch unterhalb der Schwelle der Offensichtlichkeit in Fällen eingeräumt bekommen, in denen sich aus seiner bisherigen Rechtsprechung, auch wenn sie nicht zu einer übereinstimmenden Frage ergangen ist, die Antwort auf die Frage an sich erschließen läßt. Dies scheint begrüßenswert, wenn das rechtliche Gehör auch in diesen Fällen entsprechend der Vorgabe des Art. 103 § 3 VerfO-EuGH gewahrt bleibt. Damit kann sich der EuGH schneller von einfach zu beantwortenden Fällen befreien.

8. Fazit zu Reformansätzen im Verfahrensbereich

Im Verfahrensbereich bestehen nur noch wenig Spielräume, um eine Verkürzung des Verfahrens zu erreichen. Die Begrenzung der Vorlagemöglichkeit widerspricht in aller Regel dem Anspruch auf einen effektiven europäischen Rechtsschutz und ist somit abzulehnen. Dementsprechend führen weder der Vorschlag eines Annahmeverfahrens bei Vorabentscheidungsersuchen noch der Vorschlag einer Modifikation der acte-claire-Doktrin zur Beschränkung von Vorlagen in die richtige Richtung. Auch kommt ein Verzicht auf die Schlußanträge des Generalanwalts nicht als entlastende Maßnahme in Betracht, da hierdurch die Arbeitsbelastung der Richter erhöht würde. Ein vereinfachtes Verfahren in Form eines schriftlichen Verfahrens erscheint wegen der Möglichkeit zum Verzicht auf eine mündliche Verhandlung wenig hilfreich. Allein der Vorschlag, zur Klarstellung der Vorlagefrage bei den nationalen Gerichten nachfragen zu dürfen und die Möglichkeit über vorgelegte Fragen durch Beschluß

---

861 EuGH, Abteilung Presse- und Informationsdienst, Pressemitteilung Nr. 36/99 vom 28.05.1999, Vorschläge und Überlegungen zur Zukunft des Gerichtssystems der Europäischen Union, S. 1.

entscheiden zu dürfen, erscheinen sinnvolle Reformansätze im Verfahrensbereich zu enthalten. Die anderen Reformvorschläge im Verfahrensbereich sind abzulehnen.

II. Reform des europäischen Gerichtssystems

Die zweite Kategorie von Reformvorschlägen zielt auf eine grundlegende Reform des gesamten europäischen Gerichtssystems. Diesen Vorschlägen ist zunächst gemein, daß sie allesamt einen schwerwiegenderen Eingriff in das heute bestehende Gerichtssystem des EG-Vertrages nötig machen. Solche grundlegenden Veränderungen sind - wie die gesamte Entwicklung der Europäischen Union belegt - ein langwieriger und mühsamer Prozeß,[862] der insbesondere eine vorherige politische Einigung unter den Mitgliedstaaten erfordert. Betrachtet man sich das jüngste Vertragswerk, den Vertrag von Amsterdam, und die ihn begleitenden Verhandlungen, so wird in eindrucksvollem Maße deutlich, daß Reformen im institutionellen Bereich besonders schwer zu erreichen sind. Bestand vor der Ausarbeitung des Vertrages noch Einigkeit darüber, daß im Hinblick auf die zu erwartende Osterweiterung der Europäischen Union eine Reform der Institutionen dringend erforderlich sei, so hat das letztendliche Ergebnis der Beratungen das Dilemma der Union in vollem Umfang offenbart. Institutionelle Reformen wurden gänzlich aus dem Vertragswerk ausgeklammert, die zu treffenden Entscheidungen wurden damit auf den letztmöglichen Zeitpunkt vertagt.[863] Damit steht allerdings zu befürchten, daß eine Reform erst unter dem Druck des tatsächlichen Beitritts neuer Mitglieder zustande kommen wird. Ob dann allerdings ein in sich schlüssiges Reformkonzept erwartet werden kann, darf bezweifelt werden. An dieser Stelle sollen die bislang in der Diskussion befindlichen Reformmodelle, die die institutionelle Reform des europäischen Gerichtssystems betreffen, dargestellt und diskutiert werden. Es soll dabei überprüft werden, ob diese Vorschläge einen Ansatz zur Lösung des scheinbaren Widerspruchs zwischen Verbesserung des Individualrechtsschutzes und effizienterer Gestaltung des Verfahrens enthalten.

---

862 Everling, DRiZ 1993, S. 5.

863 Auf diesen Umstand weist hin: Hasselbach, BayVBl. 1997, 454, 456.

1. Aufbau eines Instanzenzuges

So wird etwa der Aufbau eines Instanzenzuges innerhalb der europäischen Gerichtsbarkeit vorgeschlagen[864]. Die Errichtung des Gerichts Erster Instanz (EuG), die bislang einschneidendste Reform des Gerichtssystems in der Geschichte der Gemeinschaft, geht auf diesen Gedanken zurück. Das EuG sollte durch seine Tätigkeit zu einer nachhaltig spürbaren Entlastung des Gerichtshofes führen. So wurden auf das EuG in einer Vielzahl von Fällen Kompetenzen, die bisher dem EuGH vorbehalten waren, übertragen.[865] Dies führte jedoch nicht zu der gewünschten nachhaltigen Entlastung des EuGH. Die zunächst festzustellende Entlastung war nicht von langer Dauer, so daß die Belastung des EuGH inzwischen auch den Verfahrenshöchststand vor Einführung des EuG wieder übertrifft.[866] Daher wurden in einer weiteren Reform, die vor einiger Zeit in Kraft trat, dem EuG weitere Verfahren, insbesondere alle Individualverfahren, zur Entscheidung in erster Instanz übertragen.[867] Betrachtet man sich daraufhin die Statistiken, so wird deutlich, daß das EuG mit 644 neu eingeleiteten Verfahren im Jahre 1997 seinerseits bereits an die Kapazitätsgrenze gestoßen ist. Auch die Zahl neuer Verfahren beim EuGH stieg weiter auf 445 an.

Auch nach den letzten Reformen verbleibt das Vorabentscheidungsverfahren in der ausschließlichen Zuständigkeit des EuGH, nachdem es bereits im Art. 225 Abs. 1 EGV (Art. 168a Abs. 1 a.F.) von der Kompetenzverlagerung zum EuG ausgenommen wurde. Hier setzt nun ein weiterer Vorschlag von *Dauses* an, der auch für das Vorabentscheidungsverfahren vorschlägt, einen weiteren Instanzenzug einzurichten und das EuG als Eingangsinstanz zu etablieren.[868] Eine Eingangsinstanz im Sinne einer Vorabklärung der zugrundeliegenden Tatsachen ist im Rahmen von Vorabentscheidungsverfahren jedoch nicht notwendig, da diese Aufgabe von den nationalen Gerichten im Ausgangsverfahren bereits wahrgenommen wird und der EuGH sich auf diese Vorarbeit der nationalen Gericht auch verläßt. Wenn aber keine Tatsachenklärung durch eine vorgeschaltete Instanz stattfinden kann, so weist dieser Vorschlag Ähnlichkeit mit dem Vorschlag auf, einem anderen Gericht, etwa dem EuG, die Befugnis der rechtlichen Vorprüfung im Rahmen von Vorabentscheidungsverfahren zu übertragen. Dagegen spricht aber, daß der EuGH in erheblichem Maße in seiner Kompetenz beschnitten würde, da eine Beschränkung seines Kontrollmonopols herbeigeführt würde. Aus-

---

864 Allkemper, ZRP 1994, 301, 303; Koopmans, The Future of the Court of Justice of the European Communities, Yearbook of European Law 11 (1991), S. 27; Jacqué/Weiler, CMLR 1990, 185, 192 ff.; Weiler, JCMS 1993, 417, 442; in dieser Hinsicht ablehnend: Everling, EuR 1997, 398, 411.

865 Näher dazu: Müller-Huschke, EuGRZ 1989, S. 213-215.

866 Jung, EuR 1992, 246, 249; Everling, FS Arved Deringer (1993), 40, 48.

867 Näher dazu: Niemeyer, EuZW 1993, S. 529 ff.

868 Everling, FS Arved Deringer (1993), 40, 51 f.; Everling, DRiZ 1993, 5, 14.

legungsfragen sollten zur Sicherung einer harmonischen und gleichmäßigen Anwendung des Gemeinschaftsrechts auch in Zukunft alle in den Händen eines Gerichts - des EuGH – verbleiben. Demnach ist der Vorschlag einer Vorprüfung von Vorlagen durch eine weitere Instanz abzulehnen.

Ein weitergehender Vorschlag zum Aufbau eines Instanzenzuges zielt darauf ab, weitere europäische Gerichte unterhalb des EuGH und des EuG zu schaffen. Diesen Gerichten sollen ausgewählte erstinstanzliche Kompetenzen übertragen werden.[869] Dies würde das bisherige Verhältnis zwischen nationaler und europäischer Gerichtsbarkeit entscheidend verändern. Zum einen käme eine hierarchische Unterordnung nationaler Gerichte unter die Gerichtsbarkeit europäischer Gerichte in Betracht. Eine solche könnte etwa in der Form gestaltet werden, daß eine Berufung mit voller Tatsachenermittlung durch ein übergeordnetes europäisches Gericht in Fällen mit europarechtlichem Bezug möglich würde.

Das liefe letztendlich darauf hinaus, daß der Kooperativcharakter des Verfahrens nicht mehr aufrechterhalten werden könnte, da insoweit eine Hierarchie zwischen dem nationalen erstinstanzlichen Gericht und dem neuen europäischen Gericht mit erstinstanzlichen Aufgaben hergestellt werden müßte. Eine solche hierarchische Unterordnung der nationalen Gerichte war jedoch bei Gründung der Gemeinschaft von den Vätern der Europäischen Verträge nicht gewollt und dürfte auch heute nur schwerlich in der Mehrheit der Mitgliedstaaten Zustimmung finden. Im Ergebnis liefe das auf die Schaffung einer parallelen Jurisdiktion im zivilrechtlichen Bereich hinaus.

2. Regionalisierung bzw. Dezentralisierung der europäischen Gerichte

In eine ähnliche Richtung zielt der sowohl in der Literatur als auch vom Präsidneten des EuGH vorgeschlagene Weg, zur Entlastung des EuGH europäische Gerichte auf regionaler Ebene zu errichten.[870] Der Vorschlag des EuGH zielt darauf ab, in jedem Mitgliedstaat ein Gericht zu etablieren, daß die Vorlagen aus seinem Gebiet filtert. In der Literatur wird ein leicht abweichender Vorschlag favorisiert, nach dem über das Gemeinschaftsgebiet verteilt mehrere (vier bis fünf) Gerichte eingerichtet werden, die jeweils für Streitigkeiten aus einem ihnen zugeordneten regionalen Bereich zuständig sind. Dabei sollen die Mitgliedstaaten zu Gruppen zusammengefaßt werden, die sich nach der geographischen Nähe, sprachlichen

[869] Allkemper, Der Rechtsschutz des einzelnen nach dem EG-Vertrag, S. 216.

[870] Grundlegend: Jacqué/Weiler, CMLR 1990, 185, 192 ff.; Weiler, JCMS 1993, 417, 442; Bzdera, RMC 1992, 240, 245; siehe auch jüngst: Hirsch, ZRP 2000, S. 57 – 60; EuGH, Abteilung Presse- und Informationsdienst, Pressemitteilung Nr. 36/99 vom 28.05.1999, Vorschläge und Überlegungen zur Zukunft des Gerichtssystems der Europäischen Union, S. 2.

Übereinstimmungen und ähnlichen Rechtstraditionen bestimmen.[871] Hierin dürfte der einzige Unterschied dieser Vorschläge liegen. Gemeinsam ist ihnen hingegen, daß über diesen Regionalgerichten der EuGH und das EuG als weitere Hüter des Gemeinschaftsrechts stehen sollen. Die Letztentscheidungskompetenz soll beim EuGH verbleiben.[872] Dieses Modell erinnert stark an die gegliederte Struktur der deutschen Gerichtsbarkeit, beispielsweise an die regional begrenzten Entscheidungskompetenzen des Oberverwaltungsgerichts, das für alle seinem Gebiet unterfallenden Verwaltungsrechtsstreitigkeiten zuständig ist und das wiederum einer Kontrolle im Wege der Revision durch das Bundesverwaltungsgericht unterliegt. Ein Unterschied ergibt sich hier nur in der Hinsicht, als der Vorschlag zum Ausbau der europäischen Gerichtsbarkeit, (noch) nicht die Errichtung einer weiteren, dem Verwaltungsgericht vergleichbaren, unteren Ebene vorsieht. Dieser Vorschlag ist auf vielfältige Kritik gestoßen.[873] Insbesondere wird auch ihm entgegengehalten, daß durch eine Regionalisierung der europäischen Gerichte die Gefahr divergierender Auslegung und Anwendung des Gemeinschaftsrechts entstehe, so daß die Einheit der Rechtsprechung insgesamt in Gefahr gerate.[874] Schwer wiegt auch der Einwand, eine stark föderal geprägte Lösung entspreche nicht dem gegenwärtigen Stand der Integration.[875] Sie lasse daher eine mangelnde Akzeptanz durch den Bürger und die nationalen Gerichte befürchten.[876]

Zur Abmilderung der Integrationsfeindlichkeit wird dann weitergehend die Überlegung angestellt, die regionalen Gerichte den Mitgliedstaaten nicht von oben aufzuerlegen, sondern eine solche Struktur aus den Mitgliedstaaten heraus wachsen zu lassen.[877] Eine Befugnis der Mitgliedstaaten, diese Regionalgerichte einzusetzen und zu unterhalten kann schon wegen der Gefahr großer Divergenzen in Qualität und Ausstattung nicht ernstlich gewollt sein. Auch der Verweis darauf, daß die Letztentscheidungskompetenz immer noch beim EuGH verbleibt und somit eventuell auftretende Divergenzen mit einem Rechtsmittel an den EuGH beseitigt werden können,[878] vermag daran nichts zu ändern. In einem gegliederten

---

[871] British Institute of International and Comparative Law, The Role and Future of the European Court of Justice, S. 101.

[872] Jacqué/Weiler, CMLR 1990, 185, 194.

[873] EuG, ELR 1991, 175, 179; Jung, EuR 1992, 246, 256; Schwarze, NJW 1992, 1065, 1072; Everling, FS Arved Deringer (1993), 40, 55 f.; Everling, DRiZ 1993, 5, 13; Berichterstatter Rothley in: Bericht des institutionellen Ausschusses des Europäischen Parlamentes zur Rolle des Gerichtshofes in der Entwicklung des Verfassungssystems der Europäischen Gemeinschaft, EP-Dok. A 3-228/93, Rz. 20.

[874] Berichterstatter Rothley, aaO., EP-Dok. A 3-228/93, Rz. 20; Everling, DRiZ 1993, 5, 13.

[875] Jung, EuR 1992, 246, 256.

[876] Berichterstatter Rothley, aaO., EP-Dok. A 3-228/93, Rz. 20.

[877] Everling, FS Arved Deringer (1993), 40, 56: "Richtig verstandene Regionalisierung wäre Selbstverwaltung, und die würde in der vorgeschlagenen Form gerade nicht gewährt."

[878] Jacqué/Weiler, CMLR 1990, 185, 194; Allkemper, Der Rechtsschutz des einzelnen nach dem EG-Vertrag, S. 223 f.

Gerichtssystem mit paritätisch verteilten Kompetenzen besteht immer die Gefahr, daß die so nebeneinander stehenden Gerichte zu unterschiedlichen Rechtsauslegungen und Rechtsanwendungen kommen. Insofern sollte man mit dem Ruf nach der Schaffung gänzlich neuer Gerichte vorsichtig umgehen. Ungeklärt ist auch in diesem Fall die Frage, wie sich diese regionalen Gerichte noch zwischen die nationalen Gerichte, die für die Rechtsanwendung zuständig sind und den EuGH, der für die einheitliche Auslegung zuständig ist, einfügen sollen. Da die Auslegungshoheit beim EuGH verbleiben soll, läuft auch der Vorschlag der Regionalisierung auf einen Eingriff in den Aufgabenbereich der nationalen Gerichte hinaus. Ein politischer Wille, einen Bedeutungsverlust der nationalen Gerichte in Kauf zu nehmen, ist derzeit jedoch nicht erkennbar. Außerdem würde für den Bürger beim derzeitigen Integrationsstand Unklarheit darüber entstehen, ob sein Rechtsstreit nun in die Zuständigkeit des nationalen oder des europäischen Gerichts fällt. Ein solcher Dualismus erscheint keinesfalls wünschenswert.

Dementsprechend wird auch der Einwand erhoben, daß die Schaffung regionaler Gerichte nicht dem Stand der gegenwärtigen Entwicklung auf Gemeinschaftsebene entspricht.[879] Einerseits ist hervorzuheben, daß die so aufgebauten Gerichte bei der gegenwärtigen Anzahl anhängig gemachter Rechtssachen in ihrer Arbeitslast noch weit unterfordert wären. Selbst bei günstiger Prognose, d.h. in diesem Falle einer starken Steigerung an Prozessen, ist nicht zu erwarten, daß so viele Verfahren anhängig gemacht werden, daß alle regionalen Gerichte zu einer vernünftigen Auslastung kommen würden. Der Aufwand würde den Nutzen derzeit um einiges übersteigen.[880] Andererseits würde sich beim Aufbau einer weitverzweigten europäischen Gerichtsbarkeit auf regionaler Ebene die Situation ergeben, daß die gerichtliche Kontrolle, also ein dem Vollzug des Rechts grundsätzlich nachgeschalteter Vorgang, besser organisiert wäre, als der eigentliche Vollzug durch die gemeinschaftsunmittelbare Verwaltung. Das institutionelle Gleichgewicht könnte sich durch ein übermäßiges Gewicht der europäischen Gerichte verschieben. Im Gegensatz zu der föderalistischen Gewaltenteilung der Nationalstaaten wurde auf europäischer Ebene nicht das verfassungsrechtliche Modell der Gewaltenteilung umgesetzt, sondern man folgt auf horizontaler Ebene vielmehr dem Prinzip des institutionellen Gleichgewichts zwischen den Gemeinschaftsorganen[881]. Eine disproportionale Verschiebung zugunsten der europäischen Gerichte liegt insoweit nicht im Interesse einer sich gleichmäßig entwickelnden Integration. Von vorrangiger Bedeutung ist zwar eine Fortschreibung des europäischen Integrationsprozesses, doch muß in diesem Zusammenhang Maß gehalten werden. Insbesondere müssen die Kompetenzen der Gemeinschaftsor-

879 Jung, EuR 1992, 246, 256.

880 Ebenso: Jung, EuR 1992, 246, 256.

881 Koenig/Pechstein, Die Europäische Union, 2. Auflage, S. 280, Rdnr. 555.

gane in gleichem Verhältnis zueinander weiterentwickelt werden, damit das vom EG-Vertrag errichtete, als bewährt ausgewiesene institutionelle Gleichgewicht keine Schieflage erhält. Der Aufbau einer regionalen Gerichtsbarkeit erscheint also zum jetzigen Zeitpunkt verfrüht. Aber als Idee für die Zukunft eines sich weiterentwickelnden Europas kann der Vorschlag durchaus noch seine Berechtigung finden.

3. Reform der Gemeinschaftsgerichtsbarkeit nach dem Vorbild des „US Court Systems"

In der Diskussion[882] befindet sich darüber hinaus auch der Vorschlag, ein paralleles Gerichtssystems nach dem Vorbild des „US Court Systems" zu errichten. Es fragt sich, inwieweit dieses System ein brauchbares Vorbild darstellt. Dazu soll im folgenden die Struktur dieses Systems dargestellt und sodann seine Übertragbarkeit auf die europäische Gerichtsbarkeit überprüft werden.

a. Die Struktur des „US Court Systems"

Das amerikanische Gerichtssystem besteht aus zwei verschiedenen Gerichtsbarkeiten, den Federal Courts (Bundesgerichten) und den State Courts (Staatsgerichten der einzelnen Bundesstaaten). Federal Courts und State Courts üben dabei in – nicht immer harmonischer - Koexistenz gemeinsam die Jurisdiktion im Bereich des Zivilrechts aus.

aa. Federal Courts

Im Hinblick auf die Federal Courts läßt sich zunächst feststellen, daß der Umfang an bundesgesetzlichen Regelungen dermaßen umfangreich ist, daß eine eigene Bundesgerichtsbarkeit mit einem voll ausgebildeten Instanzenzug ihre Berechtigung findet.[883] Es existiert in aller Regel ein dreistufiger Aufbau. Eingangsinstanz sind in der Gerichtsbarkeit der bundesstaatlichen Gerichte bis auf wenige Ausnahmen[884] die District Courts, von denen es in jedem

---

882 Einen Überblick über deren Stand gibt: British Institute of International and Comparative Law, The Role and Future of the European Court of Justice, S. 98 ff.

883 Bodenheimer, An Introduction to the Anglo-American Legal System, S. 60.

884 Bei den Ausnahmen handelt es sich um solche Streitigkeiten für die der direkte Rechtsweg zum Supreme Court eröffnet ist oder bei denen der Court of Appeals Entscheidungen der Bundesverwaltung überprüft; siehe dazu im einzelnen: Chemerinsky, Federal Jurisdiction, S. 20 ff.

Bundesstaat mindestens einen gibt[885]. Darüber existieren dreizehn Appelationsgerichte, die sog. *„United States Courts of Appeals"*, die für die rechtliche Überprüfung der Urteile der District Courts zuständig sind. An der Spitze der Bundesgerichtsbarkeit steht der Supreme Court, dessen vorwiegende Tätigkeit in der Überprüfung von Entscheidungen niederer Gerichte besteht. Er übt im Rahmen seiner Stellung als oberste Revisionsinstanz eine Doppelfunktion aus. Einerseits wacht der Supreme Court als oberstes Bundesgericht über die einheitliche Anwendung des Bundesrechts durch die Circuit Courts of Appeals. Andererseits überprüft der Supreme Court in seiner Funktion als Revisionsinstanz auch Urteile der obersten Staatsgerichte (in vielen Staaten: State Supreme Courts). Seine Prüfungskompetenz bezieht sich gemäß 28 USC § 1254 (2) auf die Frage, ob die obersten Staatsgerichte das Bundesrecht richtig angewandt haben. Stützt sich die Entscheidung des obersten Staatsgerichts allerdings auch auf State Law, so nimmt der Supreme Court Abstand von einer Überprüfung des Falles, da ihm insoweit ein Überprüfungsrecht fehlt.[886] Ergänzend ist darauf hinzuweisen, daß der Supreme Court befugt ist, zu entscheiden, welche Fälle er annimmt. Das führt dazu, daß der Supreme Court mehr als 97 % der Fälle nicht annimmt.[887]

Letztlich sollte auch erwähnt werden, daß auf Bundesebene einige spezialisierte Gerichte bestehen, die die Rechtsprechungsbefugnis für spezielle Materien zugewiesen bekommen haben. Dies sind der U.S. Claims Court, der gemäß 28 USC §1491 für Klagen gegen den Bund zuständig ist, der Court of International Trade mit Sitz in New York, der in bestimmten Handelsfragen mit internationalem Bezug zuständig ist und die Tax Courts. Des weiteren wurde jedem District Court ein Bankruptcy Court angegliedert, da es sich bei dem amerikanischen Konkursrecht um eine Materie des Bundesrechts handelt.

---

885 Zu Zeit gibt es in den 50 Bundesstaaten, im District of Columbia und auf Puerto Rico insgesamt 91 District Courts.

886 So entschieden in: Michigan v. Long, 463 US 1032, 1038.

887 Schack, Einführung in das US-amerikanische Zivilprozeßrecht, S. 3, der darauf hinweist, daß der Supreme Court im Gerichtsjahr 1993 von 6676 Fällen 6513 nicht angenommen und nur 96 voll begründete Urteile erlassen hat.

bb. State Courts

Eine allgemeingültige Darstellung der State Courts gestaltet sich wegen der großen Unterschiede zwischen dem Aufbau der Gerichtsbarkeiten in den einzelnen Bundesstaaten recht schwierig.[888] In ihrer Vielfalt sind die Staaten der Vielfalt in der Europäischen Union ähnlich. Es gilt jedoch auch hier, daß jeder Staat in der Regel einen hierarchischen Aufbau mit drei Instanzen vorsieht.[889] Die unterste Stufe bilden die sog. „Inferior Courts", die auf dem Lande auch als Friedensrichter (justice of the peace) bezeichnet werden, während sie in den Städten als „Magistrate" oder „Judge" in speziellen Gerichten (Police Court, Traffic Court oder Small Claims Court) tätig werden. Diese werden aber nur in kleineren Streitigkeiten von geringer Bedeutung tätig.[890] Die nächst höhere Instanz wird oftmals als *„trial courts of general jurisdiction"* bezeichnet. Vor diesen Gerichten werden sowohl Zivil- als auch Strafsachen in erster Instanz als auch Berufungen gegen Entscheidungen der „Inferior Courts" verhandelt. Die höchste Stufe bilden die „Appellate Courts", von denen in manchen Staaten nur ein einziger existiert. In mittlerweile 36 Staaten existieren zudem sog. „Intermediate Appellate Courts", deren Rolle als Instanz zwischen Trial Courts und Appellate Court von Staat zu Staat variiert. Sie sollen die Appellate Courts von ihrer Arbeitslast befreien, was durch eine eingeschränkte Möglichkeit zum „Appeal" erreicht werden soll.

cc. Die Zuständigkeitsverteilung zwischen Federal Courts und State Courts

Demnach ist klar, daß es sich hier um zwei voll ausgebildete Gerichtsbarkeiten handelt, die parallel tätig werden. Es fragt sich nun, in welchem Verhältnis sie zueinander stehen. Zentrale Frage ist die Zuständigkeitsverteilung zwischen den beiden Gerichtsbarkeiten. Insbesondere hieran läßt sich ermessen, inwieweit dieses System auf die europäischen Verhältnisse übertragbar ist.

Der Leitgedanke der Koexistenz von State Courts und Federal Courts ist, daß eine inhaltliche Abgrenzung insoweit stattfinden soll, als Bundesgerichte Bundesrecht (Federal Law) und Staatsgerichte das Recht der einzelnen Bundesstaaten (State Law) anwenden sollen. Dieser Grundsatz ist jedoch aufgrund einer Vielzahl von unterschiedlichen Entwicklungen zwischenzeitlich verwischt worden. Grundsätzlich gilt zunächst einmal, daß die allgemeine Zuständigkeit bei den State Courts liegt. Darüber hinaus existiert eine originäre Bundeszuständigkeit,

---

888 Eine genaue Darstellung der jeweiligen Bundesstaaten findet sich bei: Martindale/Hubbell, Law Directory, in den Law Digests unter „Courts".

889 Bodenheimer, An Introduction to the Anglo-American Legal System, S. 56.

890 Schack, Einführung in das US-amerikanische Zivilprozeßrecht, S. 5.

die durch Art. III § 2 der Bundesverfassung für bestimmte Rechtsbereiche festgeschrieben wird. Diese sind insbesondere in den Fällen der 28 USC §§ 1330 ff. festgelegt. Darin enthalten sind jedoch Vorschriften, die zur vorerwähnten Verwischung der klaren Zuständigkeit beitragen. Schon die in 28 USC § 1331 enthalte Grundregel der sog. *„Federal question jurisdiction"* schafft eine Unklarheit, da sie eine Bundeszuständigkeit für solche Fälle eröffnet, die *„im Zusammenhang mit der Verfassung oder Bundesrecht aufkommen"* („[...] *cases arising under the Constitution and laws of the United States"*). So hat nicht jede Klage, die mit Bundesrecht in Berührung kommt, ihren Ursprung im Bundesrecht. Der US Supreme Court hat in einer Reihe von Urteilen dazu klärend festgestellt, daß das Bundesrecht einen wesentlichen Bestandteil des Verfahrens ausmachen oder dieses im Bundesinteresse liegen muß.[891] Trotzdem verbleiben bei der Anwendung dieser Regel viele Unklarheiten.[892]

Eine weitere Rechtsfigur, die eine konkurrierende Bundeszuständigkeit eröffnet und damit die klare Zuständigkeitsaufteilung zwischen den beiden Jurisdiktionen verwischt, ist die *„Supplemental jurisdiction"* gemäß 28 USC § 1367 (a), nach der auch dann wegen des Sachzusammenhangs eine Bundeszuständigkeit besteht, wenn mangels anderer Zuständigkeiten (etwa federal question) für Teile eines Rechtsstreits eine Bundeszuständigkeit nicht bestehen würde, für andere Teile des Rechtsstreits diese aber besteht. Um den Rechtsstreit nicht zu zerteilen wird er insgesamt einem Federal Court zur Entscheidung zugewiesen.[893]

Die wahrscheinlich wichtigste Rechtsfigur, die eine solche Verwischung bewirkt, stellt jedoch die *„diversity rule"* dar. Diese besagt, daß einem Bürger auch dann der Rechtsweg vor den Federal Courts offensteht, wenn die Sache sich nach State Law entscheidet, Kläger und Beklagter aber aus unterschiedlichen Bundesstaaten entstammen (diversity of citizenship).[894] Damit soll der Gefahr der Bevorzugung der einheimischen Partei durch den State Court begegnet werden. Federal Courts werden als in dieser Hinsicht neutral empfunden. Im Ergebnis wenden daher State Courts oftmals Federal Laws an und Federal Courts wiederum oftmals State Laws.[895]

---

891 Louisville & Nashville Railroad Co. v. Mottley, 211 U.S. 149 (1908); Franchise Tax Bd. v. Construction Laborers Vacation Trust, 463 U.S. 1, 9-10 (1983); Verlinden, B.V. v. Central Bank of Nigeria, 461 U.S. 480, 494 (1983).

892 Siehe dazu den ausführlichen Überblick bei: Chemerinsky, Federal Jurisdiction, S. 255 ff.

893 Shreve/Hansen, Understanding Civil Procedure, § 33, S. 137 ff.

894 Schack, Einführung in das US-amerikanische Zivilprozeßrecht, S. 19.

895 Bodenheimer, An Introduction to the Anglo-American Legal System, S. 55.

b. Übertragbarkeit dieser Struktur auf die Europäische Gemeinschaft

Fraglich ist nun, ob dieses Modell auf das Verhältnis zwischen Gemeinschaftsgerichten und nationalen Gerichten in der Europäischen Gemeinschaft übertragbar ist. Die zuletzt erwähnte diversity rule scheint auch für die Europäische Gemeinschaft eine überlegenswerte Regelung zu enthalten, wenn eine den Federal Courts vergleichbare europäische Gerichtsbarkeit bestehen würde, da der dahinterstehende Gedanke dem Rechtsschutz des Einzelnen durchaus dienlich erscheint. Die Gefahr der Bevorzugung einheimischer Parteien scheint in Europa sogar noch größer, weil es sich in diesen Fällen nicht nur um Bürger unterschiedlicher Bundesstaaten, sondern unterschiedlicher Nationen handelt. Dagegen spricht jedoch, daß man in der Europäischen Gemeinschaft ein höheres Maß an Vertrauen hinsichtlich der Fähigkeit der nationalen Gerichte zur neutralen Streitentscheidung erreicht hat, das bei Einführung einer *„diversity rule"* hinfällig würde. Insofern würde eine solche Regelung eher einen Rückschritt im Integrationsprozeß bedeuten.

Darüber hinaus würde die Einführung eines solchen Parallelsystems bedeuten, daß die europäischen Gerichte auch nationales Recht anwenden müßten. Eine Kompetenz zur Entscheidung über nationales Recht steht den europäischen Gerichten bislang nicht zu. Wie zuvor schon ausgeführt, entspricht eine Unterordnung nationaler Gerichte unter die europäische Gerichtsbarkeit nicht dem augenblicklichen Integrationsstand und es darf bezweifelt werden, ob ein solches Verhältnis überhaupt jemals erreicht werden soll. Insbesondere erscheint die Möglichkeit, daß der EuGH oder ein anderes europäisches Gericht die Befugnis zur Kassation von nationalen Urteilen erhält, nicht wünschenswert, da damit ein erheblicher Souveränitätsverlust der Mitgliedstaaten und ihrer Gerichtsbarkeiten verbunden wäre.

Im Europäischen Gemeinschaftsrecht wurde insoweit ein anderer Ansatz für das Zusammenspiel zwischen nationalen Gerichten und europäischer Gerichtsbarkeit gewählt. Zwischen den nationalen Gerichten und dem EuGH besteht ein enges Kooperationsverhältnis, das sich in dieser Form auch bewährt hat.[896] Die nationalen Gerichte sind zur Entscheidung über nahezu alle Fälle mit europarechtlichem Inhalt berufen, es sei denn, dem EuGH oder dem EuG ist die Rechtsprechung entsprechend dem Grundsatz der beschränkten Einzelermächtigung ausdrücklich durch den EG-Vertrag zugewiesen. Das bedeutet in den allermeisten europarechtlichen Streitigkeiten, daß tatsächlich die nationalen Gerichte das Gemeinschaftsrecht anwenden und durchsetzen. Wie zuvor dargestellt, sichert dabei das Vorabentscheidungsverfahren die einheitliche Interpretation des Gemeinschaftsrechts ab. Im Gegensatz zu seinem Pendant im amerikanischen Recht, der „certification procedure" vor dem Supreme Court, wird davon auch reger Gebrauch gemacht.

[896] Gündisch, Rechtsschutz in der Europäischen Gemeinschaft, S. 89.

Zwar kann man - insbesondere im Bereich des Zivilrechts - die Aufgabenteilung zwischen den nationalen Gerichten und den europäischen Gerichten durchaus skeptisch betrachten, doch erscheint ein Wechsel in diesem Verhältnis entsprechend den Vorgaben des amerikanischen Gerichtssystems wie ein Verlust an Vertrauen gegenüber der Fähigkeit nationaler Gerichte zur neutralen Anwendung des europäischen Rechts. Insofern sind Verbesserungen im Zusammenspiel zwischen nationalen und europäischen Gerichten wünschenswert, nicht jedoch die komplette Abschaffung ihres Kooperationsverhältnisses.

Des weiteren darf im Augenblick ernsthaft bezweifelt werden, ob für eine solche Paralleljurisdiktion schon ein ausreichendes Betätigungsfeld besteht. Die Zahl von Verfahren, die sich nur nach Gemeinschaftsrecht bestimmen, ist (noch) vergleichsweise gering. Das begründet sich mit der Methodik der Rechtsfortbildung im europäischen Recht. Wie bereits dargestellt, entwickelt sich das europäische Recht in erster Linie im Wege der Rechtsangleichung durch Richtlinien fort[897]. Das bedeutet, daß eine Umsetzung in nationales Recht erfolgt, wodurch letztlich dieses europäische Recht Bestandteil des nationalen Rechts wird. Über dieses zu entscheiden, soll aber den nationalen Gerichten vorbehalten bleiben. Damit verbleiben – im Gegensatz zum amerikanischen Recht – nur wenige Materien, über die eine europäische Paralleljurisdiktion originär zu entscheiden hätte.

Letztlich ist auch zu berücksichtigen, daß das amerikanische Gerichtssystem sich nicht vor die Herausforderung eines multilingualen Gebiets mit elf offiziellen Sprachen gestellt sieht. So ist für das europäische Recht anerkannt, daß eine Interpretation des europäischen Rechts alle verschiedenen Sprachfassungen mit in Betracht zu ziehen hat.[898] Dies kann natürlich nicht von jedem nationalen Gericht verlangt werden. Diesem Zweck dient, in den Fällen, in denen die Interpretation unklar ist, das Vorabentscheidungsverfahren vor dem EuGH. Dieser verfügt auch über einen entsprechenden Übersetzungsservice, der ein multilinguales Arbeiten erst ermöglicht. Bei der Etablierung einer breiten europäischen Paralleljurisdiktion müßte dementsprechend bei jedem Gericht ein entsprechender multilingualer Aufbau gewährleistet sein. Andernfalls wäre die Abschaffung der zentralen Interpretationsgewalt in der Hand des EuGH nicht möglich. Gestaltet man diese europäischen Gerichte einsprachig, etwa nach der jeweiligen Sprache ihres Sitzes, so muß die zentrale Interpretation durch den EuGH durch das Vorabentscheidungsverfahren in seiner jetzigen Form aufrechterhalten werden. Damit wäre jedoch wenig gewonnen, da lediglich die Eingangsinstanz ausgewechselt würde, eine Entlastung des EuGH aber nicht erreicht wäre. Vorabentscheidungs-

---

897 Siehe dazu oben die Untersuchung unter: 1. Teil A. I.

898 Darauf weist zu Recht hin: British Institute of International and Comparative Law, The Role and Future of the European Court of Justice, S. 101.

verfahren kämen dann von europäischen Gerichten anstatt von nationalen Gerichten. Eine Entlastung des EuGH erscheint dann aber nicht erreicht. Insofern ist der Vorschlag der Umstrukturierung anhand des Vorbilds des amerikanischen Gerichtssystems in der jetzigen Situation der Gemeinschaft wenig hilfreich.

4. Einführung eines neuen Verfassungsgerichtshofes

Ein anderer Vorschlag zur Änderung der Gerichtsorganisation schlägt die Errichtung eines besonderen Verfassungsgerichts vor, das über dem EuGH noch etabliert werden soll und sich mindestens teilweise aus den Präsidenten der nationalen Verfassungsgerichte oder vergleichbarer hoher Gerichte zusammensetzen soll.[899] Aufgabe eines solchen Gerichtes soll die Entscheidung von Verfahren sein, in denen Grundsatzfragen der europäischen Verfassung zu entscheiden sind. Dieser Vorschlag, der insbesondere auf der politischen Ebene zu vernehmen ist, trifft jedoch auf weitgehende Ablehnung.[900] Schon die Zusammensetzung erscheint problematisch, da die Präsidenten der nationalen Verfassungsgerichte sich kaum aus ihren eigentlichen Verpflichtungen lösen können, um eine solche Zusatzaufgabe zu übernehmen. Außerdem muß dies wohl als Ansatz zur Renationalisierung der europäischen Gerichtsbarkeit gesehen werden, deren Unabhängigkeit manchem zu weit geht. Fragwürdig erscheint auch die Abgrenzbarkeit der Rechtsprechungsaufgabe eines solchen Gerichts von der des EuGH. So stellt sich die Frage, welchem Gericht dann das Auslegungsmonopol zustehen soll? Dies würde einen schwerwiegenden Eingriff in das organisatorische Gefüge des EGV bedeuten, durch den letztlich keine Entlastung, sondern vielmehr große Verwirrung gestiftet würde.

---

899 Im Ergebnis jedoch ablehnend: Everling, EuR 1997, 398, 411 m.w.N.

900 Voß, Referat zum 60. Deutschen Juristentag, Bd. II/1, S. N 26; Rodriguez Iglesias, EuR 1992, S. 225 ff.; Oppermann, DVBl. 1994, S. 901.

5. Spezialisierung der europäischen Gerichtsbarkeit

Einer der umstrittensten Vorschläge zur Reform der europäischen Gerichtsbarkeit betrifft die Spezialisierung europäischer Gerichte. Zum einen dreht sich die Diskussion um die prinzipielle Frage nach dem pro und contra einer Spezialisierung, wobei Sinn und Zweck einer Spezialisierung heftig umstritten sind. Zum anderen wird unter ihren Befürwortern heftig über die Frage gestritten, auf welcher Ebene sich ein solcher Spezialisierungsprozeß vollziehen soll. Drei Modelle werden in diesem Zusammenhang diskutiert. Zum einen wird eine Spezialisierung auf der Ebene des EuGH bzw. auf der Ebene des EuG vorgeschlagen, zum anderen wird die Schaffung weiterer Spezialgerichte neben EuGH und EuG befürwortet.

a. Spezialisierung: ein wirksames Mittel zur Verbesserung der Effizienz ?

Zunächst sollen die grundsätzlichen Argumente für und wider eine Spezialisierung erörtert werden. Die Spezialisierung auf der Ebene der europäischen Gerichtsbarkeit wird von einigen Vertretern in der Literatur[901] mit erheblicher Skepsis betrachtet. Auch auf Seiten des EuG lassen sich grundsätzliche Zweifel an der Notwendigkeit einer Spezialisierung bei den europäischen Gerichten ausmachen.[902]

So wird etwa vorgetragen, daß eine Zuweisung von bestimmten Rechtsgebieten an die einzelnen Berichterstatter des EuGH – entsprechend ihren persönlichen Kenntnissen – nicht stattfinden sollte, um ein Spezialisten- und Dezernententum zu vermeiden, welches künftige Änderungen der Rechtsprechung erschweren bzw. verhindern könnte.[903] Diese Argumentation knüpft an die Ausführungen von *Klinke*[904] an, daß *„bei einer Spezialisierung einzelner Mitglieder des Gerichtshofes auf einem bestimmten Rechtsgebiet, die Gefahr bestünde, daß sie nach gewisser Zeit einen Wissens- und Erfahrungsvorsprung gegenüber den anderen Mitgliedern erworben hätten; ein einzelnes Mitglied könnte möglicherweise, zumal bei mehrfacher Verlängerung seines Mandats, allein die Rechtsprechung auf ‚seinem' Gebiet auf Jahre prägen; das stünde nicht im Einklang mit der Rechtsnatur des Gerichtshofes als Kollegialorgan. Zudem könnte überdies über diesen 'Spezialisten' der Einfluß eines Rechtskreises auf einem bestimmten Gebiet des Gemeinschaftsrechts dominieren."* Dieser Darstellung ist ge-

---

901 Rengeling/Middeke/Gellermann, Rechtsschutz in der Europäischen Union, S. 331, Rdnr. 616; Koenig/Sander, Einführung in das EG-Prozeßrecht, S. 52, Rdnr. 100; Klinke, Der Gerichtshof der Europäischen Gemeinschaft – Aufbau und Arbeitsweise, S. 46, Rdnr. 128; Everling, FS Konrad Redeker (1993), 293, 295.

902 EuG, ELR 1991, 175, 179: "wholly unnecessary".

903 Koenig/Sander, Einführung in das EG-Prozeßrecht, S. 52, Rdnr. 100.

904 Klinke, Der Gerichtshof der Europäischen Gemeinschaft – Aufbau und Arbeitsweise, S. 46, Rdnr. 128.

wiß viel richtiges abzugewinnen. So dürfte keinem daran gelegen sein, das Schicksal eines Rechtsgebiets in die Hand eines Berichterstatters für einen längeren Zeitraum zu legen. Wobei man feststellen muß, daß die Übertragung an einen Berichterstatter nicht eine Beratung des Falles im Rahmen eines Kollegiums ausschließt, da der Fall mit der Übertragung an ihn nicht letztendlich in seinen Händen liegt. Er bereitet den Fall vor, doch wird letztlich im jeweiligen Spruchkörper über die zu treffende Entscheidung beraten. Warum *Klinke* allerdings die Spezialisierung von Kammern in diese Kritik mit einbezieht, geht aus seinen Ausführungen nicht hervor. Warum ein kleinerer Spruchkörper (Kammer) weniger bereit sein soll, eine Änderung seiner Rechtsprechung vorzunehmen als ein größerer Spruchkörper (Plenum), erscheint auf den ersten Blick nicht offensichtlich. Selbst wenn eine gewisse Verfestigung der Rechtsprechung eintreten würde, so fragt sich, ob dies per se eine negative Entwicklung darstellt. Vielmehr wird durch eine gefestigte höchstrichterliche Rechtsprechung, die anderen (nationalen) Gerichten als Leitfaden gilt, ein Stück Rechtssicherheit für den Bürger erreicht. Insgesamt scheint die oben angeführte Kritik damit bestenfalls der Übertragung einer Rechtsmaterie an einen bestimmten Berichterstatter entgegenzustehen, nicht aber einer Spezialisierung eines Spruchkörpers oder eines Gerichts.

Auf der anderen Seite können jedoch überzeugende Gründe für eine Spezialisierung vorgebracht werden. Die zunehmende Vergemeinschaftung weiter Bereiche des heutigen Wirtschaftslebens, die etwa durch die Einführung des Euro noch weiter vorangetrieben wird, macht zukünftig erforderlich, daß die über das Gemeinschaftsrecht befindenden Richter auf diesen Gebieten eine besondere Spezialkenntnis entwickeln. So kann man etwa nicht mehr voraussetzen, daß jeder gemeinschaftsrechtlich beschlagene Jurist sich mit den Feinheiten des neu in das Gemeinschaftsrecht einfließenden Marken- oder Patentrechtes auskennt. Gleiches gilt für die Bereiche des Zollrechts, des Anti-Dumpingrechts oder etwa des Lebensmittelrechts. Diese stark technisch geprägten Materien erfordern eine gute Detailkenntnis, etwa wirtschaftlicher oder technischer Abläufe. Der Generalist des Gemeinschaftsrechts wird zumindest in diesen Bereichen voraussichtlich der Vergangenheit angehören. Spezielle Fachgebiete erfordern eine spezielle Detailkenntnis,[905] um so zu einer besseren Auseinandersetzung mit Tatsachen und Rechtsfragen des jeweiligen Falles zu kommen. Dadurch kann zugleich eine höhere Qualität und eine größere Überzeugungskraft der Rechtsprechung auf europäischer Ebene erreicht werden. Im Endeffekt kann damit eine Spezialisierung zu einer weiteren Verbesserung des Rechtsschutzniveaus auf Gemeinschaftsebene führen. Außerdem erfordert eine größere Detailkenntnis eine geringere Einarbeitungszeit in die spezielle Problematik eines Falles. Andernfalls müssen sich die Richter in ein Rechtsgebiet immer wieder

[905] Everling, FS Arved Deringer (1993), 40, 57.

neu einarbeiten, was bei der Zunahme an Rechtsgebieten, die vom europäischen Recht erfaßt werden und bei einer größeren Diversifizierung der bereits schon durch das Gemeinschaftsrecht erfaßten Gebiete, ein immer schwierigeres und zeitaufwendigeres Unterfangen darstellt.[906]

Von anderer Seite wird vorgebracht, daß zunächst von den bestehenden Strukturen ausreichend Gebrauch gemacht werden solle, bevor man an eine Spezialisierung des EuG oder weiterer, zu schaffender Gerichte denkt.[907] Dieses Argument ist aber bereits durch die neuere Entwicklung entkräftet worden. Die zuvor aufgezeigte Überlastung des EuGH läßt einen intensiveren Gebrauch bestehender Strukturen kaum noch zu. Dies trifft im übrigen mittlerweile auch auf das EuG zu. So sind dem EuG in der jüngsten Vergangenheit weitere Kompetenzen übertragen worden. Dies hat dazu geführt, daß auch das EuG an die Grenzen seiner Belastbarkeit gestoßen ist. So stieg die Zahl der neu eingegangen Verfahren von 229 im Jahre 1996 sprunghaft auf 644 im Jahre 1997, um sich im Jahre 1998 wieder bei 238 einzupendeln. Die Zahl der noch anhängigen Verfahren ist von 427 am 31.12.1996 auf 569 am 31.12.1998 angestiegen, wobei sie zwischenzeitlich sogar auf 640 unerledigte Verfahren am 31.12.1997 hochgeschnellt war.[908] Damit scheidet auch eine weitere Verlagerung auf das EuG aus, denn die bestehenden Strukturen sind auch dort zwischenzeitlich ausgereizt.

Geht man also davon aus, daß eine höhere Spezialisierung positive Wirkung hinsichtlich der effizienteren Nutzung vorhandener Ressourcen erbringen kann, so stellt sich nunmehr die Frage, wie sich dieser Effekt auf der Ebene der europäischen Gerichtsbarkeit nutzbar machen läßt. Im wesentlichen stehen sich bei dieser Frage drei unterschiedliche Konzepte gegenüber, die sich dadurch unterscheiden, daß sie die Möglichkeit der Spezialisierung unterschiedlichen Spruchkörpern der europäischen Gerichtsbarkeit zuweisen wollen.

---

906 Everling, EuR 1997, 398, 402.

907 Auf diese Argumentation hinweisend, im Ergebnis aber ablehnend: Allkemper, Der Rechtsschutz des einzelnen nach dem EG-Vertrag, S. 218.

908 EuGH, Abteilung Presse- und Informationsdienst, Statistical information of the Court of First Instance (1998), Luxemburg 1999, S. 2, Übersicht 1.

b. Spezialisierung durch Errichtung von Fachgerichten

Nach einer weit verbreiteten Auffassung kann eine Entlastung in der jetzigen Situation vor allem dadurch erreicht werden, daß man die Kompetenzen des EuGH auf andere Ebenen verlagert. Wie sich im vorhergehenden Abschnitt gezeigt hat, wird es von vielen Stimmen in der Literatur[909] und auch dem Europäischen Parlament als sinnvoll angesehen, den EuGH immer mehr in die Rolle eines Verfassungs- und Rechtsmittelgerichts, das EuG hingegen in die eines Verwaltungsgerichts wachsen zu lassen. Wie ebenfalls bereits angesprochen, ist von hier aus der Schritt zu einer weiteren Spezialisierung der europäischen Gerichte nicht mehr weit. Dementsprechend wird die Schaffung eines Kranzes nachgeordneter Fachgerichte vorgeschlagen. So hatte etwa das EuG spezialisierte Gemeinschaftsgerichte für neue Rechtsstreitigkeiten technischer Art wie Marken- und Patentsachen vorgeschlagen.[910] Für den Bereich des gewerblichen Rechtsschutzes ist die Bildung europäischer Gerichte unterhalb des EuGH auch in der Literatur wiederholt gefordert worden.[911] Einen ähnlichen Vorschlag machte eine vom Europäischen Parlament angeregte Studie zur Weiterentwicklung der europäischen Gemeinschaftsgerichtsbarkeit.[912] Des weiteren wäre an die Errichtung von Gerichtsbarkeiten im Arbeits- und Sozialrecht, Steuerrecht, Agrarrecht sowie für das Gerichtsstands- und Vollstreckungsübereinkommen (EuGVÜ) zu denken.[913] Innerhalb dieser hochtechnischen und komplexen Regelungsmaterien könnten neue Spezialgerichte geschaffen werden, denen für diesen Bereich die Rechtsprechungskompetenz übertragen wird. Das Gericht hat sich dann ausschließlich mit der ihm übertragenen Politik auseinanderzusetzen. Diese Spruchkörper könnten gleichrangig neben dem EuG angesiedelt werden.

Problematisch dürfte sich in diesem System die Aufrechterhaltung des EuGH als dem einzigen zur Auslegung befugten Gericht darstellen. Dazu werden entweder Vorlageverfahren mit obligatorischer Vorlage bzw. Rechtsmittelverfahren mit Annahmeentscheidung durch den EuGH vorgeschlagen. Hier zeigt sich spätestens die Schwäche des Vorschlages. Eine Ausgliederung von Fachgebieten auf Spezialgerichte führt zu einer Vermehrung der Instanzen und zu einer Multiplikation von Gerichtskörpern mit eigenen organisatorischen, personalpolitischen und haushaltsrechtlichen Befugnissen und Bedürfnissen. Die größte Gefahr besteht jedoch in einer Zersplitterung der Rechtsprechung, die wohl auch durch Rechtsmittel zum

909 Jung, EuR 1992, 246, 259; Niemeyer, EuZW 1993, 529, 531; Weiler, JCMS 1993, 417, 442; Everling, DRiZ 1993, 5, 13.

910 Gericht erster Instanz der Europäischen Gemeinschaften, Überlegungen zur Entwicklung der Gemeinschaftsgerichtsbarkeit vom 3. Dezember 1990, in: Europäisches Parlament, Tätigkeiten, Sonderausgabe, Bulletin vom 4. Februar 1991, 1/S/91, Zweiter Teil, I.3., S. 8 ff.

911 Mühlendahl, GRUR Int. 1989, 353, 359; Jung, FS Ulrich Everling (1995), Band 1, 611, 627 f.; Kohler, FS Ulrich Everling (1995), Band 1, 651, 667.

912 Jaqué/Weiler, CMLR 27 (1990), S. 185 ff.

913 Dauses, Gutachten D zum 60. Deutschen Juristentag, S. D 98.

EuGH kaum verhindert werden kann.[914] Die Zentralisierung der Richter an einem Ort innerhalb eines Gerichts gewährleistet eine größere Homogenität der Rechtsprechung, da durch eine entsprechende Abstimmung innerhalb eines Gerichts wenigstens die Grundlinien der Rechtsprechung von den unterschiedlichen Spruchkörpern einheitlich befolgt werden. Es fragt sich demnach, ob es nicht in diesem Fall besser wäre, bestimmte klar umrissene Fachkompetenzen innerhalb des EuGH und des EuG einer bestimmten Kammer zuzuweisen, die gegebenenfalls mit spezialisierten Richtern besetzt werden könnten.[915]

c. Spezialisierung innerhalb der bestehenden Gerichte

Damit stellt sich die Frage, auf welcher Ebene der Beginn einer Spezialisierung möglich und sinnvoll ist. Hierzu muß man sich den Ausgangspunkt dieser Untersuchung noch einmal vergegenwärtigen: Ziel einer Reform der europäischen Gerichtsbarkeit soll die Entlastung der zur Entscheidung berufenen Spruchkörper, insbesondere beim EuGH sein. Dabei soll es aber nicht zu einer Verkürzung bestehender Rechtsschutzstandards kommen.[916]

aa. Spezialisierung des EuGH

Der naheliegendste Vorschlag ist zunächst einmal die Spezialisierung beim EuGH.[917] Die Befürworter einer solchen Spezialisierung orientieren sich am Aufbau der bundesdeutschen Gerichtsbarkeit, da auch hier spezialisierte Obergerichte in Form verschiedener Bundesgerichte bestehen.[918] Auf eventuell positive Auswirkungen einer Spezialisierung der Richter des EuGH wurde bereits hingewiesen, doch begegnet dieser Vorschlag auch Kritik.[919] So steht er etwa im Widerspruch zu anderen Konzepten für den Aufbau eines künftigen europäischen Gerichtssystems. Einige Autoren wünschen sich, daß der EuGH langfristig in die Rolle eines Verfassungsgerichts hineinwächst.[920] Diese Rolle mag der EuGH eines Tages übernehmen, doch bedingt dies den Aufbau eines weitverzweigten europäischen Gerichtssystems. Es wurde aber bereits dargestellt, daß nach dem heutigen Integrationsstand nicht mit der Entstehung eines solchen Gerichtssystems in absehbarer Zeit zu rechnen ist, so daß auch weiterhin von einer vielfältigeren Funktion des EuGH auszugehen ist. Dazu gehört auch, daß er bei

---

914 Everling, EuR 1997, 398, 411 f.

915 So auch: Everling, DRiZ 1993, 5, 13.

916 Schwarze, Fortentwicklung des Rechtsschutzes, 13, 20 f.; Everling, ZGR 1992, 376, 393; Wägenbaur, FS Fritz Baur (1981), 667, 679.

917 Bzdera, RMC 1992, 240, 249; für eine Spezialisierung der Kammern des EuGH: Editorial comments, CMLR 1991, 5, 9.

918 Bzdera, RMC 1992, 240, 249.

919 So z.B.: Everling, FS Arved Deringer (1993), 40, 45.

920 Weiler, JCMS 1993, 417, 442; Everling, DRiZ 1993, 5, 13 f.

Vorabentscheidungen weiterhin eine Rechtsschutzfunktion ausüben wird. Somit ist es angebracht, auch über eine Spezialisierung beim EuGH nachzudenken. Bei einer grundlegenden Reform des Gerichtssystems zu einem späteren Zeitpunkt kann dann auf die Richter des EuGH beim Aufbau neuer Spezialgerichte zurückgegriffen werden. Ein weiterer Kritikpunkt besagt, daß eine Umverteilung innerhalb des EuGH keine Abhilfe hinsichtlich der schon bestehenden Überlastung schaffen würde. Es würde nur eine Neuorganisation der Arbeit stattfinden, so daß eine Spezialisierung innerhalb des EuGH demzufolge solange keine Vorteile bringen würde, wie man nicht auch andere Kompetenzen auf ein anderes Gericht überträgt und den EuGH dadurch von dieser Entscheidungslast befreit.[921] Diese Kritik verkennt jedoch, daß ein spezialisierter Richter aufgrund vielfacher Beschäftigung mit einer bestimmten Rechtsmaterie stärker auf seine Erfahrung zurückgreifen kann. Die Bearbeitung einer Spezialmaterie durch einen routinierten Richter beansprucht weniger Zeit als eine immer wiederkehrende Einarbeitung in diese Materie durch die verschiedenen Richter des Gerichtshofes. Auf die Unüberschaubarkeit der europäischen Normenvielfalt wurde in diesem Zusammenhang bereits hingewiesen.

Letztlich wird gegen eine Spezialisierung auch die Vertretung nationaler Interessen durch Anwesenheit eines Richters aus jeder Nation angeführt, die sich bei einer Spezialisierung nicht mehr aufrechterhalten lassen würde. Jedoch vertreten die Richter innerhalb des EuGH nicht ihre nationalen Interessen, sondern ihre nationalen Identitäten, welche in allen wichtigen Verfahren zum Ausdruck gebracht werden sollen. Aus diesem Grunde müssen bis auf weiteres Richter aus allen Mitgliedstaaten - ohne Rücksicht auf deren Größe - im Gerichtshof mitwirken. Des weiteren wird daraus gefolgert, daß es deshalb auch keine Spezialisierung der Kammern des EuGH auf bestimmten Rechtsgebieten geben könne, da jedes Sachgebiet von den Repräsentanten aller Rechtsordnungen mit beeinflußt werden solle.[922] Dagegen spricht jedoch zunehmend die Breite der zu beherrschenden Materie und die fortschreitende Erweiterung der Europäischen Union. Es erscheint illusorisch, zu glauben, daß alle Richter aus allen Nationen gleichmäßig Einfluß auf alle Rechtsmaterien, die von der Rechtsprechung des EuGH erfaßt sind, in Zukunft werden ausüben können. Im Grundsatz gilt denn auch, daß die Staatsangehörigkeit der Richter ohne Bedeutung ist.[923] Kennzeichnend dafür ist, daß nach Art. 16 Abs. 4 Satzung EG eine Partei den Antrag auf Änderung der Zusammensetzung des Gerichtshofes oder von einer Kammer weder mit der Staatsangehörigkeit eines Richters noch damit begründen kann, daß dem Gerichtshof oder einer seiner Kammern kein Richter ihrer Staatsangehörigkeit angehört. Die Argumente für einen Spruchkörper unter Beteiligung

---

921 Allkemper, Der Rechtsschutz des einzelnen nach dem EG-Vertrag, S. 217.

922 Everling, DRiZ 1993, 5, 6 f.; Koenig/Sander, Einführung in das EG-Prozeßrecht, S. 27, Rdnr. 43.

923 Gündisch, Rechtsschutz in der Europäischen Gemeinschaft, S. 135, der allerdings auch auf die Funktion, Überlegungen aus verschiedenen Rechtskreisen einzubringen hinweist.

aller Nationalitäten der Gemeinschaft hat inzwischen etwas an Bedeutung verloren, seit sich das Gemeinschaftsrechtssystem gefestigt hat.[924] Die Bedeutung eines nationalen Beitrags wird auch wegen der zu erwartenden Erweiterung der Gemeinschaft in nächster Zukunft immer weiter abnehmen. Die Notwendigkeit, nationale Identitäten einzubringen, trifft auch nicht unbedingt das Gros der Verfahren. Bei einer Vielzahl von Verfahren, die sich an der insoweit gefestigten Rechtsprechung des EuGH orientieren können, ist eine richtungsweisende Bedeutung, die ein Einbringen der verschiedenen Rechtskulturen erfordern würde, nicht festzustellen, so daß dies kein Argument gegen die Spezialisierung der Kammern des EuGH darstellt.[925] Um diesen Bedenken zu begegnen wäre zudem eine Zusammenfassung der Mitgliedsländer zu Ländergruppen denkbar, die jeweils größere Gemeinsamkeiten aufweisen. Bei der Verteilung der Richter auf die Kammern könnte dann die Präsenz der einzelnen Ländergruppen sichergestellt werden.

bb. Spezialisierung des EuG

Eine ähnliche Vorgehensweise könnte sich auch für das EuG empfehlen. So wird in der Literatur immer wieder eine weitere Spezialisierung des EuG als wünschenswert angesehen.[926] Eine Spezialisierung des EuG trifft in der Literatur auf weitaus weniger Widerstand, da es beim EuG als weniger schwerwiegend angesehen wird, wenn nicht in allen Bereichen die Richter aus den verschiedenen Mitgliedstaaten als Repräsentanten der Rechtsordnungen der Mitgliedstaaten involviert werden.[927] In aller Regel wird eine solche Spezialisierung jedoch nicht nur als eine verstärkte Zuweisung spezieller Materien an die einzelnen Kammern innerhalb des EuG verstanden. Eine solche würde schon deshalb keine große Kapazitätserweiterung hervorbringen können, da schon heute die Entscheidung in Kammern zum Regelfall beim EuG geworden ist und die Entscheidung im Plenum die Ausnahme darstellt.[928]

---

924 Editorial comments, CMLR 1991, 5, 9.

925 So im Ergebnis auch: Deringer, Statement zu einer Verfahrensreform beim EuGH, 211, 219.

926 Everling, FS Arved Deringer (1993), 40, 57; ders., ZGR 1992, 376, 393; eingeschränkt: Jung, EuR 1992, 246, 258 f.

927 In diesem Sinne auch: Everling, EuR 1997, 398, 415.

928 Everling, DRiZ 1993, 5, 14.

Als Spezialisierung des EuG wird demgegenüber immer wieder vorgeschlagen, diesem die Rechtsprechungsgewalt über bestimmte Rechtsgebiete ganz zu übertragen. Eine so verstandene Konzentration bestimmter Rechtsgebiete beim EuG muß dann aber auch Vorabentscheidungen umfassen, denn diese machen den weitaus größten Teil an Verfahren aus und ihre Zahl wird noch erheblich wachsen.[929] Nur auf diese Weise lassen sich nach dieser Auffassung Rechtsgebiete zusammenfassen, da deren Probleme teils in Direktklagen vor dem EuG, teils als Vorabentscheidungen vor dem EuGH behandelt werden. Andernfalls ist danach eine sachgerechte Spezialisierung der Kammern und Richter nicht zu erreichen. Die Rolle die das EuG dabei einnehmen soll, ist die eines Verwaltungsgerichts mit spezialisierten Kammern. Dem EuGH bliebe - bei Einführung eines Rechtsmittels gegen Vorabentscheidungen des EuG - die Rolle eines letztinstanzlichen Wahrers der einheitlichen Auslegung und Anwendung des Gemeinschaftsrechts.

Eine so verstandene Spezialisierung des EuG wird von diesem selbst in einer Stellungnahme abgelehnt.[930] Dagegen spricht zum einen, daß die Einführung eines Rechtsmittels zur Folge hätte, daß sich die Vorabentscheidungsverfahren – entgegen der hier verfolgten Zielsetzung - verlängern würden, wenn eine Partei letztendliche Gewißheit über eine Frage des Gemeinschaftsrechts erreichen will, weil sie u.U. gezwungen ist, durch zwei Instanzen zu ziehen. Außerdem erscheint die Einführung eines Rechtsmittels systemfremd.[931] Wer sollte denn in die Lage versetzt werden, das Rechtsmittel einzulegen ? Die Parteien des Ausgangsverfahrens, die im Vorabentscheidungsverfahren zu Anhörungsberechtigten degradiert wurden ? Damit würde den Parteien ein Stück weit mehr die Parteiherrschaft zurückgegeben, doch sollen ja gerade nicht Rechtsgebiete aus dem Bereich des Zivilrechts, sondern aus dem Bereich des Verwaltungsrechts übertragen werden, so daß diese Überlegung hier keinen Sinn macht. Auch das vorlegende Gericht erscheint hier nicht der richtige Adressat, denn welches Interesse soll ein Gericht an der Einlegung eines Rechtsmittels haben, ganz davon abgesehen, daß es nicht beschwert ist.

Gegen eine solche Spezialisierung des EuG spricht auch die Aufgabenteilung zwischen EuGH und EuG. Es ist die Aufgabe des EuGH die Rechtseinheit zu wahren. Dazu wird der EuGH auch mit einer Vielzahl von Vorlagen aus höchst speziellen Bereichen konfrontiert. Diese kann er nicht auf das EuG übertragen, ohne sich seiner Funktion als Wahrer der Rechtseinheit ein Stück weit selbst zu berauben.[932] Dem kann auch nicht mit dem Argument

---

929 Everling, EuR 1997, 398, 413 f.

930 EuG, ELR 1991, 175, 179.

931 British Institute of International and Comparative Law, The Role and Future of the European Court of Justice, S. 56 f.

932 British Institute of International and Comparative Law, The Role and Future of the European Court of Justice, S. 56 f.

begegnet werden, daß es sich bei vielen Vorlagen um relativ einfache Rechtssachen handelt. Immerhin hat ein nationales Gericht sich mit der Sache befaßt und ist zu dem Schluß gekommen, daß es keine offensichtliche Lösung dieser Problematik gibt. Nach alledem ist eine Spezialisierung des EuG durch Übertragung ganzer Rechtsgebiete abzulehnen.

cc. Fazit und eigener Vorschlag zur Spezialisierung

Ist damit geklärt, daß eine Spezialisierung beim EuGH beginnen kann und sollte, so stellt sich des weiteren die Frage, wie diese Spezialisierung umgesetzt werden soll.

Eine Spezialisierung könnte mit einfachen Mitteln erreicht werden. So besteht nämlich ohnehin schon ein gut ausgebautes, vom EuG regelmäßig genutztes Kammersystem, das hierzu genutzt werden könnte,[933] und selbst der EuGH entscheidet bereits 50 - 60 % aller Rechtssachen in Kammersitzungen.[934] Hieran anknüpfend, könnte man die einzelnen Kammern des EuG, aber auch die weiteren eventuell zu schaffenden Instanzgerichte zu einer sinnvoll verzweigten Spezialgerichtsbarkeit ausbauen. Die so befaßten Richter könnten sich auf die ihnen zugewiesenen Fachgebiete konzentrieren, bei der Berufung neuer Richter für eine bestimmte Kammer könnte auf Fachexperten zurückgegriffen werden. Durch die erfahrene Behandlung des Sachgebietes durch die Richter wäre eine Verkürzung der Entscheidungszeit, eine verbesserte Durchdringung des Sachverhaltes und der Rechtslage, sowie eine effektivere Verfahrensführung durch entsprechende prozeßleitende Maßnahmen zu erwarten. Insgesamt bietet damit die Spezialisierung der europäischen Gerichtsbarkeit eine Möglichkeit, zu einer schnelleren und effektiveren Entscheidungsfindung und letzten Endes zu einer weiteren Entlastung der Gerichte zu kommen.

6. Kapazitätserweiterung beim EuGH

Überprüft werden soll nun, welche Möglichkeiten bestehen, die Verfahrensdauer und Effizienz der Vorabentscheidungsverfahren zu verbessern, ohne den Zugang zum EuGH und damit den Rechtsschutz zu beeinträchtigen oder die komplette Rechtsschutzstruktur des EG-Vertrages zu sprengen. Dazu bietet sich letztlich nur eine Kapazitätserweiterung beim EuGH an. Ein kleiner Schritt in diese Richtung wurde durch die straffere Setzung interner Fristen erreicht. Eine weitere Entlastung kann einerseits durch die Erweiterung der Kammerzuständigkeit und andererseits durch die Erhöhung der Richterzahl erreicht werden. Die Erhöhung

---

933 Everling, DRiZ 1993, 5, 14.

934 Everling, FS Arved Deringer (1993), 40, 44.

der Richterzahl führt jedoch zu einer Größe des „großen" Plenums, die Zweifel an der Effizienz dieses Spruchkörpers aufkommen lassen. Es gibt eine – schwer faßbare - Grenze, ab der die größere Mitgliederzahl eines Entscheidungsgremiums nicht mehr zu besseren Ergebnissen führt. Ganz im Gegenteil ist davon auszugehen, daß ab einer bestimmten Größe Abstimmungsschwierigkeiten und die Schwerfälligkeit des Entscheidungsprozesses das Ergebnis negativ beeinflussen.[935] Insofern ist zunächst nach einer effizienteren Organisationsstruktur zu suchen, die eine Erweiterung der Richterzahl ermöglicht, ohne das Gericht zu schwerfällig zu machen.

a. Erweiterung der Kammerzuständigkeit

Betrachtet man die Möglichkeit zur effizienteren Nutzung der bisherigen Organisationsstruktur, so fällt das erste Augenmerk sofort auf eine verstärkte Nutzung des Kammersystems und dessen effizientere Ausgestaltung. Dieser Ansatz hat den Vorteil, daß die Bildung von Kammern bereits erfolgt ist. Untersucht werden soll an dieser Stelle aber, ob der bisherige Gebrauch des Kammersystems noch weiteren Spielraum für eine rationelle Nutzung der bislang schon vorhandenen Ressourcen des EuGH erlaubt.

aa. Die bestehende Regelung der Kammerzuständigkeit

Nach den schon bestehenden Festlegungen des EG-Vertrages können für bestimmte vorbereitende Aufgaben oder bestimmte Gruppen von Rechtssachen nach Art. 221 Abs. 2 S. 2 EGV (Art. 165 Abs. 2 S. 2 a.F.) Kammern mit je drei oder fünf Richtern gebildet werden. Von dieser Möglichkeit hat der EuGH durch die Bildung von vier Dreier-Kammern und zwei Fünfer-Kammern Gebrauch gemacht.[936] Angesichts der immer schwerfälligeren Konsensbildung im Plenum hat der EuGH in letzter Zeit in immer zunehmenderem Maße Rechtssachen an die Kammern verwiesen.[937] Damit werden letztendlich jetzt schon vermehrt Rechtssachen durch Kammern entschieden und damit nicht mehr durch das Plenum. Ein Beleg dafür, wie auch insgesamt für die Effizienz der Kammertätigkeit, läßt sich der Tatsache entnehmen, daß beim EuGH von 281 (1997: 262) Entscheidungen des Jahres 1998 allein 208 durch Kammern ergingen, aber von den Ende 1998 noch anhängigen 664 Entscheidungen 512 auf das große und kleine Plenum entfallen, während nur 152 Verfahren noch bei den Kammern nicht

---

[935] Bülow, EuR 1980, 307, 314.

[936] Lenz/Borchardt, EG-Vertrag, 2. Auflage, Art. 221, Rdnr. 2.

[937] Koenig/Sander, Einführung in das EG-Prozeßrecht, S. 33, Rdnr. 57.

entschieden waren.[938] Damit wird deutlich, daß der Rückstand beim Plenum im Verhältnis zu den ergangen Entscheidungen um ein vielfaches größer ist. Fairerweise muß man an dieser Stelle darauf hinweisen, daß die Rechtssachen, die den Kammern zur Entscheidung übertragen werden, meist nicht den Schwierigkeitsgrad der vom Plenum zu treffenden Entscheidungen erreichen. Trotzdem läßt sich aus diesen Daten die Tendenz ablesen, daß die Kammern effizienter zu arbeiten vermögen. Daraus wird deutlich, daß der Gerichtshof durchaus noch stärker auf das Kammersystem zurückgreifen könnte, um den Verfahrensstand nicht noch stärker anwachsen zu lassen.

Die Plenarsitzung war ursprünglich der Regeltatbestand, die Kammerentscheidung der Ausnahmetatbestand. Aufgrund des Maastrichter Vertragswerkes vom 7. Februar 1992 ist nun aber in Art. 221 Abs. 3 EGV (Art. 165 Abs. 3 a.F.) die Regelung eingefügt worden, wonach der Gerichtshof nur in den Fällen zwingend in Vollsitzung tagt, *„wenn ein Mitgliedstaat oder ein Organ der Gemeinschaft als Partei des Verfahrens dies verlangt.*" Damit wird die Entscheidung im Plenum zur Ausnahme und die Kammerentscheidung zur Regel. Die Übertragbarkeit von Rechtssachen auf die Kammern gilt jedoch nicht unbeschränkt. Zwecks Arbeitsteilung und Verkürzung der Verfahrensdauer anhängiger Rechtssachen kann der EuGH entsprechend Art. 221 Abs. 2 S. 2 EGV (Art. 165 Abs. 2 S. 2 a.F.), Art. 9 § 1 VerfO-EuGH Kammern bilden, die allerdings nur „[...] *bestimmte vorbereitende Aufgaben erledigen oder bestimmte Gruppen von Rechtssachen entscheiden* [können]." Vorbereitende Aufgaben im Sinne von Art. 221 Abs. 2 S. 2, 1. Alt. EGV (Art. 165 Abs. S. 2, 2. Alt a.F.) beinhalten Kammermaßnahmen, die vor der endgültigen Entscheidung zu ergreifen sind und ihr nicht vorgreifen, wie etwa bestimmte Beweiserhebungen oder Entscheidungen über Anträge auf Erlaß einstweiliger Anordnungen nach Art. 243 EGV (Art. 86 a.F.).

Zu den *„Gruppen von Rechtssachen*", die nach Art. 221 Abs. 2 S. 2, 2. Alt. EGV (Art. 165 Abs. 2 S. 2, 2. Alt. a.F.) durch Kammern entschieden werden können, gehören in der Praxis des Gerichtshofs vor allem dienstrechtliche Streitigkeiten. Mit Vorabentscheidungsverfahren nach Art. 234 EGV (Art. 177 a.F.) und Individualklagen nach Art. 230 Abs. 4, Art. 232 Abs. 3, Art. 235 EGV (Art. 173 Abs. 4, Art. 175 Abs. 3, Art. 178 a.F.) können gemäß Art. 95 § 3 VerfO-EuGH die Kammern befaßt werden, *„sofern nicht die Schwierigkeit oder Bedeutung der Rechtssache oder besondere Umstände eine Entscheidung* [...] *in Vollsitzung erfordern.*" Diese Formulierung läßt nach ihrem Wortlaut einen weiten Interpretationsspielraum.

938 EuGH, Abteilung Presse- und Informationsdienst, Statistical information of the Court of Justice (1998), Luxemburg 1999, S. 18, Übersicht 15.

bb. Vorschläge zur Erweiterung der Kammerzuständigkeit und zur verbesserten Nutzung des Kammersystems

Folglich ist der Vorschlag gemacht worden, die Entscheidungskapazität des Gerichtshofes durch eine veränderte interne Aufgabenteilung zu erhöhen. Nach Auffassung von *Lenz* stellt der rationelle Einsatz der vorhandenen Kapazitäten das größte Hindernis für eine effizientere Arbeit des Gerichtshofes dar.[939] Insbesondere die Tatsache, daß oftmals noch immer die Entscheidung im Plenum erfolgt, würde danach eine höhere Entscheidungskapazität des Gerichtshofes hemmen. Durch die Flexibilisierung des Art. 221 EGV (Art. 165 a.F.) und die entsprechende Neufassung von Art. 95 VerfO-EuGH sind aber die Voraussetzungen für eine stärkere Ausnutzung des Kammersystems mittlerweile vorhanden, es gilt nur, sie jetzt auch konsequent zu nutzen. Ein diesbezüglicher Vorschlag muß darauf abzielen, die Rahmenbedingungen weitestgehend zu belassen und trotzdem auf Seiten des EuGH zu einer Kapazitätserweiterung zu führen.

Durch die Aufnahme dreier neuer Mitglieder in die EU zum 01.01.1995 hat sich die Mitgliederzahl bereits auf 15 erhöht. Dementsprechend wird der Vorschlag unterbreitet, drei Spruchkörper mit je fünf Mitgliedern einzurichten. In diesen Kammern könnte etwa das dreifache an Arbeit geleistet werden. Für eine ausgewogene Besetzung der Kammern zu sorgen, wäre eine durchaus lösbare Aufgabe, auf der sich zwischen den Mitgliedstaaten eine Einigung erzielen läßt. Über die Zusammensetzung seiner Kammern sowie über die Wahl der Kammerpräsidenten entscheidet der Gerichtshof alljährlich entsprechend Art. 10 § 1 VerfO-EuGH neu. Folglich könnte eine diesbezügliche Entscheidung schnell umgesetzt werden.

cc. Bedenken gegen eine Erweiterung der Kammerzuständigkeit und Möglichkeiten, diesen zu begegnen

Die Erweiterung der Kammerzuständigkeit begegnet aber auch Bedenken. Gegen die Erweiterung wird etwa vorgebracht, daß eine solche Erweiterung zu einer uneinheitlichen Rechtsprechung des EuGH führen könnte, obwohl doch die Konzentration auf ein zentrales europäisches Gericht gerade die Einheitlichkeit der gemeinschaftlichen Rechtsprechung gewährleisten soll.[940] Diesem Ansinnen gegenüber wird die Entscheidungsbefugnis der Kammern als kontraproduktiv empfunden.

---

939 Lenz, NJW 1994, 2063, 2067.

940 Koenig/Sander, Einführung in das EG-Prozeßrecht, S. 33, Rdnr. 60.

Einer Zersplitterung der gemeinschaftlichen Rechtsprechung durch unterschiedliche Kammerentscheidungen kann jedoch dadurch entgegengewirkt werden, daß der Gerichtshof dann in Vollsitzung tagt, wenn eine Abweichung zwischen den Kammern auftritt. Hier wäre an eine ähnliche Gestaltung wie bei unterschiedlichen Entscheidungen von BGH-Senaten zu denken. Ähnlich der Regelung zur Vorlage an den Großen Senat des BGH nach § 132 Abs. 2 GVG könnte man an eine Divergenzvorlage an den in Vollsitzung tagenden Gerichtshof denken, wenn eine Kammer von der Entscheidung einer anderen Kammer abweichen möchte. Ein Ansatz dafür ist in der Verfahrensordnung des EuGH bereits vorhanden. Art. 95 § 3 VerfO-EuGH eröffnet insofern eine Vorlagemöglichkeit, nicht aber eine Pflicht zur Vorlage an das Plenum. Hierzu ist der Vorschlag gemacht worden, daß man Art. 95 § 1 VerfO-EuGH im Falle einer abweichenden Kammerrechtsprechung gemäß dem Prinzip des „effet utile" im Sinne einer Pflicht zur Vorlage an das Plenum (teleologisch) auslegt, um die Einheitlichkeit der Gemeinschaftsrechtsprechung zu wahren.[941] Das Prinzip des „effet utile" (auch: Effektivitätsprinzip) ist eine wichtige Interpretationshilfe, die auf eine effektive Durchsetzung des Gemeinschaftsrechts gerichtet ist. Diesen Grundsatz hat der EuGH zwar vor allem herangezogen, um die innerstaatliche Wirkung an sich nicht unmittelbar anwendbarer Normen des Primärrechts zu begründen,[942] doch liegt das Effektivitätsprinzip auch dem Gerichtsverfahrensrecht zugrunde,[943] so daß es hier eine derartige Wirkung entfalten könnte. Damit wäre die Einheit der Rechtsprechung des EuGH auf der einen Seite gewahrt. Andererseits wäre der Weg frei für eine Kapazitätserweiterung durch erweiterte Nutzung des Kammersystems. Dieses Ziel ließe sich andernfalls durch eine Änderung der Verfahrensordnung des EuGH herbeiführen. Der Vorteil wäre, daß damit die Absicherung der Vorlagepflicht klarere Züge erhalten würde. Der Nachteil wäre, daß eine Änderung der Verfahrensordnung unter Zustimmung aller Mitgliedstaaten erforderlich würde. Folglich erscheint der Weg über die veränderte Auslegung einfacher.

Ein weiteres Bedenken ergibt sich hinsichtlich der Qualität der Rechtsprechung. Wurde zuvor auf die Überlegung hingewiesen, daß ein Spruchkörper nicht zu groß ausgestaltet werden sollte, um nicht seine Effizienz zu verlieren, so ist auf der anderen Seite zu berücksichtigen, daß eine Entscheidung eines zu kleinen Spruchkörpers ebenfalls zu Bedenken Anlaß gibt. So nimmt zwar nicht zwangsläufig die Qualität kleinerer Spruchkörper größenbedingt ab, da die Qualität sehr stark von den jeweiligen Personen abhängt, aber die Akzep-

---

941 Koenig/Sander, Einführung in das EG-Prozeßrecht, S. 33, Rdnr. 60.

942 So insbesondere bei der Begründung der verschuldensfreien Staatshaftung der Mitgliedstaaten bei Verletzung des Gemeinschaftsrechts: EuGH, Rs. C-6/90 und C-9/90 (Francovich u.a. ./. Italien), Slg. 1991, I-5358, I-5359.

943 Bleckmann, Europarecht, 6. Auflage, S. 208 f., Rdnr. 559.

tanz eines Urteils durch einen kleineren Spruchkörper könnte Probleme bereiten. Im Einzelfall kann eine Entscheidung eines kleinen Spruchkörpers von den Parteien als nicht in ausreichendem Maße reflektiert angesehen werden. In Bezug auf den EuGH ergibt sich diese Problematik insbesondere bei Entscheidungen durch Dreier-Kammern. Um kein Akzeptanzproblem hervorzurufen, sollte in die Überlegungen die Möglichkeit mit einbezogen werden, auch größere Kammern zu bilden. Diese könnten aufgrund ihrer breiteren Fundierung bei der Entscheidungsfindung auch schwierigere Rechtssachen übernehmen. So wäre etwa auch an die Bildung von Siebener-Kammern zu denken. Diese Möglichkeit war ursprünglich in Art. 221 Abs. 2 S. 2 EGV (Art. 165 Abs. 2 S. 2 a.F.) vorgesehen, ist jedoch, da der EuGH davon keinen Gebrauch gemacht hatte, im Rahmen der Neufassung des Artikels durch den Vertrag von Maastricht wieder aus der Vorschrift entfernt worden.

Im Ergebnis läßt sich festhalten, daß die entscheidenden Schritte zur verstärkten Nutzung des Kammersystems durch Änderung der entsprechenden Vorschriften schon vollzogen worden sind, doch könnten im Rahmen der praktischen Anwendung noch einige Fortschritte zur Verbesserung der Effizienz gefunden werden. Im folgenden ist dementsprechend der Frage nachzugehen, wie diese erweiterte Kammernutzung mit einer eventuellen personellen Erweiterung des EuGH ausgestaltet werden könnte.

b. Personelle Erweiterung des EuGH

Ein Vorschlag, der letztlich immer wieder auf der Hand liegt, ist die personelle Erweiterung des EuGH.[944] Hierbei kommen sowohl Mitglieder des Gerichts als auch die für sie tätige Administration in Betracht.

aa. Erhöhung der Referentenzahl

Zu denken ist zunächst an eine Erhöhung der Zahl der persönlichen Mitarbeiter (Referenten) eines Richters. Der EuGH ist nach dem Kabinettssystem aufgebaut, d.h. neben der zentralen Verwaltung und Kanzlei des Gerichts steht jedem Richter ein personenbezogenes Kabinett zur Verfügung, dem insbesondere Rechtsreferenten angehören, die als ausgewiesene Sachkenner des Gemeinschaftsrechts den Richter unterstützen.[945] Die Referenten können erheblich zur Unterstützung eines Richters beitragen. Zu Beginn der Tätigkeit des Gerichtshofes hatte jeder Richter einen Referenten. Zwischenzeitlich ist die Zahl der Referenten jedoch auf

---

[944] So auch: Editorial Comments, CMLR 28 (1991), 5, 9.

[945] Hirsch, Der Europäische Gerichtshof – Das unbekannte Wesen, S. 3.

drei Referenten pro Richter angestiegen. Demnach wird deutlich, daß der EuGH diesen Weg der Erweiterung schon beschritten hat. Aber auch hier sind der Erweiterung Grenzen gesetzt. Wie *Bülow*[946] zu Recht bemerkt, ist ein Richter kein Manager, der von der Kunst des Delegierens lebt. Ganz im Gegenteil, darf man von einem Richter erwarten, daß er sich persönlich in den Fall einarbeitet, denn es muß von ihm erwartet werden können, daß er die letztendliche Entscheidung auch selbst verantworten kann. Damit hat die Zuarbeit durch Referenten eine natürliche Grenze, die Fähigkeit des Richters seine Verfahren alle zu überblicken und trotz teilweiser Ausarbeitung durch die Referenten intellektuell zu durchdringen. Er muß sie schließlich auch letztendlich verantworten können. Hier scheint mit drei Mitarbeitern die maximale Belastungsfähigkeit erreicht. Folglich ist die Möglichkeit der Erhöhung der Referentenzahl wohl ausgeschöpft.

bb. Stärkerer Rückgriff auf Hilfsberichterstatter

In Art. 24 VerfO-EuGH ist die Berufung von Hilfsberichterstattern vorgesehen. Gemäß Art. 24 § 1 VerfO-EuGH schlägt der Gerichtshof [dem Rat] die Ernennung von Hilfsberichterstattern vor, wenn ihm dies notwendig erscheint. Der Gerichtshof hat von dieser Möglichkeit in der Vergangenheit äußerst zurückhaltend Gebrauch gemacht. Ein Grund dafür mag sein, daß durch die Einsetzung von Hilfsberichterstattern, die nicht an der letztendlichen Entscheidung des Spruchkörpers teilnehmen, der Grundsatz der Unmittelbarkeit verletzt werden könnte, wenn dieser z.B. eine Beweisaufnahme durchführen würde. Dagegengehalten wird das Argument, daß eine gründliche Beweisaufnahme durch den Hilfsberichterstatter immer noch besser wäre, als eine unterlassene Beweisaufnahme durch das Plenum.[947] Ein Rückgriff auf Hilfsberichterstatter ist gemäß Art. 24 § 1 VerfO-EuGH jedoch nur vorgesehen, wenn es dem Gerichtshof für die Bearbeitung einer speziellen Rechtssache notwendig erscheint. Insbesondere soll eine Unterstützung des Präsidenten in Verfahren der einstweiligen Anordnung erfolgen. Die gesamte Einfassung der Regelung in die Verfahrensordnung des Gerichtshofes legt jedoch nahe, daß es sich bei der Heranziehung von Hilfsberichterstattern um Ausnahmefälle handeln soll. Insbesondere wird aus der Wendung "[...] *wenn ihm dies für die Bearbeitung der anhängigen Rechtssache notwendig erscheint*" deutlich, daß hiermit auf Verfahren abgezielt wird, in denen eine besondere Fachkenntnis des Hilfsberichterstatters zur Unterstützung des Berichterstatters gefragt ist. Um jedoch eine nachhaltige Verbesserung der Belastungssituation des Gerichtshofes insgesamt herbeizuführen, erscheint die Heranziehung von Hilfsberichterstattern ungeeignet. Die Verfahrensordnung des Gerichtshofes

---

[946] Bülow, EuR 1980, 307, 322.

[947] Bülow, EuR 1980, 307, 321.

sieht doch für den Regelfall vor, daß der Berichterstatter seine Aufgabe selbständig wahrnimmt. Dementsprechend hat der Gerichtshof in der Vergangenheit auch sehr zurückhaltend von dieser Möglichkeit Gebrauch gemacht.

cc. Erhöhung der Zahl der Generalanwälte

Des weiteren könnte die Zahl der Generalanwälte erhöht werden. Die Generalanwälte erweisen den Richtern des Gerichtshofes durch ihre quasi gutachterliche Unterstützung einen wertvollen Dienst. Sie nehmen gemäß Art. 222 Abs. 2 EGV (Art. 166 Abs. 2 a.F.) die gegenüber dem Richterkollegium unabhängige und nur gegenüber dem Gemeinschaftsrecht verpflichtete Rolle als Berichterstatter ein.[948] An jedem Verfahren vor dem EuGH ist ein Generalanwalt beteiligt. Seine Aufgabe ist es, wie ein Einzelrichter oder ein juristischer Gutachter im Anschluß an die mündliche Verhandlung der Parteien bzw. Beteiligten vor dem Gerichtshof zu der Rechtssache die Schlußanträge zu präsentieren. Die Schlußanträge enden mit einem Entscheidungsvorschlag des Generalanwalts an den jeweiligen Spruchkörper des Gerichtshofes.[949] Zwar sind die Schlußanträge unverbindlich, doch entsprechen sie sehr häufig den Urteilen,[950] woraus sich schließen läßt, daß die gutachterliche Vorarbeit der Generalanwälte eine wertvolle Basis für das spätere Urteil des Gerichtshofes darstellt. Daraus wird deutlich, daß die Generalanwälte für die jeweiligen Spruchkörper einen enormen Entlastungseffekt bedeuten. Die Erhöhung der Zahl der Generalanwälte ist aber nur sinnvoll, wenn die Zahl der Verfahren, die vor dem Gerichtshof insgesamt verhandelt werden, einen Umfang erreicht, die von jetzigen Generalanwälten nicht mehr bewältigt werden kann. Es sollte also nicht die Situation eintreten, daß sich die Verfahren verzögern, weil die Generalanwälte nicht mehr in der Lage sind, aufgrund der hohen Belastung ihre gutachterlichen Aufgaben im bisherigen Rahmen zu erfüllen.

Eine Erhöhung der Zahl der Generalanwälte erweist sich schon deshalb als weniger problematisch, weil die Generalanwälte kein Gremium bilden, das untereinander tagt. Dementsprechend dürften die zu erwartenden Widerstände bei einer Erweiterung gering sein. Die augenblickliche Zahl liegt bei neun. Fünf der neun Generalanwälte werden gemäß einer politischen Vereinbarung von den Regierungen der „großen" Staaten (Deutschland, Frankreich, Italien, Spanien, Vereinigtes Königreich) besetzt. Drei weitere Generalanwälte werden im Einvernehmen von den verbleibenden zehn Mitgliedstaaten benannt. Der neunte General-

948 Koenig/Sander, Das EG-Prozeßrecht, S. 29, Rdnr. 47; Lenz, EuZW 1993, 10, 12; Rengeling/Middeke/Gellermann, Rechtsschutz in der Europäischen Union, S. 13, Rdnr. 25.

949 Weitere Einzelheiten bei: Klinke, Der Gerichtshof der Europäischen Gemeinschaft – Aufbau und Arbeitsweise, S. 30.

950 Hakenberg/Stix-Hackl, Handbuch zum Verfahren vor dem Europäischen Gerichtshof, S. 23.

anwalt, der für eine Übergangszeit bis zum 6. Oktober 2000 eingesetzt wurde, wird von Italien gestellt.[951] Eine Erweiterung der Zahl wäre etwa durch Entsendung eines Generalanwaltes pro Mitgliedsland möglich. Mit sechs neuen Generalanwälten könnte man allerdings auch zuviel neue Kapazität geschaffen haben. Des weiteren könnte sich daraus die Verpflichtung ergeben, bei neuen Beitritten jeweils einen Generalanwalt aufzunehmen. Um dies zu vermeiden, wäre auch daran zu denken, die Zahl der zwischen den kleineren Staaten rotierenden Positionen von momentan drei je nach Bedarf zu erweitern.

dd. Erhöhung der Richterzahl

Im Vordergrund einer jeden Entlastungsdiskussion steht natürlich der Vorschlag, die Zahl der Richter zu erhöhen. Dies ergibt sich schon daraus, daß sich eine solche Erweiterung relativ problemlos herbeiführen läßt. Auf Antrag des Gerichtshofes kann der Rat gemäß Art. 221 Abs. 4 und Art. 222 Abs. 3 EGV (Art. 165 Abs. 4 und Art. 166 Abs. 3 a.F.) einstimmig durch autonome Vertragsänderung die Zahl der Richter und Generalanwälte erhöhen. Diese Regelung soll der Anpassung der Richterzahl an den Arbeitsanfall dienen. Insoweit liegt dieser Regelung die realistische Einschätzung zugrunde, daß mit dem Fortschreiten des Integrationsprozesses und der damit verbundenen Aufgabenerweiterung des EuGH ein Bedarf für eine solche Erweiterung entstehen wird.

Soweit prinzipiell eine Bereitschaft besteht, die Richterzahl zu erhöhen, so stellt sich doch die Frage, welchen Umfang eine solche Erweiterung haben sollte. Ein einfacher Vorschlag wäre, die Richterzahl durch Verdopplung der Richterstellen zu erhöhen. Demnach würde ein Mitgliedsstaat zukünftig zwei anstatt einem Richter an den Gerichtshof entsenden. Dies stellt jedoch einen radikalen Vergrößerungsschritt dar, der das Gefüge des Gerichtshofes vor eine große Belastungsprobe stellen würde. Dagegen spricht auch, daß durch die Beitrittsverhandlung mit neuen Mitgliedstaaten, die Zahl der Richterstellen innerhalb der nächsten Jahre auf 40-50 ansteigen würde. Rechnet man die Notwendigkeit einer Einarbeitung und eine gewisse Periode der Anpassung an das neue Tätigkeitsumfeld mit ein, so dürfte dies eine kaum zu bewältigende Aufgabe darstellen.

Andererseits könnte eine alte Praxis bei der Berufung der Richter an den EuGH wieder aufgenommen werden. Die größten vier Staaten könnten danach jeweils wieder zwei Richter an den EuGH entsenden. Eine Erweiterung der Richterzahl sollte um eine gerade Anzahl erfolgen, da der EuGH zur Vermeidung von Pattsituationen eine ungerade Richterzahl beibehalten möchte. Auf diesem Wege ließe sich die Richterzahl zunächst moderat erhöhen, um den größten Druck von dem bisherigen Richterkollegium zu nehmen. Für diese Variante

---

[951] Koenig/Sander, Einführung in das EG-Prozeßrecht, S. 29, Rdnr. 48.

spricht auch, daß damit mehr Richter aus den Ländern am Gerichtshof vertreten wären, aus denen die meisten Vorlageverfahren stammen. So entstammen 2/3 aller Verfahren (2557 der bisher 3902), die bis zum 31.12.1998 eingereicht wurden, aus diesen vier Staaten (Deutschland, Frankreich, Italien und Vereinigtes Königreich).[952] Zwar wird nach einer bisherigen Praxis des EuGH der jeweils dem Ursprungsland des Vorlageverfahrens entstammende Richter gerade nicht mit diesem Verfahren als Berichterstatter betraut, doch wird es andererseits jeweils als hilfreich empfunden, daß ein Richter, der mit dem nationalen Umfeld des vorlegenden Gerichts vertraut ist, an den Beratungen teilnimmt und Verständnisfragen hinsichtlich des nationalen Rechtsrahmens beantworten kann. Eine Frage, die weiterhin von mancher Seite noch für klärungsbedürftig gehalten wird, ist die Notwendigkeit der Berücksichtigung eines Nationalitätenschlüssels bei der Erweiterung der Richterzahl. So wird von einigen Autoren die Meinung vertreten, daß der gemeinschaftsrechtliche Gleichheitssatz eine bessere Repräsentation der großen Staaten erfordere, da zur Zeit die kleineren Länder eine wesentlich bessere Repräsentation pro Einwohner aufweisen können.[953] Dagegen spricht jedoch, daß die Richter am EuGH nicht als Vertreter ihrer jeweiligen Nation gelten. Zwar hat sich bei der Besetzung der Richterstellen eine nicht rechtsverbindliche Übung herausgebildet, nach der die nationalen Rechtsordnungen und -kulturen aller Mitgliedstaaten im EuGH tatsächlich vertreten sind, indem jeder Mitgliedstaat einen Richter benennt. Damit trägt ein jeder Richter jedoch nur Sorge, daß die Identität und Eigenheit „seiner" Heimatrechtsordnung berücksichtigt werden.[954] Daraus wird deutlich, daß kein Anspruch auf eine – der Bevölkerungszahl entsprechende - Repräsentation besteht. Wenn man aber schon die Richter nicht als Repräsentanten ihrer jeweiligen Rechtsordnung betrachtet, dann macht es allerdings wenig Sinn, ihnen die Teilnahme an Verfahren aus ihrem Heimatland zu verwehren. Man darf auch von den Richtern erwarten, daß sie nicht durch die nationale Brille urteilen. Es dürften in der Mehrzahl der Fälle ohnehin zwei Parteien bzw. Anhörungsberechtigte aus dem gleichen Land beteiligt sein. Insofern erscheint es sinnvoll, die größeren Staaten wieder einen Richter mehr benennen zu lassen und auch die Richter an den Verfahren, die aus ihren Heimatländern stammen, teilnehmen zu lassen. Der Vorteil, ihre Kenntnisse im Rahmen von Vorabentscheidungsverfahren hilfreich einzubringen, wenn etwa die gemeinschaftsrechtliche Auslegungsfrage des vorlegenden Gerichts nur im Lichte der mitgliedstaatlichen Rechtstradition zu verstehen ist, überwiegt die damit verbundenen Gefahren. Zu denken wäre daran, ihre Berufung als Berichterstatter in den Fällen auszuschließen, in denen der Rechtsstreit aus ihrem Heimatland stammt, nicht jedoch die beiden Parteien bzw. Anhörungsberechtigten. Gepaart mit der erweiterten Nutzung des Kammersystems dürfte die

---

952 EuGH, Abteilung Presse- und Informationsdienst, Statistical information of the Court of Justice (1998), Luxemburg 1999, S. 20, Übersicht 17.

953 Bzdera, RMC 1992, 240, 247; Allkemper, Der Rechtsschutz des einzelnen nach dem EG-Vertrag, S. 222.

954 Koenig/Sander, Einführung in das EG-Prozeßrecht, S. 27, Rdnr. 43.

personelle Erweiterung des Gerichtshofes zur Reduzierung der Verfahrensdauer einen entscheidenden Beitrag leisten können. Damit sollte der EuGH zunächst für die weitere Europäisierung der jeweiligen Rechtsgebiete und damit für eine steigende Zahl von Vorabentscheidungen gewappnet sein. Im Gegensatz zur Verkürzung von Rechtsschutzmöglichkeiten entspräche dies auch dem Anspruch der Gemeinschaftsbürger auf einen effektiven Rechtsschutz durch den EuGH.

Dieser Vorschlag dürfte zwar auch seinen Widerspruch finden, doch sollten die Bedenken dagegen abgewogen werden, daß eine verschlechterte Zugangsmöglichkeit auch ein Argument gegen eine Erweiterung der EU darstellen könnte. Daß infolge einer Erweiterung auch die Zahl der vorlageberechtigten Gerichte steigt und damit die Anzahl der Vorabentscheidungsgesuche, liegt auf der Hand. Eine Verschlechterung der Rechtsschutzmöglichkeiten würde unter Umständen unnötige Widerstände gegen die Erweiterung der Union hervorrufen. Gleichzeitig stände zu befürchten, daß eine solche Reform den Respekt der Gemeinschaftsbürger vor diesem europäischen Recht in dem von Karl Carstens[955] intendierten Sinne ein schlechter Dienst erwiesen würde. Eine Vertiefung der Integration würde sich dann wegen mangelnder Zustimmung der Bürger kaum noch verwirklichen lassen. Die Erweiterung der Richterzahl scheint hier das kleinere und hinnehmbarere Übel, auch wenn die Mitgliedstaaten davon, abgesehen von Fällen der beitrittsbedingten Erhöhung, bisher abgesehen haben.

ee. Organisationsstruktur bei Erhöhung der Richterzahl

Bei der Erhöhung der Richterzahl ergibt sich das zuvor erwähnte Problem, daß der Spruchkörper, soweit es sich um das „große" Plenum handelt, eine Größe erreicht, die eine effiziente Tätigkeit in Frage stellt. Dementsprechend würde eine Erhöhung der Richterzahl auch eine Veränderung in der organisatorischen Struktur der Spruchkörper erforderlich machen.[956] Dafür stehen zwei verschiedene Modelle zur Diskussion. Zum einen wäre an eine, dem Bundesverfassungsgericht vergleichbare, Gestaltung als Zwillingsgericht mit zwei Senaten zu denken. Zum anderen kommt die Beibehaltung der Struktur als Einheitsgericht in Frage, wobei dann eine Reform im Tätigkeitsbereich bzw. in der Besetzung des „großen" Plenums notwendig würde.

---

955 Siehe dazu das Zitat von Karl Carstens auf S. 1, Fußnote 1.

956 Bülow, EuR 1980, 307, 325.

(1) Zwillingsgericht

Das erste Modell, das vor allem dem deutschen Juristen in den Sinn kommt, ist eine Lösung in Anlehnung an das Bundesverfassungsgerichtsgesetz (BVerfGG).[957] In § 2 BVerfGG ist festgelegt, daß das Bundesverfassungsgericht aus zwei Senaten besteht. Die Entscheidung zugunsten eines solchen Zwillingsgerichts war eine Reform, die schon 1956, also fünf Jahre nach Errichtung des Bundesverfassungsgerichts, aus der Notwendigkeit der Verfahrensbeschleunigung heraus getroffen worden war.[958]

Der Vorteil dieser Senatslösung liegt darin, daß die Größe des Spruchkörpers sich auf das heute bekannte Maß begrenzen läßt oder gar kleinere Spruchkörper gebildet werden könnten. Der Nachteil ist, auch hier ist das Bundesverfassungsgericht „Vorbild", daß dieser Weg zu einer divergierenden Rechtsprechung der unterschiedlichen Senate führen kann. Es stellt sich demnach die Frage, ob sich ein wirksamer Mechanismus zur Sicherung der Einheitlichkeit der Rechtsprechung des EuGH bei Einführung einer solchen Zwillingsstruktur finden ließe. Das Bundesverfassungsgericht sieht für den Fall einer divergierenden Rechtsprechung der Senate gemäß § 16 BVerfGG eine Entscheidung des – auch bei ihm vorhandenen - Plenums vor. Insoweit wäre auch beim EuGH an eine Beibehaltung des Plenums für diese Sonderfälle zu denken.

Gegen die Senatslösung wird jedoch des weiteren vorgebracht, daß es schwer fallen würde, eine gerechte Zuständigkeitsverteilung herzustellen, die zu einer halbwegs gleichmäßigen Verteilung führen würde. Dieses Argument vermag jedoch nicht vollends zu überzeugen. So ließen sich wohl mehrere Modelle denken, nach denen sich eine etwa gleichmäßige Geschäftsverteilung herstellen ließe. Zum einen könnte nach bestimmten Verfahren aufgeteilt werden. Nachdem die Vorabentscheidungsverfahren etwa die Hälfte der Verfahren ausmachen, könnte etwa ein Senat die Direktklagen und der andere die Vorabentscheidungsverfahren übernehmen. Problematisch könnte sich jedoch auswirken, daß Vorabentscheidungsverfahren mit 21,4 Monaten durchschnittlich etwas länger dauern als Direktklagen mit 19,7.[959] Dadurch könnte ein Ungleichgewicht auftreten. Ebenso ist mit einer überproportionalen Zunahme an Vorlageverfahren zu rechnen, so daß auch andere Verteilungsmechanismen in Betracht zu ziehen sind. So ist etwa auch die Verteilung nach Rechtsgebieten ein denkbarer Ansatz. So dürfte es keine allzu große Schwierigkeit darstellen, anhand der bisherigen Erfahrungen des Gerichtshofes, gepaart mit der Prognose über den Zuwachs

---

957 In diesem Sinne auch: Spieker, WSI-Mitteilungen 1994, 721, 731.

958 Kommers,The Constitutional Jurisprudence of the Federal Republic of Germany, S. 18.

959 EuGH, Abteilung Presse- und Informationsdienst, Rechtsprechungsstatistik des Gerichtshofes (1997), Luxemburg 1998, S. 9, Übersicht 8.

in den einzelnen Rechtsgebieten,[960] einen sinnvollen Verteilungsschlüssel zu erarbeiten. Die bei der Spezialisierung angesprochenen positiven Entlastungseffekte lassen sich auf diesem Wege ebenfalls verwirklichen. Letztlich ist aber auch denkbar, daß eine Aufteilung nach Verfahrensart und Rechtsgebiet unterbleibt und lediglich eine gleichmäßige Verteilung nach der jeweiligen Arbeitsbelastung der Senate und der jeweiligen Berichterstatter bei Eingang der Rechtssache erfolgt. Der Präsident des EuGH könnte dies etwa durch Zuweisung des Verfahrens an einen bestimmten Berichterstatter, der dem Senat angehört, dem auch die Rechtssache insgesamt zugewiesen werden soll, bestimmen. Dies ähnelt der bisherigen Praxis, bei der der Präsident auch schon spezielle Kenntnisse und die Arbeitsbelastung eines Berichterstatters in seiner Zuweisungsentscheidung mit berücksichtigt.[961] Der einzige Unterschied bestände darin, daß der Präsident eine weitere Überlegung über die Belastung des jeweiligen Senats mit einbeziehen müßte. Die letztendliche Entscheidung, welcher Spruchkörper über die Sache entscheidet, wäre dann von dem jeweiligen Senat zu treffen. Dieses Verfahren mag aus deutscher Sicht Bedenken unter dem Aspekt des gesetzlichen Richters (Art. 101 Abs. 1 S. 2 GG) aufwerfen, doch gilt dies nicht für das europäische Recht, da insoweit eine vergleichbare Regelung auf europäischer Ebene fehlt. Vielmehr wird im europäischen Rahmen die deutsche Regelung, daß im voraus nach abstrakt-generellen Kriterien festgelegt wird, welcher Richter oder welcher Spruchkörper für die Behandlung eines Falles zuständig ist, als übertrieben empfunden.[962] Es sind somit mehrere Ansätze denkbar, wie sich eine solche Aufteilung in ein Zwillingsgericht gestalten läßt. Letztendlich lehrt jedoch die Erfahrung mit dem Bundesverfassungsgericht, daß mit der Einführung eines Vorlageverfahrens keine Garantie verbunden ist, daß keine Divergenz in der Rechtsprechung der Senate auftreten kann. Dies bleibt demnach der Schwachpunkt dieses Vorschlages.

---

960 Insbesondere ist die zu erwartende Zunahme von Verfahren im Bereich des gewerblichen Rechtsschutzes, auf die Lipp, JZ 1997, 326, 328 zu Recht hinweist, zu berücksichtigen.

961 Koenig/Sander, Einführung in das EG-Prozeßrecht, S. 37, Rdnr. 68.

962 Hirsch, Der Europäische Gerichtshof – Das unbekannte Wesen, S. 3 f.

(2) Einheitsgericht

Diesem Ansatz zur Einführung eines Zwillingsgerichts wird das Modell der Beibehaltung des Einheitsgerichts unter verstärkter Kammernutzung gegenübergestellt.[963] Dieser Vorschlag geht jedoch auf eine Zeit zurück, zu der die Entscheidung im Plenum noch die Regel und die Entscheidung in Kammern hingegen die Ausnahme war. Wie zuvor jedoch dargestellt, hat sich dieses Verhältnis heute auf dem Papier bereits umgekehrt. Doch ist noch Raum für entlastende Maßnahmen durch die zuvor schon geforderte stärkere Nutzung der Kammern.

Gegen die Beibehaltung des Einheitsgerichts unter den bisherigen Voraussetzungen spricht jedoch auch die Tatsache, daß die Europäische Union nach der Entscheidung des Europäischen Rates vom 14.12.1997 offiziell die Beitrittsverhandlungen mit sechs weiteren Staaten in der ersten Erweiterungsrunde (Estland, Polen, Slowenien, Tschechien, Ungarn und Zypern) und mit fünf weiteren Staaten in einer zweiten Erweiterungsrunde (Bulgarien, Lettland, Litauen, Rumänien, Slowakei) aufgenommen hat.[964] Zwar ist noch nicht absehbar, wieviele dieser Kandidaten sich letzten Endes für eine Mitgliedschaft qualifizieren werden, doch ist mit einem Zuwachs von wenigstens drei bis sechs Ländern bis zum Jahre 2005 zu rechnen.[965] Behält der EuGH seine jetzige Struktur bei, so würde die Zahl der Richter auf 18 bis 21 steigen. Damit erreicht das große Plenum, das bis heute einen großen Teil der Arbeit erledigt, einen Umfang, der Zweifel an der Möglichkeit effektiver Beratung aufkommen läßt. Ein Spruchkörper mit 21 Mitgliedern sprengt alle bisher bekannten Dimensionen. Schon die beitrittsbedingte Erhöhung der Richterzahl führt also zu einer Verschärfung der Probleme, mit denen das Plenum heute schon zu kämpfen hat. So müssen Sachverhalt und Rechtsfragen noch mehr Personen nähergebracht werden, wodurch der Entscheidungsprozeß schwerfälliger wird. Des weiteren mag man sich kaum vorstellen, wie eine vernünftige Beratung unter Partizipation aller Richter bei einer solchen Größe gewährleistet werden kann.[966] Dieselbe Problematik stellt sich auch in anderen Rechtskreisen. So wird etwa in den Vereinigten Staaten bei der Diskussion über die Reform des Supreme Court, der ebenfalls unter einer kaum noch zu bewältigenden Arbeitslast leidet, jeder nur denkbare Vorschlag erörtert, doch besteht wohl weitestgehend Einigkeit darüber, daß eine Erweiterung des Beratungsgremi-

---

963 Bülow, EuR 1980, 307, 325.

964 Vgl. dazu: Seitz, EuZW 1999, S. 321, die auf den schwierigen Prozeß hinweist, den diese Staaten durchlaufen bei der Transformation des gemeinschaftsrechtlichen Besitzstandes (aquis communautaire) in ihr nationales Recht, wozu sie sich in den im Vorfeld geschlossenen Assoziierungsabkommen verpflichtet haben.

965 Längerfristig wird sogar mit einem Anstieg auf 26 Mitgliedstaaten oder mehr gerechnet, da die Erweiterung trotz aller wirtschaftlichen und institutionellen Probleme aus politischen Gründen unausweichlich erscheint; vgl. hierzu: Seidel, EuZW 1999, S. 449.

966 So stellt Koopmans, The Future of the Court of Justice of the European Communities, Yearbook of European Law 11 (1991), 5, 9 zu Recht fest, daß schon ein [damals der Größenordnung entsprechendes] Diskutieren unter 13 Intellektuellen eine nahezu unmögliche Aufgabe darstellt.

ums über die bisher neun „Supreme Court justices" hinaus nicht sinnvoll wäre, da hierdurch eine Beratung zu vernünftigen Bedingungen als unmöglich angesehen wird.[967] In Europa ist man mit fünfzehn Richtern beim EuGH über dieses Maß längst hinaus. Schon dieser Vergleich legt nahe, daß eine weiter Vergrößerung dieses Beratungsgremiums kaum noch möglich sein dürfte. Deshalb ist eine Vergrößerung des Plenums abzulehnen. Dies wird auch auf Seiten des EuGH so gesehen. In den Reformvorschlägen des Präsidenten des Gerichtshofes[968] wird auch dargelegt, daß *„das Plenum des Gerichtshofes die unsichtbare Grenze überschritte, die ein Kollegialgericht von einer beschlußfassenden Versammlung unterscheidet."*

Dementsprechend wird vorgeschlagen, die bisherige Struktur als Einheitsgericht beizubehalten und nur die Zahl der Kammerrichter zu erhöhen.[969] Dabei sollen neue Richter eingestellt werden, die nur in der Kammer beschäftigt werden, jedoch nicht an den Sitzungen des Plenums teilnehmen können. Problematisch erscheint daran, daß der EuGH bislang nicht zwischen Richtern fürs Plenum und Richtern für Kammern unterscheidet. Eine unterschiedliche Behandlung der Richter innerhalb des Richterkollegiums scheint auch nicht unbedingt wünschenswert. Dem Vorschlag läßt sich trotzdem ein attraktiver Gedanke abgewinnen. Die Erhöhung der absoluten Richterzahl, ohne das Plenum zu vergrößern und damit zu einem schwerfälligen und ineffizienten Spruchkörper zu degradieren. So ließe sich etwa daran denken, daß an den Sitzungen des Plenums nur die jeweiligen Kammerpräsidenten bzw. ihre Stellvertreter teilnehmen. Da insoweit die Präsidentschaft einer Kammer gemäß Art. 10 § 1 VerfO-EuGH jedes Jahr wechselt, wird kein Richter dauerhaft von der Beteiligung an einem Spruchkörper ausgeschlossen. Es würde keine „Zwei-Klassen-Gesellschaft" innerhalb des Richtergremiums entstehen. Außerdem läßt sich damit die Einheitlichkeit der Rechtsprechung durch das Plenum weiterhin absichern, ohne daß das Plenum eine überdimensionierte Größe erhalten würde. Schlußendlich könnte auf diesem Wege auch ein Dualismus zweier unterschiedlicher Senatsrechtsprechungen vermieden werden, so daß diesem Vorschlag auch der Vorzug vor der Einführung eines Zwillingsgerichts zu geben ist.

---

967 Posner, The Federal Courts – Challenge and Reform, S. 79: „[...] its size is limited to the number of judges who can deliberate together without undue protraction of the deliberations, and nine is possible close to the limit. [...] I shall therefore take for granted a ceiling of nine on the size of the court."

968 EuGH, Abteilung Presse- und Informationsdienst, Pressemitteilung Nr. 36/99 vom 28.05.1999, Vorschläge und Überlegungen zur Zukunft des Gerichtssystems der Europäischen Union, S. 2, in denen der Präsident für diesen Fall nur ankündigt, daß der Gerichtshof selbst nach organisatorischen Maßnahmen suchen müßte, um diese Gefahr zu bannen.

969 Allkemper, Der Rechtsschutz des einzelnen nach dem EG-Vertrag, S. 221.

C. Ergebnis und eigener Vorschlag zur Entlastung des EuGH

Zwar existiert mittlerweile eine Vielzahl überlegenswerter Vorschläge, doch den meisten dürfte zunächst einmal das Problem gemein sein, daß es ihnen an der politischen Durchsetzbarkeit mangelt. Eine Unterordnung nationaler Gerichte unter eine – wie auch immer ausgestaltete – europäische Gerichtsbarkeit entspricht nicht dem augenblicklichen Integrationsstand und es darf auch bezweifelt werden, ob ein solcher überhaupt jemals erreicht werden soll. Gleichwohl bleibt die Diagnose, daß sich das Gemeinschaftsrecht in einer rasanten Fortentwicklung befindet. Der Fortentwicklung im materiellen Recht wird jedoch nicht durch eine Weiterentwicklung im Bereich der europäischen Gerichtsbarkeit entsprochen. Insbesondere hat die Gemeinschaft mit der Verschiebung der institutionellen Reform und deren Ausklammerung aus dem Vertrag von Amsterdam eine weitere Chance verstreichen lassen, eine gleichmäßige Entwicklung zwischen materiellem Recht und Gerichtsbarkeit herzustellen. Diese Zurückhaltung kann jedoch dazu führen, daß die schon bestehende Dissonanz sich zu einem großen Mißklang beim Fortschreiten der europäischen Integration entwickelt. Fortschritt im materiellen Recht, Rückschritt im Individualrechtsschutz, das wird auf Dauer nicht ohne Unmut bei den Bürgern bleiben. Deshalb müssen schnellst möglichst Reformschritte eingeleitet werden, die zumindest kurz- und mittelfristig die Überlastung des EuGH zu überwinden helfen.

Deswegen sollen hier die Ergebnisse der vorhergehenden Prüfung in Form eines Entlastungsvorschlages zusammengefaßt werden, der eine realistische Chance auf baldige Verwirklichung hat. Es soll dabei von den gegenwärtigen politischen Verhältnissen innerhalb der Europäischen Union ausgegangen werden. Dementsprechend muß man annehmen, daß sich die Gemeinschaft in den nächsten Jahren zwar ständig in der vom Vertrag von Maastricht vorgezeichneten Weise fortentwickelt, sich in der gegenwärtigen Struktur aber nichts Grundsätzliches verändern wird. Eine tiefgreifende Änderung im Bereich der europäischen Gerichtsbarkeit würde hingegen einen entsprechenden politischen Beschluß der Mitgliedstaaten voraussetzen, der das Verhältnis zwischen europäischer und nationaler Gerichtsbarkeit auf eine neue Stufe stellen würde. Ein entsprechender Wille zu einer weitreichenderen Reform ist aber bislang nicht erkennbar. Geht man dementsprechend „nur" von einer Fortentwicklung im Rahmen des Maastrichter Vertrages aus, so läßt sich prognostizieren, daß einerseits der Umfang des von den Organen gesetzten Rechts weiter zunehmen, die augenblickliche Struktur der Organe sich aber nicht grundlegend ändern wird. Aus diesem Grunde erscheint allein eine Reform innerhalb der bestehenden Strukturen erfolgversprechend. Hierbei stehen sich auf der einen Seite die Entlastung durch Zugangsbeschränkung und auf der anderen Seite die Kapazitätserweiterung beim EuGH gegenüber. In den ersten drei Teilen dieser Arbeit ist auf die Notwendigkeit der Verbesserung des europäischen Individualrechtsschutzes hingewiesen worden. Eine Zugangsbeschränkung zur europäischen Gerichtsbarkeit steht dieser Zielsetzung diametral entgegen. Folglich ist eine Kapazitätserweiterung beim EuGH eindeutig vorzuziehen.

Eine Kapazitätserweiterung sollte vor allem durch eine Kombination aus vermehrter Nutzung des Kammersystems und einer Erhöhung der Richterzahl erreicht werden. Das Kammersystem ist bislang noch nicht in ausreichendem Umfang genutzt worden. Den sich dabei ergebenden Bedenken hinsichtlich der Einheitlichkeit der Rechtsprechung kann durch eine Einführung der Divergenzvorlage entsprechend der Regelung des § 132 Abs. 2 GVG und durch eine Vorlagepflicht an das Plenum bei Divergenzentscheidungen Rechnung getragen werden. Gleichzeitig sollte der EuGH anhand der in Art. 221 Abs. 4 EGV (Art. 165 Abs. 4 a.F.) eröffneten Möglichkeit personell durch Erhöhung der Richterzahl erweitert werden. Zunächst sollte die Richterzahl um wenigstens vier Richter erhöht werden, bevor im Rahmen der für die nächsten Jahre zu erwartenden nächsten Beitrittswelle die Struktur den neuen Verhältnissen wieder angepaßt werden muß. Auch dann sollte der neue Zuschnitt des Richtergremiums auf eine stärkere Nutzung des Kammersystems mit zum Teil größeren Kammern hin ausgestaltet werden. Bei gleichzeitiger Spezialisierung der Kammern wäre der EuGH den kommenden Aufgaben, auch im Hinblick auf die Fachkenntnis seiner jeweiligen Mitglieder, gewachsen.

Die höhere Richterzahl sollte aber nicht zu einer Vergrößerung des Plenums führen. Dazu wird die Reduktion des Plenums auf die Kammervorsitzenden vorgeschlagen. Bei gleichzeitiger Rotation des Kammervorsitzes unter den Kammermitgliedern führt dies dazu, daß kein Richter von einer Mitwirkung im Plenum dauerhaft ausgeschlossen wird. Trotzdem behält das Plenum eine Größe, die eine wirkliche Beratung auch in Zukunft zuläßt. Das Gericht wäre für die nächsten Integrationsfortschritte gewappnet.

5. Teil: Zusammenfassende Schlußthesen und abschließende Bewertung

Die im Rahmen dieser Untersuchung erarbeiteten Ergebnisse sollen in den folgenden Thesen und der abschließenden Bewertung nochmals zusammengefaßt werden.

A. Zusammenfassende Schlußthesen

I. Das Privatrecht wird in zunehmendem Maße durch das Gemeinschaftsrecht geprägt. Immer mehr Bereiche werden durch die legislative Tätigkeit des europäischen Gesetzgebers erfaßt.

II. Das Vorabentscheidungsverfahren nach Art. 234 EGV (Art. 177 a.F.) ist bislang das einzige zur Verfügung stehende Verfahren im Bereich des zivilrechtlichen Rechtsschutzes vor dem EuGH.

III. Dementsprechend nimmt die Zuständigkeit des EuGH auf dem Gebiet des Privatrechts immer weiter zu.

IV. In diesem Zusammenhang kann jedoch noch nicht von der Existenz eines Gemeinschaftsprivatrechts gesprochen werden, da es insoweit an einer einheitlichen Privatrechtskodifikation fehlt und eine solche auch nicht abzusehen ist.

V. Das als Zwischenverfahren ausgestaltete Vorabentscheidungsverfahren nach Art. 234 EGV (Art. 177 a.F.) dient seiner Funktion nach – neben der Harmonisierung des Gemeinschaftsrechts - auch im Rahmen eines Zivilprozesses dem Individualrechtsschutz der Gemeinschaftsbürger.

VI. Seinem Wesen nach handelt es sich um ein Zwischenverfahren von Richter zu Richter, das sowohl der Begründung eines Auslegungsmonopols dient, als auch der Gefahr einer uneinheitlichen Rechtsprechung entgegenwirkt.

VII. Die zentrale Bedeutung des Vorabentscheidungsverfahrens wird allein schon daran deutlich, daß es 55 % aller neuen Rechtssachen vor dem EuGH ausmacht.

VIII. Trotz der Bedeutung des Vorabentscheidungsverfahrens bei der Gewährung zivilrechtlichen Rechtsschutzes auf europäischer Ebene ist eine gewisse Zurückhaltung deutscher Gerichte bei der Vorlage an den EuGH zu beobachten.

IX. Der EuGH kann weder als ein nationales noch als ein internationales Gericht angesehen werden, sondern ist als supranationales Gericht mit besonderen Zuständigkeiten zu qualifizieren.

X. Das maßgebliche Prinzip für das Verhältnis des nationalen Verfahrensrechts zum Gemeinschaftsrecht ist der Vorranganspruch des Gemeinschaftsrechts.

XI. Der Vorranganspruch des Gemeinschaftsrechts führt dazu, daß die Verfahrensgrundrechte der Parteien des Ausgangsverfahrens nicht nach den nationalen Verfahrensgrundrechten zu bestimmen sind, sondern, daß auf den Bestand der bisher vom EuGH geschaffenen Grundrechte zurückgegriffen werden muß.

XII. Die europäischen Verfahrensgrundrechte sind im wesentlichen vom EuGH wegen des Fehlens eines kodifizierten Grundrechtskatalogs durch die Entwicklung allgemeiner Rechtsgrundsätze geschaffen worden.

XIII. Die allgemeinen Rechtsgrundsätze lassen sich sowohl durch das Verfahren der wertenden Rechtsvergleichung als auch durch einen Rückgriff auf die Europäische Menschenrechtskonvention gewinnen, die insoweit auch für das Gemeinschaftsrecht Geltung beanspruchen kann.

XIV. Das zentrale Verfahrensgrundrecht ist auch auf europäischer Ebene das Gebot effektiven Rechtsschutzes.

XV. Aufgrund der Geltung von Art. 6 Abs. 1 EMRK für das Gemeinschaftsrecht gilt auch hier, daß der Zugang zu den Gerichten nicht in ungerechtfertigter Weise verwehrt werden darf und der Einzelne von seinem Recht auf Zugang zum Gericht in wirksamer Art und Weise Gebrauch machen kann. Mithin besteht also eine Rechtsweggarantie.

XVI. Im Gemeinschaftsrecht besteht ebenfalls ein Anspruch auf Wahrung des rechtlichen Gehörs, der dieses in ähnlicher Weise wie Art. 103 Abs. 1 GG gewährleistet.

XVII. Aus Art. 6 Abs. 1 EMRK ergibt sich auch für das Gemeinschaftsrecht die Geltung eines Rechts auf ein faires Verfahren, das den Parteien eines Verfahrens gewährleistet, ausreichende, angemessene und insbesondere gleiche Gelegenheit zur Stellungnahme in tatsächlicher und rechtlicher Hinsicht zu erhalten.

XVIII. Des weiteren existiert im Gemeinschaftsrecht auch die Dispositionsmaxime als allgemeiner Rechtsgrundsatz, die in ihrer Intensität mit der Funktion des Verfahrens korreliert.

XIX. Daneben gilt im Gemeinschaftsrecht auch allgemein der Grundsatz der Öffentlichkeit, der jedoch bestimmten Einschränkungen unterliegt.

XX. Der Zugang zum Vorabentscheidungsverfahren stellt in seiner jetzigen Gestaltung zwar keine Verletzung der Rechtsweggarantie dar, unterliegt jedoch einer für die Parteien unbefriedigenden Einschränkung.

XXI. Aufgrund der bestehenden Individualrechtsschutzfunktion des Vorabentscheidungsverfahrens ist eine stärkere Berücksichtigung der Dispositionsmaxime im Rahmen dieses Verfahrens zu fordern.

XXII. Dem kann durch die Einführung einer Individualvorlage genügt werden, wobei diese einige Schwierigkeiten in der konkreten Ausgestaltung mit sich bringt.

XXIII. Die Regelung des Art. 20 Abs. 2 VerfO-EuGH, nach der die Parteien nur schriftliche Stellungnahmen gleichzeitig mit Dritten einreichen können, ohne die Möglichkeit zu haben, darauf zu replizieren sowie die rigorose Beschränkung der Redezeit im Rahmen der mündlichen Verhandlung, begenen rechtsstaatlichen Bedenken in Bezug auf das Grundrecht auf rechtliches Gehör.

XXIV. Zudem begegnet die Anhörungspraxis angesichts der Einmischung Dritter in das Verfahren auch rechtstaatlichen Bedenken hinsichtlich des Rechts auf ein faires Verfahren.

XXV. Im deutschen Zivilprozeß stellt der Vorlagebeschluß auch einen Aussetzungsbeschluß dar, gegen den die Parteien des Verfahrens nach § 252 ZPO eine Beschwerde einlegen können, die sich jedoch wegen der instanziellen Unabhängigkeit auf die Überprüfung der Frage beschränkt, ob die Voraussetzungen der Aussetzung zutreffend erkannt und die rechtlichen Grenzen des richterlichen Ermessens eingehalten wurden.

XXVI. Es kann zu einem Widerspruch zwischen der Bindungswirkung der Nichtzulassungsentscheidung des OLG gegenüber dem BGH nach § 546 Abs. 1 S. 3 ZPO und der Regelung des Art. 234 Abs. 1 EGV (Art. 177 Abs. 1 a.F.) kommen.

XXVII. Die Regelung des § 546 Abs. 1 S. 3 ZPO ist nicht Ausdruck eines allgemeinen Rechtsgrundsatzes. Da sie zu einer Gefährdung individueller Rechte führen kann, ist sie in Fällen der unterlassenen Vorlage durch das OLG vom BGH nicht anzuwenden, so daß dieser die Revision zulassen und seinerseits die Sache dem EuGH vorlegen kann.

XXVIII. Gemeinschaftsrechtliche Fragen, die eine Vorlage nach Art. 234 Abs. 1 EGV (Art. 177 Abs. 1 a.F.) begründen, haben grundsätzliche Bedeutung, weil es sich bei der Vorabentscheidung um die Klärung einer Rechtsfrage mit nicht nur begrenzter Wirkung durch ein höchstrichterliches Gericht handelt.

XXIX. Es kann auch zu einem Widerspruch zwischen der Regelung des § 580 ZPO und gemeinschaftsrechtlichen Anforderungen bei Verletzung der Vorlagepflicht des Art. 234 Abs. 3 EGV (Art. 177 Abs. 3 a.F.) kommen, wobei allerdings weder eine direkte noch eine analoge Anwendung des § 580 ZPO in Betracht kommt.

XXX. Der bisherige Willkürmaßstab des BVerfG engt den außerordentlichen Rechtsschutz in Form der Verfassungsbeschwerde gegen die Verletzung der Vorlagepflicht durch letztinstanzliche Gerichte wegen Verletzung des Rechts auf den gesetzlichen Richter zu weit ein.

XXXI. Der Willkürmaßstab des Art. 101 Abs. 1 S. 2 GG ist entsprechend dem Staatsziel der europäischen Integration auszulegen, wie es in der Regelung des Art. 23 Abs. 1 GG festgelegt ist.

XXXII. Eine integrationsfreundliche Auslegung des Willkürmaßstabs sollte sich an dem bestehenden Maßstab des Art. 234 Abs. 3 EGV (Art. 177 Abs. 3 a.F.) orientieren, so daß Willkür schon dann anzunehmen ist, wenn die Vorlagepflicht verletzt worden ist.

XXXIII. Zur Verbesserung des Rechtsschutzes außerhalb der deutschen Zivilprozeßordnung kann die Zulassung einer Nichtvorlagebeschwerde beitragen, doch erscheint ihre Einführung politisch schwer durchsetzbar, da der EuGH quasi als Kassationsgericht wirken würde, weil er die Zulassungsentscheidung über die Revision durch ein nationales Gericht seinerseits abändern könnte.

XXXIV. Die durch die Überlastung des EuGH eintretenden Verfahrensverzögerungen sind an eine Grenze gestoßen, die unter rechtsstaatlichen Gesichtspunkten nur noch schwerlich hinnehmbar erscheinen.

XXXV. Alle Ansätze zur Reform des Europäischen Gerichtshofes, die das Verhältnis zwischen Gerichtshof und nationalen Gerichten im Sinne einer Kassation nationaler Entscheidungen ändern wollen, haben auf absehbare Zeit keine Chance auf Verwirklichung, da sie nicht dem augenblicklichen Integrationsstand entsprechen.

XXXVI. Der EuGH bedarf nach dem Stand der Dinge schon einer baldigen Entlastung, so daß Reformschritte notwendig sind, die möglichst kurzfristig zu einer Entlastung des Gerichtshofes führen.

XXXVII. Eine solche Entlastung kann durch die verstärkte Nutzung des Kammersystems im Rahmen der Mehrheit der Verfahren zu einer Entlastung des EuGH beitragen.

XXXVIII. Auch die Erhöhung der Richterzahl kann die Arbeitskraft des Gerichtshofes entscheidend verbessern, wobei dies ein internes Organisationsproblem auslöst.

XXXIX. Letztlich kann auch die Spezialisierung einzelner Kammern zu einer beschleunigten Entscheidungsfindung und damit zu einer effizienteren Arbeit des Gerichtshofes führen.

B. Abschließende Bewertung und Ausblick

Zum Abschluß ist festzuhalten, daß der Rechtsschutz des Einzelnen im EG-Vertrag trotz seines - insbesondere für einen supranationalen Zusammenschluß - hohen Standards noch einige Unzulänglichkeiten aufweist, die bei einem weiteren Fortschreiten der Integration in der Europäischen Union nicht hingenommen werden können. Dem Anspruch, den Bürgern der Europäischen Union einen umfassenden und effektiven Rechtsschutz zu gewährleisten, wird das derzeitige Rechtsschutzsystem im zivilrechtlichen Bereich nicht vollends gerecht. Neben der Verbesserung des Vorabentscheidungsverfahrens als solchem, erscheint insbesondere das Zusammenspiel zwischen EuGH und mitgliedstaatlichen Gerichten noch einige Verbesserungsmöglichkeiten aufzuweisen. Der Individualrechtsschutz auf europäischer Ebene nimmt aufgrund der zunehmenden Europäisierung des Privatrechts zu. Dementsprechend sollten bestehende Schwächen beseitigt und aufgezeigte Lücken geschlossen werden. Daß noch viele Lücken bestehen, dürfte auch im Rahmen dieser Arbeit deutlich aufgezeigt worden sein.

Der Weg zu einem kohärenten Rechtsschutzsystem beim Zusammenspiel von nationalem Recht und Gemeinschaftsrechts ist dementsprechend noch weit. Die vorliegende Untersuchung hat jedoch versucht, sowohl für den Ablauf des Verfahrens vor dem EuGH wie auch für das Zusammenspiel des EuGH mit deutschen Zivilgerichten verschiedene Wege aufzuzeigen, um ein Stück weit mehr Kohärenz herbeizuführen. Dabei sind sowohl de lege lata als auch de lege ferenda Lösungsmodelle vorgestellt worden. Die Aufgabe, Verbesserungen herbeizuführen, trifft dabei nicht nur die legislatorische Tätigkeit auf Unionsebene. Ganz im Gegenteil sind auch eine Vielzahl von Verbesserungsmöglichkeiten im Bereich der nationalen Rechtsschutzmöglichkeiten festzustellen. Insbesondere auch das deutsche Zivilprozeßrecht bietet einige Ansatzpunkte für Verbesserungsmöglichkeiten, damit das Zusammenspiel von EuGH und nationalen Gerichten ein umfassendes und lückenloses Rechtsschutzsystem bildet. Besonders dringend erscheint die Aufgabe, eine ausgeglichene und kohärente Anpassung bei der Sanktionierung unterbliebener Vorlagen seitens vorlagepflichtiger Gerichte zu erzielen. Die dem Bürger hierbei zur Verfügung stehenden Rechtsmittel des deutschen Rechts genügen in ihrer augenblicklichen Form nicht den Anforderungen an einen effektiven Rechtsschutz.

So ist im Bereich der außerordentlichen Rechtsbehelfe insbesondere auf die Verfassungsbeschwerde wegen Verletzung des gesetzlichen Richters nach Art. 101 Abs. 1 S. 2 GG hinzuweisen. Der bislang vom Bundesverfassungsgericht verwendete Willkürmaßstab entspricht nicht den Anforderungen, die bei der effektiven Durchsetzung der Vorlagepflicht nach Art. 234 Abs. 3 EGV (Art. 177 Abs. 3 a.F.) angelegt werden müssen. Diese Anforderungen ergeben sich aus dem Staatsziel der europäischen Integration in der Neufassung des Art. 23 Abs. 1 GG. Jener neue Artikel beinhaltet insoweit eine Verpflichtung zur integrationsfreundlichen Auslegung, die auch das Bundesverfassungsgericht verpflichtet, seine Auslegung des Willkürbegriffs daran auszurichten.

Kann der Einzelne vor dem nationalen Gericht gemeinschaftsrechtlich gewährte Positionen nicht durchsetzen, leidet darunter die Vorrangwirkung des Gemeinschaftsrechts. Ein daraus resultierender Verdruß bei den Bürgern kann jedoch dazu führen, daß sowohl die Europäische Union mit ihren Institutionen wie auch die damit verbundenen Ziele und Vorstellungen Schaden nehmen können. Dies steht insbesondere dann zu befürchten, wenn die Unionsbürger zwar auf der einen Seite mit gemeinschaftsrechtlichen Pflichten belastet werden, sie aber auf der anderen Seite die ihnen gewährten Rechte nicht effektiv gerichtlich durchsetzen können, weil ihnen zum Teil schon der Weg dorthin versperrt bleibt oder ihre Stellung dort als schwach empfunden wird. Der gerichtliche Rechtssschutz ist aber eine der unmittelbarsten Erfahrungen, die die Unionsbürger mit dieser Union erleben können. Sollte sich hier schon der Eindruck verfestigen, daß der gemeinschaftsrechtliche Rechtsschutz hinter dem nationalen zurückbleibt, so dürfte es in Zukunft schwer fallen, diejenigen, die eine solche Erfahrung gemacht haben, politisch für weitere Integrationsbemühungen zu überzeugen. Eine fortschreitende Integration braucht jedoch die Akzeptanz der Bürger, da sie sich auf demokratischem Wege vollziehen soll. Institutionelle Schwächen können hier großen Schaden anrichten. Insofern sind sowohl der europäische als auch der nationale Gesetzgeber in der Pflicht, für ein reibungsloses Funktionieren sowohl des europäischen als auch des nationalen Rechtsschutzsystem zu sorgen. Hier ist die Ausgestaltung des Vorabentscheidungsverfahrens hervorzuheben, das das einzige Rechtsschutzinstrument auf gemeinschaftsrechtlicher Ebene im Bereich des Zivilrechts darstellt. Im Rahmen dieses Verfahrens wird den Parteien des Ausgangsverfahrens nur ungenügend Raum zur Stellungnahme gewährt. Die einmalige Einreichung eines Schriftsatzes in Kombination mit einer stark begrenzten Redezeit im Rahmen der mündlichen Verhandlung begegnen rechtsstaatlichen Bedenken hinsichtlich der verfahrensrechtlichen Anforderungen, die auf der Grundlage der Rechtsprechung des EuGH herausgearbeitet wurden. Diese Gestaltung erscheint bedenklich sowohl im Hinblick auf den Grundsatz der Wahrung rechtlichen Gehörs als auch im Hinblick auf die Anforderungen des auch im Gemeinschaftsrecht zu beachtenden Rechts auf ein faires Verfahren. Darüber hinaus wurde auf die Geltung des Prinzips der Parteiherrschaft im Vorabentscheidungsverfahren hingewiesen, die sich insbesondere aus dessen ambivalenter Funktion als Harmonisierungs- und Rechtsschutzinstrument ergibt. Diese wird bei der bisherigen Verfahrensgestaltung zu wenig beachtet. Eine Reform des Verfahrens erscheint auch in dieser Hinsicht geboten. Eine Lösungsmöglichkeit bietet hier die Einführung der Individualvorlage. Diese bietet den Vorteil, daß der Bürger mehr in das Verfahren einbezogen würde. Es hätte zudem den Vorteil, daß sich bei den Betroffenen nicht das Gefühl der Ohnmacht und Ausgeliefertseins gegenüber dem Europäischen Recht und dem EuGH durchsetzen könnte. Vielmehr wird durch eine aktivere Rolle der Parteien des Ausgangsverfahrens bewirkt, daß die Parteien dieses europäische Recht auch als eine Erweiterung ihrer Rechte und ihrer Rechtsschutzmöglichkeiten begreifen.

Eine weitere Entwicklung, der im Rahmen der fortschreitenden Integration Rechnung getragen werden muß, ist der Beitritt neuer Mitglieder und der Versuch, die Integration der Europäischen Union in die Tiefe zu verstärken. Dementsprechend kommt vor allem auch der Steigerung der Effektivität des Vorabentscheidungsverfahrens durch die Reform des Gerichtshofes eine entscheidende Bedeutung zu. Die zur Zeit entstehenden Verzögerungen der Verfahren stellen eine eklatante Behinderung des Rechtsschutzes dar. Hierzu wurde der Vorschlag herausgearbeitet, den Gerichtshof vorläufig durch verstärkte Nutzung des Kammersystems, durch Spezialisierung der jeweiligen Kammern sowie durch Erhöhung der Richterzahl bei gleichzeitiger Umgestaltung des Plenums zu reformieren. Die Funtionsfähigkeit des EuGH könnte so gesichert und eine qualitative Verbesserung des zivilrechtlichen Rechtsschutzes im Rahmen des fortschreitenden Integrationsprozesses erreicht werden. Auch wenn dies nicht unbedingt schon zu einer höheren Identifizierung der Unionsbürger mit der Europäischen Union führt, so wird durch einen effektiven Rechtsschutz ein Schwinden der Akzeptanz bei den Unionsbürgern verhindert. Ohne einen adäquaten Rechtsschutz steht jedoch zu befürchten, daß die Akzeptanz der Europäischen Union als eine funktionierende Rechtsgemeinschaft beim Bürger nicht erreicht werden wird.

Abkürzungsverzeichnis:

a.A.	anderer Ansicht
aaO.	am angegebenen Ort
ABlEG	Amtsblatt der Europäischen Gemeinschaften
Abs.	Absatz
AcP	Archiv für die civilistische Praxis
a.F.	alte Fassung
Alt.	Alternative
AnwBl.	Anwaltsblatt
AöR	Archiv des öffentlichen Rechts
ArbGG	Arbeitsgerichtsgesetz
Art.	Artikel
BayVBl.	Bayerische Verwaltungsblätter
BB	Betriebsberater
Bd.	Band
BEG	Gesetz zur Entschädigung der Opfer der nationalsozialistischen Verfolgung
BFH	Bundesfinanzhof
BFHE	Entscheidungssammlung des Bundesfinanzhofs
BGBl.	Bundesgesetzblatt
BGH	Bundesgerichtshof
BGHZ	Entscheidungssammlung des Bundesgerichtshofs in Zivilsachen
BRAK-Mitt.	Mitteilungen der Bundesrechtsanwaltskammer
BT-Drucks.	Bundestagsdrucksache
BVerfG	Bundesverfassungsgericht
BVerfGE	Entscheidungssammlung des Bundesverfassungsgerichts
BVerfGG	Bundesverfassungsgerichtsgesetz
BVerwG	Bundesverwaltungsgericht
BVerwGE	Entscheidungssammlung des Bundesverwaltungsgerichts
bzw.	beziehungsweise
ca.	circa
CD	Collection of Decisions
CMLR	Common Market Law Review

d.A.	der Autor
DB	Der Betrieb
d.h.	das heißt
DJT	Deutscher Juristentag
DÖV	Die Öffentliche Verwaltung
Dok.	Dokument
DR	Deutsches Recht
DRiZ	Deutsche Richterzeitung
dt.	deutsch(e)
DV	Die Verwaltung
DVBl.	Deutsches Verwaltungsblatt
EAGV	Vertrag über die Europäische Atomgemeinschaft
EAG	Europäische Atomgemeinschaft
EEC	European Economic Community
EG	Europäische Gemeinschaft
EG-Bull.	Bulletin der Europäischen Gemeinschaften
EGKS	Europäische Gemeinschaft für Kohle und Stahl
EGMR	Europäischer Gerichtshof für Menschenrechte
EGV	Vertrag zur Gründung der Europäischen Gemeinschaft
EGGVG	Einführungsgesetz zum Gerichtsverfassungsgesetz
EheG	Ehegesetz
EKMR	Europäische Kommission für Menschenrechte
ELR	European Law Review
EMRK	Europäische Menschenrechtskonvention
EP	Europäisches Parlament
EU	Europäische Union
EuG	Gericht Erster Instanz der Europäischen Gemeinschaften
EuGH	Gerichtshof der Europäischen Gemeinschaften
EuGRZ	Europäische Grundrechte-Zeitschrift
EuGVÜ	Übereinkommen über die gerichtliche Zuständigkeit und die Vollstreckung gerichtlicher Entscheidungen in Zivil- und Handelssachen
EuR	Europarecht
EUV	Vertrag über die Gründung der Europäischen Union
EuZW	Europäische Zeitschrift für Wirtschaftsrecht
EWG	Europäische Wirtschaftsgemeinschaft
EWGV	Vertrag über die Europäische Wirtschaftsgemeinschaft

EWIV	Europäische wirtschaftliche Interessenvereinigung
f.	folgende
FamRZ	Zeitschrift für das gesamte Familienrecht
ff.	fortfolgende
FGG	Gesetz über die Angelegenheiten der freiwilligen Gerichtsbarkeit
FGO	Finanzgerichtsordnung
Fn.	Fußnote
FS	Festschrift
GA	Generalanwalt
GBO	Grundbuchordnung
gem.	gemäß
GG	Grundgesetz
GRUR	Gewerblicher Rechtsschutz und Urheberrecht
GS	Gedächtnisschrift
GVG	Gerichtsverfassungsgesetz
Hdb.	Handbuch
Hess. VGH	Hessischer Verwaltungsgerichtshof
IGH	Internationaler Gerichtshof
Int.	International
i.R.d.	im Rahmen des/der
i.S.d.	im Sinne des/der
IStR	Zeitschrift für Internationales Steuerrecht
i.V.m.	in Verbindung mit
JA	Juristische Arbeitsblätter
JCMS	Journal of Common Market Studies
JurBüro	Das Juristische Büro
JuS	Juristische Schulung
JZ	Juristenzeitung
krit.	kritisch
LG	Landgericht
LRE	Sammlung lebensmittelrechtlicher Entscheidung
MDR	Monatsschrift für Deutsches Recht

Mich. L. Rev.	Michigan Law Review
Minn.	Minnesota
MüKo	Münchener Kommentar
m.w.N.	mit weiteren Nachweisen
NCPrC	Nouveau Code de Procedure Civile
n.F.	neue Fassung
NJW	Neue Juristische Wochenschrift
NJW-RR	NJW-Rechtsprechungs-Report Zivilrecht
Nr.	Nummer
NVwZ	Neue Zeitschrift für Verwaltungsrecht
OHG	Offene Handelsgesellschaft
OLG	Oberlandesgericht
RabelsZ	Rabels Zeitschrift für ausländisches und internationales Privatrecht
Rdnr.	Randnummer
RFDA	Revue francaise de droit administratif
RGZ	Entscheidungssammlung des Reichsgerichts in Zivilsachen
RIW	Recht der Internationalen Wirtschaft
RIW/AWD	Recht der Internationalen Wirtschaft/Außenwitschaftsdienst
RL	Richtlinie
RMC	Revue du Marche Commun
Rs.	Rechtssache
Rspr.	Rechtsprechung
Rz.	Randziffer
s.	siehe
S.	Seite/Satz
s.a.	siehe auch
SEW	Sociaal-Economische Wetgeving
SGG	Sozialgerichtsgesetz
Slg.	Sammlung der Rechtsprechung des EuGH
sog.	sogenannt(e)
St. Rspr.	Ständige Rechtsprechung
u.a.	und andere
u.a.	unter anderem

UNO	United Nations Organization
u.U.	unter Umständen
UWG	Gesetz gegen den unlauteren Wettbewerb
Verb. Rs.	Verbundene Rechtssachen
VerfO-EuGH	Verfahrensordnung des Gerichtshofs der Europäischen Gemeinschaften
VersR	Versicherungsrecht
VGH BW	Verwaltungsgerichtshof Baden-Württemberg
vgl.	vergleiche
VO	Verordnung
VVDStRL	Veröffentlichungen der Vereinigung der Deutschen Staatsrechtslehrer
VwGO	Verwaltungsgerichtsordnung
WRP	Wettbewerb in Recht und Praxis
ZaöRV	Zeitschrift für ausländisches öffentliches Recht und Völkerrecht
z.B.	zum Beispiel
ZBJI	Zusammenarbeit in den Bereichen Justiz und Inneres
ZEuP	Zeitschrift für Europäisches Privatrecht
ZfRV	Zeitschrift für Rechtsvergleichung
ZGR	Zeitschrift für Unternehmens- und Gesellschaftsrecht
ZHR	Zeitschrift für das gesamte Handelsrecht und Wirtschaftsrecht
ZIP	Zeitschrift für Wirtschaftsrecht
ZPO	Zivilprozeßordnung
ZRP	Zeitschrift für Rechtspolitik
ZZP	Zeitschrift für Zivilprozeß

Literaturverzeichnis:

Allkemper, Ludwig

„Der Rechtsschutz des einzelnen nach dem EG-Vertrag"

Baden-Baden 1995

Allkemper, Ludwig

„Möglichkeiten einer institutionellen Reform des Europäischen Gerichtshofes"

in: ZRP 1994, S. 301 - 304

Anschütz, Gerhard / Thoma, Richard

„Handbuch des deutschen Staatsrechts"

Band II, Berlin 1932

Arnold, Rainer

„Gesetzlicher Richter (Art. 101 Abs. 1 S. 2 GG) und Pflicht zur Vorlage an den Europäischen Gerichtshof (Art. 177 Abs. 3 EWGV)"

in: Festschrift für Karl H. Neumayer, Baden-Baden 1985, S. 17 - 29

Arndt, Hans-Wolfgang

„Europarecht"

3. Auflage, Heidelberg 1998

Arndt, Hans-Wolfgang / Haas, Manfred

„EG-Abgaben: Normierung, Vollzug und Rechtsschutz"

in: RIW 1989, S. 710 - 731

Bahlmann, Kai

„Europäische Grundrechtsperspektiven"

in: Festschrift für Carl Carstens, Köln, Berlin, Bonn, München 1984, S. 17 - 41

Bahlmann, Kai

„Der Grundrechtsschutz in der Europäischen Gemeinschaft – Wege der Verwirklichung"

in: EuR 1982, S. 1 - 20

Basedow, Jürgen

„Vom Vorabentscheidungsersuchen zur Divergenzvorlage ?"

in: EuZW 1996, S. 97

Basse, Hermann

„Das Verhältnis der Gerichtsbarkeit des Gerichtshofes der Europäischen Gemeinschaften und der deutschen Zivilgerichtsbarkeit"

Berlin 1967

Bast, Joachim

„Der Grundsatz des rechtlichen Gehörs im Gemeinschaftsrecht"

in: RIW 1992, S. 742 - 747

Baumann, Jürgen

„Grundbegriffe und Verfahrensprinzipien des Zivilprozeßrechts – Eine Einführung an Hand von Fällen"

Stuttgart, Berlin, Köln, Mainz 1970

Baumbach, Adolf / Lauterbach, Wolfgang / Albers, Jan / Hartmann, Peter

„Zivilprozeßordnung mit Gerichtsverfassungsgesetz und anderen Nebengesetzen, Kommentar"

58. neubearbeitete Auflage, München 2000

Baur, Fritz / Grunsky, Wolfgang

„Zivilprozeßrecht"

9., überarbeitete Auflage, Neuwied, Kriftel, Berlin 1997

Baur, Fritz / Stürner, Rolf

„Zwangsvollstreckungs, Konkurs- und Vergleichsrecht"

11. neubearbeitete und erweiterte Auflage, Heidelberg 1983

Bebr, Gerhard

„Direct and Indirect Judicial Control of Community Acts in Practice: The Relation Between Articles 173 and 177 of the EEC Treaty"

in: Michigan Law Review 1984, S. 1229 ff.

Bebr, Gerhard

„Anmerkung zum Urteil des EuGH vom 12.2.1974 – Rs. 146/73"

in: EuR 1974, S. 358 – 363

Bebr, Gerhard

„Prozeßmaximen/ Les principes qui régissent la procedure"

in: Carstens, Karl/ Börner, Bodo, Zehn Jahre Rechtsprechung des Gerichtshofs der Europäischen Gemeinschaften, Köln, Berlin, Bonn, München 1965, S. 77 - 121

Beckmann, Rüdiger

„Probleme des Vorabentscheidungsverfahrens nach Art. 177 EWG-Vertrag"

Münster 1988

Benda, Ernst/ Weber, Albrecht

„Der Einfluß der Verfassung im Prozeßrecht"

in: Gilles, Peter, Effektivität des Rechtsschutzes und verfassungsmäßige Ordnung, der dt. Landesbericht zum VII. Internat. Kongreß für Prozeßrecht in Würzburg 1983, Köln, Berlin, Bonn, München 1983, S. 285

Bernhardt, Wilfried

„Verfassungsprinzip - Verfassungsgerichtsfunktion - Verfassungsprozeßrecht im EWG-Vertrag"

Berlin 1987

Beutler, Bengt/ Bieber, Roland/ Pipkorn, Jörn/Streil, Jochen

„Die Europäische Union"

4. Auflage, Baden-Baden 1993

Bleckmann, Albert

„Europarecht - Das Recht der Europäischen Gemeinschaften"

6. Auflage, Köln, Berlin, Bonn, München 1997

Bleckmann, Albert

„Staatsrecht II - Die Grundrechte"

4., neubearbeitete Auflage, Köln, Berlin, Bonn, München 1997

Bleckmann, Albert

„Der Vertrag über die Europäische Union – Eine Einführung"

in: DVBl. 1992, S. 335 - 343

Bleckmann, Albert

„Die Bindung der Europäischen Gemeinschaft an die Europäische Menschenrechtskonvention"

Köln, Berlin, Bonn, München 1986

Bleckmann, Albert
„Zur Klagebefugnis für die Individualklage vor dem Europäischen Gerichtshof"
in: Festschrift für Christian-Friedrich Menger, Köln 1985, S. 457 - 462

Bleckmann, Albert
„Zur Entwicklung europäischer Grundrechte"
in: DVBl. 1978, S. 457 - 462

Blomeyer, Arwed
„Zivilprozeßrecht"
2. Auflage, Berlin 1980

Bogdany, Armin von / Nettesheim, Martin
„Die Europäische Union: Ein einheitlicher Verband mit eigener Rechtsordnung"
in: EuR 1996, S. 3 - 26

Bonner Kommentar zum Grundgesetz
Loseblatt-Ausgabe, Heidelberg 1998

Brandt, Kerstin
„Der Europäische Gerichtshof (EuGH) und das Gericht erster Instanz (EuG) - Aufbau, Funktionen und Befugnisse"
in: Jus 1994, S. 300 - 305

Breuer, Rüdiger
„Die Sackgasse des neuen Europaartikels (Art. 23 GG)"
in: NVwZ 1994, S. 417 - 429

Bülow, Erich

„Überlegungen für eine Weiterentwicklung des Rechts der Gemeinschafts-gerichtsbarkeit"

in: EuR 1980, S. 307 - 328

Bzdera, André

„L'enjeu politique de la réform institutionnelle de la Cour de Justice de la Communauté Européenne"

in: RMC 1992, S. 240 - 249

Canaris, Claus Wilhelm

„Der EUGH als zukünftige privatrechtliche Superrevisionsinstanz ?"

in: EuZW 1994, S. 417

Carl, Michael H.

„EG-Grundrechtsschutz durch Vorlage zur Vorabentscheidung ?"

in: Festschrift für Werner von Simson, Baden-Baden 1983, S. 229 - 234

Carstens, Karl

„Das Recht als Instrument der Einigung Europas"

in: Carstens, Karl u.a., Der Beitrag des Rechts zum europäischen Einigungsprozeß, Forschungsbericht 32/ Konrad-Adenauer-Stiftung, Melle 1984, S. 23 - 29

Chemerinsky, Erwin

„Federal Jurisdiction"

Second Edition, Aspen/USA 1994

Chwolik-Lanfermann, Ellen

„Grundrechtsschutz in der Europäischen Union - Bestand, Tendenzen und Entwicklungen"

Frankfurt am Main, Berlin, Bern, New York, Paris, Wien 1994

Classen, Claus Dieter

„Die Europäisierung der Verwaltungsgerichtsbarkeit. Eine vergleichende Untersuchung zum deutschen, französischen und europäischen Verwaltungsprozeßrecht"

Tübingen 1995

Clausnitzer, Martin/ Pieper, Ulrich/ Schollmeier, Andres

„EG-Recht in der Anwaltskanzlei"

Herne, Berlin 1993

Clausnitzer, Martin

„Die Vorlagepflicht an den EuGH - Zum (mangelnden) Rechtsschutz gegen Verstöße letztinstanzlicher Gerichte"

in: NJW 1989, S. 641 - 643

Coing, Helmut

„Europäisierung der Rechtswissenschaft"

in: NJW 1990, S. 937 - 941

Constantinesco, Léontin-Jean

„Das Recht der Europäischen Gemeinschaften"

Bd. I (Das institutionelle Recht), Baden-Baden 1977

Curtin, Deirdre

„Directives: The effectiveness of judicial protection of individual rights"

in: CMLR 1990, S. 709 - 739

Dänzer-Vanotti, Wolfgang

„Unzulässige Rechtsfortbildung des Europäischen Gerichtshofs"

in: RIW 1992, S. 733 - 742

Dänzer-Vanotti, Wolfgang

„Der Europäische Gerichtshof beschränkt vorläufigen Rechtsschutz"

in: BB 1991, S. 1015 - 1018

Daig, Hans-Wolfram

„Auslegung und Anwendung von Art. 177 EWG-Vertrag durch den Gerichtshof der Europäischen Gemeinschaften"

in: Festschrift zum 70. Geburtstag von Hans Kutscher, Baden-Baden 1981, S. 79 - 93

Danwitz, Thomas von

„Die Garantie effektiven Rechtsschutzes im Recht der Europäischen Gemeinschaft"

in: NJW 1993, S. 1108 - 1115

Dauses, Manfred A.

„Das Vorabentscheidungsverfahren nach Artikel 177 EWG-Vertrag"

2. Auflage, München 1995

Dauses, Manfred A.

„Aufgabenteilung und judizieller Dialog zwischen den einzelstaatlichen Gerichten und dem EuGH als Funktionselement des Vorabentscheidungsverfahrens "

in: Festschrift für Ulrich Everling, Baden-Baden 1995, S. 223 - 243

Dauses, Manfred A.

„Empfiehlt es sich, das System des Rechtsschutzes in der Gerichtsbarkeit in der Europäischen Gemeinschaft, insbesondere Aufgaben der Gemeinschaftsgerichte und der nationalen Gerichte, weiterzuentwickeln ?"
Gutachten D für den 60. Juristentag, München 1994

Dauses, Manfred A. / Stotz, Rüdiger

„Handbuch des EG-Wirtschaftsrechts"
Loseblatt, Stand: Februar 1993, München 1993

Deringer, Arved

„Some comments by a German advocate on problems concerning the application of article 177 EEC"
in: Schermers, Henry G./ Timmermanns, Christiaan W.A./ Kellermann, Alfred E./Watson, J. Stewart, Article 177 EEC: Experiences and Problems, Amsterdam, New York, Oxford, Tokyo 1987, S. 210 - 215

Deringer, Arved

„Statement zu einer Verfahrensreform beim Europäischen Gerichtshof"
in: Schwarze, Jürgen, Fortentwicklung des Rechtsschutz in der Europäischen Gemeinschaft, Baden-Baden 1987, S. 211 - 227

Dickson, Brice

„The Right to a Fair Trial in England and Wales"
in: Weissbrodt, David / Wolfram, Rüdiger, Right to a fair trial, Berlin, Heidelberg New York u.a. 1998, S. 487 - 512

Di Fabio, Udo

„Richtlinienkonformität als ranghöchstes Auslegungsprinzip ?"
in: NJW 1990, S. 947 - 954

Dörr, Dieter

„Faires Verfahren – Gewährleistung im Grundgesetz der BRD"

Kehl am Rhein, Straßburg 1984

Dreher, Meinrad

„Der Rang des Wettbewerbs im europäischen Gemeinschaftsrecht"

in: Dörr, Dieter / Dreher, Meinhard, Europa als Rechtsgemeinschaft,

Baden-Baden 1997, S. 105 - 121

Dubouis, Louis

„A propos de deux principes généraux du droit communautaire"

in: RFDA 1988, S. 691 ff.

Dütz, Wilhelm

„Rechtsstaatlicher Gerichtsschutz im Privatrecht"

Bad Homburg, Berlin, Zürich 1970

EG-Symposion zur Vereinheitlichung des gewerblichen Rechtsschutzes

in: GRUR 1986, S. 157 - 172

Ehle, Dietrich

„Sind Vorlagebeschlüsse gemäß Art 177 Abs. 2 EWGV beschwerdefähig ?"

in: NJW 1963, S. 2202 - 2204

Ehlermann, Claus-Dieter

„Die Verfolgung von Vertragsverletzungen der Mitgliedstaaten durch die Kommission"

in: Festschrift zum 70. Geburtstag von Hans Kutscher, Baden-Baden 1981,

S. 135 - 153

Engel, Christoph

„Zivilrecht als Fortsetzung des Wirtschaftsrechts mit anderen Mitteln"

in: JZ 1995, S. 213 - 218

Erichsen, Hans-Uwe

„System des europäischen Rechtsschutzes"

in: Jura 1990, S. 528 - 532, S. 586 - 592

Erler, Georg

„Das Grundgesetz und die öffentliche Gewalt internationaler Staatengemeinschaften"

in: VVDStRL, Heft 18 (1960), S. 8 - 46

Everling, Ulrich

„Die Zukunft der europäischen Gerichtsbarkeit in einer erweiterten Europäischen Union"

in: EuR 1997, S. 398 - 418

Everling, Ulrich

„Stand und Zukunftsperspektive der Europäischen Gerichtsbarkeit"

in: Festschrift für Arved Deringer, Baden Baden 1993, S. 40 - 58

Everling, Ulrich

„Justiz im Europa von morgen"

in: DRiZ 1993, S. 5 - 15

Everling, Ulrich

„Überlegung zur Struktur der Europäischen Union und zum neuen Europaartikel des Grundgesetzes"

in: DVBl. 1993, S. 936 - 947

Everling, Ulrich

„Zur Funktion des Gerichtshofs der Europäischen Gemeinschaften als Verwaltungsgericht"

in: Festschrift für Konrad Redeker zum 70. Geburtstag, München 1993, S. 293 - 311

Everling, Ulrich

„Zur Auslegung des durch EG-Richtlinien angeglichenen nationalen Rechts"

in: ZGR 1992, S. 376 - 395

Everling, Ulrich

„Die Stellung des Bürgers in der Europäischen Gemeinschaft"

in: ZfRV 1992, S. 241 - 256

Everling, Ulrich

„Brauchen wir „Solange III" ?"

in: EuR 1990, S. 195 - 227

Everling, Ulrich

„Das Vorabentscheidungsverfahren vor dem Gerichtshof der Europäischen Gemeinschaften"

Baden-Baden 1986

Everling, Ulrich

„Zum Vorrang des EG-Rechts vor nationalem Recht "

in: DVBl. 1985, S. 1201 - 1206

Fasselt- Rommé, Ursula

„Parteiherrschaft im Verfahren vor dem EuGH und dem Europäischen Gerichtshof-hof für Menschenrechte: Zur Rolle des öffentlichen Interesses im internationalen Prozeßrecht"

Baden-Baden 1993

Fastenrath, U.

„Pflicht letztinstanzlicher nationaler Gerichte zur Einleitung eines Vorabent-scheidungsverfahrens"

in: JA 1986, S. 283 f.

Feger, Dieter

„Die Grundrechte in den übrigen Mitgliedstaaten der EG einschließlich der Rechte der Europäischen Menschenrechtskonvention"

in: Jura 1987, S. 6 - 16

Feger, Dieter

„Die Normsetzung auf dem Gebiet der Grundrechte in den Europäischen Gemeinschaften - Der EuGH als Rechtsetzungsorgan"

in: DÖV 1987, S. 322 - 332

Feger, Dieter

„Die Grundrechte im Recht der Europäischen Gemeinschaften – Bestand und Entwicklung"

Frankfurt am Main, Bern, New York, Nancy 1984

Ferid, Murad / Sonnenberger, Hans-Jürgen

„Das französische Zivilrecht"

Heidelberg 1994

Folsom, Ralph H.

„European Union Law"

Second Edition, St. Paul, Minnessota 1995

Freixes, Teresa

„The Right to a Fair Trial in Spain"

in: Council of Europe, The Right to a Fair Trial, Strasbourg 2000, S. 56 - 71

Frohn, Rainer

„Anforderungen an Verfassung und Verfahrensordnung des EuGH"

in: EuR 1980, S. 383 - 389

Frowein, Jochen Abr. / Ulsamer, Gerhard

„Europäische Menschenrechtskonvention und nationaler Rechtsschutz"

Heidelberg 1985

Frowein, Jochen Abr. / Peukert, Wolfgang

„Europäische Menschenrechtskonvention - EMRK-Kommentar"

Kehl, Straßburg, Arlington 1985

Fuß, Ernst-Werner

„Die Verantwortung der nationalen Gerichte für die Wahrung des europäischen Gemeinschaftsrechts"

in: Gedächtnisschrift für Christoph Sasse, Band 1, Baden-Baden 1981, S. 171 - 176

Gaissert, Celia Isabel

„Der Generalanwalt – eine unabdingbare Institution am Gerichtshof der Europäischen Gemeinschaften ? Zum Divergieren von Votum und Urteil in der Rechtsfindung des Europäischen Gerichtshofes"

Frankfurt am Main u.a. 1986

Galmot, Yves / Bonichot, Jean-Claude

„La Cour de justice des Communautés européenes"

in: RFDA 1988, S. 1 - 23

Garde, Peter

„The Right to a Fair Trial in the Kingdom of Denmark"

in: Weissbrodt, David / Wolfram, Rüdiger, Right to a fair trial, Berlin, Heidelberg New York u.a. 1998, S. 533 - 581

Geiger, Rudolf

„EG-Vertrag/Kommentar zu dem Vertrag zur Gründung der Europäischen Gemeinschaft"

München 1993

Giegerich, Thomas

„Europarecht und deutsches Recht – Wechselwirkung in der Fallbearbeitung"

in: JuS 1997, S. 39 - 43

Gilles, Peter

„Prozeßrechtsvergleichung – Comparative Procedural Law"

Köln, Bonn, Berlin, München 1996

Gilsdorf, Peter

„Der Rechtsschutz vor dem EuGH aus der Sicht der Kommission"

in: Schwarze, Jürgen, Der Europäische Gerichtshof als Verfassungsgericht und Rechtsschutzinstanz, Baden-Baden 1983

Glaesner, Adrian

„Die Vorlagepflicht unterinstanzlicher Gerichte im Vorabentscheidungsverfahren"

in: EuR 1990, S. 142 - 150

Glaesner, Hans-Joachim

„Einige Überlegungen zum Beitritt der Europäischen Gemeinschaften zur Europäischen Menschenrechtskonvention"

in: EuR 1980, S. 119 - 123

Gleis, Alfred / Hirsch, Martin

„Kommentar zum EWG-Kartellrecht"

Heidelberg 1978

Görgmaier, Dietmar

„Stellung und Rechtsprechung des Gerichtshofs der Europäischen Gemeinschaften"

in: DÖV 1981, S. 360 – 366

Golsong, Heribert

„Internationaler Kommentar zur Europäischen Menschenrechtskonvention"

3. Lieferung, Köln, Berlin, Bonn, München, Januar 1995

Goose, Peter-Ernst

„Einschränkungen der Vorlagebefugnis nach Art. 177 Abs. 2 EWGV durch die Rechtsmittelgerichte"

in: RIW/AWD 1975, S. 660 - 663

Gornig, Gilbert

„Anmerkung zu EuGH, Urteil vom 21.2.1991 - C - 143/88"

in: JZ 1992, S. 39 - 41

Grabitz, Eberhard / Hilf, Meinhard

„Das Recht der Europäischen Union"

Loseblatt-Sammlung in 4 Bänden, München, Stand: 13. Ergänzungslieferung, Mai 1999

Groeben, Hans von der / Thiesing, Jochen / Ehlermann, Claus-Dieter

„Kommentar zum EWG-Vertrag"

4. Auflage, 4 Bände, Baden-Baden 1991

Grundmann, Stefan

„Europäisches Schuldvertragsrecht"

in: NJW 2000, S. 14 - 23

Grunewald, Barbara

„Die Zukunft des europäischen Gesellschaftsrechts"

in: Dörr, Dieter / Dreher, Meinhard, Europa als Rechtsgemeinschaft, Baden-Baden 1997, S. 89 - 103

Grunsky, Wolfgang

„Rezension zu: Markus Jacoby, Das Verhältnis der Abänderungsklage gem. § 323 ZPO zur Vollstreckungsklage gem. § 767 ZPO, Berlin 1991"

in: AcP 192 (1992), S. 352 - 354

Grunsky, Wolfgang

„Grundlagen des Verfahrensrechts"

Bielefeld 1974

Grzybek, Patrick

„Prozessuale Grundrechte im Europäischen Gemeinschaftsrecht"

Baden-Baden 1983

Gündisch, Jürgen

„Rechtsschutz in der Europäischen Gemeinschaft"

Stuttgart, München, Hannover, Berlin, Weimar, Dresden 1994

Habersack, Mathias

„Europäisches Gesellschaftsrecht"

München 1999

Habscheid, Walther J.

„Der deutsche Richter und der Europäische Gerichtshof – Bemerkungen zur Dogmatik und Praxis des Vorlageverfahrens gem. Art. 177 EWG-Vertrag"

in: Festschrift für Hans Kutscher, Baden-Baden 1988, S. 205 - 222

Habscheid, Walther J.

„Les principes fondamentaux du droit judicaire privé"

in: Storme, Marcel / Casman, Hélèn, „Towards a Justice with a Human Face – The First International Congress on the Law of Civil Procedure"

Antwerpen, Deventer 1978, S. 29 - 66

Hailbronner, Kay / Klein, Eckart / Magiera, Sigfried / Müller-Graff, Peter-Christian

„Handkommentar zum EWG-Vertrag"

Loseblatt, Stand: 1. Lieferung September 1991, Köln u.a. 1991

Hakenberg, Waltraud / Stix-Hackl, Christine

„Handbuch zum Verfahren vor dem Europäischen Gerichtshof"

Wien 1996

Haller, Robert

„Der „Rechtsweg" zum EuGH"

in: JuS 1996, S. 209 - 213

Hasselbach, Kai

„Maastricht II: Ergebnisse der Regierungskonferenz zur Reform der EU"

in: BayVBl. 1997, S. 454 - 459

Hauschka, Christoph E.

„Grundprobleme der Privatrechtsfortbildung durch die Europäische Wirtschaftsgemeinschaft"

in: JZ 1990, S. 521 - 532

Heitsch, Christian

„Prüfungspflichten des Bundesverfassungsgerichts unter dem Staatsziel der europäischen Integration"

in: EuGRZ 1997, S. 461 - 469

Hellner, Jürgen

„Das Vorlageverfahren der Europäischen Gemeinschaften gemäß Artikel 41 EGKSV, 177 EWGV, 150 EAGV unter besonderer Berücksichtigung des innerstaatlichen Prozeßrechts der Mitgliedstaaten"

Bonn 1965

Henrichs, Wilhelm

„Die Voraussetzung des Inzidentverfahrens vor dem Bundesverfassungsgericht"

in: MDR 1952, S. 528 - 530

Herrmann, Hans Joachim

„Supranationale und internationale Gerichte"

in: Herrmann, Hans Joachim / Basedow, Jürgen / Kropholler, Jan, Handbuch des Internationalen Zivilverfahrensrechts, Tübingen 1982, S. 1 - 98

Heß, Burkhard

„Die Einwirkungen des Vorabentscheidungsverfahrens nach Art. 177 EGV auf das deutsche Zivilprozeßrecht"

in: ZZP 108 (1995), S. 59 - 107

Hilf, Meinhard

„Solange II: Wie lange noch Solange ?"

in: EuGRZ 1987, S. 1 - 7

Hirsbrunner, Simon

„Die Entwicklung der Europäischen Fusionskontrolle in den Jahren 1997 und 1998"

in: EuZW 1999, S. 389 - 395

Hirsbrunner, Simon

„Die revidierte EG-Fusionskontroll-Verordnung"

in: EuZW 1998, S. 69 - 75

Hirsbrunner, Simon

„Fusionskontrolle der Kommission im Jahre 1996"

in: EuZW 1997, S. 748 - 755

Hirsch, Günter

„Dezentralisierung des Gerichtssystems der Europäischen Union ?"

in: ZRP 2000, S. 57 - 60

Hirsch, Günter

„Der Europäische Gerichtshof – Das unbekannte Wesen"

Heidelberg 1997

Hoffmann, Gunter

„Ein Grundrechtskatalog für die EG?"

Mainz 1992

Hommelhoff, Peter

„Zivilrecht unter dem Einfluß europäischer Rechtsangleichung"

in: AcP 192 (1992), S. 71 - 107

Hübner, Ulrich

„Der Verbrauchsgüterkauf: ein weiterer Schritt in Richtung Europäisierung des Privatrechts"

in: EuZW 1999, S. 481

Hübner, Ulrich / Constantinesco, Vlad

„Einführung in das französische Recht"

München 1988

Huff, Martin W.

„Das Vorlageverfahren zum europäischen Gerichtshof – wichtig auch für Anwälte"

in: BRAK-Mitt. 1/1998, S. 11 - 13

Hummer, Waldemar/ Simma, Bruno/ Vedder, Christoph/ Emmert, Frank

„Europarecht in Fällen"

2. Auflage, Baden-Baden 1994

Huthmacher, Karl Eugen

„Der Vorrang des Gemeinschaftsrechts bei indirekten Kollisionen"

Köln, Berlin, Bonn, München 1985

Ipsen, Hans Peter

„Europäisches Gemeinschaftsrecht in Einzelstudien"

Baden-Baden 1984

Isensee, Josef / Kirchhof, Paul

„Handbuch des Staatsrechts der Bundesrepublik Deutschland"

Band VI (Freiheitsrechte): Heidelberg 1989; Band VII (Normativität und Schutz der Verfassung – Internationale Beziehungen): Heidelberg 1992

Isensee, Josef

„Das Grundrecht auf Sicherheit – Zu den Schutzpflichten des freiheitlichen Verfassungsstaates"

Berlin, New York 1983

Jacqué, Jean Paul / Weiler, Joseph H.H.

„On the road to European Union - a new judicial architecture: an agenda for the Intergovernmental Conference"

in: CMLR 1990, S. 185 - 207

Jung, Hans

„Gemeinschaftsmarke und Rechtsschutz"

in: Festschrift für Ulrich Everling, Bd. I, Baden-Baden 1995, S. 611 - 628

Jung, Hans

„Das Gericht erster Instanz der Europäischen Gemeinschaft"

in: EuR 1992, S. 246 - 264

Jung, Heike

„Der Grundsatz des fair trial in rechtsvergleichender Sicht"

in: Festschrift für Gerhard Lüke, München 1997, S. 323 - 336

Karoff, Martina

„Richtlinie und Umsetzungspraxis – Eine Bestandsaufnahme anhand der Freizügigkeitsrichtlinie"

in: RabelsZ 1984, S. 649 - 720

Kieninger, Eva-Maria / Leible, Stephan

„Plädoyer für einen Europäischen wissenschaftlichen Ausschuß für Privatrecht"

in: EuZW 1999, S. 37 - 40

Kirchhof, Paul

„Deutsches Verfassungsrecht und Europäisches Gemeinschaftsrecht"

in: EuR 1991, Beiheft 1, S. 11 - 25

Klaas, Christoph

„Europäische Gerichte und nationale Gerichtsbarkeit"

in: AnwBl. 1989, S. 149 - 150

Klauer, Irene

„Die Europäisierung des Privatrechts – Der EuGH als Zivilrichter"

Baden-Baden 1998

Klein, Eckart / Haratsch, Andreas

„Neuere Entwicklungen des Rechts der Europäischen Gemeinschaft (Teil 2)"

in: DÖV 1994, S. 133 - 140

Klein, Hans H.

„Staatsziele im Verfassungsgesetz – Empfiehlt es sich, ein Staatsziel Umweltschutz in das Grundgesetz aufzunehmen ?"

in: DVBl. 1991, S. 729 - 739

Klinke, Ulrich

„Der Gerichtshof der EU – Ein Portrait"

in: ZEuP 1995, S. 783 - 795

Klinke, Ulrich

„Der Gerichtshof der Europäischen Gemeinschaften - Aufbau und Arbeitsweise"

Baden-Baden 1989

Koch, Robert

„Einwirkungen des Gemeinschaftsrechts auf das nationale Verfahrensrecht"

in: EuZW 1995, S. 78 - 85

Koch, Robert

„Zur Vorlagepflicht nationaler Gerichte an den EuGH in Verfahren des vorläufigen Rechtsschutzes"

in: NJW 1995, S. 2331 - 2332

Koch, Robert

„Einwirkungen des Gemeinschaftsrechts auf das nationale Verfahrensrecht im Falle richterlicher Vertragsverletzungen im Zivilprozeßrecht"

Frankfurt am Main, Berlin, Bern, New York, Paris, Wien 1994

Koenig, Christian / Sander, Claude

„Einführung in das EG-Prozeßrecht"

Tübingen 1997

Kötz, Hein

„Gemeineuropäisches Zivilrecht"

in: Festschrift für Konrad Zweigert, Tübingen 1981, S. 481 - 500

Kohler, Christian

„Gemeinschaftsrecht und Privatrecht: Zur Rechtssprechung des EuGH im Jahre 1994"

in: ZEuP 1995, S. 482 - 499

Kohler, Christian

„Kollisionsrechtliche Anmerkungen zur Verordnung über die Gemeinschaftsmarke"

in: Festschrift für Ulrich Everling, Bd. I, Baden-Baden, 1995, S. 651 - 667.

Kokott, Juliane

„Die Grundrechte des Europäischen Gemeinschaftsrechts"

in: AöR 121. Band (1996), S. 599 - 638

Konzen, Horst

„Die Entwicklung des europäischen Arbeitsrechts"

in: Dörr, Dieter / Dreher, Meinhard, Europa als Rechtsgemeinschaft, Baden-Baden 1997, S. 53 - 71

Koopmans, Thijmen

„The Future of the Court of Justice of the European Communities"

in: Yearbook of European Law 11 (1991), S. 5 - 14

Kopp, Ferdinand O.

„Verwaltungsgerichtordnung"

10. neubearbeitete Auflage, München 1994

Kopp, Ferdinand O.

„Das rechtliche Gehör in der Rechtsprechung des Bundesverfassungsgerichts"

in: AöR 106. Band (1981), S. 604 - 632

Kropholler, Jan

„Die Europäische Gemeinschaften und der Grundrechtsschutz"

in: EuR 1969, S. 128 - 146

Kugelmann, Dieter

„Grundrechte in Europa: parallele Geltung"

Hamburg 1997

Kutscher, Hans

„Über den Gerichtshof der Europäischen Gemeinschaft"

in: EuR 1981, S. 392 - 413

Kutscher, Hans

„Thesen zu den Methoden der Auslegung des Gemeinschaftsrechts aus der Sicht des Richters"

in: Gerichtshof der Europäischen Gemeinschaften, Begegnungen von Justiz und Hochschule am 27. und 28. September 1976, Luxemburg 1976, S. I 1- 56

Lagrange, Maurice

„L'ordre juridique de la CECA vu à travers la jurisprudence de sa cour de justice"

in: RTDP 1958, S. 841 – 886

Lando, Ole

„Making a European Private Law"

in: Kreuzer, Karl F. / Scheunig, Dieter H. / Sieber, Ulrich, Die Europäisierung der mitgliedstaatlichen Rechtsordnungen in der Europäischen Union, Ius Europaeum, Baden-Baden 1995, S. 41 - 54

Langenfeld, Christine / Zimmermann, Andreas

„Interdependenzen zwischen nationalem Verfassungsrecht, Europäischer Menschenrechtskonvention und Europäischem Gemeinschaftsrecht"

in: ZaöRV 1992, S. 259 - 317

Lecheler, Helmut

„Der Europäische Gerichtshof und die allgemeinen Rechtsgrundsätze"

Berlin 1971

Lenaerts, Koen

„Grundrechtsschutz in den Europäischen Gemeinschaften und im Rahmen der Europäischen Menschenrechtskonvention"

in: ZfRV 1992, S. 281 - 298

Lenz, Carl Otto

„EG-Vertrag / Kommentar zu dem Vertrag zur Gründung der Europäischen Gemeinschaft"

2. Auflage, Köln, Basel, Wien 1999

Lenz, Carl Otto

„Die Rolle des EuGH im Prozeß der Europäisierung der mitgliedstaatlichen Rechtsordnungen"

in: Kreuzer, Karl F. / Scheunig, Dieter H. / Sieber, Ulrich, Die Europäisierung der mitgliedstaatlichen Rechtsordnungen in der Europäischen Union, Ius Europaeum, Baden-Baden 1995, S. 161 - 174

Lenz, Carl Otto

„Rechtsschutz im Binnenmarkt"

in: NJW 1994, S. 2063 - 2069

Lenz, Carl Otto

„Zum Vorlageverfahren beim Europäischen Gerichtshof"

in: AnwBl. 1993, S. 477 - 479

Lenz, Carl Otto

„Firnis oder Rechtsgemeinschaft - Einschränkungen des Vorlagerechts nach Art. 177 EWGV auf letztinstanzliche Gerichte"

in: NJW 1993, S. 2664 - 2665

Lenz, Carl Otto

„Rechtsschutz im Binnenmarkt"

in: EuZW 1993, S. 10 - 12

Lenz, Carl Otto

„Der europäische Grundrechtsstandard in der Rechtsprechung des Europäischen Gerichtshofes"

in: EuGRZ 1993, S. 585 - 589

Lenz, Carl Otto

„Der Europäische Gerichtshof als gesetzlicher Richter im Sinne des Grundgesetzes"

in: Lenz, Carl Otto/ Beisse, Heinrich/ Merz, Franz/ Wiegand, Dietrich, Das Zusammenwirken der europäischen Gerichte und der nationalen Gerichtsbarkeit, Heidelberg 1989, S. 1 - 17

Lerche, Peter

„Zum ‚Anspruch auf rechtliches Gehör'"

in: ZZP 78 (1965), S. 1 – 31

Lindemann, Hans-Heinrich

„Allgemeine Rechtsgrundsätze und europäischer öffentlicher Dienst – Zur Rechtsprechung des Europäischen Gerichtshofes in Personalsachen"

Berlin 1986

Lipp, Volker

„Entwicklung und Zukunft der europäischen Gerichtsbarkeit"

in: JZ 1997, S. 326 - 332

Lorenz, Dieter

„Der Rechtsschutz des Bürgers und die Rechtsschutzgarantie"

München 1973

Lutter, Marcus

„Europäisches Unternehmensrecht"

ZGR-Sonderheft 1, 4. Auflage, Berlin, New York 1996

Lutter, Marcus

„Europäische Gerichtsbarkeit und nationale Gerichtsbarkeit"

in: ZZP 86 (1973), S. 107 - 154

Meier, Gert

„Einfluß auf das Europarecht: Die deutsche Selbstbeschränkung"

in: EuZW 1995, S. 257

Meier, Gert

„Zur Einwirkung des Gemeinschaftsrechts auf nationales Verfahrensrecht im Falle höchstrichterlicher Vertragsverletzung"

in: EuZW 1991, S. 11 - 15

Meier, Gert

„Anmerkung zum Beschluß des BFH vom 27.9.1976 – VII K 1/76 "

in: DVBl. 1978, S. 502

Meier, Gert

„Anmerkung zum Urteil des EuGH vom 17.2.1976, Rs. 91/75"

in: EuR 1976, S. 158 - 161

Meilicke, Wienand

„Zum Verhältnis zwischen Selbstbindung des Revisionsgerichts und gemeinschaftsrechtlicher Vorlagepflicht"

in: RIW 1994, S. 477 - 480

Meister, Hans

„Zum Verhältnis von Abänderungs-, Vollstreckungsabwehr- und Zusatz-(Nachforderungs-)klage"

in: FamRZ 1980, S. 864 - 870

Micklitz, Hans-W.

„Die Verbrauchsgüterkauf-Richtlinie"

in: EuZW 1999, S. 485 - 493

Micklitz, Hans-W.

„Ein einheitliches Kaufrecht für Verbraucher in der EG?"

in: EuZW 1997, S. 229 - 237

Mischo, Jean

„Un role nouveau pour la Cour de Justice"

in: RMC 1990, S. 681 ff.

Möller, Klaus

„Der Europäische Gerichtshof als gesetzlicher Richter i.S.d. Art. 101 Abs. 1 S. 2 GG im Vorlageverfahren gemäß Art. 177 Abs. 3 EWGV"

Osnabrück 1987

Montag, Frank

„Die Entwicklung des Gemeinschaftsrechts"

in: NJW 2000, S. 32 – 40

Montag, Frank

„Die Entwicklung des Europäischen Gemeinschaftsrechts"

in: NJW 1998, S. 2088 - 2097

Montag, Frank

„Gewerbliche Schutzrechte, wesentliche Einrichtungen und Normierung im Spannungsfeld zu Art. 86 EGV"

in: EuZW 1997, S. 71 - 78

Mühlendahl, Alexander von

„Das künftige Markenrecht der Europäischen Gemeinschaft"

in: GRUR Ausland 1989, S. 353 - 362

Müller-Graff, Peter-Christian

„Europäisches Gemeinschaftsrecht und Privatrecht"

in: NJW 1993, S. 13 - 23

Müller-Huschke, Wolfgang

„Verbesserung des Individualrechtsschutzes durch das Gericht Erster Instanz (EuGEI)"

in: EuGRZ 1989, S. 213 - 215

Münch, Ingo von / Kunig, Philip

„Grundgesetz-Kommentar"

Band 2, 3. Auflage, München 1995

Münchener Kommentar zur Zivilprozeßordnung

3 Bände, München 1992

Münzberg, Wolfgang

„Das Verfahren des EuGH im Vergleich zum deutschen Zivilprozeß: Ansätze für einen europäischen Prozeß"

in: Grunsky, Wolfgang / Stürner, Rolf / Walter, Gerhard / Wolf, Manfred, Wege zu einem europäischen Zivilprozeßrecht, Tübinger Symposium zum 80. Geburtstag von Fritz Bauer, Tübingen 1992, S. 69 - 84

Mutke, Gisela

„Die unterbliebene Vorlage an den Europäischen Gerichtshof als Revisionsgrund im Verwaltungsprozeß"

in: DVBl. 1987, S. 403 - 405

Nachbauer, Andreas

„VGH Manheim versus Europäischer Gerichtshof ? – Zur Frage der Freizügigkeit türkischer Staatsangehöriger in der europäischen Gemeinschaft"

in: JZ 1992, S. 351 - 355

Nicolaysen, Gert

„Europarecht II – Das Wirtschaftsrecht im Binnenmarkt"

Baden-Baden 1996

Nicolaysen, Gert

„Vertragsverletzung durch mitgliedschaftliche Gerichte"

in: EuR 1985, S. 368 – 374

Niemeyer, Hans-Jörg

„Erweiterte Zuständigkeiten für das Gericht erster Instanz der Europäischen Gemeinschaften"

in: EuZW 1993, S. 529 - 531

Notthoff, Martin

„Das Vorabentscheidungsverfahren gem. Art. 177 EG-Vertrag und dessen Durchsetzung nach Maßgabe nationalen Rechts"

in: WiB 1995, S. 746 – 748

Oppermann, Thomas

„Europarecht"

2. Auflage, München 1999

Oppermann, Thomas

„Die Dritte Gewalt in der Europäischen Union"

in: DVBl. 1994, S. 901 - 908

Oppermann, Thomas / Hiermaier, Werner

„Zur Einführung: Das Rechtsschutzsystem des EWG-Vertrages"

in: JuS 1980, S. 782 - 790

Ossenbühl, Fritz

„Maastricht und das Grundgesetz – eine verfassungsrechtliche Wende?"

in: DVBl. 1993, S. 629 - 637

Pechstein, Matthias / Koenig, Christian

„Die Europäische Union – Die Verträge von Maastricht und Amsterdam"

2. völlig neu bearbeitete Auflage, Tübingen 1998

Pernice, Ingolf

„Gemeinschaftsverfassung und Grundrechtsschutz – Grundlagen, Bestand und Perspektiven"

in: NJW 1990, S. 2409 - 2420

Pescatore, Pierre

„Das Vorabentscheidungsverfahren nach Art. 177 EWG-Vertrag und die Zusammenarbeit zwischen dem Gerichtshof und den nationalen Gerichten"

in: BayVBl. 1987, S. 33 – 43 und S. 68 – 74 (Fortsetzung)

Pfeiffer, Thomas

„Internationale Zuständigkeit und prozessuale Gerechtigkeit: die internationale Zuständigkeit zwischen effektivem Rechtsschutz und nationaler Zuständigkeitspolitik"

Frankfurt am Main 1995

Pfeiffer, Thomas

„Keine Beschwerde gegen EuGH-Vorlagen ?"

in: NJW 1994, S. 1996 - 2002

Piekenbrock, Andreas

„Der italienische Zivilprozeß im europäischen Umfeld – Eine rechtsvergleichende Studie unter Hervorhebung der richterlichen Verfahrensleitung"

Berlin 1998

Pietrek, André U.

„Verbindlichkeit von Vorabentscheidungen nach Art. 177 EWGV"

Frankfurt a.M., Bern, New York, Paris 1989

Pieroth, Bodo / Schlink, Bernhard

„Grundrechte – Staatsrecht II"

15., neubearbeitet Auflage, Heidelberg 1999

Plender, Richard

„European Courts - Practice and Precedents"

London 1997

Posner, Richard A.

„The Federal Courts – Challenge and Reform"

Cambridge (Massachusetts), London 1996

Proske, Stefan

„Außerordentliche Rechtsmittel gegen die fehlerhafte Nichtzulassung der Revsion"

in: NJW 1997, S. 352 - 360

Prütting, Hanns

„Internationale Zuständigkeit kraft rügeloser Einlassung"

in: MDR 1980, S. 368 - 369

Prütting, Hanns

„Die Zulassung der Revision"

Köln, Berlin, Bonn, München 1977

Rabe, Hans-Jürgen

„Vorlagepflicht und gesetzlicher Richter"

in: Festschrift für Konrad Redeker, München 1993, S. 202 - 212

Randelzhofer, Albrecht

„Deutsche Einheit und europäische Integration (Bericht im Rahmen der Diskussion: Deutschlands aktuelle Verfassungslage)"

in: VVDStRL 49 (1990), S. 101 – 122

Reich, Norbert

„Die neue Richtlinie 97/7/EG über den Verbraucherschutz bei Vertragsabschlüssen im Fernabsatz"

in: EuZW 1997, S. 581 - 589

Remien, Oliver

„Illusion und Realität eines europäischen Privatrechts"

in: JZ 1992, S. 277 - 284

Rengeling, Hans-Werner/ Middeke, Andreas/ Gellermann, Martin

„Rechtsschutz in der Europäischen Union"

München 1994

Rengeling, Hans-Werner

„Grundrechtsschutz in der Europäischen Gemeinschaft"

München 1993

Rengeling, Hans-Werner

„Die Entwicklung verwaltungsrechtlicher Rechtsgrundsätze durch den Gerichtshof der Europäischen Gemeinschaften"

in: EuR 1984, S. 331 - 360

Rengeling, Hans-Werner

„Europäisches Gemeinschaftsrecht und nationaler Rechtsschutz unter besonderer Berücksichtigung der Rechtsprechung des Europäischen Gerichtshofs und deutscher Gerichte"

in: Gedächtnisschrift für Christoph Sasse, Tübingen 1981, S. 197 - 214

Ress, Georg

„Die Entscheidungserheblichkeit im Vorlageverfahren nach Art. 177 EWG-Vertrag im Vergleich zu Vorlageverfahren nach Art. 100 Abs. 1 GG"

in: Festschrift für Günther Jahr, Tübingen 1993, S. 339 - 366

Ress, Georg

„Die Europäische Union und die neue juristische Qualität der Beziehungen zu den Europäischen Gemeinschaft"

in: JuS 1992, S. 985 - 991

Ress, Georg / Ukrow, Jörg

„Neue Aspekte des Grundrechtsschutzes in der Europäischen Gemeinschaft"

in: EuZW 1990, S. 499 - 505

Ress, Georg

„Wichtige Vorlagen deutscher Verwaltungsgerichte an den Gerichtshof der Europäischen Gemeinschaften"

in: DV 1987, S. 177 - 217

Rheinstein, Max

„Einführung in die Rechtsvergleichung"

2. Auflage, München 1987

Riegel, Reinhard

„Zur Einschränkung der Vorlagebefugnis nach Art. 177 Abs. 2 EWGV"

in: RIW/AWD 1976, S. 110 - 111

Riegel, Reinhard

„Zum Verhältnis zwischen gemeinschaftsrechtlicher und innerstaatlicher Gerichtsbarkeit"

in: NJW 1975, S. 1049 - 1057

Riese, Otto

„Über den Rechtsschutz innerhalb der europäischen Gemeinschaften"

in: EuR 1966, S. 24 - 54

Riordan, Dennis P.

„The Rights to a Fair Trial and to Examine Witnesses under the Spanish Constitution and the European Convention on Human Rights"

in: Hastings, Constitutional Law Quarterly 26 No.2 (1999)

Rittner, Fritz

„Die wirtschaftsrechtliche Ordnung der EG und das Privatrecht"

in: JZ 1990, S. 838 - 846

Rodi, Michael

„Vorlageentscheidungen, gesetzlicher Richter und Willkür"

in: DÖV 1989, s. 750 - 762

Rodriguez Iglesias, Gil Carlos

„Zur Stellung der Europäischen Menschenrechtskonvention im europäischen Gemeinschaftsrecht"

in: „Recht zwischen Umbruch und Wandel", Festschrift für Rudolf Bernhardt, Berlin u.a. 1995, S. 1269 - 1281

Rodriguez Iglesias, Gil Carlos

„Der Gerichtshof der Europäischen Gemeinschaften als Verfassungsgericht"

in: EuR 1992, S. 225 - 245

Rösler, Hannes

„Zur Zukunft des Gerichtssystems der EU"

in: ZRP 2000, S. 52 – 57

Ros, Mirko

„Die unmittelbare Anwendbarkeit der Europäischen Menschenrechtskonvention - ein Beitrag zur Lehre der self-executing treaties"

Zürich 1984

Rosenberg, Leo / Schwab, Karl Heinz / Gottwald, Peter

„Zivilprozeßrecht"

15. Auflage, München 1993

Roth, Wulf-Henning

„Die Freiheiten des EG-Vertrages und das nationale Privatrecht – Zur Entwicklung nationaler Sachnormen für europäische Sachverhalte"

in ZEuP 1994, S. 5 - 33

Rupp, Hans Heinrich

„Maastricht – eine neue Verfassung ?"

in: ZRP 1993, S. 211 - 213

Sack, Jörn

„Lücken im Rechtsschutzsystem der Europäischen Gemeinschaften und Möglichkeiten, sie zu schließen"

in: EuR 1985, S. 319 - 327

Schack, Haimo

„Internationales Zivilverfahrensrecht"

2. neubearbeitete Auflage, München 1996

Schack, Haimo

„Einführung in das US-amerikanische Zivilprozeßrecht"

2. Auflage, München 1995

Schaub, Günter

„Der Rechtsschutz im Arbeitsrecht vor dem Gerichtshof der Europäischen Gemeinschaften"

in: NJW 1994, S. 81 - 84

Schellhammer, Kurt

„Zivilprozeß - Gesetz-Praxis-Fälle"

8., überarbeitete Auflage, Heidelberg 1998

Schiefer, Bernd

„Europäisches Arbeitsrecht"

in: NJW 1995, S. 160 - 169

Schiller, Klaus-Volker

„Willkürliche Verletzung der Vorlagepflicht an den EuGH"

in: RIW 1988, S. 452 - 457

Schiller, Klaus-Volker

„Unterlassene Vorlagepflicht nach Art. 177 III EWGV an den EuGH als Verletzung des Anspruchs auf den gesetzlichen Richter"

in: NJW 1983, S. 2736 - 2738

Schlemmer-Schulte, Sabine

„Gemeinschaftsrechtlicher vorläufiger Rechtsschutz und Vorlagepflicht"

in: EuZW 1991, S. 307 - 310

Schlosser, Peter

„Vertragsautonome Auslegung, nationales Recht, Rechtsvergleichung und das EuGVÜ"

in: Gedächtnisschrift für Rudolf Bruns, München 1980, S. 45 - 64

Schmidt, Karsten

„Vorlageverfahren nach Art. 177 EGV und Zivilprozeßordnung"

in: Festschrift für Gerhard Lüke, München 1997, S. 721 - 739

Schmidt, Marek

„Privatrechtsangleichende EU-Richtlinien und nationale Auslegungsmethoden"

in: RabelsZ 59 (1995), S. 569 - 597

Schmidt-Aßmann, Eberhard

„Deutsches und Europäisches Verfassungsrecht"

in: DVBl. 1993, S. 924 - 936

Schneider, Egon

„Probleme bei Aufhebung und Zurückweisung im Beschwerdeverfahren"

in: MDR 1978, S. 525 - 531

Schneider, Uwe H. / Burgard, Ulrich

„Die zunehmende Bedeutung der Rechtsprechung des EuGH auf dem Gebiet des Privatrechts"

in: EuZW 1993, S. 617

Scholz, Rupert

„Der europäische Rechtsstaat"

in: Festschrift für Ernst Steindorff zum 70. Geburtstag, Berlin, New York 1990, S. 1413 – 1435

Scholz, Rupert

„Europarecht und Grundgesetz: Betrachtungen zu materiell- und formalrechtlichen Problemen bei Schaffung und Umsetzung sekundären Gemeinschaftsrechts"

Berlin 1990

Scholz, Rupert

„Grundgesetz und europäische Einigung"

in: NJW 1992, S. 2593 - 2601

Schulte

„Ist die Auslegung eines gerichtlichen Verfahrens nach Art. 100 GG mit der Beschwerde anfechtbar ?"

in: MDR 1952, S. 520 - 521

Schumann, Ekkehard

„Menschenrechtskonvention und Zivilprozeß"

in: Festschrift für Karl Heinz Schwab, München 1990, S. 449 - 463

Schumann, Ekkehard

„Das Verhältnis des deutschen Richters zum Gerichtshof der Europäischen Gemeinschaft"

in: ZZP 78 (1965), S. 77 - 130

Schumann, Ekkehard

„Menschenrechtskonvention und Wiederaufnahme des Verfahrens"

in: NJW 1964, S. 753 - 756

Schuster, Gunnar

„Der neue Vorschlag für eine EG-Takeover-Richtlinie und seine Auswirkung auf den Übernahmekodex"

in: EuZW 1997, S. 237 - 241

Schwab, Karl Heinz/ Gottwald, Peter

„Verfassung und Zivilprozeß"

Bielefeld 1984

Schwarze, Jürgen

„Der Beitrag des Europarates zur Entwicklung von Rechtsschutz und Verfahrensgarantien"

in: EuGRZ 1993, S. 377 - 384

Schwarze, Jürgen

„Grundzüge und neuere Entwicklung des Rechtsschutzes im Recht der Europäischen Gemeinschaft"

in: NJW 1992, S. 1065 - 1072

Schwarze, Jürgen

„Vorläufiger Rechtsschutz im Widerstreit von Gemeinschaftsrecht und nationalem Verwaltungsverfahrens- und Prozeßrecht"

in: Festschrift für Bodo Börner, Köln, Berlin, Bonn, München 1992, S. 389 - 401

Schwarze, Jürgen / Schmidt-Aßmann, Eberhard

„Das Ausmaß der gerichtlichen Kontrolle im Wirtschaftsverwaltungs- und Umweltrecht: vergleichende Studie zur Rechtslage in Deutschland, Frankreich, Griechenland und in der Europäischen Gemeinschaft"

Baden-Baden 1992

Schwarze, Jürgen

„Europäisches Verwaltungsrecht: Entstehung und Entwicklung im Rahmen der Europäischen Gemeinschaft"

Band 2, Baden-Baden 1988

Schwarze, Jürgen

„Fortentwicklung des Rechtsschutzes in der Europäischen Gemeinschaft"

Baden-Baden 1987

Schwarze, Jürgen

„Der Schutz der Grundrechte in der Europäischen Gemeinschaft – Grundlagen und heutiger Entwicklungsstand"

in: EuGRZ 1986, S. 293 - 299

Schwarze, Jürgen

„Rechtsschutz Privater gegenüber normativen Rechtsakten im Recht der EWG"

in: Festschrift für Hans-Jürgen Schlochauer, Berlin, New York 1981, S. 927 - 946

Schweitzer, Michael / Hummer, Waldemar

„Europarecht – Das Recht der Europäischen Union – Das Recht der Europäischen Gemeinschaften (EGKS, EG, EAG) mit Schwerpunkt EG"

5., neubearbeitete und erweiterte Auflage mit Nachtrag 1999 „Der Vertrag von Amsterdam", Neuwied, Kriftel, Berlin, 1996

Schweitzer, Michael

„Staatsrecht III – Staatsrecht, Völkerrecht, Europarecht "

5. Auflage, Heidelberg 1995

Sedemund, Joachim / Heinemann, Klaus

„Rechtsschutz im Gemeinschaftsrecht"

in: DB 1995, S. 713 - 720

Sedemund, Joachim / Heinemann, Klaus

„Rechtsschutzdefizite in der EG"

in: DB 1995, S. 1161 - 1167

Seidel, Martin

„Perspektiven der EU-Erweiterung aus deutscher Sicht"

in: EuZW 1999, S. 449

Seidel, Martin

„Zur Verfassung der Europäischen Gemeinschaft nach Maastricht"

in: EuR 1992, S. 125 ff.

Seidel, Martin

„Rechtsangleichung und Rechtsgestaltung in der Europäischen Gemeinschaft"

Baden-Baden 1990

Seitz, Christine

„Die Transformation des Gemeinschaftsrechts in die nationale Gesetzgebung osteuropäischer Staaten, die den Beitritt in die EU anstreben"

in: EuZW 1999, S. 321

Skouris, Wassilios

„Der Einfluß des Europäischen Gemeinschaftsrechts auf die Unterscheidung zwischen Privatrecht und Öffentlichem Recht"

in: EuR 1998, S. 111 - 129

Snijders, Henk J. / u.a.

„Access to civil procedure abroad"

München, Den Hague, London, Boston, Athen, Bern 1996

Sommermann, Karl-Peter

„Staatsziel Europäische Union – Zur normativen Reichweite des Art. 23 Abs. 1 S. 1 GG n.F."

in: DÖV 1994, S. 596 - 604

Sonnenberger, Hans Jürgen / Schweinberger, Eugen

„Einführung in das Französische Recht"

2. Auflage, Darmstadt 1986

Spieker, Wolfgang

„Der steinige Weg zur nächsten Reform des Europäischen Union"

in: WSI-Mitteilungen 1994, S. 721 - 735

Stein, Friedrich / Jonas, Martin

„Kommentar zur Zivilprozeßordnung"

21. Auflage, Tübingen, Bd. 1: 1993, Bd. 5: 1994

Stein, Torsten

„Solange II-Beschluß (Anmerkungen zu: BVerfGE 73, S. 339)"

in: ZAöRV 47 (1987), S. 279 - 285

Steindorff, Ernst

„EG-Vertrag und Privatrecht"

Baden-Baden 1996

Steindorff, Ernst

„Vorlagepflicht nach Art. 177 Abs. 3 EWGV und Europäisches Gesellschaftsrecht"

in: ZHR 156 (1992), S. 1 - 16

Stern, Klaus

„Das Staatsrecht der Bundesrepublik Deutschland"

Bd. II, München 1980

Stettner, Rupert

„Europäisches Gemeinschaftsrecht als Quelle der Rechtsfindung deutscher Gerichte 1974-1984"

in: AöR 111. Band (1986), S. 359 - 413

Streil, Jochen

„Das Vorabentscheidungsverfahren als Bindeglied zwischen europäischer und nationaler Rechtsprechung"

in: Schwarze, Jürgen, Der Europäische Gerichtshof als Verfassungsgericht und Rechtsschutzinstanz, Baden-Baden 1983, S. 69 - 94

Streinz, Rudolf

„Probleme des Zusammenwirkens von EG und Mitgliedstaaten beim Vollzug des Europäischen Wirtschaftsrechts"

in: WiVerw 1996, S. 129 - 148

Streinz, Rudolf

„Europarecht"

2. Auflage, Heidelberg 1995

Stürner, Rolf / Stadler, Astrid

„Eigenarten der Prozeßrechtsvergleichung – Special features of comparative procedural law"

in: Gilles, Peter, Transnationales Prozeßrecht, Baden-Baden 1995, S. 263 - 292

Stürner, Rolf

„Das europäische Zivilprozeßrecht - Einheit oder Vielfalt"

in: Grunsky, Wolfgang / Stürner, Rolf / Walter, Gerhard / Wolf, Manfred, Wege zu einem europäischen Zivilprozeßrecht, Tübinger Symposium zum 80. Geburtstag von Fritz Bauer, Tübingen 1992, S. 1 - 24

Stürner, Rolf

„Die richterliche Aufklärung im Zivilprozeß"

Tübingen 1982

Stürner, Rolf

„Verfahrensgrundsätze des Zivilprozesses und Verfassung"

in: Festschrift für Fritz Baur, Tübingen 1981, S. 647 - 666

Thomas, Heinz/ Putzo, Hans

„Zivilprozeßordnung (ZPO)"

22. neubearbeitete Auflage, München 1999

Thun-Hohenstein, Christoph

„Der Vertrag von Amsterdam – Die neue Verfassung der EU"

Wien, München, Bern 1997

Tomuschat, Christian

„Aller guten Dinge sind III ? Zur Diskussion um die Solange-Rechtsprechung des Bundesverfassungsgerichts"

in: EuR 1990, S. 340 - 361

Tomuschat, Christian

„Die gerichtliche Vorabentscheidung nach den Verträgen über die europäischen Gemeinschaften"

Köln, Berlin 1964

Ule, Carl Hermann

„Empfiehlt es sich, die Bestimmungen des europäischen Gemeinschaftsrechts über den Rechtsschutz zu ändern und zu ergänzen ?"

in: Gutachten für den 46. Deutschen Juristentag, Verhandlungen des sechsundvierzigsten Deutschen Juristentages Essen 1966, München, Berlin 1966

Ulmer, Peter

„Vom deutschen zum europäischen Privatrecht"

in: JZ 1992, S. 1 - 8

Vedder, Christoph

„Ein neuer gesetzlicher Richter ?"

in: NJW 1987, S. 526 - 531

Vollkommer, Max

„Der Anspruch der Parteien auf ein faires Verfahren im Zivilprozeß"

in: Gedächtnisschrift für Rudolf Bruns, München 1980, S. 195 - 219

Voß, Reimer

„Erfahrungen und Probleme bei der Anwendung des Vorabentscheidungs-verfahrens nach Art. 177 EWGV"

in: EuR 1986, S. 95 - 111

Wägenbauer, Bertrand

„Stolpersteine des Vorabentscheidungsverfahrens"

in: EuZW 2000, S. 37 - 42

Wägenbauer, Rolf

„Zur Erhaltung der Funktionsfähigkeit des Gerichtshofs der Europäischen Gemeinschaften"

in: Festschrift für Fritz Baur, Tübingen 1981, 667 - 689

Walker, Robert

„Opinion: The Impact of European Standards on the Right to a Fair Trial in Civil Proceedings in United Kingdom Domestic Law"

in: European Human Rights Law Review 1 (1999), S. 4 - 14

Weber, Albrecht

„Die Europäische Grundrechtscharta – auf dem Weg zu einer europäischen Verfassung"

in: NJW 2000, S. 537 - 544

Weiler, Joseph H.H.

„Journey to an Unknown Destination: A Retrospective and Prospective of the European Court of Justice in the Arena of Political Integration"

in: JCMS 1993, S. 417 ff.

Wiesner, Peter M.

„Stand des Europäischen Unternehmensrechts"

in: EuZW 1992, S. 270 - 279

Wölker, Ulrich

„Wann verletzt eine Nichtvorlage an den EuGH die Garantie des gesetzlichen Richters ?"

in: EuGRZ 1988, S. 97 - 103

Wolf, Manfred

„Rechtsharmonisierung im Binnenmarkt durch Rechtsprechung"

in: Festschrift für Gerhard Lüke, München 1997, S. 979 - 991

Zeiss, Walter

„Zivilprozeßrecht"

8. Auflage, Tübingen 1990

Zimmermann, Erich

„Durchsetzung der Vorlagepflicht nach Art. 177 Abs. 3 EWG-Vertrag mittels deutschen Verfassungsrechts"

in: Festschrift für Karl Doehring, Tokyo, Hong-Kong 1989, S. 1033 - 1057

Zöller, Richard

„Zivilprozeßordnung mit Gerichtsverfassungsgesetz und den Einführungsgesetzen, mit Internationalem Prozeßrecht, Kostenanmerkungen"

21. neubearbeitete Auflage, Köln 1999

Zuck, Rüdiger

„WiMis – Die Gesetzlosen"

in: NJW 1996, S. 1656 - 1657

Zuleeg, Manfred

„Deutsches und europäisches Verwaltungsrecht – wechselseitige Einwirkungen"

in: VVDStRL, Heft 53 (1994), S. 154 – 195

Zuleeg, Manfred

„Der Schutz der Menschenrechte im Gemeinschaftsrecht"

in: DÖV 1992, S. 937 - 944

Studien zum europäischen Privat- und Prozeßrecht

Herausgegeben von Prof. Dr. Manfred Wolf

Band 1 Axel Pajunk: Die Bedeutung und Reichweite der Kapitalverkehrs- und Dienstleistungsfreiheit des EG-Vertrages. Die gegenseitige Anerkennung von Privatrechtsinstituten am Beispiel der englischen Mobiliarkreditsicherheiten. 1999.

Band 2 Kerstin Pudor: Die Wirkungsweise verbraucherschützender Widerrufsrechte. Zur Wirksamkeit des Verbrauchervertrages bei bestehendem Widerrufsrecht nach den §§ 1 HWiG, 7 VerbrKrG und 5 TzWrG. 2000.

Band 3 Michael Brück: Das Vorabentscheidungsverfahren vor dem Europäischen Gerichtshof als Bestandteil des deutschen Zivilprozesses. Rechtsschutzhemmendes Integrationsproblem oder kohärente Rechtsschutzerweiterung. 2001.

Patrick Mittmann

Die Rechtsfortbildung durch den Gerichtshof der Europäischen Gemeinschaften und die Rechtsstellung der Mitgliedstaaten der Europäischen Union

Frankfurt/M., Berlin, Bern, Bruxelles, New York, Oxford, Wien, 2000.
XXIV, 455 S.
Kölner Schriften zu Recht und Staat.
Herausgegeben von Hartmut Schiedermair und Bernhard Kempen. Bd. 11
ISBN 3-631-36145-9 · br. DM 128.– / € 65.40*

Seit Gründung der Europäischen Gemeinschaften agierte der EuGH durch mitunter überraschende, rechtsfortbildende Urteile als „Motor der Integration". Die Untersuchung befaßt sich mit den Fragen nach der vertraglichen Rechtfertigung für ein solches Rollenverständnis des Gerichtshofs nach den Grenzen für die Verbindlichkeit der entsprechenden Entscheidungen sowie nach Reaktionsmöglichkeiten der Mitgliedstaaten. Dabei werden neben dem primären Gemeinschaftsrecht auch völkerrechtliche Grundlagen herangezogen.

Aus dem Inhalt: Die Rechtsfortbildung in der Rechtsprechung des EuGH · Das rechtliche Verhältnis von Gemeinschaften und Union zu den Mitgliedstaaten · Die Rechtsnatur des Gemeinschaftsrechts · Die Rechtsfortbildungskompetenz des EuGH · Die Verbindlichkeit kompetenzwidriger Entscheidungen des EuGH · Vertragsänderung und Austritt aus der EU

FSC
www.fsc.org
MIX
Papier | Fördert
gute Waldnutzung
FSC® C083411

Kolibri 360 GmbH
Ferdinand-Jühlke-Straße 7
99095 Erfurt, Deutschland
produktsicherheit@kolibri360.de

Druck:
CPI Druckdienstleistungen GmbH
im Auftrag der
Kolibri 360 GmbH
Ferdinand-Jühlke-Str. 7
99095 Erfurt